4주만에 합격하는 Speed 한국사!

한국사
능력검정시험문제

에듀크라운
www.educrown.co.kr

저자 소개

임찬호
- 한양대학교 대학원 졸업
- 現) EBS 독학사 한국사 강사
- 現) 신월 브레인학원 강사
- 現) 지안공무원학원 한국사 강사

저서
EBS 독학사 국사, EBS 독학사 문제집(지식과 미래)
임찬호 한국사 이론, 공무원 시험 기출문제집(도서출판 탑스팟)

머리말

역사를 배운다는 것은 고리타분한 과거의 사실을 배우는 것도 단순한 과거의 기록만을 의미하지는 않습니다. 역사는 현재를 비추는 거울이고 미래를 전망할 수 있는 힘을 준다는 점에서 이 시대를 살아가는 우리 모두에게 현재적 의미를 갖는다고 생각합니다. 더구나 주변국들의 끝없는 역사 왜곡 시도에 대해 우리의 역사를 배우고 올바른 역사인식을 갖는 것은 우리의 역사를 왜곡하려는 시도를 막는 가장 중요한 방법의 하나라고 생각합니다.

이 책은 짧은 시간에 한국사능력검정시험 대비를 할 수 있는 방법이 없을까란 고민에서 출발한 책입니다. 따라서 효과적인 수험대비를 위한 책으로 다음과 같이 구성되었습니다.

1) 본 교재는 한국사능력검정시험 중급은 물론 학교 시험 대비까지 가능한 책으로 구성하여 시험에서 많이 출제되는 사료와 내용들을 담고자 하였습니다.

2) 각 시기별로 정치, 경제, 사회, 문화의 네 개의 영역으로 나누어 서술되어 있으며 기본적인 지식의 내용은 물론 심층적인 내용까지 모두 담고 동시에 시험에 출제되지 않는 불필요한 부분을 과감히 정리하여 시험에 가장 효과적으로 학습할 수 있는 수험서로 기획되었습니다.

3) 시대의 연표를 시기별로 구분하여 정리하였습니다. 수험생들은 이 부분의 학습으로 기본 내용의 확인은 물론 짧은 시간에 한국사 전 내용을 정리할 수 있도록 하였습니다.

4) 마지막으로 각 단원별 기출문제와 연습문제를 실어 학습한 개념들을 바로 확인할 수 있도록 구성하였습니다.

이 책을 완성하는 동안 많은 저서와 수험서들의 도움을 받았습니다. 책의 성격상 일일이 인용 출처를 밝히지 못했음을 지면을 빌어 죄송한 마음과 고마운 마음을 전합니다. 책의 발간에 많은 도움을 주신 에듀크라운 출판사 임직원 여러분께 깊은 감사를 드리며 늦은 원고를 기대려 주며 난잡한 원고를 예쁜 책으로 만들어 주신 편집부 여러분께 특별한 감사의 마음을 전합니다. 또한 늘 저에 대한 걱정과 관심을 가지고 있는 가족들, 원고의 집필기간 동안 저에게 기분 좋은 방해를 일삼은 악동 시연과 아정에게도 무한한 사랑의 마음을 전합니다.

한 권의 책을 만들어 세상에 내놓는다는 것은 완성의 기쁨과 동시에 평가를 받아야 한다는 두려움이 공존하는 것 같습니다. 이 책을 통해 수험생들이 시험에서 원하는 결과와 아울러 우리 역사에 대한 관심을 갖게 되는 계기가 된다면 졸저의 편저자로서는 더없는 기쁨이 될 것입니다.

— 저자 임찬호 드림 —

구성과 특징

단원별 핵심이론
한국사 능력검정시험에 나올 수 있는 핵심이론을 모두 정리하여 다양한 문제를 풀 수 있는 능력을 키워 수험생들의 변별력을 높이는 데 주력하였습니다.

읽기자료
시험에 출제될 확률이 높은 사료를 수록하여 자료를 보고 분석하는 과정을 통해 실력을 쌓을 수 있도록 하였습니다.

알아두기
단원별 핵심이론과 관련된 쟁점이나 자료를 수록하여 문제에 대해 보다 깊이 있게 이해할 수 있도록 구성하였습니다.

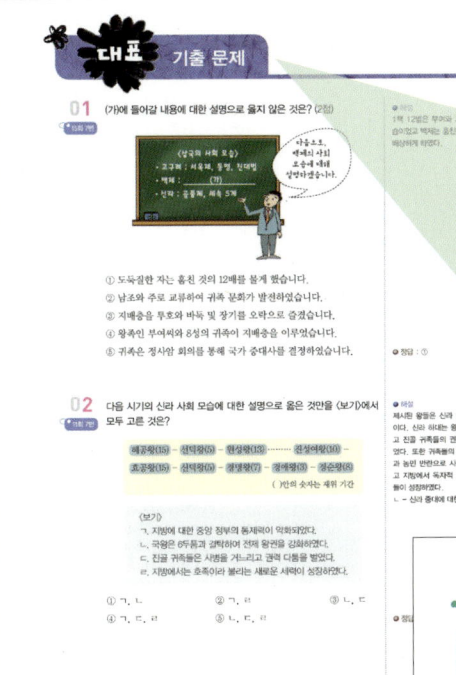

대표 기출문제
실제 출제된 한국사 능력검정시험 문제를 수록하여 한국사 실력을 높일 수 있도록 하였습니다. 정답에 대한 자세한 해설과 더 나아가 오답에 대한 설명까지 수록하여 문제를 완벽하게 이해하고 그와 관련된 내용까지도 학습할 수 있도록 구성하였습니다.

포인트 출제적중문제
기핵심이론에서 꼭 기억해야 할 내용을 문제로 구성하였으며 한 번에 이해할 수 있도록 명확하고 자세한 해설도 실었습니다. 또한 기출문제 유형을 분석하여 시험에 완벽한 적응은 물론 적중률 높은 문제만을 엄선하여 구성하였습니다.

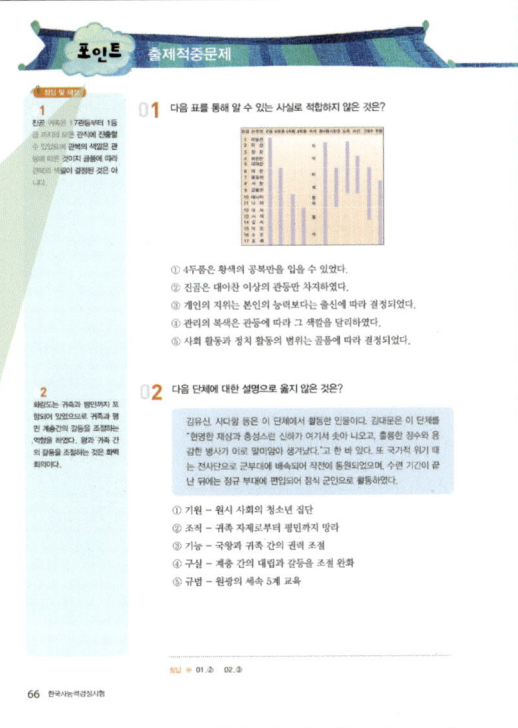

Contents

Part 1 선사시대의 전개와 국가의 형성
- Chapter 1 선사시대의 전개 — 12
- Chapter 2 국가의 형성 — 22

Part 2 고대의 우리 역사
- Chapter 1 삼국의 성립과 발전 — 34
- Chapter 2 고대의 경제 — 53
- Chapter 3 고대의 사회 — 61
- Chapter 4 고대의 문화 — 69

Part 3 중세의 우리 역사
- Chapter 1 중세의 정치 — 82
- Chapter 2 중세의 경제 — 98
- Chapter 3 중세의 사회 — 107
- Chapter 4 중세의 문화 — 117

Part 4 근세 사회의 성립
- Chapter 1 근세의 정치 — 132
- Chapter 2 근세의 경제 — 153
- Chapter 3 근세의 사회 — 163
- Chapter 4 근세의 문화 — 172

Part 5 근대 사회의 태동

- Chapter 1 제도의 개편과 정치변화 … 188
- Chapter 2 근대 태동기의 경제 … 200
- Chapter 3 근대 태동기의 사회 … 213
- Chapter 4 근대 태동기의 문화 … 225

Part 6 근대 사회의 전개

- Chapter 1 외세의 침략적 접근과 개항 … 242
- Chapter 2 개화 정책의 추진과 반발 … 252
- Chapter 3 민족운동과 근대적 개혁 … 263
- Chapter 4 근대의 경제와 사회 … 284
- Chapter 5 근대 사회의 문화 … 295

Part 7 민족의 수난과 독립운동의 전개

- Chapter 1 20세기 전반의 세계와 일제의 침략 … 304
- Chapter 2 독립운동의 전개 … 317
- Chapter 3 사회·경제적 민족운동 … 337

Part 8 현대 사회의 발전

- Chapter 1 대한민국의 수립 … 358
- Chapter 2 민주주의의 시련과 발전 … 374
- Chapter 3 북한 사회의 변화와 통일 정책의 추진 … 389
- Chapter 4 경제 발전과 사회·문화의 변화 … 393

한국사능력검정시험의 안내

1. 한국사능력검정시험의 특전
- 한국사능력검정시험 2급 이상 합격자에 한해 안전행정부에서 시행하는 행정외무고등고시에 응시자격 부여
- 한국사능력검정시험 3급 이상 합격자에 한해 교원임용시험 응시자격 부여
- 국비 유학생, 해외파견 공무원, 이공계 전문연구요원(병역) 선발 시 국사시험을 한국사능력검정시험(3급 이상 합격)으로 대체
- 일부 공기업 및 민간기업의 사원 채용이나 승진 시 반영
- 한국사능력검정시험 2급 이상 합격자에 한해 안전행정부에서 시행하는 지역인재 7급 견습직원 선발시험에 추천 자격요건 부여

2. 평가 등급

시험 구분	고급	중급	초급
인증 등급	1급(70점 이상)	3급(70점 이상)	5급(70점 이상)
	2급(69~60점)	4급(69~60점)	6급(69~60점)
문항수	50문항(5지 택1형)	50문항(5지 택1형)	40문항(4지 택1형)

※ 제4회 시험부터 1급과 2급은 고급으로, 5급과 6급은 초급으로 각각 문제가 통합되었으며, 제11회부터 3급과 4급은 중급으로 통합
※ 급수별 합격점수에 따라 60~69점은 2급과 4급, 70점 이상은 1급과 3급, 5급으로 인증
※ 배점은 100점 만점이며 문항별 1~3점으로 차등 배점함

3. 시험안내
① 응시자격 : 제한없음(외국인도 가능)
② 접수방법 : 한국사능력검정시험 홈페이지(www.historyexam.go.kr)
③ 접수 및 시험일

회차	접수일	시험일	회차	접수일	시험일
제22회	12.17~1.7	1.25	제23회	4.15~5.6	5.24
제24회	7.1~7.22	8.9	제25회	9.16~10.7	10.25

④ 시험시간 : 10:00 ~ 11:40(오리엔테이션 포함 총 100분)
⑤ 시험장소 및 결과 발표 : 추후공지(문의 : 02-500-8380)
※ 성적통지방법 : 응시자가 인터넷 성적 조회 및 성적 통지서, 인증서 출력(한국사능력검정시험 홈페이지에서 출력한 인정서만 효력이 있음)

4. 기타 주의사항
① 인터넷 홈페이지(www.historyexam.go.kr)에서 수험표를 출력한 후 신분증, 여권, 장애인 등록증 중 1개 선택 : 신분증 미지참자는 응시할 수 없음)을 지참
② 응시자는 시험 당일 10:00까지 해당 시험실의 지정된 자리에 앉아 있어야 함
③ 반드시 컴퓨터용 수성사인펜을 사용
④ 부정행위자는 당회 시험 포함 연속 4회 응시 기회 박탈

- 시험 주관 및 시행 기관 : 국사편찬위원회(www.history.go.kr)
- 시험 장소 및 접수 관련 : 한국사능력검정시험(www.historyexam.go.kr)

선사시대의 전개와 국가의 형성

Chapter 01 선사시대의 전개

Chapter 02 국가의 형성

선사시대의 전개

1 인류의 기원

구분	시기	특징
오스트랄로피테쿠스 (남방의 원숭이)	약 300만 년 전	직립, 도구사용, 최초의 인류
호모 하빌리스 (도구 제작사용인)	약 200만 년 전	언어사용
호모 에렉투스 (곧선 사람)	약 50만 년 전	전기 구석기, 불 사용, 사냥과 채집
호모 사피엔스 (슬기 사람)	약 20만 년 전	중기 구석기, 시체매장
호모 사피엔스 피엔스 (크로마뇽인)	약 4만 년 전	후기 구석기, 동굴벽화, 현생인류의 직접조상

2 구석기 시대

(1) 시기 : 구석기 시대는 약 70만 년 전부터 시작되었고, 석기를 다듬는 수법에 따라 전기, 중기, 후기로 구분된다.

(2) 유물과 유적
  ① 전기 : 한 개의 큰 석기를 여러 용도로 사용하였는데 대표적으로 찍개, 주먹도끼와 같은 유물이 있다.
  ② 중기 : 큰 몸돌에서 떼어 낸 석기가 하나의 쓰임새로 사용되었고 긁개, 찌르개 등이 이 시기에 해당하는 유물이다.
  ③ 후기 : 형태가 같은 여러 개의 돌날격지가 제작되었고 대표 유물로는 슴베찌르개가 있다.

찌르개　주먹도끼　뚜르개

(3) 생활 모습
  ① 경제·생활 : 채집, 수렵, 어로 등의 경제활동을 하였고 사냥감을 찾아 이동하는 이동생활을 하였다.
  ② 주거 : 자연적으로 만들어진 동굴이나 막집, 바위 그늘 등에 거주하였으며 집의 크기는 3~10명 정도가 거주하기에 적당하였다.

③ **사회** : 무리를 지어 이동하는 무리사회였고 계급이 출현하지 않은 평등 사회의 형태였다.
④ **예술 활동** : 고래, 물고기 등의 조각과 그림이 발견되는데 이것은 사냥감의 번성을 비는 주술적 의미가 담겨 있다.

◆ 구석기 시대의 유적지

3 신석기 시대

(1) 시기 : 신석기 시대는 기원전 8,000년 경부터 시작되었다.

(2) 유물과 유적
① **토기의 제작** : 이른 민무늬 토기와 덧무늬 토기가 만들어졌고 신석기 시대의 대표 토기인 빗살무늬 토기가 제작되었다.
② **원시적 수공업** : 뼈바늘과 가락바퀴 등의 유물이 출토되는 것은 신석기인들이 원시적 수공업과 의복생활을 하였음을 보여주는 증거이다.

◆ 덧무늬 토기

(3) 경제 생활
① **농경의 시작** : 신석기 시대에는 농경과 목축이 시작되었고 이를 신석기 혁명이라 한다. 이때는 조·피·수수 등의 작물이 재배되었고 벼는 아직 재배되지 않았다.
② **정착 생활** : 농경과 목축의 시작과 더불어 정착 생활이 시작되었다.

신석기 시대의 움집

(4) 주거

① **위치** : 강가나 바닷가에 움집을 짓고 살았다. 움집은 원형이나 모서리가 둥근 형태였으며 중앙에 화덕이 위치하고 남쪽으로 출입문이 나 있었다.

② **크기** : 4~5명의 한 가족 정도가 거주하기 적당한 크기였다.

(5) 사회

① **씨족 단위** : 초기 정착 단위는 씨족을 바탕을 하였고 족외혼을 통해 부족으로 발전하였다.

② **평등 사회** : 계급이 없는 평등사회를 이루었다.

(6) 종교 활동과 예술 활동

① **애니미즘** : 모든 자연물과 자연 현상에 정령이 있다고 믿는 사상으로 태양과 물에 대한 신앙이 으뜸이었는데 이것은 풍요로운 생산을 기원하는 것과 연관되어 있다.

② **샤머니즘** : 영혼이나 하늘과 사람을 연결시켜주는 샤먼의 존재와 그 주술을 믿는 것이다.

③ **토테미즘** : 자기 부족을 특정 동·식물과 연결시켜 그것을 숭배하는 믿음을 말한다.

④ **영혼 숭배·조상 숭배** : 영혼이 불멸한다고 생각하며 조상의 영혼이 후손에게 영향을 준다고 믿었다.

⑤ **예술 활동** : 고래, 물고기 등을 돌에 새기거나 조개껍데기 가면, 치레걸이 등이 제작되었다.

조개껍데기 가면

신석기 시대의 유적지

구석기 시대와 신석기 시대의 비교

구분	구석기	신석기
시작	약 70만 년 전	B.C 8,000년경
주거지	동굴, 막집	움집(강가, 바닷가) → 원형, 움집 중앙에 화덕 위치
도구	뗀석기	간석기
토기	없음	이른민무늬 토기, 덧무늬 토기, 압인문 토기, 빗살무늬 토기 → 곡식의 저장 및 조리
유물	주먹도끼, 찍개	돌갈판, 돌낫, 뼈바늘, 가락바퀴 → 의복생활
생활	채집, 수렵, 어로 → 이동생활	농경, 목축 시작 (신석기 혁명 - 벼는 재배X) → 정착생활
사회	무리사회(평등사회)	씨족사회 → 부족사회(평등사회)
종교	원시신앙	애니미즘, 토테미즘, 샤머니즘, 조상숭배
문화	석장리, 수양개 (고래와 물고기 등의 조각과 그림 발견) → 사냥감의 번성을 비는 주술적 의미	조개껍데기 가면, 치레걸이

4 청동기 시대

(1) 시기
우리나라의 청동기 시대는 기원전 2000년 경 ~ 기원전 1500년 경부터 시작되었다.

(2) 유물과 유적
① **특징** : 우리나라의 청동기는 북방계통의 영향을 받아 아연이 함유되어 있었고 동물장식이 많이 사용되었다.
② **토기** : 청동기 시대의 대표 토기인 민무늬 토기와 미송리식 토기 등이 제작되었다.
③ **도구** : 추수용 도구로 반달돌칼이 사용되었고 바퀴날 도끼, 홈자귀 등이 제작되어 사용되었다. 이 시기 청동제 농기구는 존재하지 않았으며 여전히 나무나 석기가 사용되었다.

미송리식 토기

반달돌칼

(3) 무덤
청동기 시대의 무덤의 형태로는 고인돌, 돌널무덤, 돌무지무덤 등이 있으며 특히 고인돌은 청동기 시대에 계급이 발생한 증거이다.

✤ 북방식 고인돌

(4) 생활모습(경제·생활)
① **남녀 간의 역할 분화** : 남자는 바깥일, 여자는 집안일의 역할 분화가 생겨나 분업이 발생하였다.
② **사유 재산 발생** : 청동기 시대에는 생산력의 증대에 따라 잉여 생산물이 발생 하였고 빈부 격차와 계급이 발생하였다.
③ **계급의 발생** : 청동제 무기를 바탕으로 정복 전쟁이 활발해졌고 군장이 출현하였다.
④ **벼농사의 시작** : 일부 저습지에서 시행되었고 수렵·채집·어로의 비중은 감소하였다.

(5) 주거
야산 및 구릉에 장방형의 움집(배산임수)을 지었다. 화덕은 벽면으로 이동하였고 집의 크기는 4~8명이 거주하기에 적당하였다.

✤ 청동기 시대의 집터

5 철기시대

(1) 시기
기원전 5세기경부터 중국 계통의 영향을 받아 철기 문화가 나타났다.

(2) 영향
① **무기** : 철제 무기가 사용되면서 청동기는 의식용 도구로 변모하였다.
② **농기구** : 철제 농기구의 사용은 농업의 발달과 생산력의 증대를 가져왔다.
③ **토기** : 민무늬 토기, 덧띠 토기, 검은 간 토기 등이 제작되었다.
④ **무덤** : 널무덤, 독무덤의 유행하였다.

(3) 생활 모습

① 중국과의 교류

㉠ 화폐의 출토 : 명도전, 오수전, 반량전과 같은 중국화폐가 발견되어 중국과 활발히 교류하였음을 알 수 있다.

㉡ 한자의 사용 : 경남 다호리에서 붓이 발견되어 이 시기 한자가 전래되었음을 말해준다.

(4) 독자적인 청동기 문화의 발전

① 한국식 동검의 출현 : 청동기 후반 이후 비파형 동검은 한국식 동검이라 불리는 세형동검으로 바뀌었다.

② 독자적 청동기의 제작 : 청동을 녹여 형태를 만드는 틀인 거푸집이 여러 유적에서 발견되어 이 시기 독자적 청동기가 제작되었음을 보여준다.

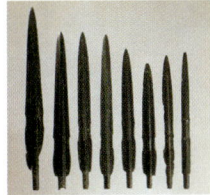
세형동검

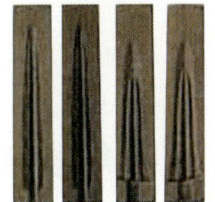
거푸집

청동기와 철기의 비교

구분	청동기	철기
영향	북방계통	중국
유물	반달돌칼, 비파형 동검, 거친무늬 거울	철제 농기구, 세형동검, 거푸집
토기	미송리식 토기, 민무늬 토기, 붉은 간 토기	민무늬 토기의 다양화, 덧띠 토기, 검은 간 토기
무덤	고인돌, 돌널무덤, 돌무지무덤	널무덤, 독무덤
농경	보리, 콩, 벼농사 시작	수전 농업, 저수지
주거	움집(장방형) → 지상 가옥화, 배산 임수, 화덕의 벽쪽 이동, 주춧돌, 집단 취락	
예술	바위그림(암각화) : 울주 반구대 바위그림(사냥과 고기잡이의 성공 기원), 고령 양전동 알터 바위그림(기하학적 무늬 → 풍요로운 생산 기원)	

대표 기출 문제

01 다음 집터에서 발굴된 유물로 옳은 것은?

`13회 1번`

- 주로 강가나 바닷가에 위치함
- 집터의 중앙에 화덕이 있고, 화덕이나 출입문 옆에 저장 구덩이 흔적이 발견됨

① 주먹도끼

② 청동거울

③ 갈판, 갈돌

④ 농경무늬 청동기

⑤ 민무늬 토기

● 해설
제시된 그림은 신석기 시대의 집터 유적이다. 갈판과 갈돌은 신석기 시대의 조리용 도구이다.

● 정답 : ③

02 다음 유물이 처음으로 제작된 시대의 신앙 생활에 대한 설명으로 옳은 것은?

`15회 1번`

ㄱ. 군장이 정치와 종교를 주관하였다.
ㄴ. 천군이 지배하는 소도를 신성시하였다.
ㄷ. 태양이나 물 등 자연물에 정령이 있다고 믿었다.
ㄹ. 사람이 죽어도 영혼은 없어지지 않는다고 생각하였다.

① ㄱ, ㄴ   ② ㄱ, ㄷ   ③ ㄴ, ㄷ
④ ㄴ, ㄹ   ⑤ ㄷ, ㄹ

● 해설
제시된 유물은 가락바퀴, 빗살무늬 토기, 조개껍데기 가면이다. 이 유물들은 신석기 시대의 유물로 신석기 시대에는 애니미즘, 샤머니즘, 토테미즘, 영혼 불멸 사상 등의 원시 신앙이 존재하였다.
ㄱ - 신석기 시대는 계급이 존재하지 않는 평등사회였다.
ㄴ - 삼한에 대한 설명으로 삼한은 철기 문화를 바탕으로 성립된 국가였다.

● 정답 : ⑤

포인트 출제적중문제

01 다음 선사시대의 주거를 비교한 표를 보고 (가), (나)에 대한 설명으로 바르지 못한 것은?

구분	(가)	(나)
집자리 형태	원형, 모가 둥근 네모꼴	직사각형
화덕의 위치	중앙	한쪽 벽
집터의 수	단일 형태	밀집 형태

① (가)는 대부분 바닷가나 강가에 위치하고 있다.
② (나)의 사회는 연장자가 무리를 이끄는 평등사회였다.
③ 사회는 (가)에서 (나)로 변화하였으며 이는 생활 규모의 확대와 관련있다.
④ (나)의 주거형태를 보이는 시대는 농기구로 대부분 석기나 나무가 사용되었다.
⑤ (가)의 주거 형태를 보이는 시대에는 특정 동물을 숭배하였다.

02 다음과 같은 유물을 사용하던 사람들의 생활 모습으로 옳은 것은?

🔺 찌르개   🔺 주먹도끼

① 모든 영혼에 만물이 있다는 사상을 가지고 있었다.
② 의복이나 그물과 같은 원시적 수공업이 나타났다.
③ 농경과 목축이 시작되어 식량을 생산하게 되었다.
④ 음식물을 조리하고 저장하기 위한 토기를 사용하였다.
⑤ 동굴이나 강가 등지에 막집을 짓고 살았다.

정답 및 해설

01
(가)는 신석기 시대의 움집을 (나)는 청동기 시대의 움집을 말한다. 신석기 시대의 움집은 주로 강가나 바닷가에 위치하며 씨족을 기본 단위로 정착 생활이 시작되었다.

02
제시된 그림은 구석기 시대에 사용된 주먹도끼와 찌르개이다. 구석기인들은 강가, 바위그늘 등지에 막집을 짓고 살았다. 나머지는 신석기 시대에 대한 설명이다.

정답 ◉ 01.② 02.⑤

정답 및 해설

03
ㄱ - 신석기시대
ㄴ - 구석기 시대
ㄷ - 청동기 시대
ㄹ - 철기시대

04
지도의 유적지는 구석기 시대의 유적지이다. ② 청동기 시대에 대한 설명이다. ③ 신석기 시대에 대한 설명이다. ④ 신석기 시대에 대한 설명이다. ⑤ 반달돌칼은 청동기 시대의 추수용 도구이다.

---

03 다음은 구석기 시대 ~ 철기 시대에 대한 설명이다. 시대순으로 바르게 나열한 것은?

> ㄱ. 애니미즘, 토테미즘 등의 신앙이 있었다.
> ㄴ. 뗀석기를 사용하여 수렵, 채집, 어로의 생활을 하였다.
> ㄷ. 계급이 출현하였고 벼농사가 시작되었다.
> ㄹ. 널무덤, 독무덤의 무덤 양식이 나타난다.

① ㄱ - ㄴ - ㄷ - ㄹ
② ㄴ - ㄱ - ㄷ - ㄹ
③ ㄷ - ㄴ - ㄱ - ㄹ
④ ㄹ - ㄱ - ㄴ - ㄷ
⑤ ㄴ - ㄱ - ㄹ - ㄷ

04 다음은 선사시대의 유적지이다. 이 유적지와 관련된 사람들의 생활모습으로 옳은 것은?

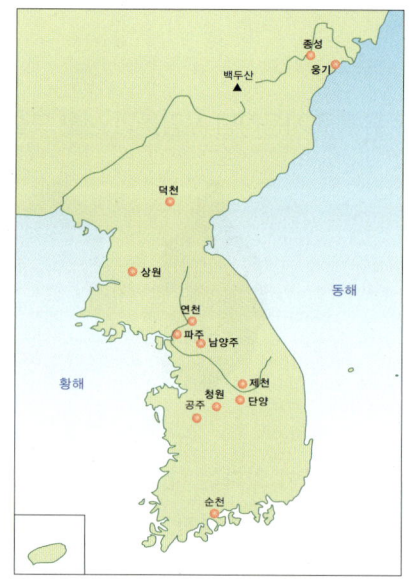

① 주먹도끼로 짐승을 사냥하였다.
② 야산, 구릉지대에서 주로 거주하였다.
③ 뼈바늘로 옷감이나 그물을 짰다.
④ 토기를 사용하여 음식물을 조리하였다.
⑤ 반달돌칼을 이용하여 추수를 하였다.

정답 ◉ 03.② 04.①

05 다음 유물을 통하여 알 수 있는 내용을 고른다면?

> 명도전 · 붓

① 철기의 전래로 청동제 연장은 사용되지 않았다.
② 중국과 교류가 활발했으나 독자적인 문화 요소도 존재하였다.
③ 금속제 연장은 모두 중국으로부터 도입되었다.
④ 청동 화폐를 주조하여 사용하였다.
⑤ 한반도에 한자가 전래되고 있었다.

06 다음과 같은 형태의 무덤이 만들어진 시기에 대한 설명으로 거리가 먼 것은?

① 연장자나 경험이 많은 사람이 자기 부족을 이끌었다.
② 지배와 피지배의 관계가 형성되었다.
③ 선돌을 세워 다산과 풍요를 기원하였다.
④ 권력과 경제력을 갖춘 군장 계급이 출현하였다.
⑤ 잉여 생산물이 축적되고 빈부의 차이가 발생하였다.

정답 및 해설

05
명도전과 붓은 중국과의 교류를 보여주는 유물이다. 경남 다호리에서 발견된 붓은 한반도에 한자가 전래되었음을 보여주는 유물이다.

06
고인돌은 청동기 시대의 계급 발생을 보여주는 유물이다. 연장자가 부족을 이끌던 시기는 구석기와 신석기로 계급이 출현하지 않은 평등사회이다.

정답 ◉ 05.⑤ 06.①

2 국가의 형성

1 고조선의 건국과 발전

단군의 건국 신화

옛날에 환인(桓因)의 서자 환웅(桓雄)이 있었는데, 천하에 자주 뜻을 두고 인간 세상을 매우 탐내었다. 아버지는 아들의 뜻을 알아차려 삼위태백을 내려다보니 인간 세계를 널리 이롭게 할 만 했다. 이에 천부인 3개를 주어 인간 세상을 다스리게 했다. 환웅은 무리 3천명을 거느리고 태백산의 신단수 밑에 내려와서 이곳을 신시(神市)라 불렀다. 그는 풍백·우사·운사를 거느리고 곡식, 수명, 형벌, 선악 등을 주관하여 인간 세계를 다스리고 교화시켰다(在世理化). 이 때 곰과 호랑이가 같은 굴에 살았는데, 환웅에게 사람되기를 빌었다. 때마침 환웅이 신령한 쑥 한 심지와 마늘 스무 개를 주면서 '너희들이 이것을 먹고 백일동안 햇빛을 보지 않는다면 곧 사람이 될 것이다.'라 하였다. 곰은 약속한지 21일 만에 여자가 되었으나, 호랑이는 이를 지키지 못하여 사람이 되지 못했다. … 환웅이 잠시 변하여 결혼하여 아들을 낳았다. 이름을 단군왕검이라 하였다. 단군왕검은 요 임금이 왕위에 오른 뒤 50년 되는 경인년에 평양에 도읍을 정하고 조선이라 일컬었다.

〈삼국유사〉

(1) 고조선의 건국
① **건국**(기원전 2333년) : 고조선은 청동기 문화를 바탕으로 단군왕검이 건국한 우리민족 최초의 국가이다.
② **영역** : 요령 지방을 중심으로 하여 한반도 북부(대동강 유역)까지 발전하였다. (고조선의 세력 범위 : 미송리식 토기, 비파형 동검, 거친무늬 거울, 북방식 고인돌의 분포 지역)

🔹 비파형 동검   🔹 미송리식 토기

③ **건국신화** : 단군의 건국 신화는 일연의 삼국유사에 최초로 등장한다.

(2) 고조선의 발전과 사회
① **발전**
  ㉠ 왕위 세습 : 기원전 3세기경 부왕, 준왕과 같은 강력한 왕이 등장하여 왕위를 세습하였다.
  ㉡ 정치 조직 : 왕 아래 상·대부·장군 등의 관직을 마련하고 중국의 연과 대립하였다.
② **사회**
  ㉠ 8조법 : 고조선은 8조법(8조금법)을 만들어 사회를 운영하였는데 현재는 8조법 중 3조항만 전해진다.
  ㉡ 법률의 증가 : 고조선이 멸망하고 토착민들의 저항으로 한 군현 설치 이후 60여조로 법이 증가하였다.

8조법의 해석

- 사람을 죽인 자는 즉시 죽인다. → 생명 및 노동력 중시
- 남에게 상해를 입힌 자는 곡식으로 갚는다. → 노동력 중시, 농경 중심 사회
- 도둑질한 자는 노비로 삼는다. 용서받으려면 50만전을 내야 한다. → 사유재산, 계급 사회, 화폐 사용
- 여성의 정절 중시 → 남성 중심의 가부장적 사회

고조선의 8조법

사람을 죽인 자는 즉시 죽이고, 남에게 상처를 입힌 자는 곡식으로 배상시키며, 도둑질한 자는 그 집의 노비로 삼는다. 용서받기를 원하는 자는 한 사람마다 50만전을 내야 한다. 그러나 비록 용서를 받아 보통 백성이 되더라도 역시 수치를 씻지는 못해 결혼을 하고자 해도 짝을 구할 수 없었다. 그리하여 백성들은 도둑질을 하지 않아 문단속을 하지 않고 살았다. 여자들은 모두 정숙하여 음란하고 편벽된 짓을 하지 않았다.

〈한서지리지〉

2 위만 조선의 성립과 발전

(1) 위만 조선의 성립

① **성립** : 중국의 진·한 교체기에 유이민 집단 이주 → 고조선의 준왕은 위만에게 서쪽 변경 수비 임무를 맡겼으나 이후 위만은 준왕을 몰아내고 왕위에 오름(B. C. 194)

② **위만의 고조선 계승 증거**
  ㉠ 위만은 입국 시 상투를 틀고 조선인의 옷을 입었다.
  ㉡ 나라 이름을 그대로 조선이라고 하였고, 그의 정권에는 토착민 출신으로 높은 지위에 오른 자가 많았다.

(2) 위만조선의 발전

① **정치적 발전**
  ㉠ 정치 조직의 정비 : 고조선은 사회적 경제적 발전을 바탕으로 중앙 정치 조직을 갖춘 강력한 국가로 성장하였다.
  ㉡ 영토의 확장 : 강력한 무력으로 주변 지역을 정복하는 등 영토를 확장 하였다.

② **경제적 발전**
  ㉠ 철기의 본격적 수용 : 위만의 조선은 철기 문화를 본격적으로 수용하였고 이로 인하여 무기 생산과 농업 생산력이 증가하였다.
  ㉡ 중계무역 : 동방의 예(濊)와 남방의 진(辰) 그리고 한나라 사이의 중계무역으로 번성하였고 한과 대립하였다.

③ **멸망(기원전 108년)**
  ㉠ 한 무제의 침입 : 약 1년간 한의 군대와 싸웠으나 지배층의 내분으로 왕검성이 함락되면서 멸망하였다.
  ㉡ 한 군현의 설치 : 한(漢)은 고조선의 일부지역에 4개(낙랑, 진번, 임둔, 현도군)의 군현을 설치하여 지배하고자 하였다.

3 여러 나라의 성장

▲ 여러 나라의 성장

(1) 부여

① 위치 : 만주 송화강 유역의 평야 지대를 중심으로 성장하였다.

② 정치
- ㉠ 5부족 연맹체 국가 : 부여는 중앙(왕이 통치)과 사출도(마가, 우가, 구가, 저가)로 구성된 5부족 연맹 국가였으며 연맹 왕국 단계에서 고구려에 편입되었다.(494년)
- ㉡ 왕권의 미약 : 가(加)들이 왕을 추대하였고 흉년 발생 시 책임을 왕에게 물었다.

③ 경제
- ㉠ 경제 활동 : 반농반목의 농경과 목축이 주산업이었고 하호(下戶)의 생산 활동에 의지하였다.
- ㉡ 특산품 : 말, 주옥, 모피 등의 특산품이 있었다.

④ 사회 풍속
- ㉠ 4조목의 법 : 부여는 4개의 법 조목이 전해지고 있는데 살인자는 사형에 처하고 그 가족은 노비로 삼으며, 남의 물건을 훔쳤을 때는 12배를 배상하게 하였다.(1책 12법)
- ㉡ 순장의 풍습 : 왕의 장례 시 많은 사람들을 껴묻거리와 함께 묻는 풍습이다.
- ㉢ 형사취수제 : 흰옷을 즐겨 입었으며 형이 사망 시 동생이 형수와 결혼하는 풍습이다.
- ㉣ 제천행사 : 수렵 사회의 전통을 계승한 제천행사인 영고가 12월에 열렸다.

5부족 연맹체

나라에는 군왕이 있다. 여섯 가축 이름으로 관직명을 정하여 마가, 우가, 저가, 구가, 대사, 대사자, 사자가 있다. 제가들은 별도로 사출도를 주관하였다. 옛 부여 풍속에는 가뭄이나 장마가 계속되어 오곡이 영글지 않으면 그 허물을 왕에게 돌려 '왕을 바꾸어야 한다.'고 하거나, '죽여야 한다.'고 하였다.

「삼국지」 위서 동이전

(2) 고구려

① 위치 : 압록강 지류 동가강 유역의 졸본(환인) 지방에 위치하였다.

② 정치
- ㉠ 건국 : 부여계 출신인 주몽이 동가강 유역의 졸본 지방에서 건국하였다. (기원전 37년)
- ㉡ 연맹국가 : 고구려는 5부족이 연맹한 연맹체 국가였다.
- ㉢ 귀족 : 귀족인 대가(상가, 고추가 등)는 각기 사자, 조의, 선인 등의 관리를 거느리고 있었다.
- ㉣ 귀족회의 : 제가회의에서 중대한 범죄자는 사형에 처하고 그 가족은 노비로 삼았다.

고구려의 정치

나라에는 왕이 있고 벼슬로는 상가·대로·패자·고추가·주부·우태·승·사자·조의·선인이 있다. 신분이 높고 낮음에 따라 각각 등급을 두었다. 왕의 종족으로서 대가는 모두 고추가로 불린다. 모든 대가들은 사자·조의·선인을 두었는데, 명단을 반드시 왕에게 보고해야 한다.

「삼국지」 위서 동이전

③ 경제
　㉠ 경제구조 : 산악지대에 위치하여 불리한 자연조건이므로 약탈경제 구조였다.
　㉡ 특산품 : 맥궁(貊弓)이라는 특산품이 있었다.
④ 풍속
　㉠ 혼인풍습
　　• 서옥제 : 모계 사회의 유습으로 신랑이 신부집에 들어가 조그만 집을 짓고 거기서 자식을 낳고 장성하면 아내를 데리고 신랑집으로 돌아가는 제도로 일종의 데릴사위제이다.
　　• 형사취수제 : 형이 죽으면 동생이 형수와 결혼하여 형의 가족을 책임지는 제도이다.
　㉡ 제천행사 : 10월에 제천행사인 동맹이 있었으며 이날은 남녀들이 밤에 모여 서로 노래와 놀이를 즐겼다. 아울러 국동대혈에 모여 왕과 신하들이 모여 함께 제사를 지냈다.

(3) 옥저와 동예, 삼한

① 위치와 정치
　㉠ 위치 : 옥저와 동예는 부여족의 한 갈래로 각각 함경도와 강원도 북부에 위치하고 있었다. 이 두 나라는 백두대간에 가로막혀 있어 국가의 발전이 늦었다.
　㉡ 정치
　　• 군장국가 : 옥저와 동예는 읍군, 삼로라는 군장이 다스리는 군장국가였다.
　　• 국가의 성장 : 변방에 치우쳐져 선진문물 수용이 늦어, 연맹왕국으로 발전하지 못하고 군장국가 단계에서 멸망하였다.
② 옥저
　㉠ 경제
　　• 농경의 발달 : 어물과 소금 등 해산물이 풍부하였고 토지가 비옥하여 농경이 발달하였다.
　　• 고구려의 수탈 : 고구려의 요구에 의해 소금, 어물 등을 공납으로 바쳤다.
　㉡ 사회풍속
　　• 민며느리제 : 여자가 어렸을 때 남자 집에서 성장한 후 혼인하는 결혼 제도이다.

읽기자료 — 고구려의 경제

큰 산과 깊은 골짜기가 많고 넓은 들이 없어 산골짜기에 살면서 산골 물을 그대로 마신다. … 좋은 땅이 없으므로 부지런히 농사를 지어도 식량이 충분하지 못하다. 사람들의 성품은 흉악하고 급해서 노략질하기를 좋아하였다. … 집집마다 부경이라 부르는 조그만 창고가 있다.
— 『삼국지』 위서 동이전

읽기자료 — 서옥제

혼인할 때 말로 미리 정하고, 여자의 집 뒷편에 작은 별채를 짓는데, 이것을 서옥이라 부른다. 해가 저물 무렵 신랑이 신부 집 문 밖에 도착하여 자기의 이름을 밝힌 후 무릎을 꿇고 혼인을 요청한다. … 아들을 낳아 장성하면 남편은 아내를 데리고 자기 집으로 돌아간다.
— 『삼국지』 위서 동이전

읽기자료 — 옥저의 풍속

토지가 비옥하고 산을 등지고 바다를 향해 있어서 오곡을 기르기에 알맞으며 밭작물도 잘 자란다. 장사를 지낼 때에는 큰 나무 곽을 만드는데, 길이가 10여 장(丈)이나 되며, 한쪽 머리를 열어 놓아 문을 만든다. 사람이 죽으면 시체는 가매장을 한 후 가죽과 살이 썩은 후 뼈만 추려서 곽속에 안치한다. 온 집 식구를 모두 하나의 곽 속에 넣어둔다. 또 질솥에 쌀을 담아서 곽의 문 곁에다가 엮어 매단다.
— 『삼국지』 위서 동이전

동예의 풍속

동예는 대군장이 없고 한 대 이후로 후, 읍군, 삼로 등의 관직이 있어 하호를 통치하였다. 산천을 중시하여 부락 마다 각기 구분이 있어 함부로 들어가지 않는다. 부락을 함부로 침범하면 벌로 생구(生口)와 소, 말을 부과하는데 이를 책화라 한다. 동성끼리는 결혼하지 않는다. 해마다 10월이면 하늘에 제사를 지내는데 주야로 술을 마시며 노래를 부르고 춤을 추니 이를 무천이라고 한다.

《「삼국지」 위서 동이전》

삼한의 풍습

(삼한에서는) 귀신을 믿으며 국읍에 각각 한 사람을 뽑아 천신에게 제사지내는 일을 맡아보게 하였는데, 그 사람을 천군이라 하였다. (중략) 5월에 파종하고 난 후 천군이 주관하는 제사를 올리며 모든 사람들이 모여 밤낮으로 노래하고 춤추고 술을 마시고 놀았다. 10월에 농사일이 끝나면 다시 그와 같이 제사를 지내고 즐긴다. 이들 여러 나라에는 각각 별읍이 있는데 이를 '소도'라 하고 도망온 자가 소도에 이르면 돌려보내지 않았다.

《「삼국지」 위서 동이전》

- 가족 공동묘(골장제) : 가매장 후 뼈를 추려 큰 목곽에 안치하는 장례 풍습이다. 목곽 입구에는 죽은 자의 양식으로 쌀 항아리를 매달아 놓았다.

③ 동예
  ㉠ 경제
    • 생활 : 토지가 비옥하고 해산물이 풍부하여 경제생활이 윤택하였다.
    • 특산물 : 단궁(檀弓)이라는 활과 과하마(果下馬) · 반어피(班魚皮) 등의 특산물이 있었다.
  ㉡ 사회풍속
    • 책화 : 각 부족의 영역을 함부로 침범하지 못하게 하였다. 침범한 경우 소 · 말로 변상하게 하였다.
    • 족외혼 : 씨족사회의 전통인 족외혼이 엄격하게 지켜졌다.
    • 제천행사 : 10월에 제천행사인 무천이 있었다.

④ 삼한
  ㉠ 위치 : 한강이남 지역에서 성장하였다. 이후 마한(백제국)은 백제, 변한 (구야국)은 가야, 진한(사로국)은 신라로 각기 발전하게 된다.

구분	지역	형성	중심국가	발전
마한	경기 · 충청 · 전라 지역	54개국	목지국 → 백제국	백제
변한	김해 · 마산	12개국	구야국	가야
진한	대구 · 경주	12개국	사로국	신라

  ㉡ 정치
    • 제정 분리 : 농경의 발달로 군장의 세력이 강화되었고 제사장인 천군이 농경과 종교에 대한 의례를 주관하는 신성 지역인 소도가 있었다.
  ㉢ 경제
    • 농경의 발달 : 철제 농기구 사용으로 생산력이 증대되었고 벼농사가 발달하였다.
    • 철의 생산 : 변한 지역에서는 철의 생산이 많아 낙랑, 왜 등으로 수출하였으며 화폐로 사용되었다.

ㄹ 사회풍속
- 주거 : 초가지붕의 반움집, 귀틀집에 거주하였다.
- 공동 노동 : 공동 작업을 위한 두레 풍습이 있었다.
- 제천행사 : 5월에 씨를 뿌리고 난 뒤 수릿날이 10월 가을 곡식을 거둔 후 계절제를 열었다.

여러 나라의 성장

구분	부여	고구려	옥저	동예	삼한
위치	만주 송화강	압록강	함경도	강원도 북부	한강 이남
정치	5부족 연맹체 (사출도)	5부족 연맹체	군장 (읍군, 삼로)	군장 (읍군, 삼로)	제정분리 (군장 : 신지, 견지, 읍차, 부례, 천군 : 소도)
경제	반농반목	약탈경제	농경발달, 특산물 (어물, 소금)	농경과 어로 특산물 (과하마, 단궁, 반어피)	벼농사 발달 (저수지), 철수출(변한)
풍습	순장, 흰옷, 형사취수제, 1책 12법	서옥제 (데릴사위제), 형사취수제, 1책 12법	민며느리제, 가족공동묘 (골장제)	족외혼, 책화	귀틀집, 토실, 두레
제천행사	영고(12월)	국동대혈, 동맹(10월)	–	무천(10월)	수릿날(5월), 계절제(10월)

대표 기출 문제

01 교사의 질문에 대한 답변으로 옳은 것을 〈보기〉에서 고른 것은?

16회 3번

ㄱ. 건국 이야기가 삼국유사에 기록되어 있어요.
ㄴ. 왕 밑에 마가, 우가, 저가, 구가 등이 있었어요.
ㄷ. 위만 집권 이후 철기 문화가 본격적으로 수용되었어요.
ㄹ. 남의 물건을 훔친 사람에게 12배를 배상하게 하였어요.

① ㄱ, ㄴ　　② ㄱ, ㄷ　　③ ㄴ, ㄷ
④ ㄴ, ㄹ　　⑤ ㄷ, ㄹ

● 해설
지도는 고조선의 영역이다. 고조선의 건국이야기는 일연의 삼국유사에 처음으로 등장한다. 위만의 등장으로 철기 문화가 수용된다.
ㄴ - 부여에 대한 설명이다.
ㄹ - 부여와 고구려 모두 해당되는 내용이다.

● 정답 : ②

02 그림의 풍속이 있던 나라를 지도의 (가)~(마)에서 옳게 고른 것은?

13회 2번

① (가)　　② (나)　　③ (다)
④ (라)　　⑤ (마)

● 해설
책화는 동예의 풍습이다.
지도의 국가는 (가) – 부여, (나) – 고구려, (다) – 옥저, (라) – 동예, (마) – 삼한이다.

● 정답 : ④

출제적중문제

01 다음은 국가 발전 과정 중 연맹 왕국의 특징을 설명하는 것이다. 각 나라가 연맹 왕국이었음을 주장하는 근거로서 가장 적절한 것은?

> 군장 국가가 발전한 형태로 국왕이 출현하고 국가 조직이 갖추어졌으나, 아직도 종래의 군장 세력이 자기 부족에 대한 지배권을 행사하였기 때문에 집권 국가로서는 일정한 한계점을 지니고 있었다.

① 부여 : 수해나 한해와 같은 자연 재해가 닥치면 왕에게 그 책임을 묻기도 하였다.
② 고구려 : 왕위의 상속이 형제상속에서 부자상속으로 바뀌어 갔다.
③ 옥저 : 고구려와 같은 부여족의 갈래로 소금과 어물이 풍부하였다.
④ 동예 : 족외혼이 엄격하게 지켜졌고 다른 부족의 영토를 침범하지 않았다.
⑤ 삼한 : 5월의 수릿날과 10월의 계절제를 통하여 씨를 뿌리고 추수하는 농경사회의 모습을 갖추었다.

02 다음 내용과 관계 깊은 국가를 고르면?

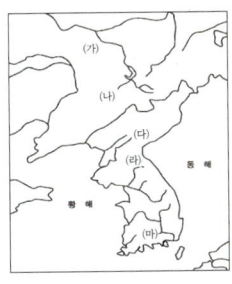

> 이 나라에서는 산천을 중시하여 각 부족의 영역을 함부로 침범하지 못하게 하였다. 만약 다른 부족의 생활권을 침범하면 노비와 소, 말로 변상하게 하였다.

① (가) ② (나) ③ (다) ④ (라) ⑤ (마)

정답 및 해설

01
국가의 발전단계는 군장국가, 연맹국가, 중앙집권 국가의 순이다. 연맹국가는 왕이 선출되었으나 왕권이 미약하다는 특징을 가지고 있다. 반면 중앙집권 국가는 왕권의 강화를 특징으로 하는데 왕권강화를 보여주는 사실로는 왕위의 부자상속, 불교의 수용, 영토 확장 전쟁, 관리의 공복 제정 등을 들 수 있다.

02
(가) – 부여, (나) – 고구려, (다) – 옥저, (라) – 동예, (마) – 삼한이다. 제시문은 책화로 동예의 풍습이다.

정답 ◉ 01.① 02.④

정답 및 해설

03
위만 조선은 한반도에 철기 문화를 가져왔으며 준왕을 몰아내고 왕위를 차지하게 한다. 그 후 고조선은 중국과 한반도 남부의 국가들 사이에서 중계무역으로 번성하다가 한 나라 무제의 공격으로 수도인 왕검성이 함락되면서 멸망하게 된다.

04
고조선의 8조법을 통해 부여와 고구려가 고조선의 옛 땅에 건국되었다는 것을 알 수는 없다.

---

03 고조선의 역사와 관련된 다음 사료의 사실들이 고조선 사회에 미친 영향을 바르게 추론한 것은?

> • 천하가 어지러워지자 백성들이 괴로워하다가 차츰 도망하여 준(準)에게로 갔다.
> • 연인(燕人) 위만이 망명하여 호복 차림으로 동쪽으로 취수를 건너 준왕에게 가서 항복하고 서쪽 국경에서 살 것을 청하였다.
> • 준왕은 만과 싸웠으나 이기지 못하고, 그 좌우의 궁인을 거느리고 달아나 바다를 건너 한(韓)땅에 살면서 스스로 한왕(韓王)이라 하였다.

① 사유 재산과 계급이 발생하였다.
② 고조선이 멸망하고 새로운 왕조가 성립되었다.
③ 고조선 사회가 중국 세력의 지배를 받게 되었다.
④ 벼농사가 시작되어 농경중심 사회가 되었다.
⑤ 철기 문화가 한반도 남부 지역에까지 확산되었다.

04 다음 글은 고조선의 8조법에 대한 중국 측 기록이다. 이를 통하여 짐작할 수 있는 고조선의 사회상으로 옳지 않은 것은?

> ……(고조선에서는) 백성들에게 금지하여 법 8조를 만들었다. 그것은 대개 사람을 죽인 자는 즉시 죽이고, 남에게 상처를 입힌 자는 곡식으로 갚는다. 도둑질을 한 자는 노비를 삼는다. 용서받고자 하는 자는 한 사람마다 50만 전을 내야 한다. 비록 용서를 받아 보통 백성이 되어도 풍속에 역시 그들을 부끄러움을 씻지 못해 결혼을 하고자 해도 짝을 구할 수 없다. 이러해서 백성들은 도둑질을 하지 않아 대문을 닫고 사는 일이 없었다. 여자들은 모두 정조를 지키고 신용이 있어 음란하고 편벽된 짓을 하지 않는다.
> 〈한서 지리지〉

① 가부장제 사회였음을 짐작할 수 있다.
② 사유 재산 제도가 존재하였다.
③ 신분제가 성립되어 노비가 존재하였다.
④ 노동력을 중시하는 사회였다.
⑤ 고조선의 옛 땅에 부여와 고구려가 건국되었다.

정답 ◉ 03.⑤ 04.⑤

05 다음 중 고조선의 세력 범위를 보여주는 유물로 옳은 것은?

①  ②  ③

④ ⑤

정답 및 해설

5
고조선의 세력범위를 보여주는 유물로는 비파형동검, 북방식 고인돌, 미송리식 토기 등이 있다.
① 거푸집 : 한반도에 독자적인 청동기 문화가 있었음을 보여주는 유물이다.
② 빗살무늬 토기 : 신석기 시대의 대표 토기이다.
④ 세형동검 : 한반도에 독자적인 청동기 문화가 있었음을 보여주는 유물이다.
⑤ 독무덤 : 철기시대의 무덤이다.

06 각 나라 풍속에 대한 설명으로 맞지 않는 것은?
① 부여 : 왕이 죽으면 많은 사람을 함께 묻는 순장의 풍습
② 고구려 : 10월에는 추수감사제인 무천이라는 제천행사 거행
③ 옥저 : 가족공동묘제인 골장제가 있었다.
④ 동예 : 씨족사회의 전통이 남아있는 책화와 족외혼제도가 있었다.
⑤ 삼한 : 천군이 다스리는 소도의 존재로 제정 분리 사회임을 알 수 있다.

6
고구려는 10월에 국동대혈에 모여 동맹이라는 제천행사를 지냈다.

정답 ◉ 05.③ 06.②

고대의 우리 역사

- Chapter 01 삼국의 성립과 발전
- Chapter 02 고대의 경제
- Chapter 03 고대의 사회
- Chapter 04 고대의 문화

삼국의 성립과 발전

1 삼국의 정치와 통치구조

(1) 고구려의 정치

① 고구려의 건국과 발전

㉠ 건국 : 주몽이 이끄는 부여 계통의 유이민 세력과 압록강 유역의 토착세력이 결합(B. C. 37)하여 졸본 지방에서 건국되었다.

㉡ 고구려의 발전

- 태조왕(1세기~2세기 전반, 고대 국가의 기틀 마련)
  - 왕위의 독점 : 계루부 고씨가 왕위를 독점하였다.
  - 영토 확장 : 옥저를 정복하고 요동에 진출하였다.
- 고국천왕(2세기 후반)
  - 왕위 세습의 개편 : 왕위의 상속이 형제 상속에서 부자상속으로 바뀌었다.
  - 행정구역 개편 : 부족적 성격의 5부를 행정적 성격의 5부로 개편 하였다.
  - 진대법의 실시 : 을파소의 건의를 받아들여 춘대 추납의 빈민 구휼 제도인 진대법을 실시하였다.
- 소수림왕(4세기 후반)
  - 불교 수용(372년) : 전진의 순도가 불교를 전래하였고 백성의 사상적 통일을 위하여 불교를 공인하였다.
  - 태학 설립 : 최고 교육 기관으로 태학을 설립하였다.
  - 율령 반포(373년) : 통치 체제의 정립을 위하여 율령을 반포하였다.

② 고구려의 전성기

㉠ 광개토 대왕(4세기 말~5세기)

- 연호의 사용 : 영락(永樂)이란 연호를 사용하여 자주적 성격을 나타냈다.
- 요동 장악 : 만주 지역의 대규모 정복 전쟁을 단행하여 후연을 축출하고 요동지역을 장악하였다.

✿ 호우명 그릇

광개토대왕릉비

(영락) 9년(399) 기해에 백제가 서약을 어기고 왜와 화통하므로, 왕은 평양으로 순수해 내려갔다. 신라가 사신을 보내 왕에게 말하기를 "왜인이 그 국경에 가득차 성을 부수었으니, 노객은 백성된 자로서 왕에게 귀의하여 분부를 청한다."라고 하였다. …10년 경자에 보병과 기병 5만을 보내 신라를 구원하게 하였다.… 관군이 이르자 왜적이 물러가므로, 뒤를 급히 추격하여 임나가라의 종발성에 이르렀다. 성이 곧 귀순하여 복종하므로, 순라병을 두어 지키게 하였다.

Chapter 1 삼국의 성립과 발전

- 신라구원(400년) : 신라에 왜가 침입하자 기병과 보병 5만의 군사를 보내 왜를 격퇴하고 고구려는 신라에 영향력을 행사하였다. 광개토 대왕의 신라 구원 내용은 중국 지방에 위치해 있는 광개토대왕릉비에 기록되어 있다. 또 신라의 호우총에서 발견된 호우명 그릇은 고구려가 신라의 내정을 간섭했음을 보여준다.

ⓛ 장수왕(5세기)
- 평양 천도(427년) : 귀족세력의 약화를 통한 왕권강화와 남하정책을 목적으로 수도를 국내성에서 평양성으로 천도하였다.
- 영토 확장 : 백제의 수도인 한성을 함락하고 개로왕을 전사시켰다. (475년) 한강 유역을 장악하고 중원고구려비를 건립하였다.
- 경당설치 : 지방에 설치된 교육기관으로 한학과 무술을 함께 교육하였다.
- 대외 관계 : 중국 남북조와 등거리 외교를 전개하면서 대립하던 두 세력을 견제하였다.

🌸 중원고구려비

중원고구려비

5월 중에 고구려 대왕이 상왕공(相王公)과 함께 신라의 매금(寐錦, 왕)을 만나 영원토록 우호를 맺기 위해 중원(中原)에 왔으나, 신라 매금이 오지 않아 실행되지 못하였다. 이에 고구려 대왕은 태자공 전부(前部), 대사자 다우환노(多于桓奴)가 이곳에 머물러 신라 매금을 만나게 하였다. (중략) 신라 매금이 신하와 함께 고구려의 대사자 다우환노를 만나 이곳에 주둔하고 있던 고구려 당주(幢主)인 발위사자 금노(錦奴) 신라 매금이 신하와 함께 고구려의 대사자 다우환노를 만나 있던 고구려 당주(幢主)인 발위사자 금노(錦奴)로 하여금 신라 국내의 중인(衆人)을 내지(內地)로 옮기게 하였다.

🌸 고구려의 전성기

ⓒ 영양왕(6세기)
- 수와의 전쟁 : 고구려의 요서 지방에 대한 선제공격(598년)으로 수의 문제가 공격하였으나 실패하였고 양제를 맞아 을지문덕은 살수에서 수의 군대를 격파하였다.(612년, 살수대첩)
- 역사서의 편찬 : 수와의 전쟁에서 승리하고 이문진에 의해 신집 5권이 편찬되었다.

Part 2 고대의 우리 역사 35

③ 고구려의 멸망
　　㉠ 영류왕(7세기) : 당의 공격을 막기 위하여 연개소문의 주도하에 비사성에서 부여성에 이르는 천리장성을 축조하였다.
　　㉡ 보장왕(7세기) : 안시성에서 양만춘은 당 태종을 맞아 싸웠다. (양만춘의 안시성 전투, 645년) 나·당 연합군의 공격과 지배층의 내분으로 고구려는 멸망(668년)하였다.

(2) 백제의 정치
① 백제의 건국과 발전
　　㉠ 건국 : 고구려 유이민과 한강 유역의 토착민이 건국하였다.(B. C. 18)
　　㉡ 백제의 발전
　　　• 고이왕(3세기)
　　　　- 중앙 집권 체제의 정비 : 중앙에 6좌평과 16관등제를 확립하고 공복제도를 정비하였으며, 율령을 반포하여 중앙 집권 국가의 기틀을 만들었다.
　　　　- 영토 확장 : 한강 유역을 완전히 장악하였다.
　　　• 근초고왕(4세기) - 백제의 전성기
　　　　- 영토 확장 : 마한을 정복하여 전라도 남해안까지 진출하였다.
　　　　- 고구려 공격 : 평양성을 공격하여 고국원왕을 전사시켰다.(371년)
　　　　- 대외 진출 : 요서·산둥·큐슈 지방으로 진출하여 고대 무역권을 형성하였다.
　　　　- 일본과의 관계 : 일본에 칠지도를 하사(369년)하고, 아직기를 파견하여 일본 태자에게 한자를 가르치고 왕인에 논어와 천자문을 전해 주었다.
　　　　- 왕위계승 : 왕위 계승을 형제상속에서 부자상속으로 바꾸었다.
　　　　- 역사 편찬 : 고흥으로 하여금 서기를 편찬하게 하였다.
　　　• 침류왕(4세기 후반) : 동진의 마라난타가 불교를 전래하여 불교를 수용하였다.
　　　• 비유왕(5세기) : 장수왕의 남진 정책에 대항하여 나제동맹을 결성하였다.

▲ 칠지도

나제동맹

구분	백제	신라
나제동맹(433년)	비유왕	눌지왕
결혼동맹(493년)	동성왕	소지왕
나제동맹 결렬(554년)	성왕	진흥왕

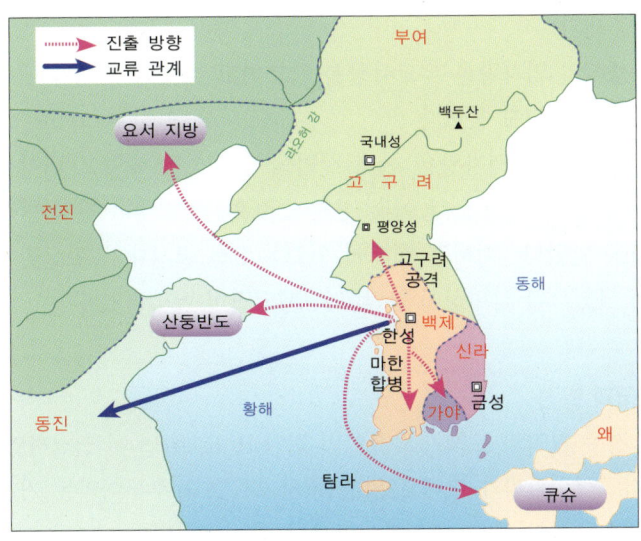

🔷 4세기 백제의 전성기

- 문주왕(5세기)
  - 웅진천도 : 장수왕의 남하정책으로 한성 지역을 잃은 백제는 웅진(공주)으로 천도하였다(475년). → 왕권약화
  - 송과 통교 : 웅진 천도 후 남조의 송과 통교하였다.
② 백제의 중흥과 멸망
  ㉠ 무령왕(6세기)
   - 지방 통제 강화 : 지방에 22담로를 설치하고 왕족을 파견하여 중앙 통제를 강화하고자 하였다.
   - 대외 관계 : 이 당시 백제는 중국의 남조 중 가장 번성한 양나라와 수교를 맺었는데 이러한 사실은 양직공도와 중국 남조의 영향을 받은 벽돌무덤인 무령왕릉을 통해 확인할 수 있다.

🔷 무령왕릉

  ㉡ 성왕(6세기)
   - 수도 천도 : 대외 진출이 용이한 사비(부여)로 천도(538년)하고 국호를 남부여로 개칭하였다.
   - 관제 정비 : 5부 5방의 행정 구역을 정비하고 22부의 중앙 관서를 설치하였다.
   - 불교 진흥 : 승려를 등용하여 불교를 진흥하고 노리사치계로 하여금 일본에 불교를 전파하였다.
   - 나·제 동맹 결렬(554년) : 신라와 연합하여 한강 유역을 일시 회복하였으나 진흥왕의 배신으로 다시 상실하고 신라에 대한 공격과정에서 관산성(충북 옥천) 전투에서 전사하였다.

ⓒ 의자왕(7세기)
- 해동증자 : 의자왕은 유교사상을 강조하고 효성과 우애가 뛰어나 해동 증자라고도 불렸다.
- 백제의 멸망 : 의자왕은 한때 신라의 당항성을 빼앗고 대야성을 함락시키기도 하였으나 이후 정치에 소홀하였고 나·당 연합군의 공격을 받았다. 백제는 계백이 이끄는 5천 결사대가 황산벌에서 맞서 싸웠으나 사비성이 함락(660년)되면서 멸망하였다.

(3) 신라의 정치
① 신라의 건국과 발전
ⓐ 건국 : 경주 지역의 토착민과 유이민 집단(B. C. 57년)이 건국하였다. 초기 박·석·김씨가 교대로 왕위를 차지하였고 우두머리는 거서간 → 차차웅 → 이사금 → 마립간이란 칭호를 사용하였다.

> **신라의 왕호 변천**
>
> 신라의 왕호는 거서간 → 차차웅 → 이사금 → 마립간 → 왕으로 변하였는데, 왕호의 변천은 왕권의 강화를 뜻한다.

ⓑ 내물왕(4세기) - 중앙집권의 기틀 마련
- 왕권 강화 : 초기 박·석·김씨가 교대로 왕위를 독점하였으나 이때부터 김씨의 왕위 독점이 나타났고 대군장이라는 뜻의 마립간 칭호를 사용 하였다.
- 왜구 격퇴 : 고구려의 광개토대왕의 원조를 받아 신라를 침입한 왜구를 격퇴하였다. 이후 고구려 군대는 신라에 주둔하여 신라의 내정을 간섭 하였다.

ⓒ 지증왕(6세기)
- 중국식 제도의 도입 : 중국의 제도를 채택하여 국호를 신라로 바꾸고 왕호를 마립간에서 왕으로 개칭하였다.
- 우산국 정벌 : 이사부를 시켜 우산국을 정벌(512년)하였다.
- 순장 금지 : 노동력 확보를 위하여 순장을 법으로 금지하였다.

ⓓ 법흥왕(6세기)
- 연호 사용 : 건원(建元)이라는 연호를 사용하여 자주적 성격을 보였다.
- 불교 공인 : 눌지왕 때 전래된 불교가 이차돈의 순교를 계기로 공인 (528년)받았다.
- 영토 확장 : 금관가야를 정복하였다.

② 전성기 및 6세기~7세기의 신라
　㉠ 진흥왕(6세기)
　　• 한강 유역 장악 : 고구려가 차지하고 있던 한강 유역을 확보함으로써 중국과 직접 교역이 가능해졌다. 진흥왕은 이 지역에 북한산 순수비를 건립하였다.
　　• 영토의 확장
　　　– 대가야 점령(562년) : 고령 지방의 대가야를 점령하고 창령비를 건립하였다.
　　　– 함경도 진출 : 황초령비와 마운령비 건립하였다.
　　• 화랑도 정비 : 청소년 교육 집단인 화랑도를 정비하여 전국적 조직으로 확대하였다.
　　• 역사서 편찬 : 거칠부로 하여금 국사를 편찬하게 하였다.
　㉡ 진평왕(7세기)
　　• 세속오계 : 원광법사가 화랑도의 계율인 세속오계를 제시하였다.
　　• 대외 관계 : 원광법사를 통하여 수나라에 걸사표를 보내 양제가 고구려를 정벌하도록 하였다.
　㉢ 선덕여왕(7세기)
　　• 호국 불교 : 자장의 건의에 따라 황룡사 9층 목탑을 건립하였다.
　　• 문화 산업 : 첨성대를 건립하고 분황사와 분황사 모전 석탑을 건립하였다.

🔺 신라의 전성기

삼국의 발전

구분	고구려	백제	신라
국가체제정비	태조왕(2세기)	고이왕(3세기)	내물마립간(4세기)
율령반포	소수림왕(4세기)	고이왕(3세기)	법흥왕(6세기)
불교수용	소수림왕(4세기)	침류왕(4세기)	눌지왕(수용), 법흥왕(공인)
귀족회의(수상)	제가회의(대대로)	정사암(상좌평)	화백회의(상대등→중시)

(4) 가야 연맹의 형성과 멸망

① 연맹의 형성과 변화

㉠ 형성 : 낙동강 하류 지역 변한 12국에서 성장한 가야는 6가야 연맹체 국가를 이루었다.

㉡ 전기 가야 연맹

- 연맹의 중심 : 김해평야의 금관가야가 가야 연맹을 주도하는 중심이었다.
- 경제 : 농경문화가 발달하여 벼농사 등이 행해졌고, 철의 생산이 풍부하여 이를 수출하였다. 가야는 낙랑과 왜의 큐슈 지방을 연결하는 중계무역으로 번성한다.

㉢ 후기 가야 연맹

- 후기 가야 연맹 성립(5세기 후반) : 금관가야가 세력이 약화되고 고령의 대가야가 중심이 되어 후기 가야 연맹을 주도하게 된다.
- 금관가야 멸망(532년) : 신라 법흥왕 때 금관가야는 멸망한다.
- 대가야의 멸망(562년) : 신라 진흥왕 때 후기 가야 연맹을 주도하던 대가야마저 정복당함으로써 가야는 중앙 집권 국가로 발전하지 못하고 연맹왕국 단계에서 멸망하고 만다.

② 가야의 문화

㉠ 일본에 영향 : 가야의 토기가 일본에 전해져 스에키 토기에 영향을 미쳤다.

㉡ 가야금의 발명 : 우륵에 의해 가야금이 만들어 졌다.

(5) 삼국의 통치체제

① 삼국의 중앙 관제

구분	고구려	백제	신라
관등	10여 관등(형, 사자)	16관등(솔, 덕)	17관등(찬)
중앙관제	내평, 외평, 주부	6좌평(고이왕), 22부(성왕)	병부, 위화부, 집사부 등 10부
수상	대대로	상좌평	상대등
귀족회의	제가회의	정사암 회의	화백회의

▲ 가야 연맹

② 지방행정 조직

구분	고구려	백제	신라
수도	5부	5부	6부
지방	5부	5방	5주
특수구역	–	22담로(왕족파견)	–

삼국의 발전

구분	시기	내용
고구려	소수림왕(4세기)	율령반포, 불교수용, 태학설립 → 체제의 정비
	광개토대왕(4세기말 ~ 5세기)	만주정복, 북한강 유역 진출, 신라에 원병 파견
	장수왕(5세기)	평양천도(남진정책), 한강유역 확보(중원 고구려비)
백제	근초고왕(4세기)	마한정복, 고구려 공격, 중국의 요서 및 산동, 일본의 규슈지방(칠지도)으로 진출
	성왕(6세기)	사비천도, 22담로 설치 → 지방통제 강화, 남부여로 국호 개칭, 한강유역 공격 일시 회복 → 신라의 배신으로 상실, 신라 공격 중 전사
신라	지증왕(6세기)	국호를 신라로 바꾸고 왕으로 개칭
	법흥왕(6세기)	율령반포, 공복제정, 병부설치, 불교공인, 금관가야 정복
	진흥왕(6세기)	한강유역 확보(단양적성비), 영토확장(순수비)

2 고구려의 대외 항쟁과 신라의 삼국통일

(1) 고구려의 대외 항쟁

① 수와의 전쟁
   ㉠ 수의 1차 침입 : 고구려의 요서지방에 대한 선제공격으로 수 문제의 침입이 있었으나 고구려는 수의 공격을 물리치고 승리하였다.
   ㉡ 수의 2차 침입 : 113만 명의 대군으로 수 양제의 2차 침입이 있었고 고구려에서는 을지문덕이 수의 군대와 맞서 살수에서 수의 군대를 물리쳤다.(살수대첩, 612년)

② 당과의 전쟁
   ㉠ 배경 : 수를 이어 성립한 당은 팽창 정책을 폈고 이에 대해 고구려의 연개소문은 강경책으로 대응하였다.(부여성 ~ 비사성에 이르는 천리장성 축조)
   ㉡ 전개 : 당 태종이 군대를 이끌고 고구려를 침입하였고 고구려의 양만춘은 안시성 싸움에서 당군을 물리쳤다.

③ 수·당 전쟁의 의의

고구려가 중국의 수와 당의 침략을 물리친 것은 중국의 한반도 침략에 대한 야망을 저지시켰고 중국 세력으로부터 한반도를 보호하는 민족의 방파제 역할을 하였다고 할 수 있다.

(2) 신라의 삼국통일

① 나·당 연합군의 결성
- ㉠ 신라 : 여·제동맹으로 고립된 신라는 중국 쪽으로 동맹관계를 돌려 당과 동맹을 맺어 고구려와 백제에 대항하였다.
- ㉡ 당 : 신라를 이용하여 한반도를 장악하려는 야심을 가지고 있었다.

② 백제의 멸망
- ㉠ 원인 : 정치 질서의 문란과 지배층의 향락으로 백제의 국력이 약화되었다.
- ㉡ 경과 : 신라군은 황산벌에서 계백이 이끄는 백제군 격파하고 당군의 공격으로 백제의 수도인 사비성이 함락되면서 백제는 멸망(660년)하였다.
- ㉢ 부흥운동 : 복신·흑치상지·도침 등이 중심되어 주류성과 임존성 거점으로 부흥운동을 일으켰다. 백제의 부흥운동은 4년간 지속되었으나 지배층의 내분과 나·당 연합 연합군에 의해 좌절되었다.

③ 고구려의 멸망
- ㉠ 원인 : 수·당과의 계속된 전쟁으로 인해 고구려의 국력이 소모되었고 연개소문 사후 지배층의 내분이 벌어졌다. 나·당 연합군의 공격을 받은 고구려는 평양성이 함락되면서 멸망(668년)하였다.
- ㉡ 부흥운동 : 검모잠·고연무, 보장왕의 서자였던 안승 등이 한성을 중심으로 부흥운동을 전개하였고 신라는 당을 견제하기 위하여 고구려의 부흥운동을 지원하였으나 부흥운동은 실패로 끝났다. 고구려의 유민들은 후에 발해로 귀속되었다.

④ 당의 한반도 지배 야심
- ㉠ 웅진 도독부 설치(공주, 660년) : 당이 백제의 옛 땅에 설치하였다.
- ㉡ 계림 도독부 설치(경주, 663년) : 당이 신라 경주에 설치하고 귀족의 분열을 도모하였다.
- ㉢ 안동 도호부 설치(평양, 668년) : 당이 고구려의 옛 땅에 설치하였다.

⑤ 나·당 전쟁(668년~676년)
  ㉠ 원인 : 백제와 고구려의 멸망 후 당의 한반도 지배 야욕이 드러나자 신라는 당 세력을 몰아내기 위하여 전쟁을 벌였다.
  ㉡ 전개
    • 매소성 전투(675년) : 당의 20만 대군을 매소성에서 격파하면서 나·당 전쟁의 주도권을 확보하였다.
    • 기벌포 전투(676년) : 금강 하구에서 당의 수군 격파하였다.
    • 삼국통일의 완성 : 신라 문무왕 때 당 세력을 축출하고 삼국통일을 완성(676년)하였다.
⑥ 삼국통일의 의의와 한계
  ㉠ 한계 : 당 세력을 끌여들여 외세에 의존하였으며, 고구려의 옛 영토를 완전히 회복하지 못하고 대동강에서 원산만에 이르는 지역으로 영토가 축소되어 불완전한 통일이라는 한계를 가지고 있다.
  ㉡ 의의 : 통일 과정에서 당의 세력을 축출한 자주적 통일이었으며, 우리민족 최초의 통일로 민족문화 발전의 토대가 마련되었다.

삼국의 대외관계

구분	시기	내용
4세기	백제의 전성기	백제는 일본과 친선관계 유지
5세기	고구려의 전성기	고구려 ↔ 나제동맹
6세기	신라의 전성기	신라의 한강유역 차지 → 나제동맹 결렬
7세기	신라의 삼국통일	나당동맹 ↔ 돌궐+고구려+백제+일본(동서축과 남북축의 대립)

3 남북국 시대의 정치

(1) 통일 신라의 정치
① 신라 중기(중대)의 정치적 변화(왕권강화)
  ㉠ 무열왕
    • 진골의 왕위 독점 : 최초의 진골 출신 왕으로 이후 무열왕의 자손만이 왕위를 세습하게 되었다.(무열왕 ~ 혜공왕)
    • 왕권의 강화 : 집사부 장관 시중(중시)의 권한을 강화시켰다.

만파식적(萬波息笛)

임오년(682) 5월 초하룻날 파진찬 박숙청이 아뢰었다. "동해 가운데 작은 산이 감은사를 향해 와서 파도가 노는 대로 왔다 갔다 합니다." … 산 모양은 거북이 머리처럼 생겼고 꼭대기에 대나무 한 그루가 있었다. … 왕이 배를 타고 산으로 들어가니 용이 말하였다. "폐하께서 이 대나무로 피리를 만들어 불면 천하가 화평해질 것입니다. 지금 아버님(문무왕)께서 바다 가운데 큰 용이 되시고 김유신도 천신이 되셨습니다. 두 분 성인이 마음을 합하여 이같이 값으로 헤아릴 수 없는 큰 보물을 만들어 저를 시켜 바치게 한 것입니다." … 왕이 행차하여 돌아와 대나무로 피리를 만들게 하였다. 이 피리를 불면 적병이 물러가고 병이 나았다. 가뭄에는 비가 오고 장마가 개고 바람이 자고 파도가 그쳤다. 이 피리를 만파식적(萬波息笛)이라 부르고 국보로 삼았다.

농민의 반란

진성왕 3년(889) 나라 안의 여러 주와 군에서 공부를 바치지 않아 창고가 비어버리고 나라의 씀씀이가 궁핍해졌다. 왕이 사신을 보내 독촉하였고 이로 인하여 곳곳에서 도적들이 일어났다. 이에 원종과 애노 등이 사벌주(상주)를 근거로 반란을 일으켰고 왕이 나마 벼슬의 영기에게 명하여 붙잡게 하였다. 영기가 적의 보루를 멀리서 보고 두려워 나아가지 못하였다.

진성왕 10년(896) 국도(경주)에서 서남방면에서 도적이 일어났는데 붉은 바지를 입고 특이하게 굴어 사람들이 붉은 바지도적(적고적)이라고 불렀다.

「삼국사기」

ⓒ 신문왕(681년~692년)
- 귀족세력 약화 : 김흠돌의 모역사건으로 귀족세력을 대거 숙청하였다.
- 토지제도 개편 : 관료전을 지급하고 녹읍을 폐지하여 귀족의 경제적 기반을 약화시켰다.
- 지방 행정 조직 정비 : 통일 이후 넓어진 영토를 효과적으로 통치하기 위하여 전국의 행정구역을 9주 5소경으로 개편하였다.
- 군사 제도 정비 : 중앙군으로 9서당, 지방군으로 10정을 설치하였다.
- 교육기관 설치 : 최고 교육기관인 국학을 설치하여 유학 교육을 강화 하였다.
- 문화 시책 : 만파식적(萬波息笛)의 제작은 왕실의 번영과 강력한 왕권을 상징하는 전설이다.

ⓒ 성덕왕 : 일반 백성에게 정전을 지급하여 민생을 안정시키고 지배체제를 강화하였다.

ⓔ 6두품의 개혁정치 동참
- 왕권과 결탁 : 왕권과 결탁하여 왕의 전제 왕권 강화에 기여하였다.
- 6두품 세력의 성장 : 왕의 정치적 조언자, 행정 실무를 담당하였다.

② 신라 말기(하대)의 정치적 변화
ⓐ 지방 통제력의 약화
- 지방세력의 반발 : 일부 지방 세력들이 중앙 정부에 대해 반발하기 시작했고 중앙 정부의 지방 통제력은 약화되는 계기가 되었다.
- 진골 귀족 간의 왕위 쟁탈전
  - 김헌창의 난 : 왕위 계승에 불만을 갖은 김헌창이 국호를 장안(長安), 연호를 경운(慶雲)이라 하고 반란을 일으켰다.
  - 장보고의 난 : 신라의 왕위 쟁탈전에 가담한 장보고는 암살당하고, 장보고 사후 청해진은 폐쇄되고 주민들은 강제로 이주되었다.

③ 농민의 몰락과 저항
ⓐ 귀족의 토지 소유 확대와 수취제도의 모순
- 귀족의 토지 소유 확대 : 신라 하대 귀족들의 대토지 소유가 확대되었고, 농민의 부담은 갈수록 커졌다.
- 수취제도의 모순 : 지속되는 자연재해와 왕실과 귀족들의 사치로 인하여 국가 재정은 파탄 나고, 농민에 대한 수탈이 더욱 강화되었다.

○ 농민의 저항
- 민란의 발생 : 자영농이 대거 몰락하면서 농민들의 불만이 증가하였고 이들은 신라 중앙 정부에 대한 불만을 민란으로 표출하였다.
- 민란의 확대 : 경상도의 사벌주(상주)에서 일어난 원종과 애노의 난이 대표적이고 서남 지방을 중심으로 적고적이 봉기하면서 농민 봉기는 전국적으로 확산되었고 신라 중앙 정부의 지방 통제력은 갈수록 약화되었다.

④ 호족의 성장과 6두품의 반 신라적 경향
  ⊙ 호족의 성장
- 호족의 정의 : 신라 중앙 정부의 통제력이 약화되자 지방에서 스스로를 장군 또는 성주라 칭하면서 그 지역의 행정권, 군사권, 경제권을 행사한 세력을 의미한다.
- 사상 : 호족들은 선종, 풍수지리, 도교 등을 수용하였고 이것은 새로운 국가 수립의 사상적 배경이 되었다.
  ⓒ 6두품의 개혁 시도
- 개혁적 사상 제시 : 유교적 정치 이념을 제시하며 골품제의 모순을 비판하면서 과거제의 실시와 새로운 유교 정치 이념을 제시하기도 하였다.(최치원 시무 10조)
- 반 신라적 경향 : 지방 호족과 연계하여 사회 개혁을 추구하는 등 반 신라적 경향을 보이게 되었다.

신라 중대와 하대의 비교

구분	중대	하대
정치	• 전제 왕권의 확립 • 무열계의 왕위 세습 • 집사부의 강화(상대등 약화, 시중 강화)	• 내물계 왕위 세습 • 진골귀족 간의 왕위 쟁탈전 격화 • 전제왕권 몰락, 귀족 세력 부활(상대등 강화) • 호족의 성장(성군, 장군으로 칭하며 독자적 세력 구축)
경제	• 녹읍 폐지, 관료전 지급 • 정전 지급(성덕왕)	• 녹읍 부활(경덕왕), 귀족의 농장 확대 • 귀족들의 사치와 수취체제 문란
사회	• 6두품의 전제왕권 협력(설총)	• 농민 반란(원종과 애노의 난) • 골품제의 모순(6두품 불만 고조, 최치원의 시무 10조, 6두품의 반 신라적 경향)
문화	• 유교 이념의 도입(국학 설치) • 교종 유행(조형 미술) • 만파식적(전제 왕권의 상징)	• 독서삼품과(원성왕) • 선종 유행(부도 유행) • 노장 사상, 풍수지리설 유행

(2) 통일 신라의 통치체제

① **중앙 기구**
  ㉠ 중앙 조직 : 신문왕 때 14부로 정비되었다.
  ㉡ 감찰기구 : 감찰기구로 사정부를 설치하였다.

② **지방행정**
  ㉠ 9주의 설치 : 전국을 9개의 주로 나누고 주 아래 군과 현을 설치하였다.
  ㉡ 5소경 : 수도의 편재성 극복을 목적으로 군사·행정상의 요지에 설치하였다.
  ㉢ 특수 행정 구역 : 향과 부곡의 특수 행정구역을 설치하였다.
  ㉣ 지방 견제 : 지방관을 감찰하기 위하여 외사정을 파견하였고, 지방 세력을 견제하기 위하여 상수리 제도를 실시하였다.

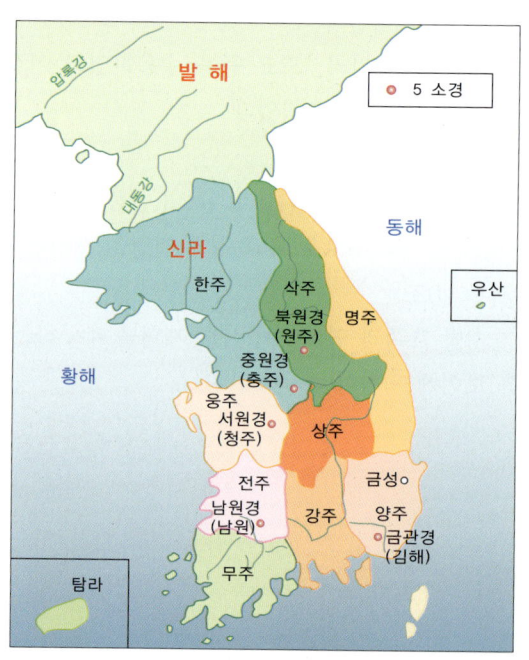

▣ 9주 5소경

상수리제도

지방 세력을 통제하기 위해 호족이나 자제를 일정 기간 경주에 와서 거주하게 하는 일종의 볼모제도이다. 이는 후에 고려의 기인제도로 이어지게 된다.

③ **군사제도**
  ㉠ 9서당 : 통일 신라의 중앙군으로 9서당을 편성하고 민족 통합 정책의 일환으로 고구려, 백제, 말갈인들도 9서당에 포함시켰다.

ⓒ 10정 : 통일 신라의 지방군으로 9주에 1정씩 설치하였으나 국경인 한주에만 2정을 배치하여 10정을 완성하였다.

(3) 후삼국의 성립

① 후백제의 성립(900년)
  ㉠ 건국 : 견훤이 완산주에 도읍을 정하고 건국하였다.
  ㉡ 멸망 : 지나친 반 신라 정책과 조세 수취, 호족 포섭을 실패하였고 지배층의 권력 다툼으로 왕건의 고려에 의해 멸망하였다.

② 후고구려의 성립(901년)
  ㉠ 건국 : 궁예가 송악에 도읍을 정하고 건국하였다.
  ㉡ 멸망 : 지나친 조세 수취와 미륵 신앙을 이용한 전제 정치로 민심이 이반하였고 왕건에 의하여 축출되었다.

(4) 발해의 정치

① 발해의 건국
  ㉠ 건국 : 대조영을 중심으로 한 고구려 유민과 말갈인 집단이 동모산에서 건국하였다.(698년)
  ㉡ 국호와 연호 : 국호를 진(震), 연호를 천통이라 하였는데, 뒤에 국호를 발해로 고쳤다.

② 발해의 발전
  ㉠ 무왕 : 고구려를 멸망시킨 당과 신라와 적대적 관계를 유지하였고 돌궐, 일본과 연합하여 당과 신라를 견제하였다.
  ㉡ 문왕
    • 당과 친선 : 8세기 후반 당과 친선관계를 수립하고 당의 문물을 받아들였다.
    • 신라와의 교류 : 신라도라는 신라와의 상설 교통로 개설하였다.
    • 연호 사용 : 대흥이라는 독자적 연호를 사용하였다.
  ㉢ 선왕
    • 영토 확장 : 발해의 최대 영토를 확보하였다.
    • 방제도 정비 : 국토의 효율적 이용을 위하여 지방제도를 정비하여 5경 15부 62주의 지방제도를 완비하였다.
    • 연호 사용 : 건흥이라는 독자적 연호를 사용하였다.
    • 전성기 : 발해의 전성기로 당으로부터 해동성국(海東盛國)이라 불리었다.

⬆ 발해의 영역

③ 멸망
  ㉠ 원인
    - 내부 요인 : 귀족들의 권력 다툼으로 인해 국력이 쇠퇴하였다.
    - 외부 요인 : 거란의 침입으로 멸망하였다.
    - 결과 : 일부 유민은 고려에 흡수되었고 만주 지역에 대한 우리 민족의 지배력은 상실되었다.
④ 고구려 계승의식
  ㉠ 외교 문서 : 일본에 보낸 국서에 고려 또는 고려국왕이라 표현하였다.
  ㉡ 문화적 유사성 : 정혜공주의 묘의 모줄임천장, 온돌장치, 와당, 불당 등에서 고구려와 발해 문화의 유사성을 엿볼 수 있다.
⑤ 발해의 통치 체제
  ㉠ 중앙 : 당의 3성 6부제를 수용하여 독자적으로 모방하여 3성 6부제를 만들었다. 감찰기관으로 중정대, 서적관리 기관으로 문적원, 최고 교육 기관으로 주자감을 설치하였다.
  ㉡ 지방 : 군사적 요충지에 5경을 설치하고, 그 밑에 15부 62주로 구성하였다. 촌락은 말갈인 촌주가 직접 지배하였다.
  ㉢ 군사제도 : 중앙군으로 10위를 설치하였다.

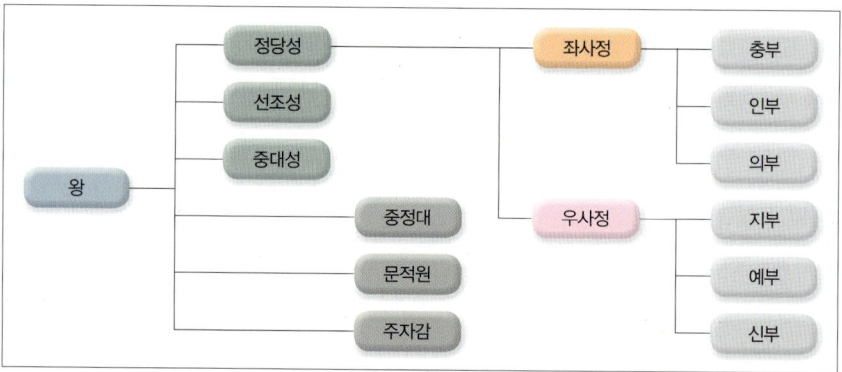

✦ 발해의 중앙관제

대표 기출 문제

01 삼국의 형세가 (가)에서 (나)로 변화하는 시기에 있었던 사실로 옳은 것을 〈보기〉에서 고른 것은? (2점)

7회 5번

〈보기〉
ㄱ. 신라는 백제와 연합하여 한강 유역에 진출하였다.
ㄴ. 금관가야를 중심으로 전기 가야 연맹이 형성되었다.
ㄷ. 백제가 국호를 남부여로 고쳐 국가 중흥을 꾀하였다.
ㄹ. 고구려 광개토 대왕이 신라를 도와 왜(倭)의 세력을 격퇴하였다.

① ㄱ, ㄴ　　② ㄱ, ㄷ　　③ ㄴ, ㄷ
④ ㄴ, ㄹ　　⑤ ㄷ, ㄹ

● 해설
(가)는 5세기 장수왕 때 고구려의 전성기, (나)는 6세기 진흥왕 때 신라의 전성기 모습이다.
ㄱ - 6세기 백제의 성왕과 신라의 진흥왕은 연합하여 고구려가 차지하고 있던 한강 유역에 진출하였다.
ㄷ - 6세기 백제의 성왕은 국호를 남부여로 개칭하였다.
ㄴ, ㄹ - 5세기 장수왕 이전의 일이다.

● 정답 : ②

02 지도에 표시된 인물들이 일으킨 사건의 공통점으로 옳은 것은? (2점)

15회 8번

① 왕위 쟁탈전
② 호족들의 반란
③ 농민들이 일으킨 봉기
④ 백제 유민들의 부흥 운동
⑤ 천민들의 신분 해방 운동

● 해설
96각간의 난, 김범문, 김헌창의 난 등은 신라 하대에 벌어진 왕위 쟁탈전이다.

● 정답 : ①

출제적중문제

정답 및 해설

01
① 5세기(423) 장수왕
② 6세기(538) 성왕 16년
③ 7세기(660) 의자왕 20년
④ 4세기(371) 고국원왕
⑤ 7세기(668) 보장왕

02
삼국의 말단 행정기관인 촌주는 지방의 유력자로서 중앙에서 파견된 지방관은 아니었다.

03
4세기 근초고왕 때의 일을 묻는 문제이다. 관등제를 정비하고 관리들의 공복제도를 정비한 것은 3세기 고이왕 때의 일이다.

---

01 다음 삼국시대의 항쟁 과정 중 시기적으로 두 번째에 해당하는 사실은?

① 고구려는 한강 유역을 완전히 정복하고 중원 고구려비를 세웠다.
② 백제는 국호를 남부여로 바꾸었다.
③ 신라는 당과 함께 백제를 공격하여 멸망시켰다.
④ 고구려의 왕이 평양에서 전사하였다.
⑤ 고구려는 평양성이 함락되면서 멸망하였다.

02 삼국의 통치체제에 대한 설명으로 잘못된 것은?

① 삼국의 지방관은 곧 군대의 지휘관이었다.
② 삼국의 말단 행정단위인 촌까지도 촌주인 지방관을 파견하여 중앙에서 주민을 직접 통치하였다.
③ 고구려의 대대로와 백제의 좌평은 국정을 총괄하는 관직이었다.
④ 삼국 초기에는 5부나 6부가 중앙의 지배집단이 되었다.
⑤ 신라는 법흥왕 때 17관등제를 완비하였다.

03 백제의 세력이 지도와 같았던 왕대의 일로 보기 어려운 것은?

① 고구려를 공격하여 평양성에서 고구려왕을 전사시켰다.
② 일왕에게 칠지도를 하사하였다.
③ 왕위 계승을 형제 상속에서 부자상속으로 바꾸었다.
④ 고흥으로 하여금 「서기」를 편찬하게 하였다.
⑤ 16관등제를 확립하고 공복제도를 정비하였다.

정답 ◉ 01.① 02.② 03.⑤

04 삼국 통일을 전후한 시기에 신라의 정치에 나타난 변화로 보기 어려운 것은?

① 유교적 정치 이념을 도입하려고 하였다.
② 시중보다 상대등의 권력이 강화되었다.
③ 무열왕의 직계 자손이 왕위를 독점하였다.
④ 왕권의 전제화 현상이 나타났다.
⑤ 국왕의 정치적 조언자로서 6두품의 지위가 강화되었다.

05 다음은 발해에 관한 설명이다. 옳지 않은 것은?

① 발해는 고구려인을 지배 계급으로, 말갈인을 피지배 계급으로 한 국가이다.
② 발해의 문화는 당의 문화를 주축으로 말갈족의 전통이 가미된 독특한 문화를 발달시켰다.
③ 발해는 인안, 대흥, 건흥 등의 독자적인 연호를 사용할 만큼 왕권이 강대하였다.
④ 발해는 돌궐, 일본 등과 연결하면서 당과 신라를 견제하여 동북아시아에서 세력 균형을 유지하였다.
⑤ 발해는 당의 3성 6부를 수용하였지만 독자적인 방식으로 운영하였다.

정답 및 해설

04
통일을 전후한 신라 중대의 가장 큰 특징은 왕권의 강화이다. 따라서 집사부의 장관인 시중의 권한이 강화되고 귀족회의의 수장인 상대등의 권력은 약화된다.

05
발해는 고구려 문화를 바탕으로 당의 문화를 독자적으로 수용하였다.

정답 ◉ 04.② 05.②

정답 및 해설

06
제시된 지도의 (가)는 대가야, (나)는 금관가야이다. 금관가야는 6세기 신라 법흥왕 때 복속되었으며 대가야는 6세기 신라 진흥왕에게 멸망하여 가야 연맹은 해체된다. 대가야 이뇌왕은 522년 신라 법흥왕과 결혼 동맹을 맺는다.

---

06 다음 지도의 (가), (나)에 대한 설명으로 옳지 않은 것은?

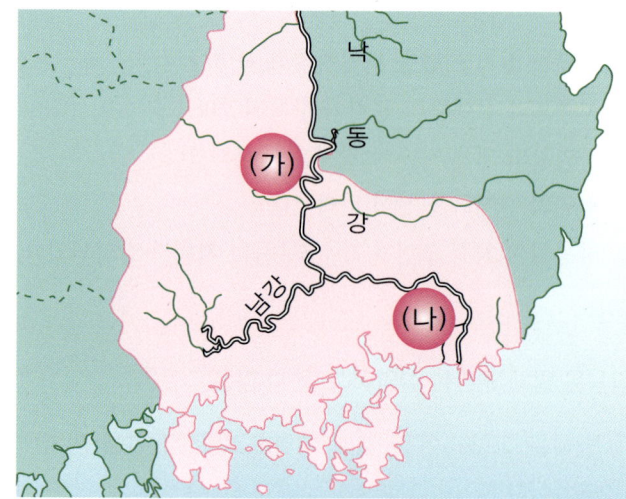

① 4세기경 이 지역의 중심 세력은 (나)였다.
② (가)는 백제, (나)는 신라에게 각각 멸망당하였다.
③ (나)는 낙랑과 왜의 규수 지방을 연결하는 중계 무역을 주도하였다.
④ 고구려군의 공격을 받은 후 연맹의 중심이 (나)에서 (가)로 이동하였다.
⑤ (가)는 6세기 초 국제적 고립에서 벗어나려고 신라와 결혼 동맹을 맺었다.

정답 ◉ 06. ②

고대의 경제

1 삼국시대의 경제

(1) 정복지역에 대한 경제 정책
① 초기 : 군공을 세운 사람에게는 일정 지역의 토지와 농민을 식읍을 지급하고 정복 지역의 지배자를 내세워 토산물을 공물로 수취하였다. 또한 전쟁 포로는 노비로 삼았다.
② 삼국 항쟁기 : 정복 지역에 대한 가혹한 수취로 피정복민의 도망이 빈번해졌고 이에 정복지에 대한 수탈과 차별을 줄였음에도 불구하고 여전히 신분적 차별과 많은 경제적 부담을 졌다.

(2) 경제생활과 수취제도
① 농업 중심의 경제생활
  ㉠ 농업 중심 : 경제생활의 중심이 농업이므로 따라서 토지와 노동력에 대한 관심이 높았다.
  ㉡ 왕토사상 : 모든 국토는 왕의 것이라는 사상이 있었으나 실제적으로 평민인 자영농민들은 자기 소유의 토지를 가지고 있었다.
② 수취제도
  ㉠ 조세와 공물 : 재산의 정도에 따라 호(戶)를 나누어 곡물과 포·특산물 징수하였다.
  ㉡ 역 : 15세 이상의 남자의 노동력이 동원되었다.
③ 농민생활 안정책
  ㉠ 농업 생산력 증대
    • 철제 농기구의 보급 : 철제 농기구는 깊이갈이를 가능하게 했으며 잡초제거와 지력 회복을 가능하게 하였다.(초기에는 귀족들만이 철제 농기구를 보유)
    • 우경 장려 : 소를 이용한 우경을 장려(신라 지증왕)하여 농업 생산력의 증대를 꾀했다.
    • 수리시설 확충 : 저수지를 축조하여 가뭄에 대비하였다.
  ㉡ 구휼 정책 : 고구려 고국천왕 때 을파소의 건의를 받아들여 진대법이 시행되었다.

삼국의 수취제도

세(인두세)는 포목 5필에 곡식 5섬이다. 조(租)는 상호는 1섬, 다음은 7말, 하호는 5말을 낸다. (고구려)
「수서」

세는 포목, 비단 실과 삼, 쌀을 내었는데 풍흉에 따라 차등을 두어 받았다. (백제)
「주서」

건장한 남자는 모두 뽑아 군대에 편입시켜 봉수, 변수(邊戍), 순라로 삼았다. 둔영마다 부대가 조직되어 있다. (신라)
「수서」

2월 한수 북부 사람 가운데 15세 이상된 자를 징발하여 위례성을 수리하였다. (백제)
「삼국사기」

진대법

겨울 10월에 왕이 질양으로 사냥을 나갔다가 길거리에서 주저 앉아 울고 있는 자를 보고 왜 우는지 물으니 이렇게 대답하였다. "저는 본래 가난하여 품팔이로 어미를 봉양해 왔는데, 금년에는 흉년이 들어 한 줌의 양식도 얻지 못해서 웁니다." 왕이 말하기를 "아아, 내가 백성의 부모가 되어 백성들을 이 지경까지 이르게 하였으니 나의 죄이다" 하고는 먹을 것과 입을 것을 주어 달랬다. …… 왕이 관리에게 명하여 해마다 봄 3월부터 가을 7월까지 관곡을 내어 백성의 가구의 다소에 따라 진대(賑貸)함에 차등을 두고, 겨울 10월에 이르러 도로 거둬들이게 법규를 만드니 모든 사람이 크게 기뻐하였다.
「삼국사기」

(3) 수공업과 상업

① 수공업

　㉠ 초기 : 노비들 중 기술이 뛰어난 자에게 국가의 수요품(장신구, 무기)을 생산하게 하였다.

　㉡ 후기 : 국가체제가 정비되면서 관청을 설치하고 수공업자를 배정하여 생산을 하였다.

② 상업

　㉠ 도시에 시장 형성 : 신라 소지왕 때(5세기 말) 경주에 시장이 설치되었다.

　㉡ 동시전의 설치 : 지증왕 때(6세기 초) 시장의 감독관청으로 동시전(東市典)이 설치되었다.

③ 삼국의 대외무역

　㉠ 형태 : 왕실과 귀족의 수요를 충당하기 위한 공무역 중심이었으며 4세기 이후 국제 무역이 발달하였다.

　㉡ 고구려 : 남북조 · 북방 민족과 교류하였다.

　㉢ 백제 : 남중국 및 왜와 교류하였다.

　㉣ 신라
　　• 한강 진출 이전 : 고구려와 백제를 통해 중국과 무역을 하였다.
　　• 한강 진출 이후 : 당항성을 통해 중국과 직접 무역을 하였다.

🔺 삼국의 무역

(4) 귀족과 농민의 경제생활

① 귀족의 경제생활

㉠ 경제적 기반 : 자기 소유의 토지, 국가가 준 녹읍·식읍, 노비를 소유하였다.

㉡ 운영 : 비옥한 토지와 철제 농기구, 소 등을 이용하여 농민보다 유리한 경제 조건을 가지고 노비와 자기 지배하의 농민을 동원하여 경작하였고 고리대를 통해 재산을 증식하였다.

> **식읍과 녹읍**
> ① **식읍** : 왕족이나 공신에게 지급한 토지와 가호로서 조세를 수취하고 노동력을 징발할 권리를 주었다.
> ② **녹읍** : 관료 귀족에게 지급한 토지로 조세를 수취하고 그 지역에 딸린 노동력을 징발할 권리를 주었다.

② 농민의 경제생활

㉠ 생활 : 자기 소유 토지를 경작하거나 남의 토지를 빌려 경작하였다.

㉡ 농민 부담 : 국가와 귀족의 과도한 수취, 전쟁 물자 조달 등으로 부담이 매우 컸다.

㉢ 농민의 자구책 : 농사 기술을 향상시키고 경작지를 확대하였다.

㉣ 농민 몰락 : 자연 재해, 고리대로 인해 다수의 농민이 몰락하였고 노비, 거지, 도적으로 전락하였다.

2 남북국 시대의 경제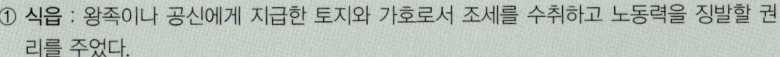

(1) 통일 신라의 경제

① 수취 제도의 변화

㉠ 수취 제도의 개편 목적 : 넓어진 영토의 효과적 관리, 피정복민과의 갈등 해소, 사회 안정이 목적이었다.

㉡ 수취 제도의 개편
- 조세 : 생산량의 1/10을 징수하였다.
- 공물 : 촌락 단위로 특산물을 징수하였다.
- 역 : 군역과 요역으로 이루어졌으며 16세에서 60세까지의 남자가 동원되었다.

> **신라의 민정문서**
> ① 내용 : 인구 수(연령, 성별에 따라 6등급), 호구(사람의 수에 따라 9등급), 소와 말의 수, 유실수의 수, 촌락의 토지 크기 등
> ② 목적 : 조세 수취의 자료로 활용
> ③ 방법 : 3년마다 촌주가 작성 → 변동 사항 조사

② 토지 제도의 개편
  ㉠ 왕권의 강화 : 관료전 지급(687년 신문왕)이 지급되면서 식읍은 제한되었고 녹읍은 폐지되었다.
  ㉡ 농민 생활의 안정 : 일반 백성에게 정전을 지급(722년 성덕왕)함으로써 농민 생활의 안정과 지배, 토지에 대한 국가 지배권 강화를 추구하였다.
  ㉢ 녹읍의 부활(757년 경덕왕) : 귀족들의 반발로 녹읍이 부활하였다.

③ 귀족의 경제생활
  ㉠ 경제 기반 : 국가로부터 받은 토지 및 노비, 목장 등을 소유하고 조세와 공물을 수취하였으며 노동력을 동원하기도 하였다.
  ㉡ 귀족의 호화 생활 : 당이나 아라비아에서 수입한 비단, 유리 그릇 등 사치품을 사용하고 금입택 등의 호화로운 생활을 영위하였다.

④ 평민의 경제생활
  ㉠ 농민 생활의 어려움 : 시비법이 발달하지 못하여 휴경농법이 일반적이었으며 비옥한 토지의 대부분은 귀족들이 소유하고 농민들은 척박한 토지를 소유하여 생산량이 부족하였다.
  ㉡ 지배층의 수탈 증가
    • 조세 부담 : 조세는 통일 전보다 다소 감소했으나 귀족이나 촌주에 의한 수탈은 줄지 않았다.
    • 농민의 몰락 : 8세기 후반 귀족과 지방 세력가(호족)들이 토지를 확대하면서 많은 농민들이 토지를 상실하였고 몰락한 농민들은 노비가 되거나 유랑민 또는 도적이 되었다.
    • 향·부곡민 : 일반 농민 보다 더 많은 공물을 부담하여 생활이 더욱 어려웠다.

⑤ 통일 신라의 대외무역
  ㉠ 당과의 무역 : 통일 후 공무역과 사무역이 모두 발달하였고 무역이 번성하였다.

- 대당 수출품 : 베, 인삼, 금·은 세공품 등이 중심이었다.
- 수입품 : 비단, 서적, 귀족들의 사치품 등이 주로 수입되었다.
- 무역항 : 당항성과 울산항이 있으며 울산항에는 이슬람 상인도 방문하였다.
- 신라인의 대당 진출 : 신라방(신라인들의 거주지), 신라원(사원), 신라소(행정기관), 신라관(여관) 등이 설치되었다.

ⓒ 일본과의 무역
- 초기 : 일본이 신라를 견제하였고 신라도 일본과의 무역에 제한을 두어, 교류가 활발하지 못하였다.
- 후기 : 8세기 이후 정치적 안정과 더불어 일본과의 교류도 활발해진다.

ⓒ 장보고의 활약
- 청해진 설치 : 당나라에서 귀국한 장보고는 해적들을 소탕하면서 청해진(완도)을 설치하였다.
- 무역 독점 : 해상 세력으로 성장한 장보고는 황해와 남해의 해상 교통을 지배하면서 당, 일본과의 무역을 독점하였다.

(2) 발해의 경제

① 수취제도

ⓐ 조세 : 발해는 지형적 특성과 기후로 인하여 논농사보다는 밭농사가 중심이었고 조세도 조, 콩, 보리 등의 밭작물 중심의 곡물을 거두었다.

ⓑ 공납 : 베·명주·가죽 등의 특산물을 공물로 받았다.

ⓒ 역 : 농민들의 노동력을 징발하여 궁궐이나 관청 건립에 사용하였다.

② 발해의 경제생활

ⓐ 농업 : 자연적 조건으로 밭농사 중심의 농업 구조를 가지고 있었으며 일부 지역에서는 벼도 재배되었다.

ⓑ 목축 : 목축과 수렵이 발달하였고 솔빈부의 말과 모피, 녹용, 사향 등은 유명하여 수출되기도 하였다.

ⓒ 국제 무역
- 대당 무역 : 산둥 반도의 덩저우에 발해관을 설치하였다.
- 대일 무역 : 외교 관계를 중시하였고 대규모 무역을 통한 교류가 이루어졌다.
- 신라와의 무역 : 상설 교통로인 신라도를 설치하였다.

대표 기출 문제

01 자료를 토대로 적절하게 추론한 학생을 〈보기〉에서 고른 것은? (2점)
`15회 9번`

- 신문왕 7년 5월에 문무 관료전을 지급하되 차등을 두었다.
- 신문왕 9년 1월에 내외관의 녹읍을 혁파하고, 매년 조(租)를 내리되 차등이 있게 하여, 이로써 영원한 법식을 삼았다.
- 성덕왕 21년 8월에 처음으로 백성에게 정전을 지급하였다.
「삼국사기」

〈보기〉
갑 : 관료들의 힘이 강해지고 왕권은 약해졌을거야.
을 : 상대등의 권력은 이전에 비해 강화되었을거야.
병 : 농민들에 대한 국가의 지배력이 강화되었겠군.
정 : 귀족들이 농민의 노동력을 징발하기가 어려워졌겠군.

① 갑, 을   ② 갑, 병   ③ 을, 병
④ 을, 정   ⑤ 병, 정

● 해설
제시문에서 관료전과 정전이 지급되고 녹읍이 폐지되는 것으로 보아 신라 중대의 상황이다. 신라 중대는 왕권이 강화되고 귀족들의 권한이 약화되는 시기였다.

● 정답 : ⑤

02 지도의 (가), (나) 국가의 경제활동으로 옳지 않은 것은? (1점)
`12회 6번`

① (가) 담비가죽 등의 모피류를 수출하였다.
② (가) 귀족의 수요품인 비단, 책 등을 수입하였다.
③ (나) 동경에서 시작되는 무역로를 통해 일본과 교역하였다.
④ (나) 물품 거래가 활성화되면서 서시와 남시를 추가로 설치하였다.
⑤ (가), (나) 두 국가 사이의 교통로를 통해 사람과 물자가 왕래하였다.

● 해설
동경은 발해의 영토이다.

● 정답 : ③

포인트 출제적중문제

01 다음 자료를 잘 읽고 이를 통해 알 수 있는 신라의 토지 제도에 대한 설명으로 바른 것을 고르시오.

> - 신문왕 7년(687) 5월에 문무 관료전을 지급하되 차등을 두었다.
> - 신문왕 9년(689) 1월에 내외관의 녹읍을 혁파하고 매년 조(組)를 내리되 차등이 있게 하여 이로써 영원한 법식을 삼았다.
> - 성덕왕 21년(722) 8월에 처음으로 백성에게 정전을 지급하였다.
> 「삼국사기」

① 이로써 귀족의 권력이 성장하여 왕권을 위협하게 되었다.
② 이로써 귀족들은 백성들로부터 조세와 노동력을 징발할 수 있게 되었다.
③ 이러한 정책은 귀족에 대한 국왕의 권한을 강화하기 위해 실시되었다.
④ 이러한 토지 제도를 기반으로 신라는 삼국 경쟁의 주도권을 장악하였다.
⑤ 이러한 토지 개혁으로 인해 백성들은 토지에서 유리되고 말았다.

02 다음 중 발해의 경제 활동에 관한 설명으로 올바른 것을 모두 고르면?

> ㄱ. 수취제도로 조세, 공물, 부역을 수취하였다.
> ㄴ. 목축과 수렵이 발달하였으며 솔빈부에서는 말을 수출하기도 하였다.
> ㄷ. 논농사 중심의 농업 구조를 가지고 있었다.
> ㄹ. 신라 견제를 목적으로 일본과는 무역을 하지 않았다.
> ㅁ. 당항성이라는 국제 무역항을 통해 무역을 하였다.

① ㄱ, ㄴ ② ㄴ, ㄷ ③ ㄷ, ㄹ
④ ㄹ, ㅁ ⑤ ㄷ, ㅁ

정답 및 해설

01
토지제도의 개편 방향은 귀족의 권한을 약화시키고 왕권을 강화시키는 목적으로 실시되었다.

02
발해 경제 구조의 특징은 다음과 같다.
- 수취제도 : 조세, 공물, 부역
- 산업 : 농업(밭농사 중심, 철제 농기구의 보급과 수리 시설의 확충으로 일부 지방에 벼농사 보급) 목축과 수렵 발달, 솔빈부의 말 수출
- 상업 : 도시와 교통 요충지를 중심으로 상품 매매 활발, 현물 화폐와 외국 화폐 통용
- 무역 : 당(8세기 후반 활발한 무역, 발해관 설치), 일본(신라 견제를 목적으로 외교 관계 중시, 대규모 무역 활동)

정답 ◉ 01. ③   02. ①

> 정답 및 해설

03
민정문서는 통일 신라 때 촌주가 3년마다 변동 사항을 조사하여 보고하고 국가는 이를 조세 수취의 자료로 활용하였다. 그러나 지방의 촌주는 국가가 파견한 지방관이 아니다.

04
백제는 일본과 고대로부터 지속적으로 교류가 있었다.
① 6세기 지증왕은 우경을 장려하였다.
② 신라는 5세기 소지왕 때 경주에 시장을 설치하였다.
③ 신라는 황해 근처에 있는 당항성을 통해 당과 교류하였다.
④ 삼국은 금, 은, 모피, 인삼 등을 수출하고 비단, 서적, 도자기 등을 수입하였다.

---

03 다음은 통일신라시대의 민정문서의 내용이다. 이를 통해 알 수 있는 사실로 잘못된 것은?

> 토지는 논·밭·촌주위답·내시령답 등 토지의 종류와 면적을 기록하였고 사람들은 인구·가호·노비의 수와 3년 동안의 사망·이동 등 변동 내용을 기록하였다. 그 밖에 소와 말의 수, 뽕나무·잣나무·호두나무의 수까지 기록하였다.
> – 中 –
> 4개 촌은 호구 43개에 총인구는 노비 25명을 포함하여 442명(남 194명, 여 248명)이며, 소 53마리, 말 61마리, 뽕나무 2,429그루 등의 재산을 소유하고 있었다.

① 통일 신라 때의 문서로 당시 촌락의 경제 상황을 알 수 있다.
② 국가가 농민에게 조세, 공물, 역을 부과하는 근거로 삼았음을 알 수 있다.
③ 국가에서 파견된 지방관이 매년 변동 사항을 조사하여 3년마다 다시 작성하였음을 알 수 있다.
④ 국가는 촌락을 촌주를 통해 간접 지배한 사실을 알 수 있다.
⑤ 토지와 사람뿐만 아니라 유실수와 가축 또한 수취대상에 포함되었음을 알 수 있다.

04 다음 삼국의 경제 활동에 대한 서술로 올바르지 않은 것은?

① 철제 농기구를 일반 농민에게 보급하여 소를 이용한 우경을 장려하였다.
② 신라는 5세기 말 경주에 시장을 열어 물품을 매매하였다.
③ 백제는 왜와의 정치적인 대립 관계로 인하여 무역을 하지 않고 남중국과 교류하였다.
④ 신라는 한강 유역으로 진출한 이후에는 당항성을 통하여 직접 교역하게 되었다.
⑤ 삼국의 수입품은 비단, 서적, 도자기 등 대체로 지배층의 사치품이 주를 이루었다.

정답 ◉ 03.③ 04.③

고대의 사회

1. 신분제 사회의 성립과 삼국 사회

(1) 사회계층과 신분제도
① 신분제도의 형성
  ㉠ 계급의 발생 : 청동기의 사용과 함께 정복전쟁 과정에서 계급이 발생하였다.
  ㉡ 위계 서열의 발생 : 정복 전쟁이나 부족의 통합 과정에서 위계질서가 나타났고 이것이 점차 신분 제도로 발전하게 되었다.
② 부여, 초기 고구려의 사회
  ㉠ 가(加), 대가(大加) : 부여 및 초기 고구려의 권력자로 호민을 통해 읍락을 지배하는 한편, 자신의 관리와 군사력을 가지고 정치에 참여하던 계층이었으며 중앙집권국가가 성립하는 과정에서 귀족세력으로 편재되었다.
  ㉡ 호민 : 경제적으로 부유한 읍락의 지배자이다.
  ㉢ 하호 : 농업에 종사하는 평민계층으로 각종 생산 활동에 종사하면서 조세와 부역의 의무를 지니고 있다.
  ㉣ 노비 : 읍락의 최하층으로 주인에게 예속되어 생활하는 천민 계층이다.
③ 귀족, 평민, 천민의 3계층
  ㉠ 귀족(지배층) : 정치권력을 행사하면서 사회적·경제적 특권을 향유하는 계층이다.
  ㉡ 평민 : 대부분 농민으로 자유민이나 정치적·사회적으로 제약이 있다. 조세와 노동력 납부의 의무가 있으며 대부분 궁핍한 생활을 하거나 노비로 전락하기도 하였다.
  ㉢ 천민 : 대다수가 노비이다. 전쟁·세습·형벌·부채 노비 등이 존재하였다.

읽기자료

서옥제

혼인하는 풍속을 보면, 말로써 약속이 정해지면 신부집에서 본채 뒤에 작은 별채를 짓는데 이를 서옥(壻屋)이라 한다. 해가 저물 무렵 신랑이 신부집 문 밖에 와서 이름을 밝히고 꿇어앉아 절하며 안에 들어가서 신부와 잘 수 있기를 청한다. 이렇게 두세 번 청하면 신부의 부모가 별채에 들어가 자도록 허락한다. … 자식을 낳아 장성하면 신부를 데리고 자기 집으로 돌아간다.

「삼국지」

▲ 신라의 골품 관등표

(2) 삼국의 사회모습

① 고구려
- ㉠ 무예 중시 : 척박한 자연환경으로 식량 부족에 시달렸고 약탈경제 구조를 가지고 있었다. 이로 인하여 무예를 숭상하였고 평상시에도 전투 대비 자세를 갖추고 있었다.
- ㉡ 엄격한 형벌 : 반역·전쟁 패배자는 사형에 처하고 도둑질한 자는 12배로 배상하게 하였다.
- ㉢ 사회생활
  - 지배층 : 왕족인 고씨와 5부 출신의 귀족들이 있으며 전쟁과 국정 운영을 담당하였다.
  - 평민 : 대부분 자영 농민으로 조세와 군역의 의무를 지고 있다. 생활이 불안정하여 노비로 전락하는 경우도 있었다.
  - 천민과 노비 : 피정복민, 몰락한 평민으로 구성되었으며 남의 소나 말을 죽인 자 및 빚을 갚지 못한 자는 노비로 전락하였다.
  - 혼인풍습 : 지배층의 혼인 풍습으로는 서옥제와 형사취수제가 있었고 평민들은 자유로운 교제를 통해 결혼하였다.

② 백제
- ㉠ 사회 기풍 : 고구려 유민들에 의해 건국되어 언어·풍속·의복 등은 고구려와 유사하며 상무적(무예 중시) 기풍을 가지고 있었다.
- ㉡ 엄격한 형벌 : 반역·살인자·전쟁 패배자는 사형에 처했으며 도둑질한 자는 귀향과 2배를 배상하게 하였다.
- ㉢ 지배층 : 왕족인 부여씨와 8성의 귀족가문이 있었으며 투호·바둑·장기 등을 즐겼다.

③ 신라
- ㉠ 화백회의
  - 기원 : 사로 6촌의 촌장 회의였던 남당에서 유래한 것으로 씨족 사회의 전통이 계승된 제도라 할 수 있다.
  - 운영 : 진골 귀족인 대등들의 회의에서 선출한 화백회의의 대표를 상대등이라 불렀으며 만장일치제를 채택하였다.
  - 기능 : 각 집단의 부정을 방지하고 귀족과 왕권 사이의 권력을 조절하는 역할을 하였다.
- ㉡ 골품제
  - 성립 : 중앙 집권 과정에서 지방 부족장을 중앙으로 편입시키면서 만들어진 신라의 엄격한 신분제도이다.

Chapter 3 고대의 사회

- 내용 : 골품에 따라 개인의 정치·사회 활동 등을 제한하고, 관등 승진의 상한선을 정하였다. 또한 일상생활에서도 골품에 따라 가옥의 규모, 장식물·수레·복색 등이 규제가 되었다.
- ⓒ 화랑도
  - 기원 : 원시 사회의 청소년 집단에서 그 기원을 찾을 수 있다.
  - 조직 : 귀족 자제 중 선발되는 한 명의 화랑과 그 밑에 귀족과 평민으로 이루어진 다수의 낭도가 구성되는 형태이다.
  - 기능 : 귀족과 평민 간의 계층의 대립과 갈등의 조절 기능과 아울러 인재 양성, 전통적 사회 규범의 습득 등의 기능을 가지고 있었다.
  - 확대 : 진흥왕 때 전국 조직으로 개편되었으며 삼국통일 과정에서 많은 인재를 배출하였다.
  - 세속오계 : 원광법사는 세속 5계를 가르쳐 마음가짐과 행동의 규범을 제시하였다.

세속오계

원광법사가 수나라에 가서 유학하고 돌아와 가실사에 머물며 사람들의 존경을 받고 있었다. 귀산 등이 그 문하에 가서 단정한 태도로 "저희 세속의 선비들이 어리석어 아는 바가 없으니 원컨대 한 말씀을 내려 주셔서 종신토록 계명을 삼았으면 합니다."라고 말하였다. 법사는 "불교의 계율에는 보살계가 있는데 그 종목이 10가지라서 너희처럼 남의 신하된 자로서는 아마 감당하기 어려울 것이다. 여기 세속 5계가 있으니, 하나는 충으로써 임금을 섬기고, 둘은 효로써 부모를 섬기며, 셋은 믿음으로써 친구를 사귀고, 넷은 전장에 나아가 물러서지 않으며, 다섯은 생명 있는 것을 가려서 죽인다는 것이다. 너희는 실행에 옮기되 소홀히 하지 말라."고 하였다.

「삼국사기」

2 남북국 시대의 사회

(1) 통일 신라 시대의 사회

① 통일 신라의 사회 변화
  - ㉠ 민족 통합 : 백제와 고구려의 옛 지배층에게 신라 관등을 부여하고 유민들을 중앙군인 9서당에 편성하는 등 민족 통합 정책을 사용하였다.
  - ㉡ 정치·사회 안정 : 통일 후 경제력이 증대되었고 왕권은 전제화되었다. 6두품들은 왕과 함께 개혁정치에 동참했으나 여전히 높은 관직에는 제한이 있었다.
  - ㉢ 골품 제도의 변화 : 하급 신분층인 1~3두품이 평민화가 되었다.

② 신라인의 생활
  - ㉠ 도시의 번성
    - 금성(경주) : 정치·문화의 중심지로 귀족들이 거주하였으며 거대한 소비 시장을 형성하였다.
    - 5소경 : 지방 문화의 중심지로 옛 백제·고구려·가야의 일부 지배층 및 경주에서 이주한 귀족들이 거주하고 있었다.

- 귀족들의 생활 : 통일 이후 귀족들은 금입택 거주하면서 노비와 사병을 보유하고 교종불교를 후원하였다. 또한 사치품을 선호하여 신라 초기의 소박하고 강건한 기상이 상실되었다.
- 평민들의 생활 : 자기 토지를 경작하거나 귀족의 토지를 소작하였다. 귀족의 사치스러운 생활과 달리 일반 백성은 여전히 궁핍한 생활을 하고 있었다.

③ 신라 말의 사회 모순
  ㉠ 농민 생활 악화 : 귀족들의 농장 확대, 조세 부담 증가, 빈번한 자연재해, 정부의 조세 독촉 등으로 농민은 몰락하여 소작농이 되거나 화전민 또는 노비로 전락하였다.
  ㉡ 호족 등장 : 지방 유력자들이 호족으로 성장하면서 신라 중앙정부의 지배로부터 벗어나기 시작하였다.
  ㉢ 중앙의 통제력 상실 : 9세기 말 신라사회의 모순이 심화되었고 지방의 조세 납부 거부, 전국적인 농민 봉기(원종·애노의 난)등이 나타나기 시작하였다.

(2) 발해의 사회
① 발해의 계층 구조
  ㉠ 지배층 : 고구려계가 주요 관직을 독점하고 지식인들은 당에 유학을 가거나 빈공과에 응시하기도 하였다.
  ㉡ 피지배층 : 대부분이 말갈인이며 이중 일부는 지배층에 편입되기도 하였다. 촌락은 말갈인 촌주가 직접 다스리며 말갈의 전통적 생활 유지하고 있었다.
② 발해 사회와 쇠퇴
  ㉠ 발해의 사회적 분위기 : 고구려 계승의식을 바탕으로 당의 문화를 받아들였다.
  ㉡ 국력의 약화 : 9세기 말을 고비로 발해는 국력이 쇠퇴하여 거란에 의해 멸망하였다.

기출 문제

01 (가)에 들어갈 내용에 대한 설명으로 옳지 않은 것은? (2점)

15회 7번

다음으로, 백제의 사회 모습에 대해 설명하겠습니다.

① 도둑질한 자는 훔친 것의 12배를 물게 했습니다.
② 남조와 주로 교류하여 귀족 문화가 발전하였습니다.
③ 지배층은 투호와 바둑 및 장기를 오락으로 즐겼습니다.
④ 왕족인 부여씨와 8성의 귀족이 지배층을 이루었습니다.
⑤ 귀족은 정사암 회의를 통해 국가 중대사를 결정하였습니다.

● 해설
1책 12법은 부여와 고구려의 풍습이었고 백제는 훔친 것의 3배를 배상하게 하였다.

● 정답 : ①

02 다음 시기의 신라 사회 모습에 대한 설명으로 옳은 것만을 〈보기〉에서 모두 고른 것은?

11회 7번

혜공왕(15) – 선덕왕(5) – 원성왕(13) ········ 진성여왕(10) –
효공왕(15) – 신덕왕(5) – 경명왕(7) – 경애왕(3) – 경순왕(8)
( )안의 숫자는 재위 기간

〈보기〉
ㄱ. 지방에 대한 중앙 정부의 통제력이 약화되었다.
ㄴ. 국왕은 6두품과 결탁하여 전제 왕권을 강화하였다.
ㄷ. 진골 귀족들은 사병을 거느리고 권력 다툼을 벌였다.
ㄹ. 지방에서는 호족이라 불리는 새로운 세력이 성장하였다.

① ㄱ, ㄴ ② ㄱ, ㄹ ③ ㄴ, ㄷ
④ ㄱ, ㄷ, ㄹ ⑤ ㄴ, ㄷ, ㄹ

● 해설
제시된 왕들은 신라 하대의 왕들이다. 신라 하대는 왕권이 약화되고 진골 귀족들의 권한이 강화되었다. 또한 귀족들의 왕위 쟁탈전과 농민 반란으로 사회는 혼란하고 지방에서 독자적 세력인 호족들이 성장하였다.
ㄴ – 신라 중대에 대한 설명이다.

● 정답 : ④

출제적중문제

정답 및 해설

01
진골 귀족은 17관등부터 1등급 까지의 모든 관직에 진출할 수 있었으며 관복의 색깔은 관등에 따른 것이지 골품에 따라 관복의 색깔이 결정된 것은 아니다.

02
화랑도는 귀족과 평민까지 포함되어 있었으므로 귀족과 평민 계층간의 갈등을 조절하는 역할을 하였다. 왕과 귀족 간의 갈등을 조절하는 것은 화백회의이다.

01 다음 표를 통해 알 수 있는 사실로 적합하지 않은 것은?

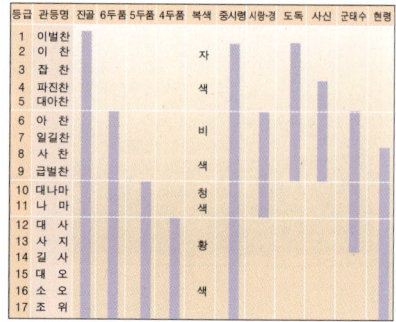

① 4두품은 황색의 공복만을 입을 수 있었다.
② 진골은 대아찬 이상의 관등만 차지하였다.
③ 개인의 지위는 본인의 능력보다는 출신에 따라 결정되었다.
④ 관리의 복색은 관등에 따라 그 색깔을 달리하였다.
⑤ 사회 활동과 정치 활동의 범위는 골품에 따라 결정되었다.

02 다음 단체에 대한 설명으로 옳지 않은 것은?

> 김유신, 사다함 등은 이 단체에서 활동한 인물이다. 김대문은 이 단체를 "현명한 재상과 충성스런 신하가 여기서 솟아 나오고, 훌륭한 장수와 용감한 병사가 이로 말미암아 생겨났다."고 한 바 있다. 또 국가적 위기 때는 전사단으로 군부대에 배속되어 작전에 동원되었으며, 수련 기간이 끝난 뒤에는 정규 부대에 편입되어 정식 군인으로 활동하였다.

① 기원 – 원시 사회의 청소년 집단
② 조직 – 귀족 자제로부터 평민까지 망라
③ 기능 – 국왕과 귀족 간의 권력 조절
④ 구실 – 계층 간의 대립과 갈등을 조절 완화
⑤ 규범 – 원광의 세속 5계 교육

정답 ◉ 01. ④ 02. ③

03 다음 글을 통해서 추론할 수 있는 통일 신라 말의 사회상에 대한 설명으로 올바른 것은?

> 진성왕 3년 국내의 여러 주, 군에서 공물을 바치지 않으므로 창고가 비고 나라의 쓰임이 궁핍해졌다. 이에 왕은 신하를 보내어 세금을 독촉하자 곳곳에서 도적이 벌 떼 같이 일어났다. 이에 원종·애노 등이 사벌주에 의거하여 반란을 일으켰으니 왕이 나마 벼슬의 영기에게 명하여 잡게 하였다. 영기는 적진을 쳐다보고는 두려워하며 나아가지 못하였다.

① 진골 귀족들이 단결하여 신라 왕실에 협조하였다.
② 오랜 전쟁을 거치면서 왕권이 매우 강화되었다.
③ 6두품은 국왕의 정치적 조언자로서 정치적 진출을 활발히 하였다.
④ 백제인, 고구려인, 말갈족을 포함하여 9서당을 편성하여 민족 융합 정책을 폈다.
⑤ 원종과 애노의 난을 시작으로 농민의 항쟁이 전국적으로 확산되었다.

03
제시문은 신라 하대에 일어난 원종과 애노의 난이다. 신라 하대는 왕권이 약해지고 진골 귀족의 권한이 강해지면서 농민들의 수탈을 견디지 못하고 각지에서 농민 봉기가 일어났다.

04 다음은 외국 벽화에 그려진 삼국 시대 우리나라 사신의 모습과 이 나라에 대해 나눈 대화 내용이다. 이 나라에 해당하는 사실이 아닌 것은?

① 왕족인 부여씨와 8성의 귀족가문이 있었다.
② 남의 소와 말을 죽인 자를 노비로 삼았다.
③ 혼인 풍습으로 형사취수제와 서옥제가 있었다.
④ 가난한 농민을 구제하기 위한 진대법이 시행되었다.
⑤ 도둑질한 자는 12배를 물게 하는 등 엄격한 형법이 시행되었다.

04
고구려는 동맹이라는 제천행사와 상무적 분위기를 가지고 있었다. 부여씨가 왕족을 형성하고 8성의 귀족가문이 지배층을 형성한 것은 백제에 대한 설명이다.

정답 ◉ 03. ⑤ 04. ①

정답 및 해설

05
발해는 고구려 유민과 말갈인으로 구성된 국가이다. 고구려 유민들이 지배층을 형성하였고 말갈인들은 피지배층을 형성하여 말갈인 촌주가 다스렸다.
ㄱ. 말갈인들이 피지배층을 형성하였으나 일부는 지배층에 편입되기도 하였다.
ㄷ. 촌락은 말갈의 전통과 풍습에 따라 말갈인 촌주가 직접 다스렸다.

06
① 고구려와 백제의 옛 지배층에게 신라 관등을 주어 포용하였고, 유민들(투항자·포로 등)은 9서당에 편성하였다.
② 6두품은 정치적 진출을 활발히 하였으나, 신분의 제약으로 중앙 관청의 우두머리에는 오르지 못하였다.
③ 통일 후 전제 왕권이 강화되었다.
⑤ 통일 후의 1두품에서 3두품은 평민과 동등하게 간주되었다.

---

05 다음에서 발해 사회의 모습을 바르게 설명한 것으로만 골라 묶으면?

> ㄱ. 말갈인은 지배층에 편입되지 않았다.
> ㄴ. 지배층은 고구려계 사람들로 구성되어 있었다.
> ㄷ. 하층 사회에서는 고구려 내부의 내부 조직을 그대로 보존하였다.
> ㄹ. 주민 구성의 대다수를 차지한 것은 말갈인이었다.

① ㄱ, ㄴ
② ㄱ, ㄷ
③ ㄴ, ㄹ
④ ㄴ, ㄷ
⑤ ㄷ, ㄹ

06 통일 후 신라 사회의 변화에 대한 설명으로 가장 적절한 것은?

① 통일 직후 백제와 고구려의 옛 지배층들을 9서당에 편성함으로써 민족 통합에 노력하였다.
② 6두품 출신은 학문적 식견과 실무 능력을 바탕으로 국왕을 보좌하면서 중앙 관청의 장관 자리에 오를 수 있었다.
③ 통일 신라는 전보다 영토가 늘어났으나 인구가 증가함으로써 경제력의 저하를 가져와 왕권은 약화되었다.
④ 신라의 삼국 통일은 삼국이 지니고 있던 혈연적 동질성과 문화적 공통성을 바탕으로 우리 민족 문화가 성립될 수 있는 계기가 되었다.
⑤ 통일 이후 골품 제도의 변화가 일어나 3두품에서 1두품 사이의 사람들은 귀족이 될 수 있었다.

정답 ⊚ 05.③ 06.④

4 고대의 문화

1 학문과 사상 종교

(1) 교육과 학문

① 한자의 보급과 사용
  ㉠ 한자의 보급 : 경남 다호리에서 출토된 붓을 통하여 철기 시대부터 한자를 사용하였음을 알 수 있다.
  ㉡ 삼국 시대 : 이두와 향찰의 사용되면서 한문이 토착화되었다. 이후 한자가 널리 쓰이면서 한문학이 보급되었다.

② 역사서의 편찬과 유학의 보급
  ㉠ 역사서의 편찬
    • 고구려 : 초기부터 「유기」가 편찬되었고, 영양왕 11년(600년) 이문진이 이를 간추려 「신집」 5권을 편찬하였다.
    • 백제 : 근초고왕 30년(375년) 고흥이 「서기」를 편찬하였다.
    • 신라 : 진흥왕 6년(545년) 거칠부가 「국사」를 편찬하였다.
    • 통일신라 : 김대문은 「화랑세기」, 「고승전」, 「한산기」 등을 저술하였으나 전하지는 않으며 김대문의 저서는 신라의 문화를 주체적으로 인식하려는 경향을 보이고 있다.

③ 고대의 교육기관

고구려	• 수도에 태학을 세워 유교 경전과 역사서를 교육했다. • 장수왕 때 지방에 경당을 세워 한학과 무술을 교육했다.
백제	• 5경 박사와 의박사, 역박사 등이 유교 경전과 기술학 교육을 담당했다. • 개로왕이 북위에 보낸 국서에는 매우 세련된 한문이 나타나며 사택지적비에는 사택지적이 불당을 세운 내력이 기록되어 있다.
신라	• 화랑도에서 교육을 담당하였다. • 두 명의 화랑이 남긴 임신서기석에는 유교 경전의 보급과 이것을 공부했던 내역이 나타나 있다.
통일 신라	• 신문왕 때 국학을 설립하고(682년), 경덕왕 때 태학으로 개칭하여 논어와 효경 등을 교육하였다. 이는 충효윤리를 강조하고자 하는 것이다. • 원성왕 때에는 독서삼품과가 실시되는데 유교 경전의 이해 수준을 시험하여 상·중·하의 3등급으로 나누었다.
발해	주자감을 설치하여 귀족 자제에게 유교 경전을 가르쳤다.

임신서기석

임신년 6월 16일 두 사람이 함께 맹세하고 기록한다. 오늘로부터 3년 이후에 충도(忠道)를 지키고 허물이 없기를 맹세한다. … 시경(詩經), 예기(禮記), 상서(尙書), 춘추전(春秋專)를 3년 동안 차례로 습득하기로 맹세하였다.

독서삼품과

……독서삼품과를 정하여 시행케 하였다. 「춘추좌씨전」, 「예기」, 「문선」을 읽어 뜻에 능통할 뿐만 아니라 「논어」, 「효경」에도 밝은 자를 상품(上品)으로 하고 「곡례」, 「논어」, 「효경」을 읽은 자를 중품(中品)으로 하고, 「곡례」, 「효경」을 읽은 자를 하품(下品)으로 한다. 또 5경(五經)과 3사(三史, 사기·한서·후한서), 제자백가의 책에 모두 능통한 자가 있으면 특채하여 등용한다.

「삼국사기」

(2) 사상의 발달
① 불교의 수용
- ㉠ 고구려 : 4세기 소수림왕 때 전진의 순도로부터 전래되었다.
- ㉡ 백제 : 4세기 침류왕 때 동진의 마라난타로부터 전래되었고 6세기 성왕은 노리사치계로 하여금 일본에 불교를 전해주었다.
- ㉢ 신라 : 5세기 눌지왕 때 고구려의 묵호자로부터 전래되었으나 귀족들의 반발로 공인 받지 못하다가 6세기 법흥왕 때 이차돈의 순교로 공인받게 되었다.
- ㉣ 역할
  - 새로운 국가 정신 확립에 기여하였다.(원광의 세속 5계)
  - 왕권의 강화를 이념적으로 뒷받침하였다.
  - 불교의 수용과 함께 선진문화가 수용되었다.
- ㉤ 발전
  - 고구려 : 6세기 중엽에 대승불교인 삼론종을 들여와 발전하였다.
  - 백제 : 소승불교 성격의 율종이 발달하였다.
  - 신라 : 신라의 불교는 업설(왕과 귀족의 특권 인정), 미륵불 신앙(화랑도와 관련), 왕권과 밀착(불교식 왕명 사용)되어 발전하였다.

② 불교 사상의 발달
- ㉠ 원효
  - 일심(一心)사상 : '모든 것이 한 마음에서 나오고 한 마음으로 돌아온다'는 일심사상을 바탕으로 종파 간의 대립을 조화시키려 하였다. 이러한 사상 하에서 「십문화쟁론」(十門和諍論)을 지어 중관파와 유식파의 사상적 대립을 극복하려 하였다.
  - 불교의 이해 기준 확립 : 「금강삼매경론(金剛三昧經論)」, 「대승기신론소(大乘起信論疏)」 등을 저술하여 불교의 이해 기준을 마련하였다.
  - 불교의 대중화 : 귀족적 성격이 강한 불교에서 원효는 정토종(아미타 신앙)을 실천하여 불교를 대중화하였다.
- ㉡ 의상
  - 화엄사상 : 모든 존재는 상호 의존적 관계에 있으며 서로 조화를 이루고 있다는 화엄사상을 정립하였다.
  - 불교의 대중화 : 아미타 신앙과 함께 관음 신앙을 이끌어 불교의 대중화에 기여하였다.
  - 사원 창건 : 부석사를 창건하였다.

부석사의 창건

스님은 상선을 타고 등주 해안에 도착하였는데, 어느 신도의 집에 며칠을 머무르게 되었다. 그 집의 딸 선묘는 스님을 사모하여 결혼을 청하였으나, 스님은 오히려 선묘를 감화시켜 보리심을 발하게 하였다. … 용으로 변한 선묘는 신라에 도착한 뒤에도 줄곧 옹호하고 다녔다. 스님이 화엄의 대교를 펼 수 있는 땅을 찾아 봉황산에 이르렀으나 도둑의 무리 5백 명이 그 땅에 살고 있었다. 용은 커다란 바위로 변하여 공중에 떠서 도둑의 무리를 위협함으로써 그들을 모두 몰아내고 절을 창건할 수 있도록 하였다.

「삼국유사」

© 혜초 : 인도와 중앙아시아의 여러 나라를 순례하고 「왕오천축국전」을 저술하였다.

③ 선종의 전래
  ㉠ 등장 : 통일 전후에 전래되었으며 신라 말기에 호족의 지원을 받아 성행하였다.
  ㉡ 성격 : 자기 수양과 좌선을 중시하며 불교의식과 권위를 배격하였다.
  ㉢ 발전 : 선종 9산 선문이 성립되었으며 선종은 지방 호족과 결탁 이후 고려 왕조의 사상적 기반으로 작용하였다.

▣ 선종 9산

교종과 선종의 비교

교종	교리 중시	선종	참선, 자기수양 중시
	학문·형식적		실천·개인적
	귀족 옹호		호족, 6두품
	조형 미술 발달		조형미술 쇠퇴, 부도 발달
	중대 발달		하대 발달
	5교 성립		9산 성립

④ 도교와 풍수지리설
  ㉠ 도교의 영향
    • 고구려 고분의 사신도 : 도교의 방위신을 그린 것으로 사후세계를 지켜 주리라는 믿음의 표현이었다.
    • 백제 : 금동대향로, 산수무늬 벽돌, 무령왕릉 지석 등이 도교의 영향을 받았다.
  ㉡ 풍수지리설
    • 전래 : 신라 말 도선에 의해 중국으로부터 도입되었다.
    • 영향
      - 지방의 중요성을 자각하는 계기를 마련하였고, 지방 중심으로 국토를 재편성 할 것을 주장하게 되었다.
      - 선종과 함께 신라 정부의 권위를 약화시켰으며 고려 왕조 개창의 중심 사상이 되었다.

▣ 금동대향로

무령왕릉 지석

을사년(525) 8월 12일 영동 대장군 백제 사마왕은 돈 1만 문(文)으로 토왕, 토백, 토부모와 상하 지방관의 지신(地神)들에게 보고하고 서쪽의 토지를 매입하여 무덤을 쓴다. 이를 위하여 증서를 작성하므로 이 묘역에 관한 어떤 율령에도 구속되지 않는다.

▣ 현무도 ▣ 산수무늬 벽돌 ▣ 장군총 ▣ 무령왕릉 석수

(3) 과학 기술의 발달

① 천문학과 수학

천문학	• 삼국사기의 일월식, 혜성 등 관측기록 → 농경사회에서 천문현상은 매우 중요하였고, 왕의 권위와 하늘을 연관시키려 하였다. • 고구려 : 천문도, 고분벽화의 별자리 그림이 있다. • 신라 : 첨성대(동양에서 가장 오래된 천문대)를 제작하였다.
수학	• 고구려 고분의 석실이나 천장의 구조, 백제의 정림사지 5층 석탑, 신라의 황룡사 9층 목탑 등에 수학적 지식이 활용되었다. • 통일 신라 때 만들어진 석굴암의 석굴구조나 불국사 3층 석탑(석가탑)과 다보탑에 정밀한 수학적 지식이 이용되었다.

② 목판 인쇄술, 제지술, 금속기술

목판인쇄술과 제지술	• 무구정광대다라니경 : 불국사 3층 석탑에서 발견 → 8세기 초에 만들어진 두루마리 불경으로 세계에서 가장 오래된 목판 인쇄물이다. • 제지술 : 닥나무 종이를 사용(다라니경) 하였다. • 기록문화 발전에 기여하였다.
금속기술	• 고구려 : 제철 기술 발달 → 고분 벽화에 철을 단련하고 수레바퀴를 제작하는 기술자의 모습이 사실적으로 표현되었다. • 백제 : 칠지도, 금동대향로(공예 기술의 우수성) 등이 있다. • 신라 : 금세공 기술 발달, 금관, 성덕 대왕 신종(통일 신라 때 제작)이 있다.

> **알아두기**
>
> **무구정광대다라니경**
>
> 1966년 불국사 3층 석탑(석가탑)의 보수공사 과정에서 발견된 금동사리함에 들어있었다. 닥나무 종이에 목판으로 찍은 두루마리 불경으로 세계에서 가장 오래된 목판인쇄물이다.

2 고대인의 자취와 멋

(1) 고분과 고분벽화

① 고구려

㉠ 초기(국내성) : 돌무지무덤이 제작되었으며 대표적 무덤으로는 장군총이 있으나 벽화는 없다.

㉡ 후기(평양성 천도 이후) : 굴식 돌방무덤이 만들어졌으며 고분벽화가 남아 있다. 벽화는 초기에는 무덤 주인의 생활 표현이 주를 이루었으나 후기로 가면서 점차 추상화되었다. 대표적인 고분으로는 무용총, 각저총, 강서대묘, 쌍영총이 있다.

② 백제

㉠ 한성시대 : 이 시기 무덤 양식은 고구려의 영향을 받은 돌무지무덤이 등장한다. 서울 석촌동의 고분은 고구려 양식과 비슷하여 백제 건국세력이 고구려의 유이민임을 보여주는 증거가 된다.

ⓛ 웅진시대 : 굴식 돌방무덤이 나타나며, 중국 남조의 영향을 받은 벽돌 무덤인 무령왕릉도 축조되었다.

ⓒ 사비시대 : 굴식 돌방무덤이 만들어졌고 이 시기 무덤은 규모는 작으나 세련된 모습을 보이고 있다.

③ 신라
  ㉠ 통일 전 : 돌무지 덧널무덤(적석목곽분)이 만들어졌다. 이 무덤 양식은 도굴이 어려워 껴묻거리가 많이 남아 있다. 대표적 무덤으로는 천마총 (천마도), 호우총(호우명 그릇), 황남대총(금관) 등이 있다.
  ㉡ 통일 후 : 굴식 돌방무덤(횡혈식 석실분)이 나타나며 봉토 주위를 둘레돌로 두르고, 12지신상을 조각하는 양식(김유신 묘 등의 유적이 있음)이 등장하였다. 또한 불교의 영향으로 화장법이 유행하였는데 문무왕릉은 신라인의 호국정신을 엿볼 수 있다.

④ 발해
  ㉠ 정혜공주 묘 : 굴식 돌방무덤으로 만들어졌으며 고구려의 고분 양식인 모줄임천장이 나타나 발해가 고구려를 계승한 국가임을 보여주고 있다.
  ㉡ 정효공주 묘 : 벽돌무덤으로 지석과 벽화가 발굴되었는데 이를 통해 발해의 높은 문화 수준을 엿볼 수 있다.

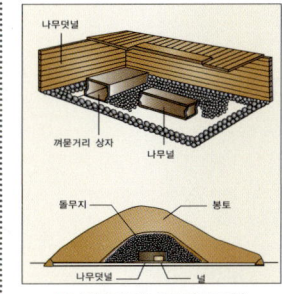
🔹 돌무지 덧널무덤(천마총)

🔹 천마도

(2) 건축과 탑

① 고구려
  ㉠ 궁궐 : 현재 발굴된 궁궐 터 중 가장 규모가 큰 것은 장수왕 때 세워진 안학궁이다.
  ㉡ 탑 : 목탑이 제작되었으나 현재 남아있는 것은 없다.
  ㉢ 불상 : 연가7년명금동여래입상이 대표적이다.

② 백제
  ㉠ 건축 : 무왕은 미륵사와 미륵사지 석탑을 건립했으나 현재는 서탑의 일부만이 남아있다.
  ㉡ 미륵사지 석탑 : 목탑에서 석탑으로 넘어가는 과도기적 특징을 보이는 탑이다.
  ㉢ 정림사지 5층 석탑 : 미륵사지 석탑과 마찬가지로 목탑의 형식을 갖추고 있는 석탑이다.
  ㉣ 불상 : 서산의 마애삼존불이 유명한데 햇빛이 비치는 방향에 따라 부처의 미소가 달리 보인다고 해서 백제의 미소라고도 불린다.

🔹 연가7년명금동여래입상

③ 신라
- ㉠ 건축 : 진흥왕 때 완공된 황룡사가 대표적 건축물이며 그 외 선덕여왕 때 천문관측을 위해 세운 동양에서 가장 오래된 천문대인 첨성대를 축조하였다.
- ㉡ 탑 : 선덕여왕 때 돌을 벽돌 모양으로 깎은 분황사 모전 석탑을 건립했고 황룡사 9층 목탑을 세웠으나 이 중 황룡사 9층 목탑은 몽고와의 전쟁과정에서 소실되었다.
- ㉢ 불상 : 경주 배리 석불 입상은 부드럽고 은은한 미소를 띠고 있는 신라 시대의 대표 불상이다.

◆ 마애삼존불

고대의 석탑
◆ 미륵사지 석탑　◆ 정림사지 5층 석탑　◆ 진전사지 3층 석탑　◆ 쌍봉사 철감선사 승탑　◆ 불국사 3층 석탑　◆ 법주사 쌍사자 석등

④ 통일 신라
- ㉠ 건축 : 불국토의 이상 세계를 표현한 불국사가 건축되었고 석굴암, 안압지(인공연못) 등이 제작되었다.
- ㉡ 석탑 : 삼국통일의 기상이 반영된 초기 석탑인 감은사 3층 석탑, 불국사 3층 석탑(석가탑·무영탑이라고도 함), 다보탑, 진전사지 3층 석탑 및 신라 하대 선종의 영향으로 승탑과 탑비가 유행하였다. 대표적으로는 팔각원당형의 쌍봉사 철감선사 승탑이 유명하다.
- ㉢ 공예 : 법주사 쌍사자 석등, 현존 최고의 범종인 상원사 종, 성덕대왕 신종 등이 제작되었다.

◆ 석굴암 본존불상

⑤ 발해
- ㉠ 고구려 문화 계승 : 궁궐의 온돌 장치, 벽돌, 기와 무늬, 자기공예 등에서 고구려의 양식을 계승한 양식이 등장하였다.
- ㉡ 당 문화의 수용 : 당의 장안성을 모방하여 상경의 주작대로를 만들었고 3성 6부제를 독자적으로 수용하였다.

(3) 글씨, 그림과 음악

① 글씨 : 고구려에는 웅건한 서체가 사용된 광개토 대왕 비문의 글씨가 있었다. 신라의 김생은 독자적 서체를 개발하였는데 고려 시대에 와서 김생의 글씨를 선별하여 집자비문을 만들었다.

◆ 발해 석등

② 그림 : 천마총의 천마도와, 신라의 솔거가 그렸다는 황룡사 벽의 소나무 그림 등이 유명하다.

③ 음악 : 신라의 백결 선생(방아타령), 고구려 왕산악(거문고), 가야의 우륵(가야금) 등이 있다.

(4) 우리문화의 일본 전파

① 삼국 문화의 일본 전파

㉠ 고구려
- 담징 : 호류사 금당 벽화를 그렸으며, 종이와 먹 제조 방법을 전파하였다.
- 혜자 : 쇼토쿠 태자의 스승이 되었다.
- 혜관 : 일본에 삼론종을 전파하였다.
- 수산리 고분 벽화 : 일본의 다카마쓰 고분에서 발견된 벽화는 수산리 고분의 벽화와 유사하여 고구려의 영향력을 엿볼 수 있다.

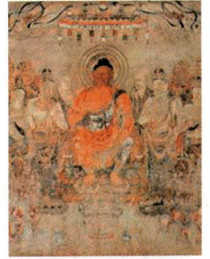
호류사 금당 벽화

㉡ 백제
- 아직기 : 일본 태자에게 한자를 교육하였다.
- 왕인 : 천자문과 논어를 일본에 전파하였다.
- 노리사치계 : 불경과 불상을 전파함으로써 일본에 불교를 전래시켜 주었다.
- 5경박사, 의박사, 역박사 : 박사들이 파견되어 유교 경전과 역사서를 전래하였으며 이 결과 백제의 가람 양식이 나타났다.

수산리 고분 벽화

㉢ 신라
- 교류 : 일본과 사이가 좋지 않아 다른 나라에 비해 상대적으로 교류가 적었다.
- 문화전래 : 조선술(造船術), 축제술(築堤術) 등을 전래하여 한인의 연못이라는 이름이 생겼다.

② 삼국 문화의 영향
삼국의 문화는 일본의 아스카(飛鳥文化)에 영향을 미쳤다.

③ 통일신라 문화의 일본 전파
㉠ 전래 내용 : 심상에 의해 화엄종이 전래되고 불상, 탑, 정치 제도 등에 영향을 미쳤다.
㉡ 통일신라 문화의 영향 : 통일신라의 문화는 일본에 전래되어 일본의 고대문화인 하쿠호 문화 형성에 영향을 미쳤다.

다카마쓰 고분 벽화

기출 문제

01 자료에서 설명하고 있는 문화유산으로 옳은 것은? (2점)

15회 5번

△△신문   2012년 ○월 ○○일

문화재 다시 보기

이 탑은 경주에 남아 있는 삼국 시대의 석탑으로 돌을 벽돌 모양으로 다듬어 쌓은 것이다. 임진왜란 때 반쯤 파괴되었는데, 1915년에 수리하였다. 현재는 일부 층만 남아 있으나 원래는 7층 혹은 9층이었을 것으로 추측된다. 국보 제30호로 지정되어 있다.

①    ②    ③    ④    ⑤

● 해설
제시문은 선덕여왕 때 축조된 분황사 모전 석탑에 대한 설명이다.

● 정답 : ⑤

02 자료의 (가)에 해당하는 문화재로 옳은 것은? (2점)

11회 8번

교사 : 지금 여러분이 보고 있는 것은 「양직공도」에 실린 백제 사신의 모습입니다.
학생 : 「양직공도」가 무엇입니까?
교사 : 양나라에 파견된 32개국의 외국인 사절을 그림으로 그리고 설명을 덧붙인 것입니다. 이를 통해 우리는 당시 백제가 남조의 양나라와 교류하였음을 알 수 있습니다. 이 밖에도 백제가 양나라와 교류하였다는 것을 나타내는 유적·유물로는 (가)이(가) 있습니다.

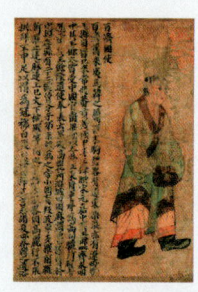

① 칠지도

② 금동 미륵보살 반가 사유상

③ 무령왕릉

④ 호우명 그릇

⑤ 황금 보검

● 해설
무령왕릉은 백제 시대에 축조된 벽돌무덤이다. 벽돌무덤은 중국 양식의 무덤으로 당시 백제가 중국의 남조와 교류했음을 보여주는 유적이다.

● 정답 : ③

출제적중문제

01 다음 글의 내용과 관련하여 이 당시 새로이 수용된 밑줄 친 종교의 역할을 바르게 설명한 것은?

> 삼국시대에 들어와서도 민간에서는 천신, 일월신, 산신, 해신 등의 여러 신을 모시는 샤머니즘과 점술이 널리 퍼져 있었다. 왕실이나 지배 부족들은 조상의 영혼이 자신들과 밀접한 관계를 가지고 있는 것으로 믿었다. 그리하여 왕이나 족장은 시조에 대한 제사를 담당하면서 그 후계자의 지위를 누렸다. 그러나 사회는 이미 초부족적인 상태로 변하였으므로, 샤머니즘 등의 원시 종교를 가지고서는 확대된 사회를 이끌어갈 수 없게 되었다. 이에 부족과 부족을 통합할 수 있는 이념을 가진 <u>새로운 종교</u>가 이를 대신하여 큰 세력을 얻게 되었다.

① 국민정신의 통일을 이루어 중앙 집권화에 기여하였다.
② 하층민을 중심으로 수용되어 신분제의 갈등을 해소하는 데 기여하였다.
③ 국토의 재편성을 주장하여 중앙 정부의 권위를 약화시키는 구실을 하였다.
④ 도관이 건립되고 국가의 안녕과 왕실의 번영을 기원하는 초제가 거행되었다.
⑤ 개인적인 정신세계를 찾는 경향이 강하여 새로운 시대의 정신적 기반이 되었다.

02 고대 사회의 학문과 사상·종교에 대한 설명으로 옳지 않은 것은?

① 한자를 대신해서 이두와 향찰로 우리말을 기록하기도 하였다.
② 왕실의 권위를 높이기 위해 역사책을 편찬하기도 하였다.
③ 고구려 경당에서는 한학과 무술을 가르쳤다.
④ 교육 기관으로 통일 신라는 국학을, 발해는 주자감을 설치하였다.
⑤ 신라의 임신서기석은 도교의 영향을 받았다.

정답 및 해설

01 밑줄 친 새로운 종교는 불교이다. 불교는 수용과정에서 백성들의 사상적 통일과 왕권 강화에 기여하였다.

02 임신서기석을 보면 신라 청소년들이 유교 경전을 공부했던 사실을 알 수 있다.

정답 ◉ 01. ① 02. ⑤

정답 및 해설

03
화엄사상은 의상의 사상이다. 원효는 불교의 대중화를 주창하며 아미타 신앙(정토종)을 주창하였다.

04
교종 불교는 신라 중대 왕권을 강화시키는 데 기여하였고, 선종은 신라 하대 호족들의 지원을 받으며 고려 건국의 사상적 기반으로 작용하였다.
⑤ 국토의 재편성을 주장하였던 사상은 신라말 풍수지리설이다.

---

03 다음은 원효의 업적이다. 잘못 이해한 것은?

> • 대승기신론소   • 금강삼매경론
> • 십문화쟁론   • 아미타 신앙

① 불교의 사상적 이해 기준을 세웠다.
② 불교 대중화의 길을 열었다.
③ 종파 간 융합을 시도하였다.
④ 화엄사상을 정립하였다.
⑤ 모든 것이 한마음에서 나온다는 일심사상을 주장하였다.

04 다음은 불교의 교종과 선종과의 관계를 비교한 것이다. 올바르지 않은 것은?

구분	교종	선종
① 교리	경전의 이해를 통하여 깨달음 추구	구체적인 실천수행을 통하여 깨달음 추구
② 유행시기	중대	하대
③ 지지세력	왕실. 진골귀족	호족
④ 종파성립	5교	9산
⑤ 영향	국토를 재편성하려는 주장으로 발전	고려 건국의 사상적 기반 마련

정답 ◉ 03.④   04.⑤

05 다음 고분에 대한 설명으로 올바르지 않은 것은?

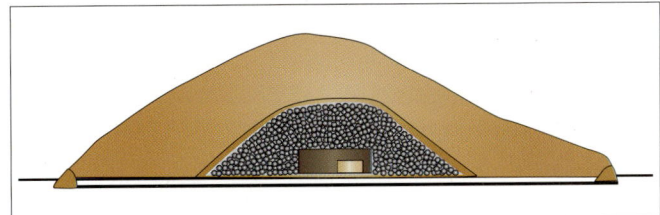

① 신라 초기의 고분 양식이다.
② 나무 덧널을 놓고 그 위에 봉토만을 덮었다.
③ 고분의 특성상 껴묻거리가 많이 남아 있다.
④ 천마총이 대표적인 고분이다.
⑤ 벽화가 존재하지 않는 형태의 고분이다.

06 다음 각 문화재에 대한 설명으로 올바르지 않은 것은?
① 불국사 – 통일신라 시대 불국토의 이상을 실현하고자 하는 신라인들의 의지가 잘 담겨 있다.
② 안압지 – 통일신라 시대 뛰어난 조경술을 보여 주는 것으로서 화려한 귀족 생활을 엿보게 해준다.
③ 석가탑 – 통일신라 시대 3층 석탑의 전형적인 양식을 보여 주는 탑이다.
④ 철감선사 승탑 – 신라 하대 선종의 유행과 관련하여 팔각원당형의 승탑이 많이 조성되었다.
⑤ 황룡사 9층 목탑 – 삼국 통일을 이루어 낸 신라인들의 진취적인 기상이 잘 반영되어 있는 현존하는 가장 오래된 목탑이다.

정답 및 해설

05
신라 초기의 돌무지 덧널무덤은 나무덧널을 놓고 돌을 쌓고 그 위에 봉토를 덮었다. 벽화는 존재하지 않으며 천마총의 천마도는 벽화가 아닌 말다래에 그려진 그림이다.

06
황룡사 9층 목탑은 자장의 건의로 선덕여왕 때(645) 만들어진 탑으로 신라의 호국 불교를 보여주는 탑이다. 그러나 몽고와의 전쟁과정에서 소실되어 현존하지는 않는다.

정답 ⊙ 05.② 06.⑤

Part 3

중세의 우리 역사

- **Chapter 01** 중세의 정치
- **Chapter 02** 중세의 경제
- **Chapter 03** 중세의 사회
- **Chapter 04** 중세의 문화

중세의 정치

1 고려의 성립

(1) 후삼국의 성립
① 후백제의 건국(900년~936년)
  ㉠ 건국 : 견훤이 완산주에 도읍을 정하고 건국하였다.
  ㉡ 발전 : 우세한 경제력과 강력한 호족 세력을 바탕으로 군사적 우위를 점하였고, 중국 등과도 외교 관계를 체결하였다.
  ㉢ 한계 : 지나친 조세 수취로 인하여 호족과 백성의 민심을 잃었고 이후 지배층의 내분으로 견훤이 왕건에게 귀순하고 고려와의 전투에서 패배하면서 멸망하였다.
② 후고구려의 건국(901년~918년)
  ㉠ 건국 : 궁예는 송악(개성)에 도읍을 정하고 후고구려를 세웠다.
  ㉡ 발전 : 궁예는 철원으로 천도하고 국호를 마진, 태봉으로 바꾸었다. 국정을 총괄하는 광평성을 비롯한 9관등제를 마련, 관제를 개편하고 골품제를 대신할 새로운 신분제를 모색하는 등 체제를 정비하였다.
  ㉢ 한계 : 과도한 수취와 미륵 신앙을 이용한 지나친 전제 정치로 민심을 잃었고 왕건에 의해 축출되었다.

(2) 고려의 건국과 민족의 재통일
① 고려의 건국(918년)
  왕건은 민심을 잃은 궁예를 몰아내고 송악을 도읍으로 선포하고 나라 이름을 고려라 하였다.
② 민족의 재통일
  고려 태조는 발해가 멸망(926년)하자 유민들을 포용하였고 후백제 견훤의 귀순과 신라 귀부(935년)를 받아들였다. 이후 왕건은 후백제의 정벌(936년)에 나섰고 후백제와의 전투에서 승리함으로써 후삼국시대를 통일하였다.

2 고려의 발전

(1) 통치 체제의 정비

① 태조

㉠ 민생안정책
- 취민 유도 : 조세 수취의 법도를 마련하여 호족의 과도한 수취를 금지시켰다.
- 조세율 조정 : 백성들을 안정시키고자 세율을 1/10으로 경감시켰다.
- 흑창 설치 : 고구려의 진대법을 계승한 것으로 성종 때 의창으로 변모하였다.

㉡ 호족 정책
- 회유책 : 호족을 중앙 관리로 등용하였고 역분전이라는 이름으로 토지를 지급하였다. 또한 혼인 정책과 사성 정책을 시행하고, 지방의 자치권을 인정하는 등 호족 회유 정책을 사용하였다.
- 강경책 : 신라의 경순왕을 최초의 사심관으로 임명하는 등 지방의 유력자를 사심관으로 임명하는 사심관제도가 시행되었고 신라의 상수리 제도를 계승하여 기인제도를 시행하였다.

㉢ 북진 정책
- 내용 : 고구려를 계승한다는 의미로 국호를 고려로 하고, 북진 정책의 전진기지로 서경을 중시하였다.
- 거란에 대한 강경책 : 태조는 거란이 발해를 멸망시킨 국가이므로 교류 할 수 없다며 거란에 대한 강경책을 고수하였다.

만부교 사건
거란은 고려와 친선 관계를 맺고자 사신과 낙타 50마리를 보내왔다. 고려 태조는 사신 30명을 섬으로 쫓아 보내고 낙타는 만부교 밑에 매어놓고 굶어 죽게 하였다.

② 광종의 왕권 강화책

㉠ 노비안검법 : 본래 양인이었던 사람 중 불법으로 노비가 된 자를 다시 양인으로 해방시키는 내용을 담고 있다. 이 법은 호족 세력의 약화를 통한 왕권 강화와 양인의 숫자 확보로 국가 재정을 확충하려는 목적이었다.

㉡ 과거제 실시 : 쌍기의 건의로 과거제가 실시되었고 이것은 신구 세력의 교체 도모, 인재 양성을 목적으로 하였다.

훈요 10조

(1조) 우리나라가 대업을 이룬 것은 부처가 지켜주었기 때문이다.

(2조) 모든 사원은 도선이 산수의 순역을 가려 개창한 것이다. 신라 말 사원을 함부로 지어 나라가 망하였다. 마땅히 경계해야 할 것이다.

(4조) 중국 제도와 풍속은 배워야 하지만 반드시 똑같게 할 필요가 없다. 거란은 짐승같은 나라이다. 본받지 말라.

(5조) 서경은 우리나라 지맥의 근본이며 만대에 전할 땅이다. 반드시 100일 이상 머물도록 하라.

(6조) 연등은 부처를 모시는 것이고, 팔관은 하늘·산·강을 섬기는 것이다. 두 행사를 줄이지 말라.

「고려사, 고려사절요」

ⓒ 백관의 공복제 : 관리의 복색을 관등에 따라 구분하여 지배층의 위계질서 확립하였다.
ⓔ 칭제건원 : 황제 칭호와 독자적인 연호를 사용(광덕·준풍)하였다.

③ 성종의 유교적 통치 질서 강화
  ㉠ 배경
    • 개혁안의 제출 : 6두품 출신의 유학자들이 국정을 주도하였고 성종은 중앙의 5품 이상의 관리들에게 개혁안을 제출할 것을 요구하였다.
    • 유교 정치사상의 도입 : 최승로의 시무 28조를 수용하면서 유교가 정치이념화 되었다.
  ㉡ 통치 체제 정비
    • 중앙 통치 조직
      − 고려의 독자 조직 : 도병마사와 식목도감이라는 고려의 독자기구를 설치하였다.
      − 당의 제도 모방 : 당의 3성 6부제를 고려 실정에 맞는 독자적인 2성 6부제로 정비하였다.
    • 지방 제도 정비 : 지방 대도시에 12목을 설치하고 지방관을 파견하였다.
    • 향리제도 마련 : 향리제도를(호장·부호장) 마련하여 호족을 향리로 편재하고 지방 세력을 견제하였다.
  ㉢ 유학 교육 진흥
    • 교육기관 : 개경에 국자감을 설치하고, 지방 12목에 향교를 열어 경학·의학박사를 파견하였다.
    • 문신월과법 시행 : 중앙의 문신들에게 매월 시 3편, 부 1편, 지방관에게 1년에 글 1편을 지어 바치게 함으로써 관리들의 질적 향상을 도모하였다.
  ㉣ 사회·경제적 개혁
    • 의창 설치 : 태조 때 설치된 흑창을 의창으로 개편하였다.
    • 상평창 설치(993년) : 개경, 서경, 12목에 설치된 물가 조절 기관이다.

(2) 통치체제의 정비
① 중앙 통치 조직
  ㉠ 도병마사 : 초기에는 국방 문제를 담당하는 임시기구였으나 후기 도평의사사(도당)이라는 이름으로 개편되면서 국정 전반에 걸친 문제를 담당하는 최고 정무기구로 발전하였다.

최승로의 시무28조

(7조) 청컨대 외관(外官)을 두소서. 비록 한꺼번에 다 보낼 수는 없더라도 먼저 10여 곳의 주현에 한 관청을 두고, 관청마다 두서너 관원을 두어서 백성 다스리는 일을 맡기소서.
(11조) 풍속을 중국과 같게 하지 마소서.
(13조) 우리나라에서는 봄에는 연등을 설치하고, 겨울에는 팔관을 베풀어 사람을 많이 동원하고 노역이 심히 번다하오니 원컨대 이를 감하여 백성이 힘을 펴게 하소서.
(20조) 불교는 수신의 근본이며, 유교는 치국의 근원이니, 수신은 내생을 위한 것이며, 치국은 금일의 일입니다.

「고려사」

ⓒ 식목도감 : 대내적인 법의 제정과 격식 문제를 다루던 기구이다.
ⓓ 2성 6부제(당 제도의 독자적 모방)
- 중서문하성 : 국정 최고 기구로 장관인 문화시중은 국정을 총괄하였다.
- 상서성 : 실무 행정을 담당하는 6부가 소속되어 정책의 실무를 담당하였다.

ⓔ 중추원 : 왕의 비서기관이자 군사정보를 담당하였다.
ⓕ 어사대 : 정치의 잘잘못을 논하고 관리의 비리를 감찰하는 역할을 담당하였다.
ⓖ 대간 : 중서문화성의 낭사와 함께 대간을 구성하였다. 대간은 간쟁, 봉박, 서경의 권한을 가지고 왕권을 견제하는 역할을 하였다.
ⓗ 삼사 : 송의 제도를 모방한 기구로 화폐와 곡식의 출납에 대한 회계 담당기구였다.

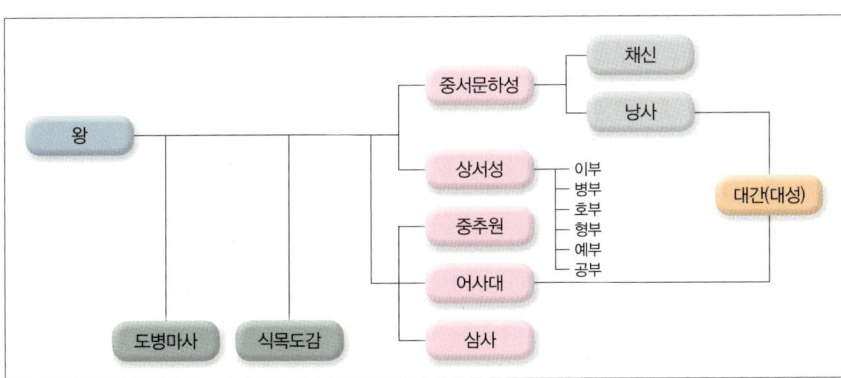

▶ 중앙 통치 조직

② 지방 행정 조직
ⓐ 행정조직의 구성

5도(주현군)	• 안찰사 – 임기 6개월의 임시직 • 주현과 속현으로 구분(속현의 숫자 많음, 향리 지배)
양계(주진군)	• 국경지대의 특수 행정 구역, 병마사 파견
3경	• 개경, 서경, 동경(남경)
향, 부곡, 소	• 양인 거주(향, 부곡 – 농업, 소 – 수공업, 광업)

ⓑ 군사 조직

중앙군	• 2군 – 국왕의 친위부대 • 6위 – 수도경비, 국경방어
지방군	• 주현군(5도에 배치), 주진군(상비군으로 양계에 배치)
특수군	• 광군 – 정종, 거란족 대비(주현군의 모체) • 별무반 – 숙종, 여진족 정벌(윤관의 건의, 신기군, 신보군, 항마군) • 삼별초 – 최우(좌·우별초, 신의군으로 편성, 몽고에 항쟁)

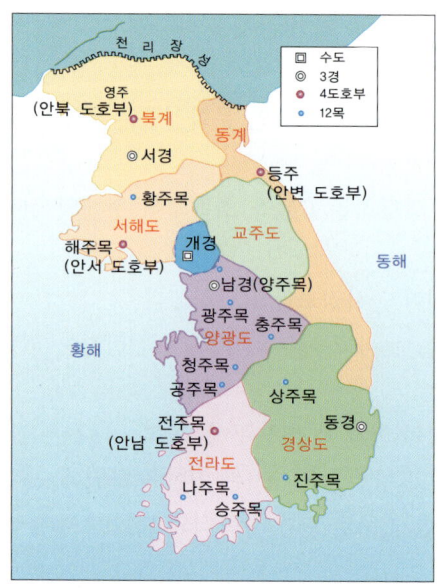

▲ 고려의 지방행정 조직

③ 관리 등용 제도
　㉠ 종류
　　• 제술업 : 문학적 재능과 정책 능력을 시험하였다.
　　• 명경과 : 유교적 유교 경전에 대한 이해 능력을 시험하였다.
　　• 잡과 : 기술학 시험으로 백정 농민이 주로 응시하였다.
　㉡ 응시자격 : 법제적으로 양인 이상이면 응시 가능하였다.
　㉢ 음서 : 고려 정치의 귀족적 특성을 보여주는 제도로 5품 이상의 고위 관료의 친족을 대상(아들, 손자, 사위, 조카)으로 과거 없이 관직에 진출할 수 있도록 한 제도이다.

3 문벌 귀족 사회와 무신정권

(1) 문벌 귀족 사회의 성립
① 문벌 귀족
　㉠ 출신 : 지방 호족 중 중앙 관료가 된 계열과 6두품 출신의 유학자들이 중심이었다.
　㉡ 형성배경 : 과거와 음서를 통해 관직을 독점하였고 폐쇄적 혼인관계를 통해 문벌 귀족을 형성하였다.
　㉢ 제도적 기반 : 음서(정치적 기반)와 공음전(경제적 기반)의 혜택을 누렸고 이것은 고려 사회의 귀족적 특성을 보인다.

(2) 문벌 귀족 사회의 동요

① 이자겸의 난(1126년)
- ㉠ 경과 : 척준경과 함께 난을 일으켰으나 척준경에 의해 이자겸이 몰락하였고 척준경도 정지상에 의해 축출되었다.
- ㉡ 결과
  - 왕권 약화 : 이자겸의 난 과정에서 왕궁이 소실되고 귀족들의 권력 다툼에서 왕권이 약화되었다.
  - 서경 천도설 대두 : 개경의 지덕이 쇠했다는 주장과 함께 서경 천도설이 대두되었다.
  - 문벌 귀족 사회 분열 : 서경 천도를 주장하는 서경파 귀족과 천도를 반대하는 개경파 귀족으로 나뉘어 대립이 격화되었다.

② 묘청의 서경 천도 운동(1135년)
- ㉠ 배경 : 보수적 관리(김부식 등 개경 귀족)와 개혁 세력 사이의 대립(묘청 등 지방 귀족)이 격화되었다.
- ㉡ 경과 : 묘청을 중심으로 한 지방 귀족들은 서경 길지설을 내세워 서경천도운동을 전개하였다. 서경에 대화궁을 짓고 금나라 정벌을 주장하였다. 서경으로의 천도가 실패하자 묘청 세력은 서경에서 나라 이름을 대위국, 연호를 천개라 하고 난을 일으켰다. 그러나 김부식에 의해 진압되었다.

묘청의 서경 천도 운동

구분	중심세력	배경사상	대외정책	역사의식
개경파 (중앙귀족)	김부식 중심의 보수적 관리층	사대적 유교 정치 사상	금에 대한 사대 정책	신라 계승 의식
서경파 (지방귀족)	묘청, 정지상 중심의 개혁적 관리층	풍수지리설	북진정책, 금국 정벌	고구려 계승 의식

(3) 무신정권(1170년~1270년)

① 무신정변
- ㉠ 배경 : 문신과 무신의 차별 대우와 군인전 미지급에 따른 하급 군인들의 불만들이 고조되어 있었으며 의종의 실종이 겹쳐 무신정변의 배경이 되었다.
- ㉡ 권력 변천
  - 정중부 : 이의방을 제거하고 중방을 중심으로 정권을 독점하였다.
  - 경대승 : 정중부를 제거하고 사병 집단인 도방을 설치하였다.

- 이의민 : 경대승의 사후 천민 출신인 이의민이 권력을 장악하였으나 최충헌에 의해 제거되었다.

② 최씨 정권의 성립
  ㉠ 최충헌
    - 사회개혁안 제시 : 봉사 10조라는 사회 개혁안을 제시하였으나 자신의 권력 유지에만 집중하여 개혁은 이루어지지 못하였다.
    - 도방 부활 : 사병 집단인 도방을 부활하였다.
    - 교정도감의 설치 : 최씨정권의 최고 기구로 장관은 교정별감이라 하며, 대대로 최씨 일가에 세습되어진다.
    - 조계종 후원 : 지눌이 만든 조계종을 후원하였다.
    - 문신 등용 : 이규보, 진화 등의 문신을 등용하였다.
  ㉡ 최우
    - 정방 설치 : 인사기구로 정방을 설치하고 인사권을 장악하였다.
    - 서방의 설치 : 서방을 설치하여 문신들을 등용하여 자문의 역할을 담당하게 하였다.
    - 삼별초의 조직 : 강화천도 후 치안을 담당하기 위하여 조직한 야별초가 좌별초·우별초로 확대되었고 신의군을 더해 삼별초라 한다.

③ 무신집권기 하층민의 봉기
  ㉠ 양민의 봉기 : 망이·망소이의 난(공주 명학소)으로 향·소·부곡이 소멸하는 계기가 되었다.
  ㉡ 하층민의 봉기 : 최충헌의 사노비였던 만적은 난을 준비하다 실패하였으나 하층민의 신분 상승운동이라는 의의를 가진다.
  ㉢ 반무신의 난 : 김보당의 난, 교종 승려의 난 등이 있다.

4 대외관계의 변화

(1) 거란의 침입과 격퇴
① 1차 침입(성종, 993년)
  ㉠ 배경 : 고려의 북진 정책과 친송 정책은 송과 대립하던 거란을 자극하였다. 이에 거란은 고려가 차지하고 있던 고구려의 옛 땅의 반환과 송과의 국교 단절, 거란과의 국교 수립을 요구하며 고려를 침입하였다.

읽기자료 — 만적의 난

"국가에서 경인·계사년 이후로 높은 벼슬이 천한 노비에게서 많이 나왔으니, 장수와 정승의 종자가 어찌 따로 있으랴. 시기가 오면 누구나 할 수 있는 것이다. 우리들은 어찌 육체를 노고하면서 채찍 밑에 곤욕을 당할 수 있느냐." 하니, 여러 종들이 모두 그렇게 여겼다.
「고려사」

Chapter 1 중세의 정치

ⓒ 경과 : 서희가 외교적 담판을 통하여 강동 6주를 획득하였고 고려의 국경선은 압록강까지 확장되었다.

ⓒ 결과 : 고려는 송과의 관계를 끊고 거란을 적대시 하지 않는다는 조건으로 강화하고 물러갔다.

② 2차 침입(현종, 1010년)

■ 강동 6주

㉠ 원인 : 거란의 1차 침입 이후에도 고려는 송과 친선 관계를 유지하며 거란과 교류하지 않았다. 이에 거란은 강조의 정변을 구실로 강동 6주의 반환을 요구하며 침입하였다.

ⓒ 경과 : 양규의 선전으로 강화를 맺고 물러갔다. 부처의 힘으로 거란의 침입을 물리치기 위하여 초조대장경을 조판하였다.

ⓒ 결과 : 고려 현종의 친조를 조건으로 강화를 체결하였다.

③ 3차 침입(현종, 1018년)

㉠ 원인 : 고려 현종의 친조 이행이 지켜지지 않고 강동 6주의 반환을 고려가 거부하자 세 번째로 침입하였다.

ⓒ 경과 : 강감찬이 이끄는 고려군은 거란의 10만 군대를 귀주(구주)에서 물리쳤고 이를 귀주대첩이라 한다.

④ 거란과의 전쟁의 영향

㉠ 고려·거란·송의 세력 균형 : 거란과의 전쟁 이후 송과 거란, 고려 사이에는 세력의 균형이 유지되었으나 일시적으로 고려는 요(거란)의 연호를 쓰고 송과 국교를 단절하였다.

ⓒ 성의 축조 : 강감찬의 건의에 따라 개경에는 나성을 쌓고 압록강에서 도련포에 이르는 국경지대에는 천리장성을 축조하였다.

(2) 여진 정벌과 동북 9성(12세기)

① 여진의 정벌(1107년)

㉠ 별무반의 조직 : 1차 원정에서 실패한 윤관은 기병의 필요성을 인식하고 기병을 중심으로 신기군(기병), 신보군(보병), 항마군(승병)으로 구성된 별무반을 조직하였다.

ⓒ 동북 9성의 축조 : 윤관은 별무반을 이끌고 여진족을 토벌하고 동북지방 일대에 동북 9성을 축조하였으나 방비의 어려움과 여진의 끊임없는 요청으로 1년 만에 돌려주었다.

② 금의 건국과 고려의 사대

㉠ 금의 건국(1115년) : 여진족은 만주 일대를 장악하고 국호를 금이라 하고, 거란을 멸망시킨 뒤 고려에 군신관계를 요구하며 압력을 가해 왔다.

별무반의 조직

윤관이 아뢰기를 "신이 오랑캐에게 패배한 것은 그들은 기병인데 우리는 보병이라 대적하기가 어려웠기 때문입니다." 이에 왕에게 건의하여 새로운 군대를 편성하였다. 문·무·산관(散官), 이서(吏胥), 상인 농민들 가운데 말을 가진 자를 신기군으로 삼고, 과거에 합격하지 못한 20세 이상 남자들 가운데 말이 없는 자를 신보군에 속하였다. 또 승려를 뽑아 항마군으로 삼아 다시 군사를 일으키려 하였다.

「고려사절요」

　　ⓒ 사대 요구의 수용 : 당시 집권세력이었던 이자겸, 김부식과 같은 문벌 귀족은 금의 사대요구를 수용하였다.
　　ⓒ 결과 : 북진 정책이 좌절되었으며 문벌 귀족 사회의 분열을 가져 와 이자겸의 난과 묘청의 서경 천도 운동의 원인이 되었다.

(3) 몽고와의 전쟁(13세기)
① 몽고의 침입
　　㉠ 1차 침입(1231년) : 몽고 사신 저고여가 귀국 중 피살당하자 이를 구실로 공격하였으나 별다른 소득 없이 물러갔다.
　　㉡ 2차 침입(1232년) : 최우는 몽고의 지나친 조공 요구에 반발하여 강화로 천도하면서 장기항전의 의지를 보였다. 처인부곡에서 김윤후가 이끄는 승병과 민병에 의해 살리타가 사살되었고 몽고군은 퇴각했다.
　　㉢ 3차 침입(1235년) : 대구 부인사의 대장경과 황룡사 9층 목탑이 소실되었다. 부처의 힘으로 몽고의 침입을 물리치고자 팔만대장경이 조판되기 시작 하였다.
　　㉣ 6차 침입(1254년) : 충주의 다인철소 주민들이 몽골에 대항하여 전투를 벌였다.
　　㉤ 개경환도(1270년) : 온건파가 득세하였고 개경으로 환도하였다.
② 고려인의 항쟁
　　㉠ 팔만대장경의 조판 : 강화도로 천도한 이후 팔만대장경을 조판하여 몽고군의 격퇴 염원을 담았다.
　　㉡ 일반 백성의 항전 : 계속된 몽고군의 침입에도 백성들은 각지에서 몽고군과 전투를 벌였고 충주의 다인철소, 처인부곡 등에서 승리를 거두었다.
　　㉢ 삼별초의 항쟁
　　　• 원인 : 몽고와의 항복에 반대하여 강화도에서 배중손이 이끄는 삼별초는 몽고와 계속적인 항전을 준비하였다.
　　　• 경과 : 진도로 옮겨 용장산성을 쌓고 항전했으며 이후 제주도로 옮겨 항쟁을 지속하였으나 여·몽 연합군에 의해 진압되었다.
　　　• 장기 항쟁의 배경 : 백성들의 적극적 지원과 익숙한 지리적 이점을 이용하였다.
　　　• 의의 : 삼별초의 항쟁은 고려인의 자주 정신과 항몽 의지의 표출이었다.
③ 결과
　　㉠ 국토의 황폐화 : 오랫동안의 전쟁에서 국토가 황폐해졌다.

ⓒ 문화재 소실 : 대구 부인사에 보관되어 있던 초조대장경과 황룡사 9층 목탑이 소실되었다.

5 고려 후기의 정치변동

(1) 원의 내정 간섭
① 일본 원정에 동원
  ㉠ 전개 : 국호를 원으로 바꾼 몽고는 두 차례에 걸친 일본 원정을 단행 하였다.
  ㉡ 일본 원정 : 일본 원정을 위하여 원은 둔전경략사, 정동행성이라는 전쟁 준비기관을 설치하고 2차례에 걸쳐 원정을 시행했으나 실해 하였다. 이후 정동행성은 연락기구로 존속하면서 고려의 내정을 간섭하였다.
② 영토의 상실
  ㉠ 쌍성총관부 설치 : 몽고는 쌍성총관부를 설치하고 철령 이북 땅을 직속령으로 편입하였다. 쌍성총관부는 공민왕 때 무력으로 수복된다.
  ㉡ 동녕부의 설치 : 원종 때 자비령 이북 지역을 관할하기 위해 서경에 설치되었다 충렬왕 때 반환되었다.
  ㉢ 탐라총관부 설치 : 삼별초를 진압하고 목마장을 두기 위해 제주에 설치 하였는데 충렬왕 때 반환되었다.
③ 관제의 격하
  ㉠ 부마국 지위 : 고려의 국왕은 원의 공주와 결혼하여 원의 부마국으로 전락하였고 관제도 부마국에 맞는 지위로 격하되었다.
  ㉡ 관제의 격하 : 중서문하성과 상서상을 합쳐 첨의부로, 6부는 4사로 격하되었다.

관제의 격하

원 간섭기 이전	원 간섭기	원 간섭기 이전	원 간섭기
도병마사	도평의사사(도당)	호부	판도사
중추원	밀직사	병부	군부사
중서문하성, 상서성	첨의부	형부	전법사
6부	4사	공부	폐지
이부	전리사	–	–
예부			

④ 원의 내정간섭과 수탈
- ㉠ 다루가치 : 원은 다루가치라는 감찰관을 파견하여 내정을 간섭하고 공물 징수를 감독하였다.
- ㉡ 인적 수탈 : 결혼도감을 설치하여 고려의 처녀들을 공녀로 뽑아갔다. 공녀 제도로 인하여 고려 사회에서 조혼이 성행하게 된다.
- ㉢ 물적 수탈 : 금·은·인삼·약재·베 등의 특산물을 징발하였고 사냥용 매를 징발하기 위하여 응방을 설치하였다. 이로 인해 농민들의 피해가 가중되었다.

⑤ 고려 사회의 영향
- ㉠ 문물의 교류 : 주자 성리학의 전래, 목화의 전래, 화약의 전래와 같은 문물 교류가 이루어졌다.
- ㉡ 몽고풍의 유행 : 고려의 지배층을 중심으로 변발과 같은 몽고의 풍습이 유행하였는데 이를 몽고풍이라 한다.
- ㉢ 고려양 : 원의 상류사회에서는 고려의 풍속 유행하였고 이를 고려양이라 한다.

(2) 고려말의 개혁 정치

① 공민왕의 개혁 정치
- ㉠ 배경 : 중국의 원·명 교체기를 이용하여 반원자주 정책을 추진하였다.
- ㉡ 반원자주 정책
  - 친원 세력의 숙청 : 기철로 대표되던 친원 세력을 숙청하였다.
  - 정동행성 폐지 : 고려의 내정간섭 기구였던 정동행성의 이문소를 폐지하였다.
  - 영토 수복 : 쌍성총관부를 탈환(1356년)함으로써 철령 이북 땅을 수복하였다.

🔹 쌍성총관부의 수복

- 관제의 복구 : 몽고식 관제를 폐지하고 원 간섭기 이전의 관제로 복구하였다.
- 몽고풍 금지 : 원의 연호 사용, 풍습을 폐지하였다.

ⓒ 왕권강화 정책
- 정방의 폐지 : 신진사대부의 등장을 막고 있던 정방을 폐지하였다.
- 전민변정도감의 설치(1366년) : 신돈을 등용하여 전민변정도감을 설치 하였다. 신돈은 권문세족들이 불법적으로 차지한 토지를 본래 소유주에게 돌려주고 노비를 양인으로 해방시키는 개혁을 단행했으나 신돈의 실각과 죽음으로 실패하였다.
- 성균관의 정비 : 성균관의 기술학부를 폐지하여 순수 유학 교육기관으로 변화시켰고 신진사대부들이 대거 등용되었다.

ⓔ 공민왕의 개혁정치의 실패 : 원의 간섭과 보수파인 권문세족의 반발, 개혁 추진 세력인 신진사대부의 세력이 미약하여 공민왕의 개혁 정책은 실패하였다.

② 신진사대부
ⓐ 등장 : 무신집권기부터 과거를 통해 중앙 정계에 등장한 지방의 향리 출신들이다.
ⓑ 성장 : 지방의 중소지주 출신으로 성리학을 수용하였다. 공민왕 때 개혁 정치를 뒷받침하여 불교의 폐단을 지적하는 등 개혁적 성향으로 권문세족과 갈등을 빚었고 이후 조선 건국의 중심세력이 된다.

(3) 홍건적과 왜구의 침입
① 홍건적의 침입
ⓐ 1차(1359년) 침입 : 이승경, 이방실 등이 격퇴하였다.
ⓑ 2차(1361년) 침입 : 정세운, 이방실, 이성계 등이 격퇴하였다.

② 왜구의 침입
ⓐ 격퇴 : 왜구의 침입을 홍산대첩(최영), 진포해전(최무선), 황산대첩(이성계) 등에서 물리쳤고 창왕 때 박위를 시켜 쓰시마 섬을 정벌(1389년)하였다.
ⓑ 결과 : 홍건적과 왜구의 격퇴 과정에서 신흥 무인 세력이 성장하였다.

대표 기출 문제

01 교사의 질문에 대한 답변으로 적절한 것은? (3점)

① 서경 천도를 추진하려고 했어요.
② 원의 간섭에서 벗어나려고 했어요.
③ 백제의 옛 지역을 차지하려고 했어요.
④ 유교를 통치 이념으로 삼으려고 했어요.
⑤ 공신과 호족세력을 약화시키려고 했어요.

● 해설
제시된 정책은 공민왕의 반원 자주 정책이다.

● 정답 : ②

02 ㉠, ㉡에 들어갈 고려의 통치 기구를 바르게 나열한 것은? (2점)

- (㉠)에서 아뢰기를, "안변 도호부의 경내에서는 강음현이 국경 지대의 요충이오니 성과 보루를 쌓아 외적을 방비하기를 청합니다." 하니 좇았다.
- (㉡)에서 아뢰기를, "간신 이자의 등이 사사로이 수만 석의 미곡을 축적하였습니다. 이는 모두 백성을 착취하여 모은 것이니 관에서 몰수하기를 청합니다." 하니 그 말을 따랐다.
「고려사절요」

	㉠	㉡
①	삼사	어사대
②	삼사	중추원
③	삼사	식목도감
④	도병마사	식목도감
⑤	도병마사	어사대

● 해설
도병마사는 군사 문제를 담당하던 임시기구였으며, 관리의 비리를 감찰하는 역할은 어사대가 맡고 있었다.

● 정답 : ⑤

포인트 출제적중문제

01 고려 시대 지방 행정 조직에 대한 설명으로 옳지 않은 것은?

① 각 도에는 관찰사를 파견하여 행정을 담당하게 하였다.
② 일반 행정 구역과 군사 행정 구역이 병존하였다.
③ 지방관이 파견되는 주현과 속현으로 구분되었으며 속현이 더 많았다.
④ 고려의 향리는 토착 세력으로 지방관보다 더 큰 영향력을 행사하였다.
⑤ 향, 부곡, 소와 같은 특수 행정 구역이 존재하였다.

02 다음 고려의 중앙관제에 대한 설명으로 올바른 것은?

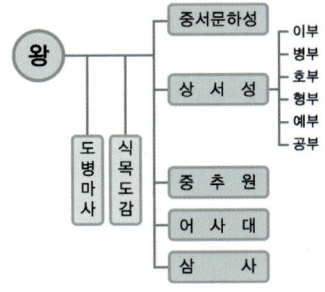

① 도병마사와 식목도감은 왕권 강화의 핵심 기관이었다.
② 시간이 흐를수록 도병마사의 권한이 약화된 반면, 식목도감의 권한은 강화되었다.
③ 중서문하성과 중추원은 고려 자체의 필요에 의해 만들어진 독창적인 기관이었다.
④ 중서문하성의 낭사와 어사대는 대간으로서 서경의 권한을 갖고 왕권을 견제하였다.
⑤ 어사대는 언론과 학문을 담당하여 여론 정치의 기능을 행사하였다.

정답 및 해설

01
고려는 전국을 5도(일반 행정 지역)와 양계(군사 행정 지역)으로 나누고 각 도에는 안찰사를 파견하였다.

02
중서문하성의 낭사와 어사대의 관원이 만나 대간을 형성하였고 이 대간은 왕권을 견제하는 역할을 담당하였다.
- 도병마사 : 고려의 독자조직으로 초기에는 국방문제를 담당하는 임시기구였으나 후기 최고 기관으로 성장하였다.
- 식목도감 : 고려의 독자조직으로 법의 제정과 행사의 격식을 결정하였다.
- 어사대 : 관리의 비리를 감찰하는 감찰기구의 역할을 하였다.

정답 ◉ 01.① 02.④ 03.③

정답 및 해설

03
광종의 노비안검법은 호족이 불법적으로 차지한 노비와 토지를 원래 상태로 되돌리는 것이 핵심 내용으로 이는 왕권의 강화의 일환으로 추진되었다.

04
신진사대부들은 반원적 성향을 가지고 있었으며 공민왕의 개혁 정치를 뒷받침하였다. 친원적 성향은 권문세족의 특징이다.

05
삼별초는 원래 야별초로서 무신정권을 지원하며 공적인 치안업무를 담당하던 조직이었다. 후에 조직 규모가 커지면서 좌별초와 우별초로 확대·개편되었고, 몽고 침입 후에는 몽고에 잡혀갔다 돌아온 사람들을 중심으로 신의군이 결성되면서, 이를 합쳐 삼별초라 하였다.

---

03 다음 공민왕의 개혁조치와 성격이 가장 비슷한 것은?

> 아울러 전민변정도감을 설치하고 세력이 없는 집안 출신인 승려 신돈을 등용하여 권문세족들이 부당하게 빼앗은 토지와 노비를 본래의 소유주에게 돌려주거나 양민으로 해방시켰다.

① 태조는 기인제도를 실시하였다.
② 왕건은 사성정책을 시행하였다.
③ 광종은 노비안검법을 시행하였다.
④ 목종때 개정전시과가 시행되었다.
⑤ 최승로는 성종에게 시무 28조를 올렸다.

04 고려말 신진사대부에 대한 설명으로 바르지 못한 것은?

① 무신 집권기에 중앙관리로 진출하기 시작했다.
② 지방의 향리 자제들을 중심으로 과거를 통해 진출하였다.
③ 성리학을 학문적 기반으로 삼고 불교를 배척하였다.
④ 특권을 누리며 백성들을 괴롭히던 권문세족을 비판했다.
⑤ 성리학 수용으로 인한 친원적 경향을 가지고 있었다.

05 고려의 대외항쟁에 대한 설명으로 바르지 못한 것은?

① 대 여진 특수군인 별무반은 승병이 포함되어 있었다.
② 정종 대에는 거란의 침입에 대비하기 위하여 광군이 조직되었다.
③ 강동의 역을 통하여 고려와 몽고는 처음으로 접촉하였다.
④ 최우는 몽고와의 장기적인 항전에 대비하여 삼별초를 조직하였다.
⑤ 고려말 왜구의 격퇴과정에서 신흥무인세력이 성장하였다.

정답 ◉ 03.③ 04.⑤ 05.④

06 ㉠에 해당하는 이민족에 대한 설명으로 옳은 것은?

• ㉠ : 그대 나라는 신라 땅에서 일어났소. 고구려 땅은 우리의 소유인데 그대 나라가 차지하였고, 또 바다를 건너 송을 섬기고 있소. 그 때문에 오늘의 출병이 있게 된 것이오.
• 고려 : 아니오. 우리나라는 곧 고구려의 땅이오. 그래서 나라 이름을 고려라 하고 평양에 도읍을 하였소. 만일 여진을 내쫓고 우리의 옛 땅을 찾는다면 친선 관계를 맺을 수 있을 것이오.

① 금을 건국한 후 고려에 군신 관계를 요구하였다.
② 고려는 이들의 침략을 막기 위해 개경에 나성을 쌓고 천리 장성을 축조하였다.
③ 고려에 정동행성을 설치하고 다루가치를 파견하여 내정에 간섭하였다.
④ 고려는 별무반을 편성하고 이들을 정벌하여 동북 9성을 쌓았다.
⑤ 고려의 해안 지방에 자주 나타나 노략질을 하였으며 최영, 이성계 등에 의해 격퇴 되었다.

정답 및 해설

06
㉠에 해당하는 민족은 거란족이다. 고려는 거란의 3차 침입을 물리치고 강감찬의 건의에 따라 국경지대에는 천리장성을 개경에는 나성을 축조하였다.
①, ④ - 여진족
③ - 몽고(원)
⑤ 왜구에 대한 설명이다.

정답 ◎ 06.②

중세의 경제

1 중세의 경제 정책

(1) 농업 중심의 경제 구조
  ① 중농 정책
    ㉠ 개간 장려 : 개간을 장려하여 일정기간 소작료를 면제해 주었다.
    ㉡ 잡역 금지 : 농번기에는 잡역 동원을 금지하였다.
  ② 농민생활 안정책
    ㉠ 세금 감면 : 재해 발생 시 세금을 감면해 주었다.
    ㉡ 고리대의 이자 제한 : 고리대의 이자가 원금을 넘을 경우 더 이상 이자를 받지 못하게 하였다.
    ㉢ 의창 실시 : 성종 때 태조의 흑창을 개편하여 의창을 실시하였다.
  ③ 상공업과 수공업
    ㉠ 상공업 : 개경에 시전을 설치하고 국영 점포를 개설하였다. 국가의 허가를 받은 시전은 왕실과 귀족의 생필품을 공급하였고 시전의 상행위를 감독하기 위하여 개경에 경시서를 설치하였다.
    ㉡ 수공업 : 전기에는 관청 수공업과 소(所) 수공업이 중심이었으나 후기로 접어들면서 관청 수공업은 쇠퇴하고 민간 수공업과 사원 수공업이 발달하였다.

(2) 수취제도
  ① 조세(租稅, 토지세)
    ㉠ 부과 단위 : 논과 밭을 비옥도에 3등급으로 구분하였다.
    ㉡ 세율 : 민전은 생산량의 1/10, 공전은 1/4를 국가에 바쳤고, 소작농은 소작료를 내었는데 생산량의 1/2을 주인에게 바쳤다.
    ㉢ 조운제도 : 지방의 조창에서 개경의 좌·우창으로 운송하였다.
  ② 공물(貢物, 특산물)
    ㉠ 의미 : 집집마다 토산물을 거두는 제도를 말한다.
    ㉡ 종류 : 상공(정기)과 별공(수시)로 구분된다. 농민에게 조세보다 큰 부담이 되었다.

③ 역(役)
　㉠ 요역 : 16세~60세 남자를 대상으로 1년에 20일 정도 노동력을 동원하였다.
　㉡ 군역 : 국방의 의무를 수행하는 것이다.

(3) 고려의 토지제도
① 전시과 제도
　㉠ 지급대상 : 문무 관리를 관등에 따라 조세를 수취할 수 있는 전지와 산(山)인 시지를 차등 있게 지급하였다.
　㉡ 특징 : 수조권만을 지급하여 세습은 불가하였다.
② 고려 토지 제도의 변천

구분	시기	지급기준	특징
역분전	태조	충성도, 인품	• 경기 지역만 지급 • 논공행상적 성격
시정전시과	경종	관직, 인품	• 전국적 규모로 지급 • 전·현직 관리 대상 지급
개정전시과	목종	관직	• 전·현직 관리 대상 지급 • 전직 관리는 현직자에 비해 토지 지급량 감소
경정전시과	문종	관직	• 현직 관리에게만 지급 • 토지 지급량 축소
과전법	공양왕	-	• 전·현직 관리 • 경기 지역만 지급 • 전지만 지급 • 신진사대부의 경제적 기반 마련 목적

③ 토지종류
　㉠ 과전 : 문무 관리에게 지급한 토지로 수조권만 지급되었다.
　㉡ 공음전 : 5품 이상의 고위 관료에게 지급된 토지로 세습이 가능하였다. 음서와 함께 고려 귀족사회의 기반이 되었다.
　㉢ 한인전(閑人田) : 6품 이하의 하급관료의 자제 중 관직에 오르지 못한 사람에게 지급하는 토지이다.
　㉣ 구분전(口分田) : 하급 관료와 군인의 유가족에게 지급하던 토지이다.
　㉤ 군인전(軍人田) : 중앙군에게 군역의 대가로 지급하던 토지이다. 직역의 세습으로 토지도 세습되었다.
　㉥ 외역전(外役田) : 향리의 향역 대가로 지급하던 토지이다. 직역의 세습으로 사실상 세습되었다.
　㉦ 내장전(內莊田) : 왕실의 경비를 충당하기 위한 토지이다.
　㉧ 공신전(功臣田) : 공신에게 지급한 토지로 세습되었던 토지이다.
　㉨ 별사전(別賜田) : 승려나 풍수가에게 지급되었던 토지이다.

ⓩ 공해전(公廨田) : 중앙과 지방의 각 관청의 경비를 충당하기 위해 지급된 토지이다.

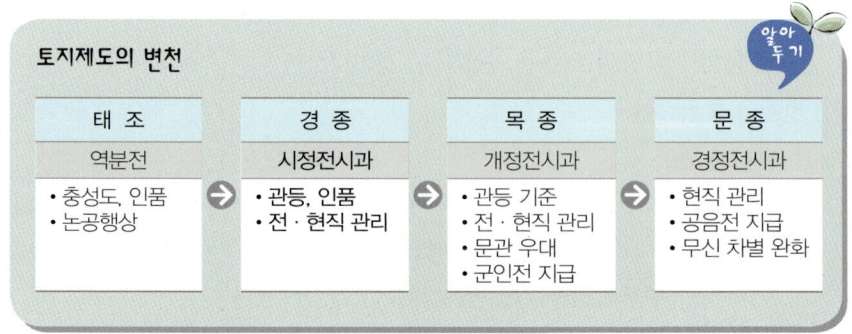

2 중세의 경제 활동

(1) 귀족의 경제 활동

① 경제 기반

㉠ 토지 : 상속받은 토지와 공음전, 관료가 되어 받은 과전을 가지고 생활하였다.

㉡ 녹봉 : 관료에게 1년에 두번(1월, 7월) 녹패를 제시한 관료에게 녹봉을 지급하였다.

㉢ 노비 : 노비를 통해 토지를 경작, 외거노비를 통해 신공을 받았다.

② 귀족의 사치생활

부를 축적한 문벌 귀족과 권문세족은 별장을 소유하고 수입된 사치품을 즐기는 등 사치스러운 생활을 영위하였다.

③ 농업 기술의 발달

㉠ 깊이갈이의 일반화 : 소를 이용한 깊이갈이(심경법)이 일반화 되었다.

㉡ 시비법의 발달 : 시비법의 발달로 휴경지가 감소하였고 농업 생산력이 증대되었다.

㉢ 윤작법의 시작 : 밭농사에서 2년 3작의 윤작법이 보급되었다.

㉣ 이앙법의 시작 : 일부 남부지방에서 모내기법(이앙법)이 시작되었다.

ㅁ 목화의 전래 : 문익점은 공민왕 때 원 나라로부터 목화를 수입하였고 의복 생활에 큰 변화를 가져왔다.

ㅂ 개간과 간척의 확대 : 12세기 이후 개간 사업이 확대되었고 13세기 강화 천도 이후 대규모 간척 사업이 진행되었다.

강화도의 간척사업

④ 농민의 경제 기반과 농서의 간행
  ㉠ 농민의 경제적 기반 : 자영농은 민전, 소작농은 국·공유지나 타인의 토지를 경작하여 생활하였다.
  ㉡ 농서의 간행 : 이암은 원나라의 농법을 수록한「농상집요」를 소개하고 보급하였다.
⑤ 농민의 몰락
  ㉠ 배경 : 고려 후기 권문세족의 농장이 확대되면서 농민들은 토지를 약탈 당하였고 지나친 세금으로 인하여 농민들은 몰락하였다.
  ㉡ 결과 : 권문세족의 노비가 되거나 토지를 빌어 경작하였다.

(2) 상업 활동
  ① 고려 전기의 상업 활동
    ㉠ 도시 : 개경·서경 등의 대도시에는 관청의 수공업장에서 생산된 물품을 판매하는 관영상점이 설치되었다. 또한 매점매석과 같은 상행위를 감독하는 경시서도 설치되었다.
    ㉡ 지방 : 관아 근처에 시장이 개설되었고 행상의 활동이 증가하였다.
  ② 고려 후기의 상업 활동
    ㉠ 개경의 상업 활동 : 인구의 증가에 따라 상품의 수요가 증가하였고 이로 인하여 시전의 규모가 확대되고 업종별 전문화가 나타나기 시작하였다. 또 개성의 상업 활동은 점차 도성 밖으로 확산되어 벽란도와 같은 국제무역항들이 교통로와 산업의 중심지로 발달하였다.
    ㉡ 지방의 상업 활동 : 행상들의 활동이 활발해졌고 조운로를 이용한 교역이 활성화 되었다. 이로 인하여 여관인 원(院)이 발달하여 상업 활동의 중심지가 되었다.

(3) 화폐의 주조와 고리대 유행
  ① 화폐 주조
    ㉠ 목적 : 국가 재정 수입 증대와 정부의 경제 활동 장악을 목적으로 화폐가 주조되었다.
    ㉡ 종류 : 성종 때 최초의 화폐인 건원중보가 제작되었고 숙종 때 삼한통보·해동통보·해동중보 등의 동전과 고액 화폐로 활구(은병)를 만들었다.

건원중보

    ㉢ 한계 : 자급자족의 경제구조와 귀족의 반발로 화폐의 유통은 부진하였고, 여전히 곡식·삼베가 주 교환 수단이었다.

② 고리대의 성행
- ㉠ 고리대의 성행 : 귀족·사원의 재산 축적 수단으로 고리대가 성행하였고 고리대로 인하여 농민들은 토지를 상실하고 노비로 전락하였다.
- ㉡ 보 : 이자를 공적 사업에 사용하는 기금으로, 학보·팔관보·제위보 등 다양하였으나 점차 고리대로 변질되어 농민들의 생활에 큰 피해를 주었다.

③ 무역활동
- ㉠ 공무역 중심(전기) : 고려 전기에는 공무역이 중심이었다. 벽란도가 국제 무역항으로 발전하였다.
- ㉡ 사무역 발달(후기) : 원 간섭기 이후 사무역이 발달하였는데 무역 과정에서 금·은·소 등의 지나친 유출로 사회문제화 되기도 하였다.
- ㉢ 송과의 무역 : 주로 왕실과 귀족의 수요품(서적·약재·비단) 수입, 종이·인삼 등을 수출하였다.
- ㉣ 기타 국가 : 일본(11세기 후반 이후 교역 활발), 대식국이라 불리던 아라비아도 무역을 하여 수은·향료가 수입되었으며 고려라는 이름이 처음 서방에 알려져 코리아(Corea, Korea)의 기원이 되었다.

01
14회 4번

다음 인물에 대한 설명으로 옳은 것은? (1점)

- 문종의 아들이자 숙종의 아우
- 교종 중심의 불교 통합 운동을 주도함
- 화폐를 만들어 유통할 것을 주장함

① 유불 일치설을 주장하였다.
② 국청사를 창건하고 천태종을 창시하였다.
③ 백련사에서 신앙 결사 운동을 전개하였다.
④ 정혜쌍수를 바탕으로 철저한 수행을 강조하였다.
⑤ 해인사에 있는 재조대장경 조판 사업에 참여하였다.

● 해설
② 제시된 승려는 의천이다. 의천은 국청사를 창건하고 교종을 중심으로 선종을 통합하여 천태종을 창시하였다.
① 혜심에 대한 설명이다.
③ 요세에 대한 설명이다.
④ 지눌의 조계종에 대한 설명이다.
⑤ 의천은 교장도감을 설치하고 교장(속장경)을 간행하였다.

● 정답 : ②

02
11회 21번

17세기 무렵 (가) ~ (라) 신분에 대한 설명으로 옳지 않은 것은? (3점)

① (가)는 경제적으로 지주층이며 현직 또는 예비 관료로 활동하였다.
② (나)는 중간 계층으로 전문 기술이나 행정 실무를 담당하였다.
③ (다)는 인구 중 다수를 차지하였으며 생산 활동에 종사하였다.
④ (라)는 고려 시대 백정이라고 불린 신분에 해당된다.
⑤ (가)~(라)의 신분은 엄격히 구분되었으나 신분 이동이 가능하였다.

● 해설
고려 시대 백정은 일반 농민을 뜻하는 것으로 (라)의 천민인 노비와는 신분이 다르다.

● 정답 : ④

포인트 출제적중문제

정답 및 해설

01
ㄷ. 전시과는 소유권을 지급한 것이 아닌 수조권만을 지급한 것이다.
ㄹ. 전시과는 고려의 기본토지 제도로 관리에게 지급하는 것이고 일반 백성에게 토지를 지급하는 것은 아니다.

02
고려는 농경 중심 국가로 상업과 수공업의 발전보다는 농업을 장려하였다.

---

01 다음은 고려의 토지 제도에 관한 글이다.

> • 국초의 역분전은 신하, 군사들에게 관직을 논하지 아니하고 성행(性行)의 선악과 공로의 대소를 보아 지급하였다.
> • 고려의 전제(田制)는 문무백관에서부터 부병(府兵), 한인(閑人)에 이르기까지 과(科)에 따라 전지와 시지를 나누어 주었는데, 이를 전시과라 한다. 죽은 다음에는 모두 나라에 바치는 것이 원칙이나 5품 이상의 관리들에게 지급되는 공음전은 예외적으로 자손들에게 전할 수 있었다.

윗글을 바르게 해석한 것을 보기에서 모두 고르면?

〈보기〉
ㄱ. 역분전은 논공행상의 성격을 띤 것이었다.
ㄴ. 공음전은 귀족을 우대한 경제적 특혜였다.
ㄷ. 전시과는 토지에 대한 소유권을 지급한 것이다.
ㄹ. 전시과 체제가 확립되면서 모든 농민에게 토지를 지급하였다.

① ㄱ, ㄴ   ② ㄱ, ㄷ   ③ ㄴ, ㄷ
④ ㄷ, ㄹ   ⑤ ㄱ, ㄹ

02 다음 중 고려의 경제 정책으로 옳지 않은 것은?

① 농번기에는 잡역 동원을 금지하였다.
② 농업보다는 상업과 수공업의 발전에 노력하였다.
③ 재해를 당했을 때에는 세금을 감면해 주었다.
④ 고리대의 이자를 제한하고 의창을 실시하였다.
⑤ 묵은 땅을 개간하면 일정 기간 소작료를 면제해 주었다.

정답 ◎ 01. ①   02. ②

03 고려 시대 농업 기술의 발전과 관계 깊은 것은?

① 2년 3작으로 휴한지가 늘어났다.
② 모내기법이 일반화되어 보리 재배가 확대되었다.
③ 소를 이용한 깊이갈이가 일반화되고 시비법이 발달하였다.
④ 목화재배가 전국적으로 확대되었다.
⑤ 농사직설, 금양잡록 등의 농업 서적이 보급되었다.

04 다음은 고려의 무역활동을 나타낸 지도이다. 이에 대한 설명으로 옳지 않은 것은?

① 우리나라의 대송 수출품은 나전 칠기, 화문석, 인삼, 먹 등이 있다.
② 무역로가 (가)에서 (나)로 바뀐 것은 금(여진)의 침입 때문이었다.
③ 대송 무역이 중심이었고, 강화도가 국제 무역항으로 번성하였다.
④ 거란과 여진은 은을 가지고 와서 농기구, 식량 등과 바꾸어 갔다.
⑤ 아라비아 상인들의 활동으로 고려의 이름이 서방 세계에 알려졌다.

정답 및 해설

03
고려시대에는 소를 이용한 우경이 일반화 되고 시비법이 보급되었다.
① 밭농사에서 2년 3작의 윤작법의 보급으로 휴경지의 비율이 낮아졌다.
② 고려말 일부 남부지방에서 이앙법(모내기법)이 시작되었으나 이앙법이 일반화되는 것은 조선 후기의 일이다.
④ 원간섭기 문익점에 의해 목화가 전래되었으나 전국적으로 확대되는 것은 조선 전기의 일이다.
⑤ 농사직설은 조선 세종 때, 금양잡록은 성종 때 편찬되었다.

04
고려의 무역은 대송 무역이 중심이었고 국제 무역항으로는 벽란도가 번성하였다.

정답 ⊙ 03.③ 04.③

정답 및 해설

05
토지대장인 양안과 인구 대장인 호적을 작성하여 조세 수취의 자료로 활용하였다.
① 조세는 생산량의 10분의 1이 원칙이었다.
② 세금은 토지에서 걷는 조세, 집집마다 부과하여 특산물을 수취하는 공납, 장정에게 부과하는 역이 있었다.
③ 역은 16세부터 60세까지 백정 농민에게 부과하였다.
④ 송나라 제도를 모방하여 삼사로 불리는 재정관청을 두었으나, 실제로 조세수취와 집행에는 관여하지 않았다.

06
(가)는 고려 전기의 경제 상황과 관련이 있다. 정부는 국가 재정의 확충을 위해 화폐 유통을 장려하였으나, 농업 중심의 자급자족적 경제 구조로 널리 유통되지는 못하였다. (나)는 고려 후기 사원 경제에 대한 설명이다. 사원은 많은 토지와 노비를 소유하고 많은 수공업 물품을 생산하였으며, 시장에 팜으로써 상업의 발달을 주도하였다.
⑤ 고려 전기 중앙 집권화 정책에 따라 상공업에 대한 통제가 강하였으나, 점차 약화되었다.

---

05 고려시대 수취 제도에 대한 설명으로 옳은 것은?

① 조세는 생산량의 2분의 1이었다.
② 세금은 토지에서 걷는 공물, 집집마다 부과하는 조세, 장정의 수에 따라 부과하는 역이 있었다.
③ 16세에서 60세까지의 모든 남녀는 군역과 요역을 담당하였다.
④ 조세 수취와 집행은 삼사가 하였다.
⑤ 양안과 호적을 근거로 조세, 공물, 역을 부과하였다.

06 다음은 고려의 경제적 상황과 관련된 자료이다. 이에 대한 설명으로 옳지 않은 것은?

> (가) 대개 그 풍속이 점포가 없고 오직 한낮에 시장을 벌여, 남녀노소 관리들이 각각 자기가 가진 것으로써 교역하고 돈을 사용하는 법은 없다.… 조정에서 화폐를 내려 주었는데, 지금은 부고(府庫)에 저장해 두고 때로 내다 관속에게 관람시킨다.
>
> (나) 지금 역을 피하려는 무리들이 부처의 이름을 걸고 돈놀이를 하거나 농사, 축산을 업으로 삼고 장사를 하는 것이 보통이 되었다.… 어깨를 걸치는 가사는 술항아리 덮개가 되고, 범패를 부르는 장소는 파, 마늘의 밭이 되었다. 장사꾼과 통하여 팔고 사기도 하며, 손님과 어울려 술 먹고 노래를 불러 절간이 떠들썩하다.

① (가)를 통해 국가에서 화폐 유통을 장려하였음을 알 수 있다.
② (가)는 자급자족적 경제 구조로 인한 결과이다.
③ (나)를 통해 사원이 상공업에 앞장섰음을 파악할 수 있다.
④ (나)의 상황이 심각해지자 고려는 사원의 토지와 노비를 국가 재산으로 환수하였다.
⑤ (가) 시기보다 (나) 시기 국가의 상공업 통제가 더 강하였다.

정답 ◉ 05. ⑤ 06. ⑤

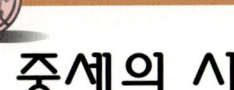

중세의 사회

1 고려의 신분 제도

(1) 고려 사회의 특징
① 귀족 사회 : 고려는 귀족(貴族)이 특권을 누리는 귀족 사회의 모습을 보인다.
② 개방적 사회 : 고대 사회와는 달리 계층의 이동이 가능하고 출신보다는 능력이 중요시되는 개방적 사회로 이행했으나 여전히 출신으로부터 자유롭지 못하고 가문에 따른 신분이 중요한 신분제 사회였다.

(2) 귀족
① 구성 : 지배층의 핵심으로 왕족을 비롯하여 5품 이상의 고위관료들이 주류를 형성하였다.
② 특징 : 음서와 공음전의 혜택을 누리는 특권계층으로 폐쇄적 혼인 관계를 통하여 문벌귀족으로 성장하였다.

> **음서**
> 음서는 5품 이상의 고위 관리의 아들, 손자, 사위, 동생, 조카 등에서 한 사람을 과거 없이 자동으로 관리가 될 수 있도록 한 제도이다.

2 지배세력의 변천

(1) 문벌귀족
① 출신 : 대부분 신라 말 지방 호족이나 6두품 계층의 사람들로써 개국공신들이었다.
② 정치 : 과거와 음서를 통하여 관직을 독점하고 고위직으로 진출하여 정국을 주도하였다.
③ 경제 : 관직의 복무 대가로 받는 과전과 공음전을 바탕으로 권력을 통한 불법적 방법으로 개인 또는 국가의 토지를 차지하여 경제력을 독점하였다.

권문세족

지금부터 만약에 종친(왕족)으로서 동성과 혼인하는 자는 (원 세조의) 성지(聖旨)를 어긴 것으로 논지 할 터인즉, 마땅히 종친은 누세(累世)에 재상을 지낸 집안의 딸을 아내로 맞아야 하고, 재상 집안의 아들은 종실의 딸에게 장가들어야 한다. 그러나 만약에 가세가 미미한 자는 이 제한에 구애받지 않아도 된다. 신라의 왕손인 김흔 일가는 역시 순경 태후의 숙백 집안이며, 언양 김씨 일종과 정안 임태후 일종, 경원 이태후와 안산 김태후 및, 철원 최씨·해주 최씨·공암 허씨·평강 최씨·청주 이씨·당성 홍씨·황려 민씨·횡천 조씨·파평 윤씨·평양 조씨는 모두 누대 공신이요, 재상 지종(宰相之宗)이니 가히 세세로 혼인을 하여, 이들은 종실의 여자에게 장가를 들고 딸은 비로 삼을 만하다. 문무 양반가도 동성간에는 결혼하지 못하나 외가 4촌간은 구혼을 허용한다.

「고려사」

④ 사회 : 왕실과 혼인을 통하여 외척세력으로 성장하거나 비슷한 계층끼리 혼인을 통하여 권력을 유지해나갔다.
⑤ 몰락 : 무신정변 이후 무신이 집권하면서 문벌귀족 사회는 몰락하였다.

(2) 권문세족

① 성립 : 무신 정권이 붕괴되고 원 간섭기에 등장한 세력으로 원의 세력을 배경으로 성장한 친원파(부원배)가 많았다.
② 정치 : 원을 배경으로 권력을 장악하고 음서를 통하여 신분을 세습하였다.
③ 경제 : 중앙에서 대농장을 소유하고 있으며 국가에 세금을 내지 않고 몰락한 농민들을 노비처럼 부리며 부를 축적해갔다.
④ 사회 : 친원적 성향이 강한 세력으로 원의 내정간섭에 기여하고 고려 사회에 많은 피해를 입혔다.
⑤ 몰락 : 이성계의 위화도 회군(1388년)으로 정치적 입지가 좁아졌고 과전법(1391년)의 시행으로 경제적으로 기반을 상실하게 된다.

(3) 신진사대부

① 성립 : 무신의 집권 이후 이규보와 같은 지방의 향리나 중소 지주 출신의 자제들이 과거를 통해 중앙관리로 진출하였고 공민왕의 반원자주 정책을 뒷받침하면서 성장하였다.
② 정치 : 신진사대부들은 하급관리나 향리 출신으로 행정실무에 능했고 반원적 입장을 취하였다.
③ 경제 : 지방의 중소지주 출신으로 권문세족에 비해 경제적 기반이 약했다. 이후 위화도 회군으로 정치적 권력을 장악한 이성계는 신진사대부의 경제적 기반을 마련하기 위해 과전법을 실시하였다.
④ 사회 : 권문세족과 불교의 폐단을 비판하면서 개혁적 성향을 보이게 된다. 이후 고려의 개혁을 주장하며 조선 건국의 중심세력이 된다.
⑤ 사상 : 성리학을 받아들여 불교를 비판하였다.

지배세력의 변천

구분	문벌귀족(전기)	권문세족(후기)	신진사대부
출신	호족, 6두품, 개국공신	친원파	하급 관리 출신, 향리(지방 중소지주층)
기반	음서(정치적), 공음전(경제적)	도평의사사 장악(음서), 대농장 소유	지방 중소지주
정계진출	음서, 과거	음서	과거
외교정책	친송	친원	친명
성향	보수적	보수적	진취적, 개혁적
사상	불교	불교	성리학, 불교 폐단 비판
혼인관계	폐쇄적 혼인 관계		

3 중류계층 및 평민과 천민

(1) **중류층**

① 성립 : 통치제제의 하부구조를 담당하는 집단으로 직역을 세습하고 그에 상응하는 토지를 지급받았다.

② 종류
- ㉠ 서리 : 중앙관청의 실무 담당
- ㉡ 남반 : 궁중의 각종 실무 관리
- ㉢ 역리 : 지방의 역을 관리
- ㉣ 군반 : 직업 군인으로 하급 장교

(2) **양인**

① 유형 : 일반 주·부·군·현에 거주하며 농업 또는 상공업에 종사하는 사람들을 의미하고 대다수는 농업에 종사하는 백정(白丁)농민이 대부분이다.

② 백정농민
- ㉠ 권한 : 법적으로 과거 응시에 제한이 없으며 전지를 받는 군인으로 선발될 수 있었다.
- ㉡ 경제적 지위 : 국가로부터 토지를 지급받지 못하므로 자신 소유의 민전을 경작하거나 타인의 토지를 빌려 경작하였다.

③ 상인과 수공업자 : 농본정책으로 상업에 대한 국가의 통제와 국가에 등록되어 수공업에 종사하였으므로 상인과 수공업자는 농민보다 천시를 받았다.

④ 특수 집단민

거주	특수 행정 구역인 향·부곡·소에 거주하였다.
특징	하층 양민으로 신분은 양민이지만 일반 양민보다 높은 세금을 부담하였다.
의무	거주 이전의 자유가 없었으며 일반 양인과 달리 과거에 응시할 수 없었다.
신분변동	• 집단적으로 신분을 이동시켜 일반 군현민이 반란을 일으킬 경우 집단적으로 강등시키기도 하였다. • 망이·망소이의 난(공주명학소의 난, 1176년) 이후 점차 일반 군현으로 승격되어 갔다.

(3) **천민**

① 유형 : 대다수는 노비였으며 매매·증여·상속의 대상이었다.

② 노비의 처지
- ㉠ 대우 : 성(姓)을 가질 수 없었으며 매매·상속·증여의 대상이 되었고 국역(國役)의 의무는 없었다.

ⓒ 신분과 소유권의 결정
- 신분 결정 : 부모 중 한쪽이 노비면 그 자식도 노비가 되었다.
- 소유권한 : 부모 양쪽이 노비인 경우 소유권은 어머니 쪽의 소유주에게 귀속되었다. 그러나 아버지가 천민이고 어머니가 양인인 경우에는 아버지 쪽의 소유주에게 귀속되었다.

③ 노비의 종류

공노비	입역노비	관청에서 잡역에 종사하는 노비로 급료를 받아 생활하였다.
	납공노비 (외거노비)	지방에 거주하면서 주로 농업에 종사하였다. 수입 중 규정된 액수를 신공으로 하여 관청에 납부하였다.
사노비	솔거노비	주인과 한집에 거주하면서 주인의 일을 돌보고 살았다.
	외거노비	주인과 따로 살면서 주로 농업들의 일에 종사하면서 일정량의 신공을 받쳤다. 이들은 자신의 토지와 가옥 등의 재산을 소유할 수 있었으므로 신분적으로는 노비이나 경제적으로는 양인과 비슷하였다.

4 백성들의 생활모습

(1) 농민의 공동 조직

▣ 사천매향비

① 향도 : 미륵을 만나 구원받고자 하는 염원에서 시작된 불교 행사로 향나무를 땅에 묻는 행위였던 매향을 하는 불교 신앙 조직이었으나 고려 후기에 농민의 공동체 조직으로 발전하였다.

② 향도의 변화 : 고려 전기에는 신앙적 성격이 강했으며 많은 인력이 동원되는 절의 건립, 석탑의 제작 등에 주도적 역할을 하였다. 고려 후기가 되면서 혼례·상장례, 마을 제사 등 공동체 생활을 주도하는 농민 조직으로 발전하게 되었다.

> **향도** 〔알아두기〕
> 향도는 고려 전기 미륵 신앙을 기반으로 매향 활동을 하던 무리를 뜻한다. 이들은 이러한 매향 활동을 하면서 불상, 석탑, 절 등을 건축할 때 주도적 역할을 하였다. 고려 후기와 조선 전기에 이르러 농촌의 공동체 생활을 주도하는 농민 조직으로 발전하였다. 상두꾼이라는 말에서 향도를 유추할 수 있다.

(2) 여러 가지 사회 시책

① 농민 보호 정책 : 농번기 잡역을 금지하였고, 재해 시 조세를 감면해주었다. 고리대로 인한 농민의 몰락을 방지하고자 이자가 빌린 곡식의 원금과 같아지면 더 이상 이자를 받지 못하게 하였다.

② **권농 정책** : 황무지 개간을 장려하였고 개간 시 일정 기간 면세해 주었다. 왕이 직접 적전(籍田)을 경작하여 농사의 모범을 보이기도 하였다.

③ **여러 가지 사회 제도**
  ㉠ 의창(성종) : 태조의 흑창을 개편한 것으로 평상시에 곡물을 비치하여 흉년에 빈민을 구제하는 제도로 고구려의 진대법과 유사하다.
  ㉡ 상평창 : 개경 · 서경 · 12목에 설치하여 물가를 조절하는 기관으로 백성들의 생활은 안정시키기 위한 기구였다.
  ㉢ 동 · 서 대비원 : 개경에 설치하여 가난한 환자의 진료 및 빈민 구율을 담당하는 기관이었다.
  ㉣ 혜민국 : 의약을 전담하는 기관이었다.
  ㉤ 구제도감 · 구급도감 : 재해 발생 시 임시로 설치하여 백성의 구제를 담당하던 기관이었다.
  ㉥ 제위보 : 광종 때 설치하여 기금을 마련하여 이자로 빈민을 구제하는 기관이다.

5 법률과 풍속

(1) 법률
  ① **관습법 중시** : 중국의 당률을 참고한 71개조의 법률이 있었으나, 대개 관습법에 따랐으며 지방관이 사법권을 행사하였다.
  ② **형벌** : 반역죄, 불효죄는 중죄로 처벌하였다.

(2) 풍속
  ① **장례 · 제사** : 정부는 유교적 규범을 권장하였으나 민간은 토착신앙과 불교, 도교등의 의례를 따랐다.
  ② **명절** : 정월 초하루, 삼짇날, 단오(격구 · 씨름 등을 즐김), 유두, 추석 등을 지냈다.

6 혼인과 여성의 지위

(1) 혼인
  ① **연령** : 여자는 18세 전후, 남자는 20세 전후에 혼인을 하였다.

고려 시대 여성의 지위

박유가 왕에게 글을 올려 말하기를 "우리나라는 남자가 적고 여자가 많은데 지금 신분이 높고 낮음을 막론하고 처를 하나만 두고 있어 아들이 없는 자들도 첩을 두려고 생각하지 않습니다. … 청컨대, 여러 신하, 관료로 하여금 여러 처를 두게 하되, 품위(品位)에 따라 그 수를 점차 줄여 보통 사람은 1처 1첩을 둘 수 있도록 하며, 여러 처에서 낳은 아들들도 벼슬을 할 수 있게 하도록 하길 원합니다." 부녀자들이 이 소식을 듣고 원망하고 두려워하지 않는 자가 없었다. 때마침 박유가 왕의 행차를 호위하여 따라갔는데 어떤 노파가 그를 손가락질하면서 "첩을 두고자 요청한 자가 저 놈의 늙은이다."라고 하니, 여자들이 무더기로 손가락질하였다. 당시 재상들 가운데 부인들이 무서워하는 자들이 있었기에 그 건의는 결국 실행되지 못하였다.

「고려사」

② 형태 : 왕실에서는 친족 간의 혼인이 성행하였고 혼인의 형태로는 일부일처제가 일반적이었다.

(2) 여성의 지위(가정에서 남성과 거의 대등한 지위를 누림)
① 부모의 유산은 균분 상속하였다.
② 출생 순으로 호적에 기재하여 남녀 차별을 하지 않았고, 여성도 호주가 될 수 있었다.
③ 아들이 없을 경우 양자를 들이지 않고 딸이 제사를 봉행하였다.
④ 여성의 재가가 자유롭고 그 자식의 사회적 진출에 차별을 두지 않았다.
⑤ 사위와 외손자에게도 음서의 혜택이 주어졌다.

7 고려 후기의 사회변화

(1) 몽고의 침입과 백성의 생활
① 몽고의 침입
  ㉠ 정부(최우)는 강화도로 천도 후 장기적 항전을 대비하였고 일반 백성은 전국 각지에서 몽고에 항전하였다.
  ㉡ 원 간섭기 : 일본 원정에 동원되어 막대한 피해를 입었다.
② 원 간섭기의 사회변화
  ㉠ 하층민의 신분 상승 : 역관, 향리, 평민, 노비, 환관 중에서 전공을 세우거나 몽고 귀족과의 혼인, 능숙한 몽고어를 바탕으로 출세하는 사람들이 등장하였고 이들은 원의 세력을 등에 없고 권문세족으로 성장하였다.
  ㉡ 몽고풍 : 변발, 몽고식 복장, 몽고어가 궁중과 지배층을 중심으로 유행하였다.
  ㉢ 고려양 : 몽고에 고려의 의복, 음식, 그릇 등의 풍습이 전래되었다.
  ㉣ 원의 공녀 요구 : 결혼도감을 통하여 원으로 공녀 공출이 사회적 문제로 대두되었고 조혼이 유행하는 계기가 되었다.

기출 문제

01 고려 전기의 가상 편지글이다. ㉠ ~ ㉣ 중 당시 사회 모습으로 적절한 것을 고른 것은? (2점)

 13회 8번

> 큰아들에게
> 이번 외할아버지 장례를 치르는 데 고생이 많았구나. 돌이켜보면 네 외할아버지는 모든 사람에게 존경을 받는 분이셨지. ㉠ 벼슬은 문하시중에 이르렀고 공음전도 받았지. 비록 이 번에 돌아가실 때 ㉡ 딸이라는 이유로 내가 유산을 받지 못했지만, 그래도 ㉢ 외할아버지 덕분에 네가 과거를 보지 않고도 관직에 나아가지 않았더냐. 그러기에 서운함은 별로 없단다. …… 자주 보지는 못하지만 ㉣ 네가 바쁜 관직 생활 중에도「소학」등 성리학 관련 책을 열심히 읽는다고 들었다. 대견하구나! 더욱 정진하기 바란다. …… 날도 추워지는데 감기 조심하거라
> ○○에서 어미가

① ㄱ, ㄴ
② ㄱ, ㄷ
③ ㄴ, ㄷ
④ ㄴ, ㄹ
⑤ ㄷ, ㄹ

● 해설
㉠ 문하시중은 고려의 최고 벼슬로 5품 이상에 해당하므로 공음전을 지급 받을 수 있었다.
㉢ 고려 시대 음서는 자식은 물론 사위나 외손자에게까지 해당되었다.
㉡ 고려 시대 유산은 자녀에게 균분 상속되었다.
㉣ 성리학은 고려 후기 안향에 의해 처음 전래되었으므로 전기의 사실에는 맞지 않다.

● 정답 : ②

출제적중문제

정답 및 해설

01
ㄴ. 고려 시대 백정은 일반 농민을 뜻한다.
ㄷ. 외거노비는 신공을 바치고 따로 거주하는 노비를 말한다.

02
제시문은 원간섭기 때의 상황이다. 당시 세력가였던 권문세족은 친원적 성향을 보였으며 음서를 통해 관직에 진출, 도평의사사의 핵심 구성원으로 권력을 행사하였다.
④ 무신 정변으로 몰락한 세력은 문벌귀족이다.

---

01 고려의 신분 제도에 대하여 바르게 설명한 것을 〈보기〉에서 고르면?

〈보기〉
ㄱ. 향리 자제들은 과거를 통하여 중앙에 진출한 후 귀족으로 상승할 수 있었다.
ㄴ. 백정은 가축을 도살하는 직업에 종사하였으며, 천민으로 천대를 받았다.
ㄷ. 외거노비는 관청에서 잡역에 종사하였으며, 급료를 받고, 생활하였다.
ㄹ. 5품 이상의 고위 관료들이 주류인 귀족들은 음서와 공음전의 혜택을 받았다.

① ㄱ, ㄴ
② ㄱ, ㄷ
③ ㄱ, ㄹ
④ ㄴ, ㄷ
⑤ ㄴ, ㄹ

02 다음은 고려 왕조의 어느 세력에 대한 자료이다. 이 세력에 대한 설명으로 타당하지 않은 것은?

윤수는 매와 사냥개로서 총애를 얻게 되었으며, 충렬왕이 즉위하자 윤수는 심양으로부터 가족을 데리고 귀국하여 '응방(매의 사육과 사냥을 맡는 관청)'을 관리하여 권세를 믿고 제멋대로 나쁜 짓을 하였으므로 사람들이 그를 짐승으로 여겼다. 만약 안찰사나 주군의 무사와 수령이 윤수의 무리를 조금만 거슬려도 반드시 왕에게 참소하여 죄를 받게 하였으므로, 그들이 그 마을의 양민에게 마음대로 해독을 끼쳐도 아무도 감히 질책하여 묻지 못하였다.
「고려사」

① 원의 세력과 친밀한 관계가 있었다.
② 도평의사사의 핵심 구성원으로 활동하였다.
③ 과거보다는 음서를 통해 출세한 경우가 많았다.
④ 무신 정변으로 인해 정치적으로 몰락하고 말았다.
⑤ 신진 사대부 세력과 정치적으로 대립하고 있었다.

정답 ● 01. ③   02. ④

03 다음에서 설명하는 고려의 농민 조직체는?

- 초기에는 불교의 신앙조직
- 향나무를 땅에 묻어 구원을 받고자 하는 염원
- 불상, 불탑, 사원을 지을 때 주도적 역할
- 후기에는 노역, 혼례, 상장례, 마을 제사 등을 주도함

① 향약
② 두레
③ 향도
④ 품앗이
⑤ 계

03 초기 불교 조직이었던 향도는 고려 후기로 접어들면서 상장례, 혼례 등을 함께 하는 농민의 공동 조직으로 변화하였다.

04 다음 자료의 학풍(학문)과 직접 관련 없는 사항은?

성균관을 다시 짓고 이색을 대사성으로 삼았다. 이색이 다시 학칙을 정하고, 매일 명륜당에 앉아 경을 나누어 수업하고, 강의를 마치면 서로 더불어 논란하여 권태를 잊게 하였다. 이에 학자들이 많이 모여 함께 눈으로 보고 마음으로 느끼는 가운데 정주학이 비로소 흥기하게 되었다.
「고려사」

① 인간의 심성과 우주의 원리 문제를 철학적으로 탐구하였다.
② 충렬왕 때 안향이 처음으로 소개하여 그 후 백이정이 직접 원나라에 가서 배웠다.
③ 현실 사회의 모순을 시정하려는 개혁 사상으로 이 학문을 받아들였다.
④ 소학과 주자가례를 중시하고, 불교의 폐단을 비판하였다.
⑤ 이로 인하여 유교는 치국의 근본으로, 불교는 수신의 도로 각각의 역할과 기능을 담당하였다.

04 제시문은 고려 말 성리학에 대한 글이다. 고려 성종 때 최승로의 시무 28조가 받아들여지면서 유교가 정치이념으로 받아들여졌다.

정답 ⊙ 03.③ 04.⑤

정답 및 해설

05
향, 부곡, 소와 같은 특수 행정구역에 거주하는 백성들은 일반 군현에 사는 양민보다 세금 부담이 더 컸으나 신분은 양인이었다.

06
고려 시대 가정내 여성의 지위는 조선 시대와는 달리 상당히 높은 지위에 있었다. 또한 재산의 분배에 있어서도 남녀의 차별 없이 균등 분배를 원칙으로 하였다.

---

05 고려 시대 향 · 소 · 부곡에 대한 설명으로 바르지 못한 것은?

① 일반 양민에 비해 세금 부담이 무거웠다.
② 신분은 천민이었으나 노비보다는 사회적 지위가 높았다.
③ 거주 이전의 자유가 없었다.
④ 반란이 발생한 군현은 부곡으로 강등 당하기도 하였다.
⑤ 소의 주민은 수공업이나 광업에 종사하였다.

06 다음 사료를 근거로 고려시대 생활모습을 바르게 진술한 것은?

> 어머니가 일찍이 재산을 나누어 줄 때 나익희에게는 따로 노비 40명을 물려주었다. 나익희는 "제가 6남매 가운데 외아들이라 해서 어찌 사소한 것을 더 차지하여 여러 자녀들로 하여금 화목하게 살려 하려 한 어머니의 거룩한 뜻을 더럽히겠습니까?"라고 하면서 사양하자 어머니가 옳게 여기고 그 말을 따랐다.
>
> 〈고려사〉 나익희 열전

ㄱ. 부모와 자녀의 관계는 권위적인 지배 - 복종 관계로 이루어졌다.
ㄴ. 개인보다는 가족 집단을 존중하였다.
ㄷ. 일반적으로 적장자 단독 상속이 이루어졌다.
ㄹ. 재산 분배권을 아내가 가지기도 하였다.

① ㄱ, ㄴ
② ㄴ, ㄷ
③ ㄷ, ㄹ
④ ㄱ, ㄷ
⑤ ㄴ, ㄹ

정답 ● 05.② 06.⑤

중세의 문화

1 중세 사회의 문화

(1) 유학의 발달과 역사서의 편찬

① 고려 초기의 유학
  ㉠ 특징 : 자주적·주체적 성격의 유학이라는 특징을 가졌다.
  ㉡ 발달과정
    • 태조 : 최언위, 최지몽 등의 6두품 계통 유학자들이 활동하였다.
    • 광종 : 쌍기의 건의로 과거제도가 시행되었다.
    • 성종 : 최승로의 시무 28조가 채택되면서 유교가 국가의 통치 이념으로 자리잡았다.

② 고려 중기의 유학
  ㉠ 특징 : 문벌 귀족 사회의 발달로 보수적·현실적 성격의 유학으로 변화하였다.
  ㉡ 대표적 학자
    • 최충(문종) : 해동공자로 칭송을 받았으며 정계에서 은퇴 후 9재 학당을 설립하였다.
    • 김부식(인종) : 보수적·현실적 성격의 유학을 대표했던 학자로 귀족적 취향을 보였다. 묘청의 서경 천도 운동을 진압하였고, 기전체 역사서인 삼국사기를 저술하였다.
    • 무신 정변으로 무신이 집권하면서 유학은 위축되었다.

③ 역사서의 편찬
  ㉠ 고려 초기
    • 왕조실록 : 건국 초기에 편찬되었다고 전해지나 거란의 침입 때 소실되었다.
    • 7대 실록 : 태조부터 목종까지의 7대 실록을 편찬했으나 전해지지는 않는다.

이규보의 역사인식

김부식은 삼국사기를 편찬할 때, 국사란 세상을 바로잡을 책이니, 크게 신이(神異)한 일로써 후세에 보여줌은 옳지 않다고 생각하여 동명왕의 사적을 매우 간략하게 다루었다. 그러나 동명왕의 사적은 변화, 신이하여 사람의 눈을 현혹시키는 것이 아니라, 실로 나라를 창시하신 신의 자취인 것이다.…… 이런 까닭에 시를 지어 기록하여 천하 사람들로 하여금 우리나라의 근본이 성인의 나라임을 알게 하려 할 뿐이다.

「동국이상국집. 동명왕편」

일연의 역사인식

대체로 옛 성인들은 예(禮)와 악(樂)으로써 나라를 일으키고 인의(仁義)로 가르쳤으며, 괴상한 힘이나 난잡한 귀신을 말하지 않았다. 그러나 제왕들이 일어날 때에는 반드시 보통 사람들과 다른 것이 있었다. 그러니 삼국의 시조들이 모두 신기한 일로 태어났음이 어찌 괴이하겠는가. 이것이 신이(神異)로써 다른 편보다 먼저 놓는 까닭이다.

「삼국유사」

  ㉡ 고려 중기의 사서
   • 특징 : 유교적 사대주의의 영향으로 신라계승 의식이 강화되었다.
   • 삼국사기 : 인종 때 김부식에 의해 편찬된 현존하는 가장 오래된 사서이다. 유교적 합리주의에 입각해 기전체로 서술되어 있다.
  ㉢ 무신집권기
   • 특징 : 몽고와의 전쟁을 겪으면서 자주의식이 확장되었고 전통문화를 바르게 이해하려는 경향이 대두되기 시작하였다.
   • 동명왕편 : 명종 때 쓰인 역사 시(詩)로 이규보가 편찬하였으며 동국이상국집에 수록되어 있다. 자주적 민족의식과 고구려 계승의식이 반영되어 있다.
   • 해동고승전 : 고종 때 각훈이 편찬하였으며 삼국시대 고승 30여명의 전기가 수록되어 있다. 우리나라의 불교를 중국 불교와 대등한 입장에서 서술하여 민족 문화에 대한 자긍심을 드러내고 있다.
  ㉣ 원 간섭기
   • 특징 : 고조선을 계승한 민족주의 역사 인식이 대두되었다.
   • 삼국유사 : 충렬왕 때 일연에 의해 편찬된 역사서이다. 고대의 민간 설화나 전래 기록을 수록하는 등 우리의 고유문화를 중요시하였고 단군의 건국신화가 최초로 실렸다.
   • 제왕운기 : 충렬왕 때 이승휴에 의해 편찬된 역사서로 단군부터 역사를 서술하였다. 특히 발해를 고구려의 계승자로 인식하고 있다.
  ㉤ 말기
   • 특징 : 성리학을 수용한 신진사대부의 성장과 함께 유교적 입장에서 대의명분과 정통 의식을 강조한 역사책들이 서술되었다.
   • 사략 : 이제현이 유교적 사관에 입각하여 저술하였으나 현재는 사찬만이 전하고 있다.

(2) 교육기관의 발달과 성리학의 전래

 ① 고려 초기 : 성종의 정책
  ㉠ 교육 조서의 반포 : "교육이 아니면 인재를 구할 수 없다"고 교육을 강조하였다.
  ㉡ 교육기관의 설립 : 유학부와 기술학부로 구성된 최고 교육기관인 국자감을 설치했고, 지방에는 향교를 설치하여 지방 관리의 자제와 서민 자제의 교육을 담당하게 하였다.

Chapter 4 중세의 문화

ⓒ 문신월과법의 시행 : 관리의 질적 향상을 도모하였다.
② 고려 중기
　㉠ 사학 12도의 융성
　　• 문헌공도 : 관직을 은퇴한 최충은 9개의 전문 강좌로 나누어 9재학당을 설치하였다.
　　• 결과 : 9재 학당에서 공부한 학생들이 과거에서 좋은 성적을 얻자 관학은 위축되었고 사학 12도가 융성하였다.
　㉡ 관학 진흥책
　　• 예종 : 국학에 전문 강좌인 7재를 설치하였다.
　　• 인종 : 7재를 정비하여 경사 6학으로 바꾸고 지방의 향교를 중심으로 지방교육을 강화하였다.
　　• 공민왕 : 성균관의 기술학부를 폐지하여 순수 유교 교육기관으로 개편하여 유교 교육을 강화하였다.
③ 성리학의 전래
　㉠ 학문적 특징 : 남송의 주희에 의해 집대성된 성리학은 우주의 본질과 인간의 심성 문제를 철학적으로 탐구하는 유학이다.
　㉡ 수용 : 성리학을 처음 소개한 사람은 충렬왕 때 안향이다. 성리학은 고려 말 성장하고 있던 신진사대부 계층에 의해 수용되면서 고려 사회의 개혁 이념으로 등장하게 된다.
④ 고려 성리학의 특징
　㉠ 현실 개혁 : 성리학은 신진사대부에 이해 고려의 개혁 이념으로 작용하게 된다.
　㉡ 실천적 기능 : 「소학」, 「주자가례」를 중시하고 불교와 권문세족의 폐단을 비판하였다.

9재학당

최충이 후진들을 모아 가르치기를 부지런히 하니, 여러 학생들이 모여 들었다. 낙성, 대중, 성명, 경업, 조도, 솔성, 진덕, 대화, 대빙의 9재로 나누었는데 이를 시중 최공도라 일렀으며 과거를 보려는 자는 반드시 그 도(徒)에 속하여 공부하였다. 도중(徒中)에서 급제하여 학문이 뛰어나고 재능이 많으나 관직에 나아가지 않는 자를 교도(敎導)로 삼아 9경과 3사를 학습하였다.

「고려사절요」

2 고려의 불교와 신앙

(1) 고려 불교의 발전
① 태조의 숭불 정책
　㉠ 불교에 대해 적극적으로 지원하는 한편 유교 이념과 전통 문화도 함께 존중하였다.
　㉡ 개경에 여러 사원을 세우고 연등회와 팔관회의 성대한 개최를 당부하는 훈요 10조를 남겼다.

② 광종의 불교 정책
　㉠ 승과제도 시행 : 국가에서 승과를 실시하여 승계를 수여하고 지위를 보장해 주었다.
　㉡ 국사·왕사제도 시행 : 왕권 위에 위치하는 상징적인 제도로 불교가 국교의 권위를 가지게 되었다.

(2) 불교의 통합운동과 천태종
① 초기의 불교
　㉠ 교종과 선종의 병립 : 고려 초기에는 화엄종과 법상종이 나란히 번성하였다.
　㉡ 광종의 불교 정리
　　• 교종 통합 : 개경에 귀법사를 세우고 균여를 주지로 하여 화엄종 중심으로 재편하려 하였다.
　　• 선종 통합 : 중국으로부터 받아들인 법안종을 중심으로 통합하고자 하였다.
② 의천의 교단 통합 운동
　㉠ 교종의 통합 : 의천은 흥왕사를 근거지로 화엄종을 중심으로 교종을 통합하려 하였다.
　㉡ 천태종의 개창 : 국청사를 창건하여 교종을 중심으로 선종을 통합하려 하였다.
　㉢ 교관겸수의 제창 : 이론의 연마와 실천을 강조하는 교관겸수(敎觀兼修)를 제창하였다.
　㉣ 교단의 분열 : 의천은 새로운 교단 분위기를 조성하였으나 적극적인 불교계의 폐단 시정 노력이 부족하였고 의천의 사후 교단은 다시 분열되었다.

(3) 고려 후기의 불교
① 무신집권기의 불교
　㉠ 교종의 쇠퇴 : 문신과 연결되어 있던 개경 중심의 이론불교인 조계종이 쇠퇴하였다.
　㉡ 선종의 발달 : 무신 정권은 실천을 강조하며 지방사회에서 유행하던 선종을 후원하였다.
② 신앙결사 운동의 전개
　㉠ 지눌
　　• 수선사 결사 운동 : 수선사(뒤에 송광사)에 중심을 둔 수선사 결사 운동은 세속의 이익에 집착하는 당시 불교계의 타락상을 비판하고 독경·선 수행·노동을 중시하는 개혁운동이다.

지눌의 정혜결사문

지금의 불교계를 보면 아침저녁으로 행하는 일들이 비록 부처의 법에 의지하였다고는 하나, 자신을 내세우고 이익을 구하는데 열중하여, 세속의 일에 골몰한다. 도덕을 닦지 않고 옷과 밥만 허비하니, 비록 출가하였다고 하나 무슨 덕이 있겠는가? … 하루는 같이 공부하는 사람 10여 인과 약속하였다. 마땅히 명예와 이익을 버리고 산림에 은둔하여 같은 모임을 맺고 항상 선을 익히고 지혜를 고르는 데 힘쓰며, 예불하고 경전을 읽으며 힘들여 일하는 것에 이르기까지 각자 맡은 바 임무에 따라 경영하자. 인연에 따라 성품을 수양하고 평생을 호방하게 고귀한 이들의 드높은 행동을 쫓아 따른다면 어찌 통쾌하지 않겠는가?

「권수정혜결사문」

- 조계종의 개창
  - 정혜쌍수(定慧雙修) : 선과 교학이 근본에 있어서는 둘이 아니라는 사상체계이다.
  - 돈오점수(頓悟漸修) : 꾸준한 수행으로 깨달음의 확인을 강조하였다.
- 의의 : 선종을 중심으로 교종을 포용하여 교와 선의 대립을 극복하기 위한 것으로 지눌의 선교 일치 사상의 완성이라 할 수 있다.
ⓒ 요세의 백련사 결사 운동(1208년) : 강진의 만덕사(백련사)에서 자신의 행동을 진정으로 참회하는 법화신앙에 중점을 두었다.
ⓒ 혜심의 유불 일치설 : 유교와 불교가 다르지 않다는 주장으로 성리학 수용의 토대가 되었다.

③ 원 간섭기의 불교
  ㉠ 불교계의 타락 : 권문세족과 연결되어 사원은 막대한 토지를 소유하고 고리대업을 하는 등 부패가 심화되었다.
  ㉡ 신진사대부의 불교 비판 : 성리학을 수용하고 성장하고 있던 신진사대부는 불교계의 사회·경제적 폐단을 비판하면서 척불론(斥佛論)을 주장하였다.

④ 대장경의 간행
  ㉠ 대장경 : 경·율·논의 삼장으로 구성된 불교 경전의 집대성한 불교 경전을 총칭하는 말이다.
  ㉡ 간행과정
    - 초조대장경(1011년~1087년) : 거란의 침입을 부처의 힘으로 격퇴하려는 목적으로 제작되었다. 몽고와의 전쟁에서 소실되었다.
    - 교장(속장경) : 초조대장경을 보완하기 위해 의천이 송·요 대장경의 주석서를 모아 교장을 편찬하였다.
    - 재조대장경(팔만대장경, 1233~1248년) : 몽고의 침입 격퇴 목적으로 조판되었다. 합천 해인사에 보존되어 있다.

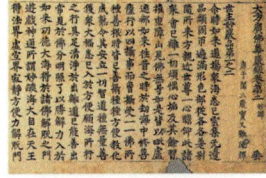
🔹 초조대장경 인쇄본

🔹 팔만대장경

🔹 직지심체요절

(3) 도교와 풍수지리설

도교	• 불로장생·현세구복 추구 • 초제 성행 : 궁중에서 하늘에 제사지내는 것으로 나라의 안녕과 왕실의 번영 기원 • 팔관회 거행 : 불교와 도교, 민간 신앙이 결합된 행사
풍수 지리설	• 중기 • 서경 길지설 : 북진 정책 추진의 이론적 근거 → 묘청의 서경 천도 운동에 영향 • 후기 • 묘청 실패 후 북진 정책 퇴조 → 한양 명당설 대두 → 한양의 남경 승격

3 과학 기술의 발달

(1) 과학 기술의 발달
  ① 천문학과 의학
    ㉠ 천문학의 발달
      • 천문 관측과 역법 계산을 중심으로 천문학이 발달하였다.
      • 사천대(서운관) : 천문과 역법을 담당하는 관청이었으며 관측 업무는 개성 첨성대에서 수행하였다.
    ㉡ 역법 : 초기에는 당의 선명력을 채택하였으나 후기 충선왕 때부터는 원의 수시력을 채택하였다. 그 후 고려 말기인 공민왕 때에는 명의 역법인 대통력을 사용하였다.
    ㉢ 의학
      • 담당관청 : 국자감에서 교육하지 않고 태의감을 설치하여 의학 교육과 의료 업무를 담당하게 하였다.
      • 의서의 편찬 : 자주적 성격의 향약방이 편찬되었고 13세기에는 향약구급방(1236년)이 편찬되어 현재까지 전해지고 있다. 향약구급방은 각종 질병에 대한 처방과 국산 약재 180여 종을 소개하고 있다.
  ② 인쇄술의 발달
    ㉠ 금속활자의 발달 : 기록에는 상정고금 예문(1234년)이 최초의 금속활자이나 전하지는 않고 현존하는 가장 오래된 금속활자본은 청주 흥덕사에서 간행된 직지심체요절(1377년)이다.
    ㉡ 제지술의 발달 : 전국적으로 우수한 닥나무 재배를 장려하고, 전담 관서를 설치하여 우수한 종이를 만들어 중국에 수출되어 호평을 받았다.
  ③ 화약무기의 제조
    ㉠ 배경 : 고려 말 왜구를 격퇴하기 위한 신무기의 개발이 필요하였다.
    ㉡ 전개 : 최무선은 끊임없는 노력으로 화약 제조법을 배우고 화통도감을 설치하여 화약무기를 제조하였다. 이후 최무선은 진포해전(1380년)에서 화약무기로 왜군을 크게 물리쳤다.

(2) 귀족 문화의 발달
① 고려 전기의 문학
  ㉠ 특징 : 독자적인 경향에서 중기로 접어들면서 당, 송 문학이 유행하였다.
  ㉡ 향가 : 신라 시대의 향가가 이어져 여전히 주류를 이루고 있었다. 균여는 균여전에 자신의「보현십원가」11수를 실었다.
② 무신집권기
  ㉠ 최씨 무신집권기 이전 : 낭만적이고 현실 도피적인 수필과 가전 문학이 유행하였다.
  ㉡ 최씨 무신집권기 : 정계에 등용된 문신들에 의해 등장한 문학 경향은 형식보다 내용에 치중하여 현실을 제대로 표현하는 데 관심을 가졌다. 대표작으로는 이규보의「동국이상국집」, 최자의「보한집」등이 있다.
③ 고려 후기의 문학
  ㉠ 경기체가의 등장 : 고려 말 신진사대부들은 유교 정신과 자연의 아름다움을 표현한 작품들을 남겼다.
  ㉡ 패관문학의 발달 : 민간에 구전되는 이야기를 일부 고쳐 한문으로 기록한 문학으로 이규보의「백운소설」, 이제현의「역옹패설」이 대표적이다.
  ㉢ 한시 : 이규보는「동명왕편」에서 형식에 구애받지 않고 자유로운 문체를 구사하였다. 그 외 이제현, 이곡, 정몽주 등 유학자들을 중심으로 발달하였다.
  ㉣ 장가(長歌) : 속요, 고려가요라고도 불리며 서민들 사이에서 유행한 노래로 서민의 감정을 자유롭고 대담한 방식으로 표현하였다.「가시리」,「쌍화점」,「청산별곡」등이 대표적 작품이다.

(3) 중세의 예술
① 건축

전기	• 궁궐과 사원건축이 중심(개성 만월대의 궁궐터) 등 • 특징 : 주심포 양식 유행 (안동 봉정사 극락전, 영주 부석사 무량수전, 예산 수덕사 대웅전)
후기	• 다포식 건물(황해도 사리원 성불사 응진전)

> **주심포와 다포식**
>
> ① **주심포 양식** : 기둥 위에만 공포를 짜 올리는 방식이다. 하중이 공포를 통해 기둥에만 전달되기 때문에, 자연히 그 기둥은 굵고 배흘림이 많은 경향을 보이는 대신 간소하고 명쾌하다.
> ② **다포 양식** : 기둥 위와 기둥 사이에 공포를 짜 올리는 방식이다. 하중이 기둥과 평방의 공포를 통해 벽체에 분산되므로, 지붕의 크기가 더욱 커져 중후·장엄한 모습이다.

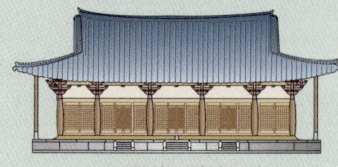
주심포 양식

다포 양식

② 석탑과 승탑

　㉠ 특징 : 신라 양식과 고려의 독자적 조형감이 가미되어 다양한 형태가 등장하였다.

　㉡ 석탑

　　• 다층 다각탑 유행 : 안정감이 부족하나 자연스러운 미를 엿볼 수 있다.

　　• 대표적 탑 : 현화사 7층 석탑(신라 양식을 계승), 불일사 5층 석탑, 경천사 10층 석탑(원의 영향, 조선의 원각사지 10층 석탑에 영향을 줌), 월정사 8각 9층 석탑

　㉢ 승탑 : 고달사지 승탑(신라 후기의 양식인 팔각원당형 계승), 법천사 지광국사 현묘탑

　㉣ 불상 : 광주 춘궁리 철불, 논산 관촉사 석조 미륵보살 입상, 부석사 소조 아미타여래 좌상

관촉사 석조 미륵보살 입상

고달사지승탑

월정사 8각 9층 석탑

지광국사 현묘탑

경천사 10층 석탑

③ 청자와 공예
  ㉠ 청자 : 신라와 발해의 전통 기술을 토대로 송의 기술을 도입하여 제작하였다. 초기에는 순수 청자(11세기)가 제작되었으나 이후 상감기법이 사용된 상감 청자(12세기 중엽)가 제작되었다. 이후 원 간섭기에는 분청사기가 제작되어 조선 초기까지 유행하게 된다.
  ㉡ 금속 공예 : 은입사 기술이 발달하였다.
    → 청동 은입사 포류수금문무늬 정병
  ㉢ 나전칠기 : 불경함, 화장품 갑, 문방구 등에 쓰였다.

■ 상감청자 운학 문매병

■ 청동 은입사 포류수금문 정병

④ 글씨, 그림과 음악
  ㉠ 서예
    • 고려 전기 : 구양순체가 주류를 이루었고 굳세고 힘찬 서체의 탄연이 대표적이다.
    • 고려 후기 : 송설체가 유행하였다.(이암, 조선시대까지 계승)
  ㉡ 그림
    • 전기 : 전문 화원 중심으로 발전하였다. 이령(예상강도), 이광필 등이 있다.
    • 후기 : 사군자 중심의 문인화·불화가 유행하였다, 천산대렵도(공민왕), 관음보살도(혜허) 등의 작품이 있다.
  ㉢ 음악
    • 아악(궁중음악) : 송에서 수입된 대성악이 발전하였다.
    • 향악(속악) : 고유 음악 + 당악의 영향으로 향악이 발달하였다.
      → 동동, 대동강, 한림별곡

■ 천산대렵도

기출 문제

01 보고서의 (가)~(마) 사진 가운데 고려 시대의 문화재로 옳지 않은 것은? (3점)

 15회 13번

① (가)   ② (나)   ③ (다)   ④ (라)   ⑤ (마)

● 해설
법주사 팔상전은 신라 시대에 처음 중건되었다가 임진왜란 때 불타버린 것을 조선 인조 때 다시 건축한 것이다.

● 정답 : ③

02 다음 공모 내용에 해당하는 소재로 가장 적합한 것은? (2점)

11회 15번

〈 공 모 〉
• 주 제 : ○○ 지역을 상지할 수 있는 역사 캐릭터
• 시 대 : 고려
• 소 재 : 현존하는 활판 인쇄물
• 마감일 : 2011년 5월 14일
• 접수처 : ○○ 시청 민원실

① 「속장경」
② 「초조대장경」
③ 「직지심체요절」
④ 「상정고금예문」
⑤ 「무구정광대다라니경」

● 해설
직지심체요절은 고려시대 청주의 흥덕사에서 간행된 활판 인쇄물로 프랑스에 현존하고 있다.
①, ② 현존하지 않는다.
④ 1234년 조판된 최초의 활판 인쇄술이라는 기록이 남아있으나 현존하지는 않는다.
⑤ 석가탑 내부에서 발견된 최초의 목판 인쇄물이다.

● 정답 : ③

포인트 출제적중문제

01 다음 중 고려시대 불교에 대한 설명으로 옳은 것은?

① 지눌은 교관겸수를 제창하며 천태종을 창시하였다.
② 혜초는 인도를 여행하고 왕오천축국전을 기록하였다.
③ 의천은 교단 통합 운동을 전개하여 조계종을 창시하였다.
④ 보우는 전민변정도감을 통하여 권문세족의 권한을 축소하려 하였다.
⑤ 혜심은 유불일치설을 강조하면서 성리학 수용의 사상적 토대를 마련하였다.

02 다음 인쇄술의 발전 과정에 대한 설명으로 옳지 않은 것은?

① 활판 인쇄의 발달을 보여 주는 대표적인 유물로는 고려대장경이 있다.
② 목판 인쇄의 장점은 여러 가지의 책을 소량으로 인쇄하기에 적합하다는 것이다.
③ 현존하는 세계에서 가장 오래된 금속활자본은 청주 흥덕사에서 간행한 직지심체요절이다.
④ 닥나무를 이용해 만들어진 종이는 품질이 뛰어나 제지술과 인쇄술 발달에 커다란 밑받침이 되었다.
⑤ 불국사 3층 석탑 안에서 발견된 무구정광대다라니경은 현존하는 세계에서 가장 오래된 목판인쇄물이다.

정답 및 해설

01
- 의천 : 교단 통합 운동을 전개하였으며 천태종을 창시하고 교관겸수를 제창하였다.
- 지눌 : 수선사 운동, 조계종을 창시하고 정혜쌍수, 돈오점수를 주장하였다.
- 혜초 : 인도를 여행하고 왕오천축국전을 기록한 신라시대의 승려이다.
- 보우 : 고려말 불교의 교단 정비 노력을 전개하였으나 실패하였다.
- 신돈 : 공민왕과 함께 전민변정도감을 설치하고 권문세족이 불법적으로 점령한 토지와 노비를 원래상태로 돌리려 하였다.
- 혜심 : 유불일치설을 강조하면서 성리학 수용의 사상적 토대를 마련하였다.

02
목판 인쇄는 목판의 제작이 어려워 다양한 품종을 인쇄하기에는 부적합하나 대량인쇄가 가능하다는 장점을 가지고 있다.

정답 ⊚ 01.⑤ 02.②

정답 및 해설

03 부석사 무량수전은 고려 전기의 주심포 양식으로 건축된 목조 건축물이다. 가장 오래된 목조 건축물은 봉정사 극락전이 있다.

04 몽고와의 전쟁 시기, 원 간섭기에 고려는 자주정신을 나타내는 역사책들이 편찬되었고 그 대표적인 것이 동명왕편, 제왕운기, 삼국유사이다.

---

03 제시된 그림은 부석사 무량수전이다. 이 건축물에 대한 설명으로 올바르지 않은 것은?

① 비슷한 양식의 건축물로는 봉정사 극락전, 수덕사 대웅전이 있다.
② 기둥의 중간 부분이 굵어지는 배흘림 기둥을 사용하였다.
③ 기둥에만 공포가 있어 주심포 양식이라고 불린다.
④ 현존하는 가장 오래된 목조건축물이다.
⑤ 고려 전기에 유행하던 건축 양식이다.

04 다음은 고려 후기 역사서에 대한 설명이다. 이를 종합하여 고려 후기 역사 서술의 경향을 바르게 추론한 것은?

- 동명왕편은 동명왕의 업적을 칭송한 일종의 영웅 서사시이다.
- 제왕운기는 단군으로부터 서술하면서 우리 역사를 중국사와 대등하게 보았다.
- 삼국유사는 고대의 설화나 야사를 수록하였으며, 단군을 우리 민족의 시조로 보았다.

① 불교적 관점만 아니라 유교적 합리주의 사관에 기초하였다.
② 고구려 계승 의식보다 신라 계승의식이 공통적으로 드러난다.
③ 민족적 자주 의식을 바탕으로 전통 문화를 이해하였다.
④ 백성에 대한 평등사상을 담고 있다.
⑤ 평민들의 일상생활과 관련된 실천적 기능을 강조한다.

정답 ◎ 03.④ 04.③

05. 고려 시대의 유학과 교육 제도에 대한 설명 중 틀린 것은?

① 초기의 유학은 자주적이고 주체적인 특성을 지녔다.
② 초기의 성종은 교육 조서의 반포하여 교육을 강조하였다.
③ 후기에는 인간의 본성과 우주의 원리 문제를 탐구하는 신유학이 수용되었다.
④ 유학 교육은 국자감에서 실시하고 기술 교육은 해당 관청에서 담당하였다.
⑤ 중기에는 최충의 9재학당 등 사학 12도가 발달하였다.

06. 다음 글과 관련된 인물에 대한 설명으로 옳은 것은?

> 지금의 불교계를 보면, 아침저녁으로 행하는 일들이 비록 부처의 법에 의지하였다고 하나, 자신을 내세우고 이익을 구하는데 열중하며, 세속의 일에 골몰한다. 도덕을 닦지 않고 옷과 밥만 허비하니, 비록 출가하였다고 하나 무슨 덕이 있겠는가?

① 국청사를 창건하고 교학을 중심으로 선을 포용하였다.
② 스스로 소성거사라 칭하며 아미타 신앙을 내세워 불교를 대중화하였다.
③ 송광사를 중심으로 수선사 운동을 전개하였다.
④ 연개소문의 도교 우대 정책에 반발하여 열반종을 개창하였다.
⑤ 유불일치설을 주장하여 성리학 수용의 토대를 제공하였다.

정답 및 해설

05. 고려시대의 국자감은 유학부와 기술학부로 구분되어 교육을 담당하였다. 이후 국자감은 성균관으로 명칭이 바뀌고 공민왕 때 기술학부가 폐지되면서 성균관은 순수 유학 교육기관으로 바뀌게 되었다.

06. 제시된 글은 지눌의 권수정혜결사문이다. 지눌을 불교계의 타락을 비판하면서 불교 본연의 자세로 돌아가자는 수선사 결사운동을 전개하였다.
① 의천의 천태종에 대한 설명이다.
② 원효에 대한 설명이다.
④ 보덕에 대한 설명이다.
⑤ 혜심에 대한 설명이다.

정답 ◎ 05.④ 06.③

근세 사회의 성립

Chapter 01 근세의 정치
Chapter 02 근세의 경제
Chapter 03 근세의 사회
Chapter 04 근세의 문화

근세의 정치

1 근세 사회의 성립

(1) 조선의 건국(1392년)

① 신진사대부의 성장
  ㉠ 특징 : 성리학을 받아들인 신진사대부들은 지방의 중소 지주 출신으로 행정 실무에 능한 사람들이었다.
  ㉡ 성장 : 과거를 통해 중앙 정계에 진출한 이들은 공민왕의 개혁 정치를 뒷받침하면서 성장하였다.

② 신진사대부의 분화
  ㉠ 배경 : 고려의 개혁을 추진한 신진사대부는 개혁의 방향을 놓고 급진 개화파(혁명파)와 온건 개화파로 나누어졌다.
  ㉡ 온건 개화파 : 정몽주와 길재를 대표로 하는 온건 개화파는 고려 왕조 내의 점진적 개혁을 주장하였다.
  ㉢ 급진 개화파 : 정도전, 조준과 같은 사람들을 대표로 하는 급진 개화파는 고려 왕조를 부정하고 역성혁명을 주장하였다.

③ 조선의 건국과정
  ㉠ 위화도 회군(1388년) : 압록강 위화도에서 회군한 이성계는 자신의 반대세력을 제거하고 정치적 실권을 장악하였다.
  ㉡ 과전법의 실시(1391년) : 신진사대부의 경제적 기반을 마련하기 위한 목적으로 시행된 토지제도이다.
  ㉢ 온건파의 제거 : 이성계 일파는 온건파의 대표격인 정몽주를 선죽교에서 살해한 후 역성혁명에 반대하던 온건파를 제거하고 급진파 신진사대부와 함께 조선을 건국(1392년)하였다.
  ㉣ 한양천도(1394년) : 조선의 건국 후 민심의 동요를 막고자 고려의 구질서를 그대로 유지하였으나 곧이어 국호를 조선으로 바꾸고 수도를 한양으로 천도하였다.

읽기자료

사불가론(四不可論)

(전략) 4월에 봉주에 머물러 태조(이성계)에게 말하였다. "내(우왕)가 요동을 공격 하고자 하니, 경은 마땅히 힘을 다하라" 태조는 대답하기를 "지금 정벌하는 것에 네 가지 불가한 점이 있습니다. 소(小)로써 대(大)를 거역하는 것이 첫째 불가한 것이고, 농사철에 군사를 일으킴이 둘째 불가한 것이며, 요동을 공격하게 되면 왜구에게 침입할 틈을 주게 되는데 이 점이 셋째 불가한 것입니다. 게다가 지금은 여름철이라서 비가 자주 내리므로 아교가 녹아 활이 눅고, 군사들은 질병을 앓을 것입니다. 이 점이 넷째 불가한 것입니다"라고 하니, 우왕은 그 말을 옳다고 여겼다. 태조가 이미 물러 나와 최영에게 말하기를 "내일에 이 말씀을 다시 왕에게 계달(啓達)하십시오"라고 하니 최영은 "그러하겠다"고 하였다. 밤에 최영은 들어가 우왕을 뵙고 아뢰었다 "원하옵건대 딴 말은 듣지 마옵소서.".

「태조실록」

Chapter 1 근세의 정치

근세 사회의 성격

구분	중세(고려)	근세(조선)
중심 사상	불교 중심	성리학 중심
정치	귀족 중심, 중앙 집권 미약	양반 관료 중심, 중앙 집권 강화
경제	전시과 체제	과전법 체제
사회	귀족 사회, 신분 중시	양반 관료 사회, 양인의 증가, 능력 중시
문화	귀족 중심의 문화	민족 문화의 발달

(2) 조선 전기의 정치

① 태조
  ㉠ 3대 정책 : 숭유 억불 정책, 중농 억상 정책, 사대교린 정책을 기본 정책으로 채택하였다.
  ㉡ 국호 제정 : 고조선을 계승한다는 의미의 조선이라는 국호를 짓고 남경길지설에 따라 수도를 한양으로 천도하였다.

② 정도전의 활약
  ㉠ 이념, 제도 등 규범 확립 : 조선경국전을 편찬하여 민본적 통치 규범을 마련하고자 하였고 불씨잡변에서 불교를 비판하고 성리학의 통치 이념을 확립하고자 하였다.
  ㉡ 정치 : 왕도 정치를 바탕으로 한 재상 중심 정치를 주장하였다.
  ㉢ 저서 : 조선경국전(사찬법전), 불씨잡변(불교를 비판하고 성리학을 새로운 통치이념으로 제시), 고려국사(조선 건국의 정당성)를 편찬하였다.

③ 정종
  ㉠ 개경 천도 : 1차 왕자의 난 이후 개경으로 천도하였다.
  ㉡ 2차 왕자의 난 : 방간이 방원에게 도전했지만 실패하였다.

 정도전의 정치관

군주는 천명(天命)의 대행자이지만, 천명과 천심(天心)은 고정불변의 것이 아니라 민심에 의하여 바뀔 수 있다. 만약 군주가 자기의 의무와 책임인 '어진 정치'를 저버려 민심을 잃으면 천심과 천명이 바뀌고, 천심과 천명이 바뀌면 군주는 교체될 수 있다.

「조선경국전」

1차 왕자의 난(무인정사, 1398년)
신의왕후 한씨의 소생의 6왕자(방우, 방과, 방의, 방간, 방원, 방언)와 계비 선덕왕후 강씨의 소생인(방번, 방석)의 권력 다툼이다. 방석이 세자로 책봉되자 방원을 중심으로 난을 일으켜 방석을 귀양 보내 죽이고, 방번을 살해하였다. 이 과정에서 정도전, 남은, 심효생 등이 제거되었다.

2차 왕자의 난(1400년)
방간은 1차 왕자의 난 때 큰 공을 세운 박포가 논공행상에 불만을 품고 있는 것을 알고 박포를 꾀어 난을 일으켰다. 개경에서 벌인 전투에서 방원이 승리하면서 방간이 유배되었고 박포는 처형되었다.

④ 태종
  ㉠ 왕권 강화
    • 6조 직계제 실시 : 6조의 업무를 의정부를 거치지 않고 왕이 직접 관할하는 6조 직계제를 시행하였다.
    • 의금부와 승정원 설치 : 왕의 직속기구로 법률을 집행하는 의금부와 왕의 비서기관으로 승정원을 설치하였다.
    • 사간원의 독립 : 대신이나 외척 세력을 견제하기 위하여 언론기관인 사간원을 독립시켰다.
    • 사병 혁파 : 사병을 혁파하여 병권을 장악하고 공신 세력을 숙청하였다.
  ㉡ 경제 안정과 국방 강화책
    • 호패법 시행 : 16세 이상의 남자에게 일종의 신분증인 호패를 착용하게 하여 농민의 유망을 막았다.
    • 사원정리 : 전국 242개의 사원을 제외한 나머지 사원들의 토지와 노비를 몰수하였다.
  ㉢ 기타 제도
    • 신문고 설치 : 억울한 일을 당한 백성을 위해 설치되었다.
    • 활자의 주조 : 주자서를 설치하고 계미자를 주조하였다.

⑤ 세종
  ㉠ 왕권과 신권의 조화 추구
    • 의정부 서사제 실시 : 의정부에서 6조를 관할하는 제도로 왕에게 집중되어있던 권한의 일부를 의정부에게 넘긴 것으로 왕권과 신권의 조화를 추구하였다.
    • 집현전 설치 : 왕립 학술 연구기관으로 경연, 서연, 국왕 자문 등을 맡게 하였다.
  ㉡ 유교적 민본 사상의 확립
    • 유교 윤리의 강조 : 주자가례를 장려하였고 국가행사는 국조오례의에 따라 시행되었다.
    • 청백리 등용 : 유능한 인재와 청백리를 등용하여 깨끗한 정치를 실현하려 하였다.
    • 여론존중 : 국가의 중대사를 결정할 때 백성의 여론도 존중하여 여론에 따른 정치를 구현하고자 하였다.

ⓒ 영토 확장
- 4군과 6진의 개척 : 최윤덕으로 하여금 4군을, 김종서로 하여금 6진을 개척하게 하여 현재의 한반도 국경선을 완성하였다.
- 쓰시마섬 정벌 : 이종무로 하여금 왜구의 본거지인 쓰시마 섬을 정벌하게 하였다.

ⓔ 「농사직설」, 「삼강행실도」, 「향약집성방」, 「의방유취」 등이 편찬되었다.

ⓜ 문화사업 : 한글을 창제하고 측우기와 앙부일구(해시계), 자격루가 발명되었다. 또한 최초로 한양을 기준으로 만든 역법서인 칠정산 내외편을 간행하였는데 칠정산은 원의 수시력과 아라비아의 회회력을 참조하여 만든 독자적인 역법서이다.

⑥ 세조
ⓞ 왕권 강화
- 6조 직계제의 부활 : 의정부 서사제를 폐지하고 6조 직계제를 부활시켰다.
- 집현전 폐지 : 사육신 사건을 계기로 집현전을 혁파하고 경연제도를 폐지하였다.

ⓛ 중앙집권의 강화 : 면리제의 시행과 이시애의 난을 계기로 유향소를 폐지하였다.

ⓒ 경국대전의 편찬 : 국가의 통치 체제를 확립하기 위하여 경국대전의 편찬을 시작하였다.

ⓔ 직전법의 시행 : 수신전·휼량전으로 면세전의 수가 증가하자 수조지의 부족 현상이 발생했고 현직관리에게만 토지를 지급하는 직전법을 시행하였다.

⑦ 성종
ⓞ 문물제도의 완비
- 경연 부활 : 세조 때 폐지된 경연제도를 부활하여 왕과 신하들이 모여 국가의 중요 정책을 토론하고 심의하였다.
- 홍문관의 설치 : 집현전을 계승하는 홍문관을 설치하여 국왕의 자문에 대비하게 하였으며 경연관을 겸직하게 하였다.
- 경국대전 반포 : 세조 때부터 편찬되던 경국대전이 반포되어 조선왕조의 통치 체제가 확립되었다.

ⓛ 유교 정치 이념의 강화
- 사림파 등용 : 사림을 등용하여 세조 이후 강화된 훈구세력을 견제하였다.

- 유향소 부활 : 세조 때 폐지된 유향소가 부활하여 성리학적 향촌 질서가 확립되었다.
ⓒ 편찬사업
- 「동문선(서거정)」, 「동국여지승람」, 「악학궤범」 등이 편찬되었다.

2 통치 체제의 정비

(1) 중앙 정치 체제
① 중앙 통치 조직

▣ 통치 체제

의정부	• 정책의 심의와 결정, 정승과 6조 관료들의 정책 협의
6조	• 행정의 전문성과 효율성이 높아짐(직능별 분류)
승정원	• 왕의 비서기관(왕권 강화)
의금부	• 왕의 직속 사법 기구(왕권강화)
삼사(왕권견제)	• 홍문관(왕의 정치적 자문 역할) • 사헌부(관리의 규찰 및 풍속 담당) • 사간원(간쟁의 권한)
춘추관	• 역사의 편찬과 보관 담당
한성부	• 서울의 행정과 치안 담당
성균관	• 최고 교육 기관

(2) 지방 행정 조직과 교통 통신제도
① 특징

전국을 8도로 나누고 그 밑에 부·목·군·현을 설치하여 국가의 통치권이 사회 전반에 미치도록 하였다.

② 조선시대의 지방관
㉠ 8도 : 전국을 8개의 도로 나누고 관찰사를 파견하였다. 관찰사는 감영에 거주하며 수령을 감찰하는 권한과 함께 행정·군사·사법권을 행사하였고 병마절도사·수군절도사를 겸하였다.
㉡ 부·목·군·현 : 인구와 토지를 기준으로 구분되며 모든 행정구역에 지방관이 파견되었다.
㉢ 권한 : 행정, 사법, 군사권을 가지고 있으며 풍속의 교화와 조세 수취의 임무를 가지고 있었다.
㉣ 상피제 : 자기 출신지의 지방관으로 파견되거나 중앙관서에 같은 가족이 근무하는 것을 막는 상피제를 시행하여 권력의 부정과 독점을 막고자 하였다.

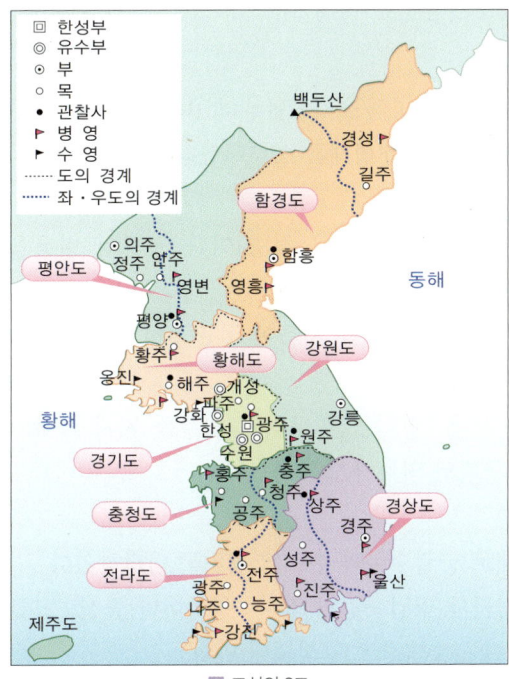
▲ 조선의 8도

③ 향리의 지위 격하
    ㉠ 지위 : 고려 시대 지방의 세력가였던 향리는 조선에 들어와서 수령의 행정실무를 보좌하는 세습적 아전으로 격하되었다.
    ㉡ 구성 : 중앙의 6조를 본떠 6방의 조직이 갖추어졌다.
④ 양반 중심의 향촌 운영
    ㉠ 유향소의 설치
        • 구성 : 지방의 명망 있는 양반들이 구성한 향촌의 자치기구이다.
        • 기능 : 자체 법규인 향규를 만들고 수시로 향회를 소집하면서 수령을 정치적으로 보좌하고 감시하며 향리의 비리를 규찰하였다. 또한 지방 여론의 수렴과 백성의 교화를 담당하는 역할을 수행하였다.
    ㉡ 경재소(京在所)의 설치
        • 구성 : 세종 때 만들어진 경재소는 그 지방 출신의 중앙 관리를 책임자로 두었다.
        • 기능 : 유향소와 정부의 연락을 담당하는 기능을 담당하였다. 정부는 경재소를 통하여 향촌사회를 통제하였고 중앙 집권을 강화하였다.

(3) 군역제도와 군사조직
　① 군역제도
　　㉠ 원칙 : 태종 때에 사병을 혁파하고 16세부터 60세까지의 양인 남자에게 군역을 부과하는 양인개병제를 실시하였다.
　　㉡ 편성과 대우
　　　• 편성 : 모든 양인은 현역병인 정군(정병)이나 정군의 비용을 부담하는 보인(봉족)이 되었다.
　　　• 정군의 대우 : 1년에 2~3개월을 서울에서 근무하거나 국경의 요충지에 배속되어 근무하였다.
　　　• 면제 : 현직 관료, 학생, 향리들은 군역의 의무를 지지 않았고 노비는 원칙적으로 군역의 의무가 없었다.
　② 중앙군
　　㉠ 구성 : 5위를 주축부대로 궁궐수비와 수도의 경비를 담당하였다.
　　㉡ 편성 : 현역 군인인 정군과 직업군인인 갑사, 왕족이나 공신, 고급 관료의 자제로 이루어진 특수병으로 구성되어 있다.
　③ 지방군
　　㉠ 구성 : 각 도마다 1~2개의 병영(육군)을 두어 병마절도사(병사)가 지휘하였다. 수군의 경우 각 도마다 수영을 두고 수군절제사(수사)가 수군을 지휘하였다.
　　㉡ 영진군 : 국방상의 요지인 영이나 진에 소속되어 복무하였다.
　　㉢ 진관체제 : 세조 이후 실시된 지역 단위 방어 체제로 국방상 요충지에 성을 쌓아 방어를 하였다.
　　㉣ 수군의 설치 : 수군은 육군에 비해 위험하고 힘들었기 때문에 사람들은 수군에 들어가는 것을 기피하였다.
　④ 기타
　　잡색군 : 일종의 예비군으로 서리, 신량역천인, 잡학인, 노비 등이 소속되어 있었다.

(4) 교육제도와 관리 등용제도
　① 교육기관
　　㉠ 초등 교육 기관 : 사립교육기관으로 서당이 운영되었다.
　　㉡ 중등 교육 기관 : 서울에 4부학당, 지방에 향교가 설치되었다.

ⓒ 성균관 : 소과 합격자와 4부 학당의 승보시 합격자 등이 입학하였다. 일정 기간 수학 후 대과 응시 자격을 주었다. 알성시의 특혜가 있었고 권당(공관, 동맹 휴학) 등의 활동이 보장되었다.
　　ⓓ 기술교육 : 특별한 교육기관은 없으며 중앙은 해당관청에서, 지방은 해당 관아에서 담당하였다.
② 과거제도
　　㉠ 정기시험 : 3년 마다 시행되는 정기시험으로 식년시가 있었다.
　　㉡ 특별시험 : 국가의 큰 경사가 있을 때 보는 증광시, 왕이 성균관 문묘에 제례를 올릴 때 보는 알성시 등이 있었다.
③ 문과
　　㉠ 응시자격 : 양인 이상 응시 가능하나 탐관오리의 아들, 재가한 여자의 아들과 손자, 서얼은 응시가 제한되었다.
　　㉡ 소과(생원·진사시) : 소과 시험의 합격자에게는 백패라는 합격증명서가 주어졌다. 소과 합격자는 성균관에 입학하거나 문과에 응시할 수 있는 자격을 획득하였다.
　　㉢ 문과(대과) : 초시(지역별 인구 비례 선발)에서 240명을 선발하여 복시에서 33명을 선발하였다. 복시에 합격한 사람들을 대상으로 순위를 결정하기 위한 전시가 치러졌고 합격자에게는 홍패가 주어졌다.
④ 무과
　　㉠ 응시자격 : 양인 이상이 응시하였다.
　　㉡ 선발방식 : 문과와 같은 절차로 치러지는데 최종 28명을 선발하였다. 조선시대에는 별도의 무술 교육기관은 존재하지 않았다.
⑤ 잡과
　　㉠ 응시자격 : 양인이상 응시 가능했으나 주로 중인들이 응시하였다.
　　㉡ 선발방식 : 3년마다 초시와 복시를 거쳐 선발하였다.
⑥ 특별채용
　　㉠ 음서 : 2품 이상의 고위 관료의 자제로 고려에 비해 대상이 축소되었고 고위 관직으로의 승진은 어려웠다.
　　㉡ 천거 : 주로 기존 관리를 대상으로 하며 벼슬하지 않은 사람이 천거되는 경우는 드물었다.
　　㉢ 취재 : 간단한 시험을 통해 주로 하급 관리를 선발하는 제도이다.

3 사림의 대두와 붕당정치

(1) 훈구와 사림의 비교
① 훈구 세력의 등장
  ㉠ 기원 : 고려말 혁명파 신진사대부의 학풍을 계승한 사람들로 주로 집현전과 성균관을 통해 성장하였으므로 관학파라고도 불린다.
  ㉡ 학풍 : 사장을 중시하였으며 성리학 이외의 학문에 대해서도 개방적 태도를 취하였다. 중앙집권과 부국강병을 추구하였고, 역사 계승의식으로는 단군을 중시하였다.
② 사림 세력의 성장

▲ 사림 세력

  ㉠ 기원 : 고려말 온건파 신진사대부의 학풍을 계승한 사람들로 성종 때 훈구 세력을 견제할 목적으로 주로 3사와 언관직으로 등용되었고 훈구 세력의 부정부패를 지적하면서 훈구파와 대립하였다.
  ㉡ 학풍 : 경학을 중시하였고 성리학 이외의 학문에 대해서는 배타적이었다. 향촌자치와 왕도정치를 추구하였고 존화주의적 성격이 강하였다. 역사 계승의식으로는 기자를 중시하였다.

(2) 사림의 정치적 성장
① 사화의 발생
  ㉠ 무오사화(연산군, 1498년)
    • 원인 : 김종직의 조의제문(弔義帝文)을 김종직의 제자였던 김일손이 사초에 실으면서 훈구 세력이 조의제문은 세조의 왕위찬탈을 빗댄 것이라 하여 사림파를 공격한 사건이다.
    • 결과 : 많은 사림파들이 제거되었고 큰 타격을 입었다.
  ㉡ 갑자사화(연산군, 1504년) : 연산군이 어머니인 폐비 윤씨 사건에 연루되어 사림파들이 피해를 입은 사건이다.
  ㉢ 기묘사화(중종, 1519년)
    • 원인 : 중종은 공신세력의 견제를 위해 조광조를 중심으로 하는 젊은 사림들을 등용하였다. 조광조는 급진적인 개혁으로 훈구 세력의 반발을 샀고 위훈삭제 문제로 정면으로 충돌하였다.
    • 결과 : 주초위왕(走肖爲王) 사건을 빌미로 조광조 일파를 제거하였다.

읽기자료 — 무오사화

유자광이 하루는 소매 속에서 한 권의 책을 꺼내 놓았는데, 김종직의 문집이었다. 그 중에서 조의제문과 술주시의 내용을 지적하면서 여러 추관들에게 "이는 다 세조를 지목한 것이다. 김일손의 악은 모두 김종직이 가르쳐서 이루어진 것이다." 라고 하였다. 그리고 즉시 스스로 주석을 만들었고 글귀마다 풀이를 하여 "김종직이 우리 전하를 헐뜯는 것이 이에 이르렀으니, 그 부도덕한 죄는 마땅히 대역으로 논하여야 하고, 그가 지은 다른 글도 세상에 남아 있는 것은 옳지 않으니 모두 불태워 버리소서." 라고 왕께 아뢰니 왕이 이에 따랐다.

「연산군일기」

ⓔ 조광조의 개혁정치
- 현량과의 실시 : 천거에 의한 관리 등용 제도로 현량과를 통하여 사림을 등용하였다.
- 소격서 폐지 : 유교 정치에 입각하여 도교 행사인 초제와 이를 담당하던 소격서를 폐지하였다.
- 향약의 시행 : 향촌자치의 실현과 지방 양반들의 향촌 지배권의 확립을 위하여 중국의 여씨향약을 수용하여 향약을 실시하였다.
- 방납의 폐단 시정 : 방납의 폐단을 시정하기 위해 수미법 시행을 건의하였다.
- 위훈 삭제 : 중종반정에 공을 세운 공신들의 위훈 삭제를 주장하였고 기묘사화의 직접적 원인이 되었다.
- 을사사화(명종, 1545년) : 외척간의 왕위 계승 쟁탈로 명종의 즉위 후 윤원형은 명종의 보위를 굳힌다는 빌미로 을사사화를 일으켰다.

(3) 붕당의 출현

① 붕당의 배경
  ㉠ 관직의 부족 : 양반의 수는 증가하는데 비해 관직의 수는 부족하여 관직 부족현상이 발생하였다.
  ㉡ 척신정치의 청산 : 선조 이후 중앙 정계에 진출한 사림은 척신 정치의 잔재 청산과 이조전랑의 임명 문제를 놓고 동인과 서인으로 나뉘게 되었다.

② 붕당의 형성
  ㉠ 동인 : 이황과 조식, 서경덕의 학풍을 계승한 사림들이다.
  ㉡ 서인 : 이이와 성혼의 학풍을 계승한 사림들이다.

③ 붕당의 등장
  ㉠ 성격 : 붕당 간의 견제와 협력을 통한 정치이며 학파적, 정파적 성격을 가지고 있다.
  ㉡ 변화 : 공론을 중시하며 3사와 이조전랑의 비중이 강화되었다. 산림 (山林)이 출현하여 공론을 주도하였다.

④ 동서 붕당의 발생
  ㉠ 배경 : 이조 전랑의 임명 문제를 놓고 사림 간의 대립이 나타났다.

구분	출신배경	개혁 성향	학파	변동
동인	신진사림 (김효원 지지)	척신정치 청산에 적극적	이황, 조식 (영남학파)	선조 때 남인과 북인으로 분열
서인	기성사림 (심의겸 지지)	척신정치 청산에 소극적	이이, 성혼 (기호학파)	숙종 때 노론과 소론으로 분열

⑤ 광해군 때의 붕당정치
　㉠ 북인의 개혁정치
　　• 북인의 집권 : 임진왜란 때 북인들은 의병장으로 활약했고 광해군의 등장 후 집권하였다.
　　• 전후복구 : 국가 재정을 확충하기 위해 양전 사업을 시행하였으며 대동법을 시행하였다.
　　• 중립외교 : 명과 후금 사이에서 중립외교를 전개하여 전쟁의 위험을 피해나갔다.
　㉡ 북인의 권력 독점 : 북인은 서인과 남인 등을 배제하고 권력을 독점했다.
⑥ 인조와 효종 때의 붕당정치
　㉠ 서인과 남인의 공존 : 인조반정을 통해 정권을 장악한 서인정권은 남인 일부와 연합하여 연합정치의 형태로 정국을 운영했다.
　㉡ 산림(山林)의 여론 주재 : 각 학파마다 지방에서 은거하며 높은 학식을 가진 인물들이 산림이라는 이름으로 여론을 주도하였다.

4　조선 초기의 대외 관계

(1) 조선의 대외 관계
① 명과의 대외 관계
　㉠ 대외 관계의 원칙 : 조선의 중국에 대한 사대외교는 선진 문물을 흡수하기 위한 자주적이고 실리적인 측면이 강하다.
　㉡ 명과의 관계
　　• 국초 : 조선은 건국 초기 정도전이 요동정벌을 준비하는 등 긴장 관계가 지속되었으나, 태종 이후 친선 관계가 계속되었다.
　　• 성격 : 표면적으로는 사대관계였으나 실리적 측면이 강하였으므로 중국과 조선의 관계가 지배와 예속의 관계는 아니다.
② 여진과의 관계
　㉠ 기본정책 : 영토의 확보와 국경 지방의 안정을 위해 회유책과 강경책의 양면 정책을 취하였다.
　㉡ 회유책
　　• 귀순의 장려 : 관직이나 토지, 주택을 주거나 귀순을 장려하였다.
　　• 무역소 설치 : 국경지방인 경성·경원에 무역소를 설치하여 국경 무역을 허용하였다.

ⓒ 강경책
- 영토의 확장 : 국경에 진·보를 설치하여 방비를 강화하였다.
- 세종 : 최윤덕을 보내어 4군을 개척하였고 김종서를 보내 6진을 개척함으로써 현재의 한반도 국경선을 완성하였다.

ⓔ 북방사민정책(北方徙民政策)
- 목적 : 주민의 자치적 지역방어 체제를 확립하여 국토의 균형 발전을 위한 목적에서 실시되었다.
- 내용 : 삼남지방의 주민들을 북방으로 이주시켰다.

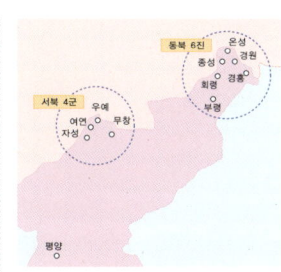

△ 4군과 6진의 개척

사민 정책

조선은 여진에 대해 교린 정책을 실시하는 동시에 무력으로 여진족을 진압하여 압록강과 두만강까지 국경선을 확장하였다. 이에 수만의 남쪽 지방의 백성들을 북방으로 이주시키는 사민 정책을 적극적으로 추진하였다. 이는 국토의 균형적인 발전과 개척지역에 대한 주민의 자치적 지역 방어 체제를 확립함으로써 여진족의 침입에 효과적으로 대응하려는 것이었다.

③ 일본과의 관계
  ㉠ 강경책 : 세종 때 왜구의 본거지를 소탕하기 위해 이종무를 시켜 쓰시마섬을 정벌하게 하였다.
  ㉡ 교린책 : 제한된 범위내에서의 무역을 허락하였다.
    - 삼포개항(세종 8년, 1426년) : 세종 때 부산포(동래), 염포(울산), 제포(진해)의 삼포가 개항되었다.
    - 계해약조(세종 25년, 1443년) : 3포 개항 후 교역량이 많아지자 1년에 무역선 50척으로 무역량을 제한하였다.

④ 동남아시와의 관계
  ㉠ 교류 : 류큐, 시암, 자바 등 동남아시아의 여러 국가들과도 교류하였다.
  ㉡ 무역 : 이들 나라는 조공 무역의 형식으로 기호품을 중심으로 한 각종 토산품을 가져왔고 옷, 옷감, 문방구 등을 가져갔다.

5 양난의 극복과 대청 관계

(1) 임진왜란의 발발
  ① 왜란 전의 정세
    ㉠ 국방력 약화
      - 5위제의 붕괴 : 직업 군인들의 대우가 하락하면서 군인의 질적 저하가 나타났다.

- 10만양병설 : 율곡 이이는 임진왜란 전 10만양병설을 주장하였으나 채택되지 않았다.

ⓒ 일본인의 소란
- 삼포왜란(중종, 1510년) : 계해약조에 불만을 품은 일본인들이 난을 일으켰다.
- 을묘왜변(명종, 1555년) : 명종 때 왜인들이 전라남도 연안 지방을 습격하였고 일본과의 교류가 일시 단절되었다.

ⓒ 조선의 대책
- 비변사의 설치 : 삼포왜란 이후 비변사를 설치하여 군사문제를 담당하게 하였다.
- 붕당의 대일 관점 차이 : 정부는 사신을 보내 일본의 정세를 파악하게 하였으나 붕당 간의 대일 인식 차이로 인하여 적극적인 대처를 하지 못하였다.

ⓔ 일본의 상황
- 일본의 통일 : 내부적 불안을 해소하고 정권의 안정과 내부 단결을 도모하기 위하여 조선에 대한 침략을 계획하였다.
- 일본의 정명가도 : 일본은 명의 침략을 구실로 조선에게 길을 열어달라고 요청하였고(征明假道) 조선은 이를 거부하였다.

② 임진왜란의 발발과 승리

㉠ 전쟁의 시작(선조 25년, 1592년)
- 왜군의 침입 : 왜군은 불시에 조선을 기습하였고 정발이 부산진에서, 송상현이 동래에서 분전하였지만 패배하였다.
- 신립의 패전 : 신립은 충주의 탄금대에서 배수의 진을 치고 일본군과 맞서 싸우지만 패배하였다.

ⓒ 선조의 피난
- 왜군의 북상 : 신립을 격파한 왜군은 한양을 점령하고 6월에는 평양과 함경도 지방까지 침입하였다.
- 선조의 몽진 : 선조는 왜군을 피해 평양을 거쳐 의주로 피난하였다.

ⓒ 이순신의 활약과 의병
- 이순신의 승리 : 남해의 제해권 장악하여 왜군의 수륙 병진 작전을 좌절시켰다. 또한 곡창지대인 전라도 지역이 전쟁의 피해를 받지 않았다.

> **알아두기**
>
> **이순신의 승리**
>
> | 전투 | 내용 |
> | --- | --- |
> | 옥포해전 | 최초의 해전 |
> | 사천포 해전 | 거북선이 최초로 투입 |
> | 한산도 대첩 | 임진왜란 3대 대첩(행주, 진주대첩), 학익진 사용 |
> | 노량대첩 | 이순신 전사(관음포)전투 |

- 의병의 활약 : 농민이 주축으로 전직 관리·향촌 사림·승려들이 조직하여 향촌을 방어하였다.(곽재우, 조헌, 고경명, 유정, 무정)

② 전란의 극복
- 평양성 탈환 : 조·명 연합군은 휴정·유정과 더불어 평양성을 탈환하였다. 명군은 벽제관에서 왜군에게 패한 후 평양으로 후퇴하였다.
- 행주대첩 : 권율이 이끄는 관군은 백성들과 합심해 행주산성에서 왜군의 대규모 공격을 막아냈다.
- 휴전회담 : 왜군은 휴전을 제의하였고 3년에 걸쳐 회담이 진행되었으나 결렬되었고 정유재란(1597년)이 발발하였다.
- 이순신이 명량에서 일본군을 물리쳤고 도망가는 일본군과 맞서 노량에서 전투를 벌였으나 전사하였다.
- 일본의 후퇴 : 도요토미 히데요시가 사망한 이후 왜군은 물러갔다.

⑩ 전란 중 군사제도의 변화
- 중앙군 : 전란 중 유성룡의 건의에 따라 왜군의 조총부대에 대항하기 위하여 훈련도감을 설치하여 포수·사수·살수의 삼수병을 양성하였다.
- 지방군 : 속오법을 실시하여 양반부터 노비까지의 속오군이 편성되었다.

③ 임진왜란의 영향
㉠ 국내
- 인구가 감소하고 토지대장과 호적이 손실되어 국가 재정이 궁핍해졌다.
- 비변사의 기능이 강화되었다.
- 납속책이나 공명첩이 대량으로 발급되어 신분제가 동요하였다.

- 담배, 고추, 호박, 토마토 등이 전래되었다.
- 불국사와 경복궁, 전주사고를 제외한 사고 등의 문화재들이 소실되었다.

ⓒ 일본 : 일본에서는 조선에서 활자와 그림, 서적 등을 약탈하고 많은 기술자들을 납치해 문화 발전의 토대를 마련했다. 이후 일본은 조선의 문화를 바탕으로 성리학과 도자기 기술을 발달시켰다.

ⓒ 중국 : 명나라가 쇠퇴하고 후금이 성장하게 되었다.

✿ 관군과 의병의 활약

② 광해군의 중립외교와 인조반정

㉠ 광해군의 내치

- 양전사업 : 양전사업과 호적을 정리하여 국가 재정을 확충하고자 하였다.
- 동의보감 편찬 : 허준에게 명하여 동의보감을 편찬하게 하였다.
- 사고의 정리 : 임진왜란 때 불타버린 사고를 5대 사고로 재정비하였다.
- 대동법의 시행 : 경기도에서 대동법을 처음으로 시행하였다.

Chapter 1 근세의 정치

- ⓒ 중립외교
  - 후금의 건국 : 여진족의 누루하치가 부족을 통일하고 후금을 건국하였다.
  - 명의 원군 요청 : 후금이 명에 전쟁을 선포하자 명은 조선에 원군을 요청하였다.
  - 중립외교
    - 내용 : 광해군은 원군으로 파병된 강홍립에게 상황에 따른 대처 명령을 내렸고 강홍립은 후금에 항복하였다.
    - 결과 : 실리적인 외교 정책으로 전란의 화를 피할 수 있었다.
- ③ 인조반정(1623년)
  - ㉠ 원인
    - 사림의 반발 : 광해군의 중립외교는 명분을 중시하는 사림들의 반발을 가져왔다.
    - 폐모살제(廢母殺弟) : 광해군과 북인정권은 정권의 안정을 위하여 배다른 동생인 영창대군을 죽이고 인목대비를 폐위시켰다.
  - ㉡ 인조반정 : 광해군의 외교정책에 반발한 서인들은 인조반정을 주도하였다.

> **광해군의 중립외교**
> 지금 우리가 계책으로 삼을 것은 군신 상하가 모든 일에 힘써 정벌할 준비에 온 생각을 쏟아서 군사를 기르고, 장수를 뽑으며, 인재를 거두어 쓰고, 백성의 걱정을 펴 주어 민심을 기쁘게 하며, 크게 둔전을 개간하고, 병기를 조련하며, 성지를 잘 수리하여 모든 것을 정리한 뒤에야, 정세에 대처할 수 있을 것이로다. 그렇게 하지 않고 혹 태만히 하면 큰 화가 곧 바로 이를 것이다. 경들을 임진년의 일을 벌써 잊었는가. 어찌 두렵지도 않은가?
> 「광해군 일기」

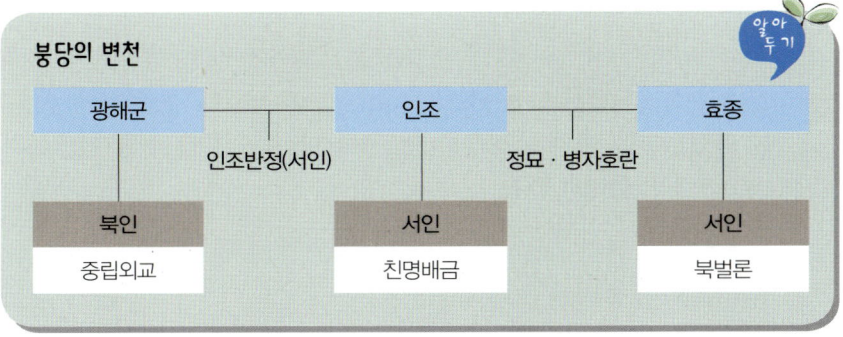

붕당의 변천

- (2) 정묘호란(1627년)과 병자호란(1636년)
  - ① 정묘호란의 배경
    - ㉠ 친명배금 정책 : 인조반정 이후 집권한 서인 정권은 명나라의 은혜를 갚고 원수를 갚자는 명목으로 친명배금 정책을 추진하여 후금을 자극하였다.
    - ㉡ 이괄의 난 : 인조반정 후 논공행상에 불만을 품은 이괄이 반란을 일으켰고 이를 계기로 후금이 침입하였다.

② 경과
  ㉠ 후금의 침입 : 광해군의 보복을 명분으로 후금이 침략하였다.
  ㉡ 결과 : 형제의 맹약을 맺고 국경에서 무역을 약속하였다.
③ 병자호란(인조 14년, 1636년)
  ㉠ 원인 : 후금은 국호를 청으로 바꾸고 조선에 대해 군신 관계를 요구하였으나 조선은 청의 요구에 응하지 않았다. 청은 이를 빌미로 조선을 공격해 와 병자호란이 발발하였다.
  ㉡ 경과 : 청 태종은 스스로 군대를 이끌고 와 한양을 점령하였다. 인조는 남한산성으로 피난해 45일간 항전하였으나 결국 삼전도에서 청에게 굴욕적인 강화를 체결하고 군신관계를 맺었다.
  ㉢ 결과
    • 후금과의 군신 관계를 맺었고, 명과의 관계는 단절되었다.
    • 두 왕자(소현세자, 봉림대군)와 3학사(홍익한, 윤집, 오달제) 등이 청의 인질로 잡혀갔다.
④ 북벌론의 대두와 나선정벌
  ㉠ 북벌론
    • 북벌론의 배경 : 청에 대한 적개심과 문화적 우월감 그리고 명에 대한 의리가 배경이 되었다.
    • 북벌론의 이면 : 서인의 정권 유지 수단으로 이용되었고 반대 세력 견제 수단으로 사용되었다.
  ㉡ 나선정벌 : 청의 요청으로 두 차례 나선(러시아) 정벌에 조선의 조총병이 출병하였다.

01

그림을 통해 알 수 있는 시기를 연표에서 옳게 고른 것은? (2점)

① (가) ② (나) ③ (다) ④ (라) ⑤ (마)

● 해설
제시된 그림은 광해군 때의 중립 외교이다.

● 정답 : ③

02

다음 인물에 대한 설명으로 옳은 것은? (2점)

- 1482년 한양에서 출생함
- 1510년 소과에 장원으로 합격함
- 1518년 사헌부 대사헌에 임명됨
- 1519년 기묘사화로 인해 사사됨

① 소격서의 폐지를 주장하였다.
② 불씨잡변을 써서 불교를 비판하였다.
③ 중종반정으로 공신의 작위를 받았다.
④ 세조의 왕위 찬탈을 풍자한 조의제문을 지었다.
⑤ 관학파 학풍을 계승하여 부국강병을 추구하였다.

● 해설
제시문의 인물은 조광조에 대한 설명이다. 조광조는 사림파의 영수로 위훈 삭제, 향약의 보급, 수미법의 시행, 소격서의 폐지 등을 주장하였다.

● 정답 : ①

Part 4 근세 사회의 성립 149

포인트 출제적중문제

정답 및 해설

01
조선시대 대표적 왕권 견제 기구로는 삼사를 들 수 있다. 삼사에는 사헌부, 사간원, 홍문관이 있다.
ㄱ. 성균관 : 최고 교육기관
ㄹ. 승정원 : 왕의 비서기관으로 왕명의 출납 담당(왕권 강화 기관)

02
조선의 지방 행정 조직은 유향소라는 향촌 자치기구를 두었으며 중앙에 유향소와의 연락을 담당하며 통제하는 경제소를 설치하였다. 또한 고려와는 달리 모든 군현에 지방관을 파견하여 고려시대에 비해 강력한 중앙 집권체제를 구축하였다.
② 신라의 상수리 제도는 지방 세력의 자제를 수도로 옮겨 살게하는 일종의 인질책으로 고려의 기인제도로 계승된다.
③ 조선의 향리는 고려의 향리보다 그 권한이 약해지며 세습적 아전으로 전락하게 된다. 또한 양반들은 자신들의 기득권을 유지하기 위하여 여러 제한을 통하여 향리들의 신분 상승을 제한하였다.
④ 중앙관리는 부, 목, 군, 현까지 파견되며 그 밑의 면, 리, 통에는 파견되지 않았다.
⑤ 경재소는 중앙관리를 경재소에 배치해 자기 출신 지역의 유향소와 연락과 관리를 맡겼다.

---

01 다음 내용과 관련이 깊은 것을 모두 고르면?

> 임금의 자질에는 어리석은 자질도 있고 현명한 자질도 있으며, 강력한 자질도 있고 유약한 자질도 있어서 한결같지 않으니, 임금의 아름다운 점은 순종하고 나쁜 점은 바로 잡으며, 옳은 일은 받들고 옳지 않은 것은 막아서 임금으로 하여금 가장 올바른 경지에 들게 하여야 한다.
> – 정도전, 「조선경국전」 –

ㄱ. 성균관 설치 ㄴ. 경연 제도의 시행 ㄷ. 사간원 설치 ㄹ. 승정원의 설치

① ㄱ, ㄴ
② ㄴ, ㄷ
③ ㄷ, ㄹ
④ ㄱ, ㄷ
⑤ ㄴ, ㄹ

02 다음에 제시된 사실을 고려하여 조선의 지방 행정 조직이 고려 시대에 비해 달라진 점을 고르면?

> • 군현 아래에 면·리·통을 두고, 책임자를 선임하여 정령을 집행하게 하였다.
> • 고려 시대의 사심관 제도는 유향소와 경제소로 분화, 발전하였다.
> • 향촌에는 유향소를 두어 지방 행정에 참여토록 하였다.

① 향촌 자치를 허용하며, 강력한 중앙 집권을 추구하였다.
② 지방 세력을 견제하기 위해 신라의 상수리 제도와 같은 제도를 두었다.
③ 향리들의 권한은 약해졌으나, 신분 상승에는 제약을 두지 않았다.
④ 면·리·통에는 중앙에서 관리를 파견하여 강력한 중앙 집권 체제를 확립하였다.
⑤ 경제소는 상피제의 원칙에 따라 자기 지역 출신의 관리는 임명되지 못하였다.

정답 ◎ 01. ②   02. ①

03 조선 전기에 시행된 다음의 정책과 관련된 설명으로 가장 적절한 것을 모두 고르면?

> 북방 영토를 확장하면서 이를 유지하기 위해 수만의 남방 민호를 이주시켰다. 그리고 향리와 역리는 그 역을 면해 주고, 천인은 양인으로 승격시키는 방안을 결정하였다.

ㄱ. 토관 제도를 활용하여 민심을 수습하였다.
ㄴ. 북방 지역의 개척과 국토의 균형적 발전을 위해 실시하였다.
ㄷ. 명의 과다한 금·은의 요구에 대처하기 위해 취해진 조치였다.
ㄹ. 주민의 자치적 지역 방어 체제를 확립함으로써 여진족의 침입에 대비하려는 것이었다.
ㅁ. 요동 지방을 수복하기 위한 북방 개척의 전초 기지로 삼으려 하였다.

① ㄱ, ㄴ, ㄷ
② ㄱ, ㄴ, ㄹ
③ ㄱ, ㄷ, ㅁ
④ ㄴ, ㄹ, ㅁ
⑤ ㄷ, ㄹ, ㅁ

03
제시된 자료는 사민정책에 대한 설명이다. 사민 정책의 실시 목적은 ㄴ과 ㄹ이었고, 민심을 수습하기 위해 ㄱ의 토관 제도를 실시하였다. ㄷ은 광산 개발을 억제한 것이 해당된다. ㅁ은 북방 지역 개척 및 사민 정책은 명의 요동 지방을 수복하는 것과는 관계가 없다.

04 조선시대 관료의 선발제도에 대한 설명으로 옳지 않은 것은?

① 문과, 무과, 잡과로 구성되어 있었다.
② 문과의 대과는 초시, 복시, 전시로 구성되었으며 33명이 선발되었다.
③ 무과는 초시, 복시, 전시로 구성되었으며 28명이 선발되었다.
④ 잡과는 초시, 복시, 전시로 구성되었으며 46명이 정원이었다.
⑤ 잡과는 특별한 교육기관 없이 해당관청에서 교육을 담당하였다.

04
잡과는 초시와 복시만 치러졌으며 해당 관청에서 교육과 선발을 담당하였다.

정답 ◉ 03. ② 04. ④

정답 및 해설

05
유향소는 향촌의 자치기구로 중앙집권과는 관련이 없다.

06
(가)는 훈구 세력, (나)는 사림파에 대한 설명이다. 훈구 세력은 중앙집권과 부국강병을 추진하였고, 사림파는 향촌 자치와 의리와 도덕을 바탕으로 한 왕도정치를 추구하였다.

---

05 다음 글의 밑줄 친 부분과 성격이 다른 설명은?

> 조선의 지방 통치에서 기본 행정 구역인 군현은 그 고을의 인구와 토지의 크기에 따라 부, 목, 군, 현으로 구획되었다. 이에 따라 지방의 총 책임자인 수령도 종2품에서 최하 종6품으로 구분되었다. 이들은 행정 체계상으로는 모두 병렬적으로 관찰사의 관할 아래 있었다. 나아가 <u>전국의 주민을 국가가 직접 지배</u>하였다.

① 모든 군현에 수령을 파견하였다.
② 군현 아래 면·리·통을 두고 다섯 집을 하나의 통으로 편성하였다.
③ 전국 8도에 관찰사를 파견하였다.
④ 유향소에서 향회를 소집하여 여론을 수렴하였다.
⑤ 향리는 수령의 행정 실무를 보좌하는 세습적인 아전으로 격하시켰다.

06 다음은 조선 시대의 두 세력의 입장을 반영한 글이다. (가), (나) 두 세력의 학풍을 바르게 설명한 것은?

> (가) 김종직은 나쁜 마음을 품고 몰래 그 무리들을 모아 음흉한 계획을 시행하려고 한 지 오래 되었다. 항우가 의제를 죽인 일에 거짓 핑계를 하고 글로 표현하여 세조를 나무라고 헐뜯었으니 하늘에 닿을 만큼 악독한 죄이므로 용서할 수 없다.
> 「연려실기술」
>
> (나) 바라옵건대 참된 선비인 김굉필, 정여창, 조광조, 이언적을 높이 받들어 문묘에 모셔 선비를 장려함을 밝히고 원기(元氣)를 기르는 터전으로 삼으소서.
> 「선조실록」

① (가)는 향촌 자치를, (나)는 중앙 집권을 주장하였다.
② (가)는 왕도 정치를, (나)는 패도 정치를 옹호하였다.
③ (가)는 사장(詞章)을, (나)는 경학(經學)을 중시하였다.
④ (가)는 정몽주를, (나)는 정도전의 노선을 지지하였다.
⑤ (가)는 부국강병을, (나)는 의리와 도덕을 강조하였다.

정답 ◉ 05.④ 06.⑤

근세의 경제

1 조선의 경제 정책

(1) 농본주의 경제 정책
① 중농 억상 정책
  ㉠ 배경 : 조선은 자급자족의 농업 중심 경제를 지향하고 농업 생활의 안정과 이를 바탕으로 한 국가 재정의 확보에 노력을 기울였다.
  ㉡ 농업 생산력 증대 : 새로운 농법과 농기구를 개발하여 농업 생산력을 높이려 하였다.
  ㉢ 상공업 억제 정책
   • 유교적 검약관 : 검약한 유교적 경제관으로 소비가 억제되었고 도로와 교통수단도 발달하지 못하였다.
   • 직업적 차별 : 사·농·공·상의 직업적 차별에서 상업은 가장 천시 받는 직업이었다.
   • 자급자족의 경제 구조 : 자급자족의 경제구조로 인하여 화폐의 유통, 상공업 활동, 무역 활동 등이 부진하였다.
   • 상공업의 발달 : 16세기 이후 국가의 통제력이 약화되면서 조선 후기 상공업의 발달로 이어지게 되었다.

(2) 과전법의 시행과 변화
① 고려말 과전법의 시행
  ㉠ 배경 : 국가 재정 확보와 권문세족에 비해 경제적으로 열세에 있던 신진 사대부의 경제적 기반 마련이 목적이었다.
  ㉡ 내용
   • 대상 : 관등에 따라 전·현직 관리에게 경기에 한하여 수조지를 지급하는 것을 내용으로 하고 있다.
   • 반납 : 죽거나 반역을 하면 국가에 반납하도록 되어 있었으나 수신전·휼량전의 명목으로 세습되기 시작하였고 공신전도 세습이 가능하였다.

성리학적 경제관

• 검소한 것은 덕(德)이 함께 하는 것이며, 사치는 악(惡)의 큰 것이니, 사치스럽게 사는 것보다는 차라리 검소하게 살아야 할 것이다.
• 농사와 양잠은 의식(衣食)의 근본이니, 왕도 정치에서 우선이 되어야 하는 것이다.
• 우리나라에는 이전에 공상(工商)에 관한 제도가 없어, 백성들 중 게으르고 놀기 좋아하는 자들이 수공업과 상업에 종사하였기 때문에 농사를 짓는 백성들이 줄어들었으며, 말작(末作-상업)이 발달하고 본실(本實-농업)이 피폐해졌다. 이를 염려하지 않을 수 없다.

「조선경국전」

과전법

경기는 사방의 근원이니 마땅히 과전을 설치하고 사대부를 우대한다. 무릇 수도에 살며 왕실을 모시는 자는 전·현직을 막론하고 과(등급)에 따라 과전을 받는다. … 무릇 과전을 받은 자가 죽은 뒤, 아내가 자식과 함께 사는 자는 남편의 과전을 모두 물려받고, 자식이 없어 혼자 사는 자는 반만 받으며 본래 정절을 지킨 사람이 아니면 주지 않는다. 부모가 모두 죽고 자식들이 어리면 마땅히 휼양하여야 하니 아버지의 과전 모두를 물려받고, 20세가 되는 해에 본인의 과에 따라 받는다.

「고려사」

수신전과 휼양전
- **수신전**: 과전을 받은 사람이 사망했을 때 그의 처에게 수조권을 지급한 토지로 자식이 있을 경우에는 남편의 과전 전액을, 자식이 없는 경우에는 반액을 지급하였다.
- **휼양전**: 과전을 받은 부모가 모두 사망하였을 때 어린 자녀의 나이가 성인이 되는 20세까지 과전을 전액 지급하였다.

② 직전법(세조, 1466년)
  ㉠ 배경: 과전법상 토지의 세습은 불가하였으나 수신전, 휼양전과 같이 세습되는 경향이 나타나면서 새로운 관리에게 지급할 토지가 부족해졌다.
  ㉡ 내용
  • 토지의 부족현상을 해결하기 위해 현직 관료에게만 토지를 지급하였다.
  • 토지의 지급액을 감소시키고 수신전 · 휼양전 · 군전 · 공해전 등이 폐지되었다.

③ 관수관급제(성종, 1470년)
  ㉠ 배경: 직전법의 실시로 퇴직 후의 생활 보장이 불안한 양반 관료들은 농민들에게 규정액을 초과하여 과도한 수취를 하는 일이 잦았다.
  ㉡ 내용: 지방 관청에서 생산량을 조사하여 직접 거두고 관청에서 지급하는 방식으로 수조권을 대행하였다.

④ 녹봉제의 시행(명종, 1556년)
  ㉠ 배경: 과전법 체제가 붕괴하였다.
  ㉡ 내용: 직전법을 폐지하고 양반 관료에게 토지 대신 현물의 녹봉만을 지급하였다.

관수관급제

직전세를 관(官)에서 직접 거두어 전주(田主: 수조권자)에게 지급하도록 하였다. 관리들이 직전세를 직접 거두어 나누어 주니 함부로 거두어들이는 일을 막을 수 있었다.

「성종실록」

지배세력의 변천

구분	과전법	직전법	관수관급제	녹봉제
시기	공양왕	세조	성종	명종
배경	권문세족의 대농장으로 재정궁핍	과전의 부족	과전 경작 농민에 대한 과도한 수취	과전법 체제 붕괴
목적	신진사대부의 경제적 기반 마련	토지 부족의 보완과 국가 재정의 안정	국가의 토지지배권 강화	관리들의 생활 수단 마련
원칙	전 · 현직 관리에게 지급, 경기도로 한정	현직에게만 지급	국가에서 수조권행사	현물로 녹봉만 지급

Chapter 2 근세의 경제

(3) 수취 체제의 확립과 변화

① 전세(조세)
  ㉠ 의미 : 토지에 부과되는 세금으로 토지소유자에게 부과되었다.
  ㉡ 조선 초기 : 과전법 하에서는 수확량의 1/10을 납부하였다.
  ㉢ 세종 이후
   • 연분9등법 : 풍흉의 정도에 따라 상상(上上)년에 최대 20두부터 하하(下下)년 최소 4두로 차등을 두어 조세를 징수하였다.
   • 전분6등법 : 토지의 비옥도에 따라 6등급으로 나누었다.

② 공납(공물)
  ㉠ 의미 : 각 지역의 토산물을 조사하여 중앙 관청에서 군현에 물품과 액수를 할당하면 각 군현은 호(戶)마다 토산물을 징수하였다.
  ㉡ 종류 : 중앙에서 정기적으로 징수하는 상공(常貢)과 지방관청에서 수시로 걷는 별공(別貢) 등이 있었다.
  ㉢ 문제점 : 공납을 납부하기 어려운 상황이 되면 그 물품을 다른 곳에서 구해 납부하는 방납이 발생하였다. 이러한 문제로 인하여 공납은 조세보다 농민에게 더 큰 부담이 되었다.

③ 역
  ㉠ 의미 : 16세 이상의 정남에게 부과하는 것으로 군역과 요역이 있었다.
  ㉡ 종류
   • 군역 : 일정기간 군사 복무를 위해 교대로 근무하는 정군과 정군의 비용을 부담하는 보인으로 구분된다.
   • 요역 : 백성의 노동력을 징발하는 것으로 왕릉, 성, 저수지 등의 공사에 동원하였다. 토지 8결을 기준으로 1명을 동원하고 일수도 1년에 6일로 제한하였으나 잘 지켜지지 않았고 농업에 지장을 초래하는 일이 많았다.
   • 잡세 : 염전, 광산, 산림, 어장, 상인, 수공업자들이 세금을 납부하였다.

④ 환곡제의 변화
  ㉠ 내용 : 환곡제는 춘대추납의 빈민 구제 제도이다. 16세기 이후 상평창으로 이관되면서 곡물을 빌려주고 1/10 정도의 이자를 거두었다.
  ㉡ 문제점 : 조선 후기로 접어들면서 고리대화 되었고 백성들에게 큰 부담을 주었다.

방납의 폐단

• 지방에서 토산물을 공물로 바칠 때 (관리들이) 공납을 일체 막고 본래 값의 백배가 되지 않으면 받지도 않습니다. 백성들이 견디지 못해 세금을 못 내고 도망가는 자가 줄을 이었습니다.
「선조실록」

• 비록 자기 군현에서 생산되는 토산물이라 하여도 백성들이 이를 스스로 납부하지 못하고 반드시 방납하는 사람이 있습니다. 이들은 권력자에게 연줄을 대고 대납권을 손에 넣어 원래 물품 가격의 몇 배를 징수해 갑니다.
「포저집」

⑤ 조운제도
  ㉠ 내용 : 현물로 걷은 조세를 서울로 운송하는 제도로 지방의 조창(漕倉)을 거쳐 서울의 경창(京倉)으로 운송되었다.
  ㉡ 운송방법 : 바닷길이나 한강, 낙동강 등의 강을 이용하여 운송하였다.
  ㉢ 잉류지역 : 함경도와 황해도는 국경이 가까워 사신접대비와 군사비로, 제주도는 거리가 멀어 조세를 서울로 운반하지 않고 자체적으로 사용하였는데 이를 잉류지역이라고 한다.

▣ 조선시대 조운로

2 근세의 경제 활동

(1) 양반 지주의 경제생활

① 양반들의 경제생활
  ㉠ 양반의 경제 기반 : 관직에 진출하여 받은 과전과 녹봉, 자신 소유의 토지와 노비를 통하여 생활을 영위하였다.
  ㉡ 노비의 소유와 방법 : 조선 전기의 양반은 10여명에서 300여 명이 넘는 노비를 소유했고 양반들은 노비들을 구매 또는 소유 노비의 출산, 노비와 양인남녀의 결혼(일천즉천) 등의 방법을 통하여 숫자를 증대시켰다.

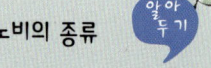

노비의 종류
- **솔거 노비** : 주인과 함께 거주하며 가사와 농경에 종사하였다.
- **외거 노비** : 주인과 따로 거주하며 매년 신공을 바치는 노비로 자기 재산을 소유할 수 있었다.

② 농민 생활의 변화
  ㉠ 국가의 농업 장려
    • 농업기반 마련 : 토지 개간을 장려하고 수리 시설을 확충하여 농사의 기반을 마련하였다.
    • 농서의 간행
      – 농사직설 : 세종 때 간행된 우리나라의 최초의 농서이다.
      – 금양잡록 : 성종 때 간행된 책으로 강희맹이 지은 책이다.
  ㉡ 농업 기술 발달
    • 시비법의 발달 : 밑거름과 덧거름을 주는 시비법이 발달하여 휴경지가 거의 소멸되고 연속경작이 가능해졌다.
    • 윤작법의 일반화 : 밭농사에서 조·보리·콩의 2년 3작의 윤작법(돌려짓기)이 널리 행해졌다.
    • 이앙법(모내기법) : 조선 전기에는 일부 남부지방에서 이앙법이 행하여졌다. 그러나 가뭄에 취약한 이앙법의 특성으로 인하여 정부는 이앙법의 확대를 막았고 조선 후기에 들어서야 이앙법은 일반화된다.
    • 목화재배 : 고려 말 전래된 목화의 재배가 전국적으로 확대되면서 의복 생활에 큰 변화를 가져왔다.

③ 농민 생활 악화
  ㉠ 농민의 몰락 : 16세기 이후 지주제가 확산되면서 농민들은 자연재해, 고리대, 세금부담의 증가 등으로 소작농으로 전락하거나 토지에서 이탈하여 유랑민이 되었다.
  ㉡ 정부의 대책
    • 구황촬요(救荒撮要)의 보급 : 정부는 구황식품에 대한 책인 구황촬요를 보급하였다.
    • 토지이탈 방지 : 호패법, 오가작통법 등을 강화하여 농민의 토지이탈을 방지하고자 하였다.

(2) 수공업 생산 활동
  ① 관영 수공업의 발달
    ㉠ 운영 : 공장(전문적 기술자)을 공장안(工匠案)에 등록하고 각급 관청에 소속시켜 물품을 생산하게 하였다.
    ㉡ 대우 : 국역의 의무를 지고 있는 수공업자들은 근무하는 동안 식비 정도만 지급받았다. 생산량을 초과한 상품은 세금을 내고 판매할 수 있었으며 부역 기간 외에는 사적으로 물건을 만들어 판매가 가능하였다.

ⓒ 쇠퇴 : 16세기 이후 부역제의 붕괴와 상업 발전으로 관영수공업은 점차 쇠퇴하였다.

② 민영 수공업과 가내 수공업
  ㉠ 민영 수공업 : 농민을 대상으로 농기구 등을 만들고, 양반의 사치품 등을 생산하였다.
  ㉡ 가내 수공업 : 생활필수품과 의류를 자급자족의 형태로 생산하였는데 무명, 모시, 삼베 등 의류 생산이 주류를 이루었다.

(3) 상업과 화폐
① 시전
  ㉠ 시전의 설치 : 국가에 허가를 받아 왕실과 관청에 물품을 납품하는 상인이다. 국가에 점포세와 상세를 납부하였다.
  ㉡ 육의전의 번성 : 시전 중 가장 번성한 시전을 육의전이라 한다.
  ㉢ 독점판매권의 부여 : 시전상인들은 왕실이나 관청에 관수품을 공급하는 대신 특정 상품에 대한 독점 판매권인 금난전권을 부여 받았다.
  ㉣ 경시서 : 시전의 불법적인 상행위를 통제하기 위해 설치한 관청으로 세조 때 그 이름이 평시서로 개칭되었다.

② 장시의 발달과 화폐
  ㉠ 장시의 발달 : 15세기 후반부터 등장한 장시는 16세기 중엽에 전국으로 확대되었고 18세기 중반에는 전국에 1,000여 곳이 나타난다.
  ㉡ 보부상 : 장시와 장시를 연결하는 상인들로 농·수산물, 수공업 제품, 약재, 생활필수품 등을 유통시켰다.

③ 화폐
  ㉠ 화폐의 발행 : 태종 때 저화라는 지폐와 세종 때 조선통보, 세조 때는 팔방통보라는 화폐를 만들었으나 유통은 부진하였다.
  ㉡ 유통 부진의 이유 : 당시의 조선은 자급자족 경제 구조로 상품 경제 구조가 발달하지 못하였고 쌀과 무명을 여전히 거래의 매개로 이용하였다.

④ 무역
  ㉠ 명 : 조선은 기본적으로 무역을 엄격히 통제하였으나 명나라와는 사신의 왕래에 따른 공무역과 사무역을 허용하였다.
  ㉡ 일본 : 동래에 설치한 왜관을 중심으로 무역이 이루어졌다.
  ㉢ 여진 : 경원·경성에 설치된 무역소를 통한 무역만 허락하였다.

보부상의 활동

짚신에 감발 치고 패랭이 쓰고
꽁무니에 짚신 차고 이고 지고
이 장 저 장 뛰어가서
장돌뱅이 동무들 만나 반기며
이 소식 저 소식 묻고 듣고
목소리 높여 고래 고래 지르며
비가 오나 눈이 오나 외쳐 가며
돌도부 장사하고 해질 무렵
손잡고 인사하고 돌아서네.
다음날 저 장에서 다시 보세.

기출 문제

01
6회 21번

어느 만화 영화의 포스터이다. 이 영화에서 나올 수 있는 장면으로 가장 적절한 것은? (2점)

① 균역법의 시행에 불평을 늘어놓는 지주들
② 양반이 되려고 공명첩을 구입하는 농민들
③ "사람이 곧 하늘이다."라고 주장하는 사람들
④ 덕대에게 밀린 임금을 달라고 소리치는 광산 노동자들
⑤ 방납으로 인한 부담을 감당하지 못해 도망치는 사람들

● 해설
제시된 포스터는 조선 중기 명종 때의 도적인 임꺽정에 대한 만화 영화 포스터이다. 이 시기에는 방납의 폐단으로 토지에서 이탈하는 농민들이 증가하였다. 나머지는 모두 조선 후기의 상황이다.
① 균역법은 영조 때 시행되었다.
② 공명첩은 임진왜란 이후 판매되었다.
③ 동학에 대한 설명으로 조선 후기이다.
④ 덕대는 광산의 전문 경영인으로 조선 후기 분업이 발생한 현상을 보여준다.

● 정답 : ⑤

출제적중문제

정답 및 해설

01
토지제도의 변천은 지주들의 토지 소유 욕구가 증가하였고 지주전호제가 일반화 되는 현상을 낳았다.
① 토지제도의 변천을 통해 국가의 토지 지배권은 강화되었다.
② 직전법은 현직 관료에게만 토지를 지급하였다.
③ 과전법은 경기도만을 대상으로 하였다.
④ 관수관급제는 국가가 수조권을 대행하는 제도이다.

02
조선은 재정 확충과 민생 안정을 위한 방안으로 농본주의 경제 정책을 내세웠다. 자급자족적인 농업 중심의 경제로 인하여 화폐 유통, 상공업 활동, 무역 등이 부진하였다.

---

01 다음과 같은 조선의 토지 제도 변천 과정에 대한 설명으로 옳은 것은?

> 과전법 → 직전법 → 관수관급제 → 녹봉제

① 국가의 토지 지배권이 약화되었다.
② 직전법은 전직 관료와 현직 관료 모두에게 지급한 토지이다.
③ 과전법의 과전은 전국의 토지를 대상으로 지급하였다.
④ 관수관급제는 양반 지주가 수조권 및 세습권을 강화하는 제도이다.
⑤ 양반 관료들은 토지 소유 욕구가 증가하여 토지 집적 현상이 나타났다.

02 다음 자료를 통해 조선 전기의 경제 구조에 대해 바르게 추론한 것은?

> 검소한 것은 덕이 함께 하는 것이며, 사치는 악의 큰 것이니 사치스럽게 사는 것보다는 차라리 검소해야 할 것이다. 농사와 양잠은 의식의 근본이니 왕도 정치에서 우선이 되는 것이다.
> 우리나라에는 이전에 공상(工商)에 관한 제도가 없어, 백성들 중 게으르고 놀기 좋아하는 자들이 수공업과 상업에 종사하였기 때문에 농사를 짓는 백성이 줄어들었으며, 말작(상업)이 발달하고 본실(농업)이 피폐하였다.
> 「조선경국전」

① 성리학적 명분론에 입각하여 산업의 중심은 수공업이라고 보았다.
② 농업 중심의 자급자족 경제 구조가 성리학적 질서에 부합한 것으로 보았다.
③ 양반들은 성리학을 강조하였으므로 농업 경영과 생산력 증대에 관심을 보이지 않았다.
④ 국가에서는 농업 생산과 민생 안정을 위하여 농민을 군역에 동원하지 않았다.
⑤ 양반의 수요품을 공급하기 위하여 대외 무역은 대체로 통제하지 않았다.

정답 ◎ 01. ⑤ 02. ②

03 조선 전기 경제 정책에 대한 설명으로 잘못된 것은?

① 소비는 억제되었고 도로와 교통수단도 미비하였다.
② 상업 활동을 억제하기 위하여 화폐사용을 금지시켰다.
③ 상공업자가 허가 없이 마음대로 영업하는 것을 규제하였다.
④ 정부는 건국 초부터 토지개간을 장려하고 양전 사업을 실시하였다.
⑤ 16세기에 이르러 농민에 대한 국가의 통제력이 약화되었고 상공업에 대한 통제 정책도 해이해졌다.

> **03**
> 조선 정부는 태종 때 저화, 세종 때 조선통보, 세조 때 팔방통보 등의 화폐를 주조하여 유통시키고자 하였으나 자급자족 경제 구조로 인하여 화폐 유통이 활발하지는 못하였다.

04 다음은 조선 시대 조세 제도에 대한 것이다. 이와 관련된 설명이 사실과 다른 것은?

> 국가 재정을 위한 조세 제도는 전통적으로 조, 용, 조를 기초로 하고 있었다. 즉, 토지에 부과되는 전세, 가호마다 부과되는 공납, 그리고 호적에 등재된 정남에게 부과하는 역 등이 국가 재정의 기초를 이루었다.

① 공물은 중앙 관청에서 군현에 할당하고, 각 군현은 다시 집집마다 할당하여 거두었다.
② 전세는 세종 때 연분9등법을 제정하여 토지 1결당 최고 20두에서 최하 4두를 내도록 하였다.
③ 역에는 일정 기간 교대로 번상하는 군사 복무의 군역과 노동에 종사하는 요역이 있었다.
④ 양인은 모두 군역의 의무가 있었으므로 농민뿐만 아니라 양반, 향리, 서리 등도 군역에 복무하였다.
⑤ 군현에서 거둔 조세는 강가나 바닷가의 조창에 모아 두었다가 경창으로 운송 하였다.

> **04**
> 양인에게는 군역의 의무가 부과되지만 양반, 서리, 향리 등은 관청에서 일하기 때문에 군역에 복무하지 않았다.

정답 ◎ 03.② 04.④

정답 및 해설

05
16세기 이후 국가의 통제력 약화와 함께 부역제가 해이해지고 상공업이 발달하게 되었다. 이에 따라 국가 주도의 관영 수공업은 점차 쇠퇴하고 민영 수공업이 발달하였다.

06
ㄱ – 조선 정부는 이앙법이 가뭄에 취약하다는 이유로 확대를 막았고 이로 인해 조선 전기 일부 남부지방에서 이앙법이 행해졌다.
ㄷ – 조선 전기 시비법의 발달로 휴경지는 거의 소멸하게 된다.
ㄹ – 농본 정책의 일환으로 농사직설, 금양잡록과 같은 농서들이 편찬되었다.

---

05 16세기에 들어와 관영 수공업이 점차 쇠퇴하기 시작하였다. 그 원인으로 가장 적절한 것은?

① 부역제가 해이해지고 상업이 발전
② 정부의 상공업 장려 정책
③ 농업 중심의 자급자족 경제 체제
④ 정부의 수공업 통제 정책
⑤ 전문 장인 노비의 감소

06 조선 전기의 농업에 대한 설명 중 바른 것을 모은 것은?

> ㄱ. 정부는 봄 가뭄 때문에 모내기를 억제하였다.
> ㄴ. 해안 지방의 개간으로 농민의 토지 소유가 확대되었다.
> ㄷ. 시비법의 발달로 연작을 하게 되었다.
> ㄹ. 권농 정책으로 농업 서적이 편찬되었다.
> ㅁ. 병작농은 매년 일정한 액수의 지대를 바쳤다.
> ㅂ. 사과, 배, 토마토 등 과수 재배가 보급되었다.

① ㄱ, ㄴ, ㄷ
② ㄹ, ㅁ, ㅂ
③ ㄴ, ㄹ, ㅂ
④ ㄱ, ㄷ, ㄹ
⑤ ㄷ, ㅁ, ㅂ

정답 ◉ 05.① 06.④

3 근세의 사회

1 양반 관료 중심의 사회

(1) 양천 제도와 반상 제도
① 양천 제도 : 법적 신분제
  ㉠ 양인 : 과거에 응시하여 벼슬에 오를 수 있는 자유민으로 조세와 국역의 의무를 지고 있다.
  ㉡ 천민 : 비자유민으로 국가나 개인에 소속되어 천역을 담당하였고 대부분은 노비였다.
② 반상제도 : 실질적으로 운영되던 신분제
  ㉠ 양반과 상민의 차별 : 관직에 진출한 사람을 의미하던 양반은 시간이 흐를수록 하나의 신분으로 굳어졌고 지배층인 양반과 피지배층인 상민과의 차별을 두는 반상제도가 일반화 되었다.
  ㉡ 4신분의 정착 : 양반, 중인, 상민, 천민의 4개의 신분제도가 정착되었다.

(2) 조선의 신분구조
① 양반
  ㉠ 의미 : 원래는 문반과 무반을 일컫는 말이었으나 점차 그 가족이나 가문까지 포함하여 신분적 개념으로 변화하였다.
  ㉡ 양반의 특권 유지책 : 양반들은 자신의 기득권을 유지하기 위하여 양반의 증가를 통제하였다. 이러한 이유로 향리·서리와 같은 하급 지배층은 중인으로 격하시켰고, 첩에게서 태어난 자식은 서얼이라 하여 관직 진출 제한하였다.
② 중인
  ㉠ 의미 : 넓은 의미로 중인은 양반과 상민의 중간계층을 의미하는 말이고 좁은 의미로는 기술관을 뜻한다.

양반의 신분

종 13년 4월 신해, 사헌부 대사헌 채수가 아뢰었다. "어제 전지를 보니 통역관, 의관을 장려하고자 능통하고 재주가 있는 자를 동서 양반에 발탁하여 쓰라고 특별히 명령하셨다니 듣고 놀랐습니다. 무릇 벼슬에는 높고 낮은 것이 있고, 직책에는 가볍고 무거운 것이 있습니다. 약사, 통역관은 사대부의 반열에 오를 수 없습니다. … 의관, 역관 무리는 모두 미천한 계급 출신으로 사족이 아닙니다."
「성종실록」

　　ⓒ 중인 : 중앙과 지방 관청에서 직역을 세습하는 서리, 향리, 기술관 등이다. 아전(衙前)이라 불리며 관청 가까운 곳에서 거주하며 같은 신분끼리 결혼하였다. 양반에게 멸시를 받는 계층이었으나 역관들은 사신을 수행하면서 무역에 관여하여 이득을 보기도 하였고 향리들은 수령을 보좌하면서 위세를 부리기도 하였다.

　　ⓒ 서얼 : 양반의 첩에게서 태어난 서얼은 중인과 같은 신분적 대우로 인하여 중서(中庶)라고도 불리웠으며 문과 응시와 문반직 등용이 금지되었다. 이들은 주로 무과와 잡과를 통해 관직에 진출했는데 무과에 등용되어도 한품서용(限品敍用)의 규제를 받아 최고 3품 이상으로는 승진이 불가능하였다.

③ 상민

　　㉠ 의미 : 백성의 대부분을 차지하는 농민·수공업자·상인을 말하며 평민이라고도 불린다.

　　ⓒ 특징 : 법적으로 과거 응시 자격을 가지고 있지만 사실상 과거 응시는 매우 어려웠다.

　　ⓒ 구성
- 농민 : 평민들이 대부분으로 조세, 공납, 역의 의무를 가지고 있었다.
- 수공업자 : 공장(工匠)이라고 불리며 관영 수공업이나 민영 수공업에 종사하였고 장인세를 부담하였다.
- 상인 : 상인세를 부담하며 국가의 통제를 받았다.
- 신량역천(身良役賤) : 신분은 양인이나 천민의 역을 담당하는 사람들을 일컫는 말이다.

④ 천민

　　㉠ 내용 : 천민의 대다수는 노비로 매매·상속·증여의 대상이었다. 원칙적으로 조세수취의 대상은 아니었으며 외거노비의 경우 주인에게 신공을 바쳐야 했다.

　　ⓒ 노비의 운영 원칙 : 부모 중 한쪽이 노비일 경우 그 자손도 노비가 되는 일천즉천의 원칙이 적용되었다.

　　ⓒ 노비의 종류
- 공노비 : 관청에 노동력을 제공하고 급료를 받아 생활하는 입역노비와 국가에 신공을 바치며 따라 거주하는 납공노비가 있었다.
- 사노비 : 주인과 함께 거주하며 주인의 일을 돕는 솔거노비와 따라 거주하며 신공을 바치는 외거노비가 있었다. 외거노비의 경우 농업에 종사하며 자기 소유의 재산을 가질 수도 있었다.

Chapter 3 근세의 사회

2 사회 정책과 법률제도

(1) 사회 정책

① 농민 생활 안정책
  ㉠ 목적 : 농본주의 정책을 채택했던 조선은 인구의 대부분이 농업에 종사하고 있었으므로 농민의 생활 안정이 국가의 중요한 목표였다.
  ㉡ 농촌 사회의 안정 : 양반 지주의 토지 겸병을 억제하여 농민의 생활을 안정시키고 재해 시 조세 감면 등으로 농민의 토지 이탈 방지하고자 하였다.
  ㉢ 빈민구제 : 의창(15세기, 무이자), 상평창(16세기, 이자 1/10)제도 등을 설치하고 환곡제를 실시하여 빈민을 구제하고자 하였으나 점차 고리대로 변질되었다.
  ㉣ 사창제 : 향촌 사회에서 양반 지주들이 자치적으로 운영하는 농민 구휼 제도이다.

② 의료시설
  ㉠ 혜민국 : 뒤에 혜민서로 개칭, 의약을 공급하였다.
  ㉡ 동·서 대비원 : 도성에 거주하는 서민 환자의 구제를 담당하였다.
  ㉢ 재생원 : 지방민에 대한 구호 및 진료를 담당하였다.
  ㉣ 동·서 활인서 : 유랑자 수용과 구휼을 담당하였다.

(2) 법률제도

① 형법
  ㉠ 법률의 적용 : 형법은 경국대전의 형전(刑典)에 규정되어 있었으나 법 조항이 자세하지 못하였으므로 주로 대명률이 적용되었다.
  ㉡ 중대범죄 : 반역죄와 강상죄는 무겁게 처벌을 받았다.
  ㉢ 형벌의 종류 : 태·장·도·유·사의 5종이 기본으로 시행되었다.

② 민법
  ㉠ 법률의 적용 : 관찰사와 수령 등이 재판관을 행사하며 관습법에 따라 처리되었다.
  ㉡ 소송의 내용
    • 초기 : 노비에 관련된 소송이 주류를 이루었다.
    • 중기 : 남의 묘지에 자기 조상의 묘를 쓰는 문제가 발생하여 산송문제가 주류를 이루었다.

③ 사법기관
  ㉠ 중앙 : 중앙에는 사헌부, 의금부, 형조, 한성부, 장례원(노비 소송 담당) 등이 있었다.

강상죄

삼강(三綱)과 오상(五常)을 어긴 죄로 유교 사회인 조선에서 가장 큰 죄였다. 특히 조선 후기에 신분 질서가 동요되면서 처벌을 강화하여 부모나 남편을 살해한 자, 노비로서 주인을 죽인 자, 관노(官奴)로서 관서의 장을 죽인 자 등은 가장 큰 죄로 취급해 사형시켰고 죄인의 처자는 노비로 삼고, 집은 부수고, 고을 호칭을 강등시키며, 수령을 파면시키기도 하였다.

ⓛ 지방 : 관찰사나 수령 등 지방관이 사법권을 행사하였다.

3 향촌 사회의 조직과 운영

(1) 향촌 사회의 모습
① 향촌의 의미
  ㉠ 향 : 행정구역상 군·현의 단위를 말하며 지방관이 파견된 곳이다.
  ㉡ 촌 : 군·현의 아래 단위인 면과 리로 지방관이 파견되지 않았다.
② 유향소와 경재소
  ㉠ 유향소(향청, 향소)
    • 기능 : 향촌자치 기구로, 수령의 정치적 자문과 수령과 향리의 비리를 감찰하는 역할을 맡고 있었다.
    • 구성 : 향촌사회에서 양반 지주로 농민을 지배하는 사람들을 사족이라고 불렀고 사족들이 유향소를 구성하였다.
  ㉡ 경재소 : 현직관료가 포함되어 자신의 연고지를 통제하며 유향소와의 연락을 담당하던 기구로 중앙 집권기구이다.
③ 촌락의 구성과 운영
  ㉠ 촌락의 구성
    • 반촌(班村) : 주로 양반들이 거주하는 촌락으로 18세기 이후에는 동성(同姓) 촌락으로 발달하였다.
    • 민촌(民村) : 주로 평민과 천민들이 거주하는 촌락이다.
  ㉡ 촌락의 운영
    • 사족 : 동계(洞契), 동약(洞約)을 조직하여 촌락민에 대한 향촌 지배를 강화하려 하였다.
    • 백성 : 공동 노동 공동체인 두레와 불교 및 전통 신앙적 기반에서 출발하였으나 상례 등의 큰일에 서로 돕는 조직으로 발전한 향도 등이 있었다.
  ㉢ 농민의 토지 이탈 방지책 : 호패법과 오가작통제로 농민의 토지 이탈을 방지하고자 하였다.

(2) 성리학적 사회 질서의 강화
① 예학
  ㉠ 의미 : 종족 내부의 의례를 규정하는 학문이다.
  ㉡ 목적 : 삼강오륜을 기본 덕목으로 강조하여 가부장적 종법 질서를 실현하는 데 목적이 있다.

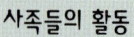
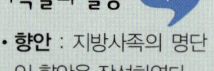

사족들의 활동
• **향안** : 지방사족의 명단인 향안을 작성하였다.
• **향회** : 향안에 이름을 올린 사족들의 회의이다.
• **향규** : 향회의 운영규칙을 향규라 불렀다.

② 보학(譜學)
- ㉠ 의미 : 양반 신분의 우월성을 강조하기 위해 가문의 내력인 족보를 기록하고 이를 암기하는 학문을 보학(譜學)이라고 한다.
- ㉡ 목적 : 양반들은 족보를 통하여 종족의 종적인 내력과 횡적인 종족 관계를 확립하여 종족 내부의 결속을 다지려 하였다.
- ㉢ 기능
  - 문벌의 과시 : 족보를 통하여 친족 내부의 결속을 다지고, 밖으로는 다른 종족이나 하급신분에 대해 우월 의식을 가졌다.
  - 붕당 구별의 자료 : 결혼 상대자를 구하거나 붕당을 구별하는 데 중요한 자료였다.

(3) 서원과 향약

① 서원
- ㉠ 기능 : 유교 선현에 대한 제사, 교육 기능을 담당하였다.
- ㉡ 향음주례(鄕飮酒禮) : 봄, 가을로 학식과 덕망을 갖춘 이를 초대하여 술을 마시고 덕담을 듣는 의례이다.
- ㉢ 발전 : 최초의 서원은 풍기군수 주세붕의 백운동 서원이며 이황의 건의로 소수서원(최초의 사액 서원)으로 변경되었다.
- ㉣ 의의 : 학문을 지방에 보급하는 데 기여하였으나 지방 사족의 지위를 강화하는 역할을 하였고 서원을 중심으로 사림이 집결되었다.
- ㉤ 폐단 : 서원에 대한 면세로 국역 기반이 약화되었고, 붕당의 대립에 영향을 미쳤다.

🔲 도산서원

② 향약
- ㉠ 목적 : 지방 사족의 결속 강화와 향촌에서의 지배력 강화를 통한 지방민의 통제가 목적이다.
- ㉡ 보급 : 조광조에 의해 처음 시행되었으나 기묘사화로 조광조가 숙청되자 잠시 중단되었다. 이후 이황과 이이의 노력으로 전국으로 확대되었고 이황의 예안향약이나 이이의 해주향약이 유명하다.
- ㉢ 덕목 : 지역에 따라 다소의 차이는 있었으나 4개 덕목으로 덕업상권, 과실상규, 예속상교, 환난상휼 등이 강조되었다.
- ㉣ 영향 : 지방 사족의 지위가 강화되었고 토호와 향반의 농민 수탈의 배경을 제공하였다.

해주향약 입약 범례문

무릇 후에 향약에 가입하기를 원하는 자에게는 반드시 먼저 규약문을 보여 몇 달 동안 스스로 실행할 수 있는가를 헤아려 본 후에 가입하기를 청하게 한다. 가입을 청하는 자는 반드시 단자에 참가하기를 원하는 뜻을 자세히 적어서 모임이 있을 때에 진술하고, 사람을 시켜 약정에게 바치면 약정은 여러 사람에게 뜻을 물어 좋다고 한 다음에야 글로 답하고 다음 모임에 참여하게 한다.

01 자료와 관련된 조직에 대한 설명으로 옳은 것을 〈보기〉에서 고른 것은? (2점)

 13회 14번

- 좋은 일은 서로 권한다.
- 잘못된 일은 서로 규제한다.
- 예절 바른 풍속은 서로 본받는다.
- 어려운 일을 당한 사람은 서로 도와준다.

〈보기〉
ㄱ. 중앙과 지방의 행정 연락을 담당하였다.
ㄴ. 향촌민의 교화와 질서 유지를 담당하였다.
ㄷ. 전통적인 공동 조직과 미풍양속을 계승하였다.
ㄹ. 상호 부조와 공동 노동을 위한 농민 자치 조직이었다.

① ㄱ, ㄴ   ② ㄱ, ㄷ   ③ ㄴ, ㄷ   ④ ㄴ, ㄹ   ⑤ ㄷ, ㄹ

● 해설
제시된 규약은 향약이다. 향약은 향촌의 질서 유지와 교화를 담당하는 농민의 자치 규약으로 전통적인 공동 조직과 미풍양속을 계승하였다.

● 정답 : ③

포인트 출제적중문제

01 조선 전기의 사회상에 관한 설명으로 옳은 것은?

① 행정의 효율성과 편의를 위하여 수령은 가급적 자신의 고향으로 배치되었다.
② 행정권과 사법권이 분리되지 않아 지방관이 사법권을 행사하였다.
③ 지방에는 향교가 설치되었고 입학 대상은 지방 양반 자제로 한정되었다.
④ 향리는 지방사회의 지배자로서 토호적 성격이 강하였다.
⑤ 신분제는 법적으로는 반상제였으나 실질적으로는 양천제로 운영되었다.

02 조선 전기의 신분 제도를 설명한 것으로만 묶은 것은?

> ㄱ. 법제적으로 양천제를 운영하였다.
> ㄴ. 신분제 사회였으나 신분 이동은 전혀 불가능한 것은 아니었다.
> ㄷ. 향리 및 기술관은 중인에 해당하였다.
> ㄹ. 노비는 천민으로 매매, 상속, 증여의 대상이었다.

① ㄱ, ㄴ
② ㄱ, ㄴ, ㄷ
③ ㄱ, ㄴ, ㄹ
④ ㄴ, ㄷ, ㄹ
⑤ ㄱ, ㄴ, ㄷ, ㄹ

정답 및 해설

01
조선시대는 행정권과 사법권이 분리되지 않아 지방관이 재판을 담당하였다.
① 수령은 자신의 고향으로 파견하지 않는 상피제가 운영되었다.
③ 입학 대상은 양인 이상의 신분이면 가능하였다. 따라서 농민의 자제도 입학이 가능하였다.
④ 조선시대의 향리는 그 지위가 격하되어 세습적 아전의 성격에 머물게 되었다.
⑤ 조선의 신분제는 법적으로 양천제가 적용되었으나 실질적으로는 반상제로 운영되었다.

02
조선은 법적으로 양천제 사회였으나 신분 이동이 가능하였다. 또한 향리 및 기술관은 중인으로 편재하였으며 천민의 대다수인 노비는 매매, 상속, 증여의 대상이었다.

정답 01. ② 02. ⑤

정답 및 해설

03
제시된 제도들은 백성들의 생활 안정을 통하여 사회질서 유지와 국가 재정의 안정적 확보를 위한 제도들이다.

04
향약은 상부 상조의 전통적인 향촌 규약과 삼강오륜의 유교적 윤리를 융합하여 만든 것으로 지방 풍속의 교정에 크게 기여하였다. 그러나 사림들은 이를 통해서 향촌 사회를 성리학적인 이상주의에 맞추어 사림 양반의 의도대로 향촌을 이끌어 가려는 의도가 강하였다.
⑤ 향약과 지방 의식과의 관련성을 찾기 힘들다.

---

03 조선 사회에서 아래와 같은 사회 제도와 시설을 운영한 공통된 목적은 무엇인가?

> • 환곡제 • 사창제도 • 동·서 활인서 • 혜민국

① 가부장적 가족 질서의 확립을 위해
② 지방 사족들의 결속을 다지기 위해
③ 농민들이 자신들의 생활 풍습을 지키기 위해
④ 양반 중심의 향촌 지배 질서를 유지하기 위해
⑤ 민생 안정을 통한 사회질서와 국가 재정의 안정을 위해

04 다음은 조선 시대 어느 향촌 규약의 내용이다. 이 규약이 조선 사회에 끼친 영향으로 적절하지 못한 것은?

> • 회원은 각자 스스로 수련을 쌓고 서로 권하여 근면하도록 해야 하며, 모여 회의할 때에는 서로 함께 천거하여 실천에 모범을 보인다.
> • 술주정. 도박. 싸움. 언행 불손. 속임. 탐욕을 옳지 못한 과실로 규정한다.
> • 예속상교의 일은 직월(直月)이 주관하고... 위반자는 직월이 약정에게 고하여 이를 나무라고 대장에 기록한다.
> • 어려움을 당한 사람이 있으면 마땅히 도와주어야 한다. 특히 위급한 일이 발생하면 이웃 사람이 약정에게 알려야 하며, 직월은 이를 널리 알려 주어야 한다.

① 향촌 자치와 성리학적 윤리가 강화되었다.
② 지방에 있어서 사림의 지위를 강화해 주었다.
③ 향촌의 풍속을 교정하고 미풍양속을 계승하였다.
④ 사림이 지방관보다도 더 강한 영향력을 행사하였다.
⑤ 지방 의식으로 인해 국가 사회 발전에 지장을 주었다.

정답 ◉ 03.⑤ 04.⑤

05 다음 글의 (가)와 (나)에 대한 설명으로 옳은 것은?

> (가) 풍기군수 이황이 삼가 관찰사께 글을 올립니다. 사당이 있는데 여기에 안향과 안축, 안보 등을 모시고 제사를 받들었으며 곁에다가 서당과 정자를 지어 학생들이 거처하면서 공부를 할 수 있도록 하였습니다. …… 학자들이 의지할 곳이 있게 되고, 학자들이 돌아갈 곳이 있게 되고 …….
>
> (나) 부모님 말을 잘 따르지 않는 자, 형제 간에 서로 싸우는 자는 극벌(極罰)의 상·중·하로 처벌할 것이며, 친척끼리 화목하지 않은 자, 이웃과 화합하지 않은 자 등은 중벌(中罰)의 상·중·하로 처벌할 것이다. 모임이 열렸을 때 늦게 도착한 자, 예의에 맞지 않게 자리에 앉은 자 등은 하벌(下罰)의 상·중·하로 처벌한다.

① (가)는 종족 내부의 결속을 강화하고자 하였다.
② (나)는 붕당의 근거지가 되기도 하였다.
③ (가)와 (나)는 지방 사림파의 세력 기반이었다.
④ (가)는 전통적인 향촌 규약에 유교 윤리를 가미하였다.
⑤ (나)는 미륵을 만나 구원받고자 염원하는 농민 조직이다.

06 밑줄 친 이 기구에 대한 설명으로 옳은 것은?

> <u>이 기구</u>는 고려 시대 사심관 제도에서 유래된 것으로 고려말 ~ 조선 초에는 유향품관 또는 한량관이라 하여 활동하였다. 이후 점차 제도화 되어 그 지방의 나이 많고 덕망 있는 사람을 좌수로, 그 다음 사람을 별감으로 선출하여 자율적으로 규약을 만들었다.

① 조광조의 건의로 처음 시행되었다.
② 중앙 집권 체제의 강화가 목적이었다.
③ 지방의 중등 교육기관으로 교육과 제사 기능을 담당하였다.
④ 수령의 자문에 응하고 지방 여론을 수렴하는 등의 기능을 하였다.
⑤ 권력의 부정과 독점을 방지하기 위한 목적으로 관리를 자기고향으로 파견하지 않는 제도이다.

정답 및 해설

05
(가)는 서원, (나)는 향약에 관한 자료이다. 서원과 향약은 사림의 세력 기반이었다.
① 보학에 관한 설명이다.
② 서원에 대한 설명이다.
④ 향약에 대한 설명이다.
⑤ 향도에 대한 설명이다.

06
이 기구는 유향소이다. 유향소는 수령에 정치적 자문과 지방 양반들의 여론 수렴, 향리의 비리 규찰, 백성들의 교화 등의 역할을 담당하였다.

정답 ◎ 05.③ 06.④

4 근세의 문화

1 민족문화의 융성

(1) 조선 전기의 문화
① 민족문화의 발달
- ㉠ 배경 : 15세기 조선을 지배하고 있던 관학파들은 민생안정과 부국강병 추구하였고 이를 위해 과학 기술과 실용적 학문을 중시하였다. 또한 성리학 이외의 학문과 사상에도 포용적이어서 민족적 · 자주적 성격의 문화가 발달하였다.
- ㉡ 한글의 창제(세종 25년, 1446년)
  - 배경 : 우리 고유 문자의 필요성이 대두되었고, 피지배층의 도덕적 교화를 통한 양반 중심 사회의 유지를 위하여 훈민정음이 창제 · 반포되었다.
  - 보급 노력 : 「용비어천가」, 「월인천강지곡」 등을 지어 한글로 간행하였고 이외에도 불경 · 농서 · 윤리서 등을 한글로 편찬하였다. 또 서리 채용에 훈민정음을 시험과목으로 채택하기도 하였다.
  - 의의 : 한글이 창제됨으로써 일반 백성들의 문자 생활 가능해졌으며 민족 문화 기반이 확립되었다.

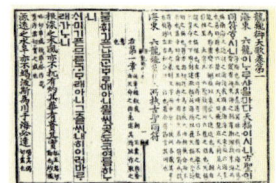
◘ 용비어천가

(2) 교육기관
① 국립 교육기관
- ㉠ 성균관 : 중앙의 최고 교육기관으로 초시합격생(생원, 진사)을 입학 대상으로 하였다.
- ㉡ 중등 교육기관
  - 4부학당 : 서울에 설치된 중등 교육기관이다.
  - 향교 : 지방의 중등 교육기관으로 중앙에서 교관인 교수 또는 훈도를 파견하였다.

② 사립 교육기관
  ㉠ 서원 : 지방의 중등 교육기관으로 유교 선현에 대한 제사와 교육 기능을 담당하였다. 최초의 서원은 주세붕의 백운동 서원이며 이후 이황의 건의에 의해 소수서원으로 사액(賜額)되었다.
  ㉡ 서당 : 초등교육을 담당하는 교육기관으로 4학이나 향교에 입학하지 못한 선비와 평민의 자제가 입학하여 공부하던 곳이다.

(3) 역사서와 지리서의 편찬
  ① 시기별 역사서의 편찬
    ㉠ 역사서 편찬의 목적 : 조선은 왕조의 정통성에 대한 명분을 밝히고 성리학적 통치 규범의 정착을 위하여 국가적 차원에서 역사서를 편찬하였다.
    ㉡ 건국 초기의 역사 서술
      • 특징 : 고려 멸망의 당위성과 조선 건국의 정당성을 밝히고자 하였다.
      • 고려국사 : 정도전 등이 편찬한 편년체의 역사책으로 조선 건국의 정당성을 밝히고 있다.
      • 동국사략 : 태종이 하륜, 권근 등에게 명하여 편찬한 책으로 단군부터 고려 말까지의 역사가 성리학적 사관을 바탕으로 쓰여졌다.
    ㉢ 15세기의 역사 서술
      • 특징 : 국가 설립 이후 체제가 안정되어가면서 민족적 자각을 일깨우고 국가와 왕실의 위신을 높이기 위한 방향으로 역사서가 편찬되었다.
      • 고려사 : 정도전의「고려국사」가 왕보다 재상의 역할을 강조한 것이 문제가 되어 수정이 이루어졌으며 김종서와 정인지 등이 편찬에 참여하였다. 자주적 성격을 나타낸 기전체 사서이다.
      • 고려사절요 : 김종서 등이「고려국사」의 내용을 보완 편년체로 정리한 사서이다.
      • 삼국사절요 : 신숙주, 노사신 등이 삼국시대의 역사를 자주적으로 정리한 것으로「삼국사기」에 누락된 고조선사가 보완되어 있다.
      • 동국통감 : 서거정 등이 단군을 민족의 시조로 고조선부터 고려말까지 편년체로 정리한 사서이다.

기자에 대한 인식

단군께서 제일 먼저 나시기는 하였으나, 문헌으로 상고할 수 없다. 삼가 생각하건대 기자께서 우리 조선에 들어오시어 그 백성을 후하게 양육하고 힘써 가르쳐 주시어 머리를 틀어 얹는 오랑캐의 풍속을 변화시켜 문화가 융성하였던 제나라와 노나라 같은 나라로 만들어 주셨다. 그리하여 백성들이 지금에 이르도록 그 은혜를 받아 예악의 습속이 왕성하게 계속되고 쇠퇴함이 없었으니, 우리 동방은 기자의 발자취에 대하여 집집마다 읽고 익히어야 할 것이다.

「기자실기」

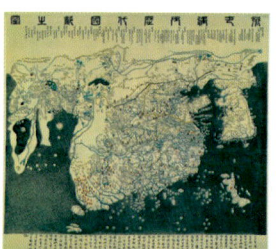
혼일강리역대국도지도

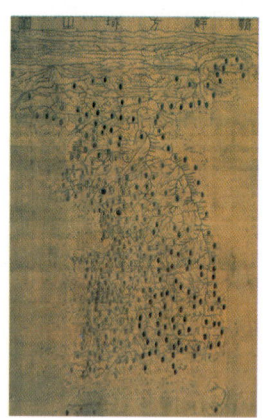
조선방역지도

ⓒ 16세기의 역사 서술
- 특징 : 사림파의 영향으로 존화주의적·왕도주의적 입장에서 서술되었다. 단군이 부정되고 기자가 강조되었다.
- 기자실기 : 율곡전서에 수록되어 있는 기자실기는 기자를 개국 조상으로 기록하고 기자가 우리 민족의 문화를 중국과 같은 수준으로 향상시킨 공로를 존중하고 있다.
- 동국사략 : 박상에 의해 편찬된 역사서로 15세기 「동국통감」을 비판하고 있다.

② 지도와 지리서의 편찬
ⓐ 목적 : 중앙 집권과 국방 강화를 목적으로 한 지도와 지리서가 편찬되었다.
ⓑ 지도의 제작
- 혼일강리역대국도지도(태종) : 현존하는 동양에서 가장 오래된 세계 지도로 태종의 명으로 만들어졌다. 유럽과 아프리카, 일본 등이 그려져 있고 아메리카 대륙은 그려져 있지 않다. 중국을 중심에 크게 그림으로써 중국 중심의 세계관을 보이고 있다.
- 팔도도 : 세종 때 제작된 가장 오래된 전국지도이다.
- 동국지도 : 최초의 실측지도이며 압록강 이북까지 상세히 기록되어 북방지역에 대한 관심을 나타내고 있다.
- 조선방역지도 : 16세기 명종 때 제작된 지도로 만주와 대마도까지 표기하고 있어 당시의 영토 의식을 보여준다.
ⓒ 지리서
- 신찬팔도지리지 : 세종 때 각 도에서 지리지를 편찬하여 모아 전국 지리지로 편찬되었다.
- 동국여지승람 : 성종의 명을 받아 편찬한 책으로 군현의 연혁, 지세, 인물, 풍속 등이 수록되어 있다.
- 신증동국여지승람 : 동국여지승람을 보충하여 편찬하였다.

(4) 윤리, 의례서와 법전의 편찬
① 윤리, 의례서의 편찬
ⓐ 목적 : 성리학적 질서 확립하기 위하여 윤리·의례서가 편찬되었다.
ⓑ 15세기
- 삼강행실도 : 세종 때 충신·효자·열녀 등의 행적을 글과 그림으로 그리고 설명을 덧붙여 놓은 책이다.
- 국조오례의 : 성종 때 국가의 여러 행사에 필요한 의례를 정비한 의례서이다.

ⓒ 16세기
- 이륜행실도 : 연장자와 연소자, 친구 사이에 지켜야 할 윤리를 기록한 책이다.
- 동몽수지 : 어린이가 지켜야 할 예절을 기록한 책이다.

② 법전의 편찬
ⓐ 목적 : 유교적 통치 규범의 성문화를 위하여 법전을 편찬하였다.
ⓑ 건국 초 : 정도전에 의해 조선시대 최초의 법전인 조선경국전과 경제문감이 편찬되었고 조준은 경제육전을 편찬하였다.
ⓒ 경국대전 : 세조 때 편찬을 시작하여 성종 때 반포되었다. 조선의 기본 법전이며, 경국대전의 완성으로 조선은 유교적 통치 질서와 문물제도가 완비되었다고 볼 수 있다.

2 조선의 성리학

(1) 성리학의 정착

관학파(훈구파)	사학파
• 정도전, 조준 • 성리학 이외의 학문과 사상에 포용적 • 건국 후 문물제도 정비 주도, 중앙집권과 부국강병 추진 • 주례를 국가 통치 이념으로 중시	• 정몽주, 길재의 학풍 계승 • 성리학 이외의 학문과 사상에 배타적 • 성종 때 과거를 통해 중앙 진출 • 향촌자치와 왕도정치를 주장 • 공신과 외척의 비리 비판

(2) 성리학의 융성

① 이기론의 선구자
ⓐ 선구자
- 서경덕 : 이(理)보다는 기(氣) 중심으로 세계를 이해하고 불교와 노장 사상에 대해서도 개방적이었다.
- 조식 : 노장 사상에 포용적이었으며 학문의 실천성을 바탕으로 절의와 기개를 중시하였다. 이러한 영향으로 임진왜란 때 정인홍·곽재우 등의 많은 의병장을 배출하였다.
- 이언적 : 주리 철학의 선구자로 이(理)를 중심으로 세계를 이해하였다.

ⓑ 주리론(主理論)
- 선구자 : 이언적이 선구자이며 이황이 집대성하였다.
- 학풍 : 도덕적 원리와 자기수양을 중시하였다.
- 성격 : 근본적이며 이상적인 성격을 가지고 있다.

- 영향 : 임진왜란 이후 일본 성리학의 발전과 위정척사 사상에 영향을 미쳤다.
- 학파 : 영남학파의 형성에 영향을 미쳤다.

ⓒ 주기론(主氣論)
- 선구자 : 서경덕이 선구자이며 이이가 집대성하였다.
- 학풍 : 경험적 현실 세계를 중시하였고 제도의 개혁을 중시하였다.
- 성격 : 현실적이고 개혁적인 성격을 가지고 있었다.
- 영향 : 북학파 실학과 개화사상에 영향을 미쳤다.
- 학파 : 기호학파의 형성에 영향을 미쳤다.

주리론과 주기론의 비교

구분	주리론	주기론
성격	현실세계보다는 도덕적 원리와 자기수양을 중시	경험적 현실세계를 중시하고 제도 개혁에 적극적
학자와 학파	이언적 → 이황, 영남학파	서경덕 → 이이, 기호학파
성격	근본적, 이상적	현실적, 개혁적
영향	일본 성리학, 위정척사 사상	북학파 실학, 개화사상

② 이황과 이이의 성리학

㉠ 이황의 성리학
- 성향 : 주리론 철학을 집대성하였으며 인간의 심성을 중시하고 근본적이며 이상주의적 성향이 강하였고 수양의 방법으로 경(敬)의 실천을 중시하였다.
- 붕당의 관계 : 김성일, 유성룡 등에서 계승되어 동인(영남학파)을 형성하였다.
- 저서 : 성학십도, 주자서절요
- 영향 : 일본의 성리학 발전과 위정척사 사상에 영향을 미쳤다.

▲ 이황

㉡ 이이의 성리학
- 성향 : 경장설을 제시하며 주기론의 입장에서 현실적인 개혁에 관심이 높았다.
- 붕당의 관계 : 조헌, 김장생 등에서 계승되어 서인(기호학파)를 형성하였다.
- 저서 : 성학집요, 동호문답
- 영향 : 북학파 실학사상으로 계승되었고 개화사상에 영향을 미쳤다.

▲ 이이

이황과 이이의 비교

구분	이황(1501년~1570년)	이이(1536년~1584년)
사상적 계열	주리론	주기론
붕당	동인형성(영남학파)	서인형성(기호학파)
학문의 특징	• 인간의 심성 중시 • 근본적, 이상주의적	• 다양한 사회 개혁 방안 제시(수미법, 10만양병설) • 현실적, 개혁적
영향	일본의 성리학, 위정척사 사상	중상학파 실학사상, 개화사상
저서	주자사절요, 성학십도	동호문답, 성학집요, 격몽요결
기타	• 동방의 주자 • 백운동 서원을 소수서원으로 사액하는 데 기여 • 도산 서원 설립	• 동방의 공자

(3) 학파의 형성과 대립

① 학파의 형성
  ㉠ 형성 : 16세기 중반, 학설과 지역적 차이에 따라 서원을 중심으로 학파가 형성되었다.
  ㉡ 전개 : 선조 때 동인과 서인 형성 → 정여립 모반 사건을 계기로 남인과 북인으로 분화되었다.
  ㉢ 동인
    • 북인 : 조식의 학풍을 계승한 사람들과 서경덕의 문하 일부가 참여하였다. 절의와 실천을 중시하였으며 임진왜란 때 의병장들이 많이 배출되었다. 광해군의 중립외교를 지지하였으며 인조반정으로 몰락 하였다.
    • 남인 : 이황이 학풍을 계승한 사람들로 대의와 성리학적 명분을 바탕으로 중앙 정계보다는 향촌 사회에서 영향력을 발휘하였다.
  ㉣ 서인
    • 노론 : 이이의 학풍을 계승한 송시열을 중심으로 성리학의 절대성을 강조하였다.
    • 소론 : 성혼의 학풍을 이어받은 사람들로 윤증이 대표적이다. 성리학의 탄력적 이해를 시도하였고 양명학과 노장 사상 등을 수용하였다.

② 학파의 대립
  ㉠ 인조반정 이후 : 서인의 우세 속에 남인이 참여하는 형태의 정권이 유지되었다.

  ⓒ 병자호란 : 서인과 남인의 친명 배금 정책이 실시되었다.
  ⓒ 병자호란 이후 : 송시열 등 서인 산림에 의한 정국이 주도되었고 척화론과 의리 명분론이 대세를 이루었다.

3 사상과 기술의 발달

(1) 불교와 민간신앙
① 불교의 위축
 ㉠ 태조 : 도첩제의 실시로 승려의 출가를 제한하고 사원 건립을 억제하였다.
 ㉡ 태종 : 사원을 정리하여 전국의 242개의 사원만 인정하였으며 사원의 토지와 노비를 몰수하였다.
 ㉢ 세종 : 선교 양종을 통합하고 전국의 36개 사원만 인정하였다.
 ㉣ 성종 : 사림의 강한 불교 비판과 도첩제가 폐지되어 산간불교로 명맥을 유지하게 되었다.
② 불교의 명맥 유지
 ㉠ 왕실 : 왕실의 안녕이나 왕족의 명복을 비는 행사를 통해 명맥이 유지되었다.
 ㉡ 민간신앙 : 민간신앙으로 정착되어 있어 기반을 유지할 수 있었다.
 ㉢ 세종 : 내불당을 건립하고 「월인천강지곡」, 「석보상절」 등을 간행하였다.
 ㉣ 세조 : 간경도감을 설치하여 한글로 불교 경전을 간행하였다.
 ㉤ 명종 : 문정왕후 지원 아래 보우가 중용되었고 일시적으로 승과가 부활되었다.
 ㉥ 16세기 이후 : 서산대사와 같은 고승들이 배출되고 임진왜란 때 승병 등이 크게 활약하여 불교계의 위상이 재정립되기도 하였다. 그러나 조선시대 전반에 걸친 억불정책으로 인하여 사원의 경제적 기반 약화, 우수 인재의 출가 기피 등으로 사회 전반적 위신은 약화되었다.
③ 도교와 민간 신앙
 ㉠ 도교
  • 억제 : 사원이 정리되었고 행사는 축소되었다.

- 초제 : 소격서를 설치하고 소격서에서 일원성신에 대한 제사로 초제를 주관하였다.(마니산 초제 → 조광조의 건의로 폐지)
- 원구단의 설치 : 고려 성종 이후 원구단에서 제천행사가 거행되었는데 세조 때까지 지속되었다.
ⓒ 풍수지리설 : 한양 천도에 영향을 미쳤으며 양반들의 묘지 선정에 영향을 끼쳤다.
ⓒ 민간신앙 : 무격신앙, 삼신신앙, 촌락제 등은 백성들 사이에서 자리 잡고있었다.

(2) 과학 기술의 발달

① 발달 배경

부국강병과 민생 안정을 목표로 과학 발달을 중시하였고 정부의 기술학 중시 경향으로 과학 기술이 크게 발전하였다. 또한 과학 기술 발달을 위하여 서역과 중국 기술까지 수용하였다.

② 각종 기구 발명·제작
ⓐ 천문학 : 경복궁에 간의대라는 천문대를 설치하고 혼의와 간의를 이용하여 천체관측을 하였다. 고구려 고분의 천문도를 바탕으로 돌에 새겨 만든 천상열차분야지도라는 천문도가 제작되기도 하였다.
ⓑ 시간측정 : 물시계(자격루), 해시계(앙부일구)가 만들어 졌다.
ⓒ 강우량 : 세계 최초로 강우량을 측정하기 위해 측우기가 만들어졌다.
ⓓ 토지측량 : 인지의, 규형 등을 제작해 토지 측량에 이용하였다.
ⓔ 활판 인쇄술 : 태종 때 주자소를 설치하고 구리로 계미자를 만들었고 세종 때는 갑인자를 만들어 밀납 대신 식자판을 조립하는 방식을 만들어 인쇄의 능률을 크게 높였다.
ⓕ 제지술의 발달 : 세종 때 조지서를 설치하여 종이를 대량으로 생산하였다.

③ 서적
ⓐ 농업 : 「농사직설」(세종, 우리 실정에 맞는 최초의 농서)과 「금양잡록」(성종, 강희맹)이 편찬되었다.
ⓑ 의학 : 「향약집성방」(세종, 우리 풍토에 맞는 약재, 치료방법 개발·정리)과 「의방유취」(세종, 의학 백과사전)가 편찬되었다.

④ 병서의 편찬과 무기제조
ⓐ 배경 : 국방의 강화 노력의 일환으로 조선 초기 많은 병서와 무기 제조 기술이 발달하였다.

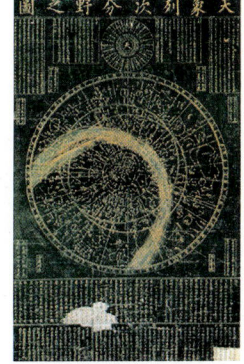
천상열차분야지도

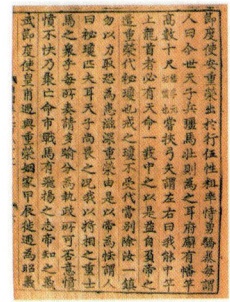
갑인자

읽기자료

향약집성방

예전에 판문하(고려말 문하부의 으뜸 벼슬) 권중하가 여러 책을 뽑아서 향약간이방을 짓고, 그 후 평양백 조준 등과 함께 약국 관원에게 명하여 다시 여러 책을 상고하고, 또 우리나라 사람들이 경험한 처방을 취하여 분류해서 편찬한 다음 인쇄하여 발명하였다. 이로부터 약재를 구하기 쉽고 질병을 치료하기 쉽게 되어 사람들이 모두 편하게 여겼다. … 합하여 85권으로 바치니 이름을 향약집성방이라 하였다.

「동문선」

ⓒ 진도 : 태조 때 정도전이 편찬한 병서로 부대의 편성 방법과 전술이 기록되어 있다.

ⓒ 총통등록 : 세종 때 화포의 제작법·사용법을 그림과 한글로 기록하였다.

② 동국병감 : 문종 때 고조선에서 고려 말까지의 중국과의 전쟁사를 기록한 책이다.

ⓜ 병장도설 : 문종 때 군사 훈련 지침의 교본으로 화포의 제작 및 사용법도 기록되어 있다.

ⓑ 역대병요 : 단종 때 고조선부터 고려 말까지의 주요 전쟁에서의 전략을 정리하였다.

15세기와 16세기의 문화 비교

구분	15세기	16세기
집권세력	훈구파	사림파
문학	사장 중심	경학 중심
건축	궁궐, 관아, 성문 등	서원 건축
공예	분청사기	백자
미술	독자적 화풍 개발, 화원 중심	사군자 유행, 문인 중심
음악	궁중 음악	민간 음악

⑤ 건축과 예술

건축	15세기	궁궐, 관아, 성문 등의 건축 중심 → 경복궁, 창덕궁, 숭례문, 평양 보통문 등
	16세기	• 서원 건축 활발 • 옥산서원, 도산서원 : 가람 배치 양식과 주택 양식의 결합(서재, 동재)
공예	조선초	분청사기 : 청자에 분을 바름, 소박하고 천진스런 무늬
	16세기	백자 : 선비들의 취향에 부합

▣ 평양 보통문

▣ 분청사기

▣ 백자

Chapter 4 근세의 문화

(3) 그림과 서예

① 15세기의 그림

㉠ 특징 : 도화서의 화원들을 중심으로 중국의 역대 화풍을 선택적으로 수용하여 독자적 화풍을 개발하였다. 이러한 그림은 일본의 무로마치 미술에 영향을 미쳤다.

㉡ 화가
- 안견 : 화원 출신인 안견은 안평대군의 꿈 이야기를 듣고 현실 세계와 이상세계를 그린 몽유도원도를 남겼다.
- 강희안 : 문인 화가인 강희안은 고사관수도에서 인물의 내면세계를 표현하고 있다.

■ 고사관수도

② 16세기의 그림

㉠ 특징 : 다양하고 개성적인 화풍이 발달하였고 선비들의 정신세계를 반영한 사군자 등이 많이 그려졌다.

㉡ 화가
- 이상좌 : 노비 출신으로 화원에 발탁된 이상좌는 송하보월도를 남겼다.
- 3절 : 이정은 묵죽도(대나무), 황집중은 포도를, 어몽룡은 매화 그림을 잘 그렸는데 이들을 3절이라 하였다.
- 신사임당 : 신사임당은 초충도 등을 통하여 풀과 벌레 등을 섬세하게 표현하였다.

■ 송하보월도

③ 서예

㉠ 필수교양 : 양반들의 필수교양으로 뛰어난 서예가들이 많이 등장하였다.

㉡ 서예가
- 안평대군 : 원나라의 조맹부의 글씨체인 송설체를 바탕으로 수려하고 활달한 기풍을 살린 독자적인 서체를 구축하였다.
- 양사언 : 왕희지체를 특기로 초서에 능하였다.
- 한호 : 왕희지체를 바탕으로 독자적인 석봉체를 이룩하였고 중국에서도 이름을 떨쳤다.

■ 초충도

(4) 문학과 음악의 발전

① 15세기 문학

㉠ 악장 : 조선 왕조의 창업을 노래한 「용비어천가」, 세종 때 석가모니의 공덕을 노래한 「월인천강지곡」 등이 유명하다.

동문선

우리나라의 글은 송이나 원의 글도 아니고, 한이나 당의 글도 아니며, 바로 우리나라의 글인 것입니다. 마땅히 중국 역대의 글과 나란히 천지 사이에 행하게 해야 할 것입니다. 어찌 사라져 전함이 없게 하겠습니까? … 저희들은 높으신 위촉을 받아 삼국 시대부터 지금에 이르기까지 사, 부, 시, 문 등 여러 가지의 문체를 수집하여 이 가운데 문장과 이치가 아주 바르고, 교화에 도움이 될 만한 것을 취하여 분류하고 정리하였습니다.

「동문선 서문」

ⓒ 한문학 : 성종 때 서거정이 「동문선」이라는 책에서 삼국시대부터 조선 초에 이르는 글 중 빼어난 것을 골라 편집하였다. 서문에서 우리나라의 글에 대한 자주적인 의식을 나타내었다.

② 16세기의 문학
  ㉠ 가사 : 송순의 '면앙정가', 정철의 '관동별곡', '사미인곡', '속미인곡' 등이 유명하다.
  ㉡ 여류문인 : 신사임당, 허난설헌 등의 여류 문인이 활동하였다.

③ 음악
  ㉠ 음악의 장려 : 조선 시대에는 음악을 백성 교화수단으로 여겨, 국가의 각종 의례와 밀접히 관련되어 있었다.
  ㉡ 15세기
    • 세종 : 세종은 박연을 시켜 악기를 개량하거나 만들게 하였고 아악을 체계화 하였고, 여민락 등의 악곡을 짓고 소리와 장단의 높낮이를 표현할 수 있는 정간보를 창안하였다.
    • 성종 : 성현은 음악 이론서인 악학궤범을 편찬하여 음악을 크게 발전시켰다. 악학궤범은 음악의 원리, 역사, 악기, 무용, 의상, 소도구까지 총망라하였다.
  ㉢ 16세기 : 민간에서 당악과 향악을 속악으로 발전시켜 가사, 시조, 가곡 등 우리말로 된 노래를 연주하는 음악이나 민요에 활용하였다.

기출 문제

01 다음 자료와 관련된 그림으로 옳은 것은? (3점)
`11회 18번`

> 정유년 20일 밤에 바야흐로 자리에 누우니, 정신이 아른하여 잠이 깊이 들어 꿈도 꾸게 되었다. 그래서 박팽년과 더불어 산 아래에 당도하니 층층의 멧부리가 우뚝 솟아나고 깊은 골짜기가 그윽한 채 아름다우며, 복숭아 나무 수십 그루가 있고, 오솔길이 숲 밖에 다다르자 여러 갈래로 갈라졌고, 나와 박팽년은 서성대며 어디로 갈 바를 몰랐다. …… 그리하여 안견에게 명하여 내 꿈을 그림으로 그리게 하였다.

① 고사관수도

② 세한도

③ 금강전도

④ 인왕제색도

⑤ 몽유도원도

● 해설
자료는 몽유도원도에 대한 설명이다. 몽유도원도는 안평대군의 꿈 이야기를 들은 안견이 그린 그림이다.

● 정답 : ⑤

02 밑줄 그은 "왕"의 업적으로 옳은 것을 〈보기〉에서 고른 것은? (3점)
`12회 25번`

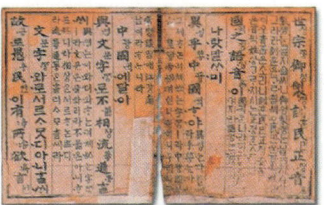

훈민정음 언해본
「훈민정음」에서 왕이 쓴 서문과 예의(例義) 부분만을 한글로 풀이하여 간행한 것이다.

〈보기〉
ㄱ. 금속 활자인 갑인자를 주조하였다.
ㄴ. 혼일강리역대국도지도를 만들었다.
ㄷ. 강우량 측정을 위해 측우기를 제작하였다.
ㄹ. 「경국대전」의 편찬을 마무리하여 반포하였다.

① ㄱ, ㄴ   ② ㄱ, ㄷ   ③ ㄴ, ㄷ   ④ ㄴ, ㄹ   ⑤ ㄷ, ㄹ

● 해설
ㄴ - 혼일강리역대국도지도는 태종 때 제작되었다.
ㄹ - 경국대전은 세조 때 편찬을 시작하여 성종 때 완성되었다.

● 정답 : ②

Part 4 근세 사회의 성립

출제적중문제

정답 및 해설

01
제시문은 세종 때의 일을 설명하고 있다. 향약구급방은 고려 고종 때 간행된 의서이다. 세종 때 간행된 의서는 향약집성방, 의방유취 등이 있다.

02
조선 초기 앙부일구와 측우기 등을 제작한 것은 농업의 장려가 목적이었다.

01 다음 시기의 과학기술에 대한 설명으로 옳지 않은 것은?

> 이 시기는 농업기술, 의학, 인쇄술, 지리학 등 과학의 전 분야에서 놀라운 성과를 보였다. 특히 한양을 중심으로 천체의 운행을 계산한 독자적 역법서가 등장하였다. 농업에서도 우리 실정에 맞는 자주적 성격의 농서가 간행되어 농업 발전에 크게 기여하였다.

① 명나라, 아라비아의 역법을 참조하여 칠정산 내외편이 만들어졌다.
② 갑인자를 만들어 활판인쇄술의 발전을 가져왔다.
③ 우리 실정에 맞는 최초의 농서인 농사직설이 간행되었다.
④ 화포 및 화약의 사용에 관한 총통등록이 만들어졌다.
⑤ 향약구급방이라는 자주적 성격의 의서를 편찬하였다.

02 조선 초기 다음과 같은 다음과 같은 과학 기구를 제작한 목적으로 가장 옳은 것은?

① 국방의 강화
② 농업의 진흥
③ 수리 시설의 개선
④ 조세의 원활한 징수
⑤ 유교주의 사회 기초 확립

정답 ◉ 01. ⑤ 02. ②

03 다음과 같은 글이 쓰인 시대의 상황과 부합하지 않는 것을 고르면?

> 통치자는 백성을 위해 존재하며, 통치자가 민심을 잃었을 때에는 교체할 수 있다. 통치자는 언제나 백성을 위한 민본 정치를 실시하기 위해 노력해야 하며, 그러기 위해서는 훌륭한 재상을 선택하여 재상에게 정치의 실권을 부여함으로써 위로는 임금을 받들어 올바르게 인도하고, 아래로는 백관을 통괄하고 만인을 다스리는 중책을 담당하게 해야 한다.
> 「삼봉집」

① 훈민정음운해와 같은 음운학 책이 편찬되었다.
② 측우기, 혼천의, 간의 등이 만들어졌다.
③ 청자를 대신하여 분청사기가 유행하였다.
④ 신찬팔도지리지와 같은 지리서가 편찬되었다.
⑤ 동양에서 가장 오래된 혼일강리역대국도 지도가 만들어졌다.

정답 및 해설

03
정도전의 삼봉집에서 출제된 글이다.
① 신경준의 훈민정음운해는 실학의 영향으로 우리것에 대한 관심이 높아진 조선 후기에 만들어진 언어연구 책이다.

04 다음 ( )안에 들어갈 서적에 대한 설명으로 옳지 않은 것은?

> 세종은 부왕인 태종의 ( )가 편찬된 뒤에 그 내용이 궁금하였다. 왕이 말하기는 "이제 ( )를 편찬하였으니 내가 한번 보려고 하는데 어떤가?" 하였다. 우의정 맹사성 등이 아뢰기를 "전하께서 이를 보시면 후세의 임금들이 반드시 이를 본받아 고칠 것이며, 사관도 국왕이 볼 것을 의심하여 사실을 다 기록하지 않을 것이니 어떻게 후세에 진실을 전하겠습니까?" 하니 왕이 이를 따랐다.

① 춘추관에서 편찬을 담당하였다.
② 유네스코 세계 기록 문화유산이다.
③ 편년체로 서술된 역사서이다.
④ 태조부터 고종까지 편찬되었다.
⑤ 사초를 바탕으로 왕의 사후에 편찬되었다.

04
제시된 서적은 조선 왕조 실록이다. 조선 왕조 실록은 태조부터 철종까지 편찬되었으며 춘추관에서 편찬을 담당하고 편년체로 서술되었다. 고종과 순종의 실록은 일제 강점기 동안 편찬되었기 때문에 그 공정성의 문제로 조선 왕조 실록에 포함시키지 않는다.

정답 ◎ 03.① 04.④

정답 및 해설

05
진경산수화는 조선 후기에 유행하였고 대표적 화가로는 인왕제색도를 남긴 정선이다.

06
퇴계 이황은 주리론을 집대성한 학자로 인간의 심성을 중시하고 근본적이고 이상적인 학풍을 보인다. 그의 사상은 영남학파에게 이어졌으며 임진왜란 당시 제자인 강항이 일본에 포로로 잡혀가 이황의 성리학이 일본 성리학 발전에 영향을 미쳤다.

---

05 조선 전기 예술에 대한 설명으로 옳지 못한 것은?

① 우리의 자연을 사실적으로 그려 회화의 토착화를 이룬 진경산수화가 유행하였다.
② 안견의 몽유도원도는 안평대군이 꿈속에 본 환상적인 이상 세계를 능숙하게 그리고 있다.
③ 이 시기의 그림은 일본 무로마치 미술에 많은 영향을 주었다.
④ 숭례문, 평양의 보통문 등이 이 시기의 건축들이다.
⑤ 백자는 선비들의 취향과 어울렸기 때문에 널리 이용되었다.

06 다음 설명과 관계 깊은 조선의 성리학자는?

> 그의 사상은 도덕적 행위의 근거로서 인간의 심성을 중시하고 근본적이며 이상주의적인 성격이 강하였다. 주자서절요, 성학십도 등을 저술하였으며, 그의 사상은 임진왜란 이후 일본에 전해져 일본의 성리학 발전에도 영향을 미쳤다.

① 이언적
② 이황
③ 이이
④ 조식
⑤ 서경덕

정답 ⊙ 05.① 06.②

Part 5 근대 사회의 태동

Chapter 01 제도의 개편과 정치변화
Chapter 02 근대 태동기의 경제
Chapter 03 근대 태동기의 사회
Chapter 04 근대 태동기의 문화

제도의 개편과 정치변화

1 통치 체제의 변화

읽기자료 — 비변사의 기능 확대

김익희가 상소하였다. "요즘 비변사가 큰일이건 작은 일이건 모두 취급합니다. 의정부는 한낱 헛된 이름만 지니고 6조는 할 일을 모두 빼앗기고 말았습니다. 이름은 변방 방비를 담당하는 것이라 하면서 과거에 대한 판정이나 비빈의 간택까지도 모두 여기서 합니다.
「효종실록」

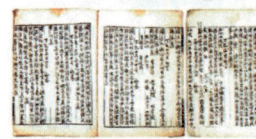
▲ 비변사 등록

(1) 비변사의 기능 강화

① 비변사의 변천

시기	성격	기능
삼포왜란(중종, 1510년)	임시회의 기구	군사 문제 담당
을묘왜변(명종, 1555년)	상설기구화	군사 문제 담당
임진왜란(선조, 1592년)	국정 최고 기구	군사, 정치 문제 담당

② 임진왜란을 계기로 기능 강화
  ㉠ 기능 확대 : 임진왜란을 계기로 구성원이 바뀌고, 기능이 확대되었다.
  ㉡ 역할 : 국정 전반에 관한 사무를 담당하였다.
  ㉢ 영향 : 왕권이 약화되었고 의정부와 6조의 기능이 유명무실화되었다.

(2) 군사제도의 변화

① 중앙 군제의 개편
  ㉠ 훈련도감(5위에서 5군영으로)
    • 설치 : 임진왜란 중에 유성룡의 건의로 설치되어 용병제를 토대로 삼수병(포수(砲手), 사수(射手), 살수(殺手))의 전문 군인을 양성하였다.
    • 대우 : 삼수병은 급료를 받는 직업적 성격의 상비군으로 병농일치의 의무병제에서 농병 분리의 용병제가 처음 도입되었다고 할 수 있다.
  ㉡ 5군영 체제 성립

알아두기 — 5군영의 설치

구분	시기	구성	경제기반	방어지역	특징
훈련도감	선조	급료병	삼수미세(결당 2.2두)	수도	왜란 중 설치, 삼수병제
어영청	인조	번상병	보인	수도	북벌운동의 중심 군영
총융청	인조	속오군	본인 부담	경기 및 북한산성	이괄의 난 계기
수어청	인조	속오군	본인 부담	경기 및 남한산성	정묘호란 후 설치
금위영	숙종	번상병	보인	궁궐수비	5군영 체제 완성

© 군영의 성격
- 임기응변적 설치 : 5군영은 종합적인 계획에 의해 설치되기보다는 대외 관계와 국내 정세의 변화에 따라 임기응변적으로 설치되었다.
- 서인의 군사적 기반 : 붕당 정치기 서인 정권의 군사적 기반으로 작용하여 왕권의 약화를 초래하였다.

③ 지방 방어 체제의 개편
㉠ 진관체제(15세기)
- 편성 : 전국의 군현을 지역 단위인 방위체제로 편성한 것이다.
- 특징 : 소규모 지역 방위체제로 수령의 독자적인 작전권 행사가 가능한 체제였다.
- 한계 : 군사 전문가가 아닌 수령이 지휘관을 겸하여 효과적인 군사작전이 힘들었으며, 적의 대규모 공격에 취약하다는 단점을 안고 있었다.

㉡ 제승방략체제(16세기)
- 편성 : 유사시 필요한 지역에 각 지역의 병력을 집결시켜 중앙에서 파견된 지휘관이 지휘하는 방법이다.
- 특징 : 군사 전문가인 지휘관이 병력을 통솔하며 적의 대규모 공격에 효과적 대응이 가능하였다.
- 한계 : 집결지역의 군사가 패전할 경우 후방의 방어 병력이 없다는 단점이 있으며 임진왜란 중 효과적으로 대처하지 못했다.

㉢ 진관의 복구와 속오군체제(왜란 이후)
- 편성 : 제승방략체제가 임진왜란에 효과적으로 대처하지 못하자 왜란 중 진관체제를 복구하고 중국식 속오법 편제에 따라 속오군을 편성하였다.
- 특징 : 양반부터 노비(천민)까지 편재하였고 평상시에는 생업에 종사하다 유사시 동원되는 군대였다.

④ 향촌 지배 방식의 변화
㉠ 지배 체제 : 사족 지배 체제에서 수령·향리 중심으로 전환되었다.
㉡ 영향 : 수령과 향리의 수탈이 심화되었다.
㉢ 농민 이탈 방지책 : 호패법, 오가작통법 등의 강화를 통해 농민의 토지 이탈을 방지하고자 하였다.

2 붕당정치의 변질과 탕평책의 실시

(1) 붕당정치

① 서인과 남인의 대립
  ㉠ 1차 예송(기해예송)
    • 원인 : 효종의 사망 후 인조의 계비인 자의대비의 복제 문제로 발생하였다.
    • 주장 : 서인은 효종이 적장자(嫡長子)가 아니므로 왕과 사대부의 예법은 동일해야 한다는 입장으로 1년설을 주장하였고, 남인은 왕과 사대부의 예법은 다르다는 입장으로 3년설을 주장하였다. 1차 예송논쟁에서는 서인들의 주장이 받아들여졌다.
  ㉡ 2차 예송(갑인예송)
    • 원인 : 효종비의 사망 이후 자의대비의 복제 문제로 발생하였다.
    • 주장 : 서인은 1차 예송과 같은 논리를 들어 9개월설을 주장하였고 남인은 1년설을 주장하였다. 2차 예송논쟁에서는 남인의 주장이 받아들여졌다.

② 붕당 정치의 변질 과정
  ㉠ 배경 : 예학과 같은 사상적 대립에서 상업적 이익의 독점, 군영의 장악과 같은 현실적 문제로의 변화가 나타났다.
  ㉡ 직접적 계기 : 경신환국 이후 서인의 남인 탄압이 직접적 계기가 되었다.
    • 경신환국(경신대출척, 숙종, 1680년) : 남인이었던 허적의 유악 남용 사건과 삼복의 변으로 남인이 실각하고 서인이 정권을 장악하게 된다.
    • 일당 전제화 : 붕당 간에 급격히 정권이 교체되는 환국을 계기로 견제와 균형이라는 붕당의 정상적 형태가 무너졌고 상대당을 인정하지 않는 일당 전제화의 추세로 변질되기에 이르렀다.
  ㉢ 노론과 소론의 분열 : 서인은 남인에 대해 강경한 처리를 주장했던 송시열 중심의 노장세력인 노론과 온건한 처리를 주장했던 윤증 중심의 소론으로 나뉘어졌다.

경신환국

임금이 궁중에서 쓰는 장막을 허적의 집에 보내서 잔치에 쓰라고 하였다. 이 말에 좌우가 아뢰기를, "벌써 허적이 가져갔나이다." 하고 아뢰니, 임금은 크게 노해 "이런 짓은 한명회도 감히 하지 못했다."하였다. … 허적이 깜짝 놀라 수레를 타고 대궐로 달렸으나 들어가지 못했고, 대장들은 이미 벼슬이 바뀌어져 있었다. 이에 영상 허적을 파면시키고 김수항으로 이 자리를 대신하게 하였다. 또 유혁연의 병부를 빼앗아 김만기에게 주어 남인들을 모두 쫓아내게 하고 서인을 불러들이니 이것이 경신환국이다.

이건창, 「당의통략」

구분	노론(보수적 강경파)	소론(진보적 온건파)
중심인물	송시열(노장파)	윤증(소장파)
학풍	이이의 학풍 계승	성혼의 학풍 계승
특징	• 성리학 절대시 • 대의명분 강조 • 민생의 안정 강조 • 영조 지지	• 성리학의 탄력적 적용 • 실리 중심 • 적극적 북방 개척 강조 • 경종 지지

(2) 탕평론의 대두

① 탕평론의 배경과 시작
  ㉠ 탕평론 대두의 배경 : 붕당정치의 변질로 붕당 간 세력균형이 붕괴되었고 왕권이 약화되었다. 이에 탕평책을 통해 붕당 간의 세력 균형 유지를 통한 왕권의 강화가 목적이었다.
  ㉡ 숙종의 탕평책 : 숙종은 탕평책을 처음 제시하였으나 편당적인 인사관리로 환국의 빌미를 제공하여 노론의 일당 전제화를 가져와 명목상의 탕평책에 그쳤다.

② 영조의 탕평책과 개혁 정책
  ㉠ 집권 직후 : 영조는 탕평 교서를 발표하였으나 노론과 소론을 번갈아 등용하여 정국을 더욱 어지럽게 했다.
  ㉡ 완론탕평(緩論蕩平, 완만한 탕평 정치) : 영조는 각 붕당의 온건하고 타협적인 인물을 중심으로 탕평파를 육성하여 정국을 주도하게 하였다.
  ㉢ 영조의 탕평정치의 한계 : 붕당 간의 대립을 강력한 왕권으로 억누른 것으로 붕당 정치의 폐단을 근본적으로 해결하지는 못했다.

③ 영조의 개혁 정책
  ㉠ 왕권강화
    • 붕당의 기반 약화 : 공론의 주재자로 인식되어 붕당의 뿌리였던 산림(山林)의 존재를 부정하였다.
    • 서원의 정리 : 붕당의 본거지인 서원을 대폭 정리하였다.
    • 이조전랑의 권한 약화 : 이조전랑의 후임자 추천권을 폐지하였고 3사의 권원을 임명할 수 있는 권한인 통청권을 폐지하였다.
    • 탕평비의 건립 : 탕평의 정신을 밝히고자 성균관의 반수교 위에 탕평비를 건립하였다.
  ㉡ 제도의 개혁
    • 균역법 시행 : 양인의 군포 부담을 줄여주기 위하여 군포를 2필에서 1필로 줄여주었다.
    • 형벌제도 개선 : 압슬형과 같은 지나친 악형을 금지하고 사형수에 대해 삼심제를 시행하였다.
    • 신문고 제도 부활 : 신문고 제도를 부활하여 백성의 억울함을 풀어주고자 하였다.
    • 노비종모법의 시행 : 양인의 수를 늘이기 위하여 어머니의 신분을 따르게 하는 노비종모법이 확정되었다.
    • 청계천 준설 : 청계천을 준설하여 하천의 범람을 막고자 하였다.

탕평(蕩平)
탕평은 「서경」에 나온 말로, 임금의 정치가 한 쪽의 편을 들지 않고, 사심이 없으며, 당을 이루지도 않는 상태에 이르는 것을 뜻한다.

탕평책
붕당의 폐해가 요즘보다 심한 적이 없다. 처음에는 사문의 문제에서 분쟁이 일어나더니 이제는 한쪽 편 사람들을 모두 역당으로 몰아붙였다. … 우리나라의 땅이 본래 협소하고 인재 등용의 문도 넓지 못하였다. 그런데 근래에 와서 인재의 등용이 붕당의 명단에 들어 있는 사람만으로 이루어지니 나라가 장차 어찌 되겠는가.… 탕평의 정신을 수용토록 하라.
「영조실록」

탕평비의 건립
국왕은 탕평의 의지를 중외에 선포하기 위해 성균관의 반수교 위에 친필 비석을 세웠다. 이것이 '탕평비'이다. … 그리고 '탕평채'라 부르는 묵무침은 탕평책을 논의하는 자리의 음식상에 처음으로 오른 음식이다. 당쟁을 척결하지 않고서는 왕권도, 민생도 보장할 수 없다는 것이 그의 정치적 소신이었다.
「조선왕조사」

ⓓ 편찬 사업

조례를 모아 법전을 재정비한 「속대전」, 국조오례의를 보완한 「속오례의」, 병서인 「속병장도설」, 법의학서적인 「무원록」 등이 편찬되었다.

④ 정조의 탕평책과 정치

ⓘ 정조의 탕평책
- 준론탕평(峻論蕩平, 적극적인 탕평정치) : 당파의 옳고 그름을 명백히 밝히는 적극적인 탕평정치이다.
- 남인 시파의 등용 : 영조 때 권력을 장악했던 척신(벽파)과 환관 등을 제거하고, 소론과 남인 등의 시파를 중용하였다.

ⓛ 왕권강화
- 장용영의 설치 : 국왕의 친위부대로 병권을 장악하고 왕의 군사적 기반으로 삼았다. 내영은 한성, 외영은 수원의 화성에 두었다.
- 규장각 강화 : 왕의 권력과 정책을 뒷받침하는 학문 연구기관으로 실무를 맡는 검사관에 박제가·유득공·이덕무 등 서얼들을 등용하여 배치하였다.
- 초계문신제의 시행 : 왕이 스승의 입장에서 신하들을 양성하고 재교육하려 하였다.
- 화성의 건설 : 정조의 정치적 이상을 상징하는 시범적인 자급도시로 정조는 수원으로 사도세자의 무덤을 옮기고 화성을 세워 정치적·군사적 기능을 부여하였다. 이 때 정약용은 한강을 건널 때 쓸 배다리를 설계하고 화성 축조에 거중기를 이용하였다.

🔸 시흥환어행렬도의 어가

ⓒ 제도의 개혁
- 신해통공 : 육의전을 제외한 시전 상인의 금난전권을 폐지(1791년)하여 사상의 자유로운 시장 활동이 가능하게 하였다.
- 수령의 권한 강화 : 지방 사족이 주관하던 향약을 수령이 주관하게 하여 향촌사회에서 사족의 영향력을 줄이고 백성에 대한 국가의 통제권을 강화하였다.

ⓔ 편찬사업 : 청나라의 「고금도서집성」을 수입하고, 외교문서집인 「동문휘고」, 법전인 「대전통편」, 「탁지지」, 「추관지」, 「규장전운」, 「무예도보통지」 등을 간행하였다.

ⓜ 천주교에 대한 정책 : 정조 때에는 서학(천주교)이 급속히 퍼져가고 있었는데 정조는 정학(正學)인 성리학이 융성하면 사학(邪學)이 저절로 없어질 것으로 보고 관대한 정책을 폈다.

영조와 정조의 정치

구분	영조	정조
탕평책	• 완론탕평(완만한 탕평 정치) • 탕평파를 중심으로 정국 운영 • 왕권 강화 : 산림의 존재 부정, 서원정리, 이조 전랑의 후임자 추천제 폐지	• 준론 탕평(왕이 적극적으로 시비를 가리는 정치) • 남인 계열 시파 등용 • 왕권강화 : 장용영, 규장각 설치
제도 개혁	• 균역법 시행(군포를 2필에서 1필로 줄임) • 지나친 악형 금지 • 신문고 제도 부활 • 노비종모법 시행 • 청계천 준설 • 속대전, 무원록 편찬	• 초계문신제 시행(초월적 군주로 군림) • 신해통공(금난전권 폐지, 육의전 제외) • 화성건립(정약용-거중기) • 수령의 권한 강화(사족의 향촌 지배력 약화) • 서얼과 노비에 대한 차별 완화
한계	• 강력한 왕권으로 붕당사이의 다툼을 일시적으로 억누른 것에 불과 • 탕평론 자체는 전통적 통치 체제를 유지하고 강화하는 것에 불과	

3 정치 질서의 변화

(1) 세도 정치의 전개

① 의미와 배경
　㉠ 의미 : 특정 가문이 권력을 독점하는 비정상적인 정치 형태로 정치 질서의 파탄을 초래했다.
　㉡ 배경 : 정조의 왕권강화로 왕에게 권력이 독점되었고 왕의 사후 정치 세력의 균형이 깨지고 특정 가문과 인물들에게 권력이 집중되었다.

② 세도정치의 전개
　㉠ 순조 때의 세도정치
　　• 정조가 죽고 순조가 11세의 어린 나이로 왕위에 즉위하자 정순왕후가 수렴청정을 하였고 노론 벽파가 다시 정권을 장악하였다. 이들은 신유박해(1801년)를 일으켜 정약용을 비롯한 남인 시파를 제거하고 규장각 출신 인사들을 숙청하였다.
　　• 정순왕후의 사후(1805년) 김조순은 반남 박씨와 풍양 조씨 등 일부 유력 가문의 협력을 얻어 정국을 운영하였다.
　㉡ 헌종 때의 세도정치 : 외척인 풍양 조씨가 권력을 장악하였다.
　㉢ 철종 때의 세도정치 : 안동 김씨가 권력을 장악하였고 흥선대원군이 등장하면서 3대 60여 년 간의 세도정치는 막을 내렸다.

(2) 세도정치기의 권력 구조

① 정치 참여의 폭 축소
- ㉠ 정치 기반의 축소 : 특정 가문이 권력을 독점하면서 중앙정치의 정치집단은 소수 가문으로 기반이 축소되었다.
- ㉡ 소수 가문의 폐쇄적 권력 독점 : 유력한 소수의 가문들은 대립과 연합의 관계이면서 인척 관계로 맺어져 권력과 경제적 이익을 독점하였다.

② 권력 구조의 변화
- ㉠ 고위직만 정치적 기능 발휘 : 고위관리들만 정치를 독점하였고 하위 관리의 언론 활동 같은 정치 기능은 상실되었다.
- ㉡ 비변사로의 권력 집중 : 유력 가문이 권력을 독점하면서 비변사의 권한이 강화되었고, 왕권 및 의정부와 6조는 유명무실화되었다.

③ 세도정치의 폐단
- ㉠ 개혁 능력 부재 : 19세기 사회 모순에 대한 개혁 의지와 능력이 부재하였다.
- ㉡ 정치기강의 문란 : 매관매직과 과거제의 부정이 성행하였다.
- ㉢ 수탈의 심화 : 수령의 권한 강화로 조세 수탈이 심화되었고 삼정이 문란해졌다. 이러한 상황에서 자연재해, 전염병의 유행 등 여러 가지 문제들이 쌓이면서 농민들의 불만이 증가하여 19세기 농민반란으로 이어지게 되었다.

(3) 대외 관계의 변화

① 청과의 관계
- ㉠ 17세기 호란 이후 : 표면상 사대 관계를 맺고 있었으나, 북벌론이 우세하였다. 북벌론은 서인들의 정권 유지 수단으로 작용하였고 조선 정부의 북벌 준비는 청의 국력 강화로 실현되지 못하였다.
- ㉡ 북학론의 등장 : 18세기를 전후하여 발달된 청의 문화를 배우자는 북학론이 북학파 실학자들에 의해 등장하였다.
- ㉢ 백두산정계비의 건립 : 조선과 청의 대표가 공동으로 조사하고 국경을 확정하여 백두산정계비(1712년)를 세웠으나 1905년 을사조약으로 우리나라의 외교권을 박탈한 일본은 청과 간도협약(1909)을 체결하고 간도를 청의 영토로 인정하였다.

읽기자료: 세도정치의 폐단

가을에 한 늙은 아전이 대궐에서 돌아와서 처와 자식들에게 "요즘 이름 있는 관리들이 모여서 하루 종일 이야기를 하여도 나랏일에 대한 계획이나 백성을 위한 걱정은 전혀 하지 않고 오로지 각 고을에서 보내오는 뇌물의 많고 적음과 좋고 나쁨 만에 관심을 가지고, 어느 고을의 수령이 보낸 물건은 극히 정묘하고 또 어느 수령이 보낸 물건은 매우 넉넉하다고 말한다. 이름 있는 관리들이 말하는 것이 이러하다면 지방에서 거둬들이는 것이 반드시 늘어날 것이다. 나라가 어찌 망하지 않겠는가?"하고 한탄하면서 눈물을 흘려 마지않았다.

「목민심서」

백두산정계비

읽기자료: 간도협약 (1909년 9월 4일)

1조. 일·청 정부는 토문강을 청국과 한국의 국경으로 하고 강 원천지에 있는 정계비를 기점으로 하여 석을수(石乙水)를 두 나라의 경계로 한다.

6조. 청 정부는 앞으로 길장 철도를 연길 이남으로 연장하여 한국의 회령에서 한국의 철도와 연결할 수 있다.

② 일본과의 관계
　㉠ 국교 재개 : 임진왜란 이후 국교가 단절되었는데 도쿠가와 막부는 경제적·문화적 목적을 위해 조선에 국교 재개를 요청하였다.
　㉡ 통신사의 파견
　　• 배경 : 일본의 막부가 국제적 인정을 받기 위하여 조선에 요청하였다.
　　• 역할 : 조선과 일본의 외교사절 및 조선의 선진 학문과 기술을 일본에 전파시키는 역할을 하였다.
③ 울릉도와 독도
　㉠ 배경 : 지증왕 이후 우리의 영토였으나 일본 어부들의 침범으로 충돌이 빚어졌고 조선 후기 울릉도민의 본토 이주로 관리가 소홀해졌다.
　㉡ 안용복의 활약 : 숙종 때 안용복은 일본에 건너가 울릉도와 독도가 조선의 영토임을 확인받고 돌아왔다. 그 후에도 일본 어부들이 계속 침범하자 재차 일본에 건너가 스스로 울릉우산양도감세관이라 칭하고 울릉도와 독도가 우리 영토임을 재차 확인받았다.
　㉢ 독도의 강제 편입 : 일본은 독도를 프랑스에 포경선 리앙쿠르호에 의해 발견된 암초로 간주하고 러·일 전쟁 중 강제로 자신들의 영토로 편입(1905년)시켰다.

 기출 문제

01 다음 기사에 나오는 (가)왕이 실시한 정책으로 옳은 것은? (3점)

○○신문

(가) 능행차 재현

제18회 수원 화성 문화제의 일환으로 아버지 사도 세자의 능인 융릉까지 행차하는 모습이 재현되었다.
이는 1795년 어머니 혜경궁 홍씨의 환갑잔치를 위해 거동하는 행렬을 정리한 책인 유네스코 세계 기록 유산 '원행을묘정리의궤'의 고증을 근거로 하였다.

① 집현전을 설치하여 학문을 장려하였다.
② 균역법을 실시하여 국가 재정을 개혁하였다.
③ 속대전을 편찬하여 통치 체제를 정비하였다.
④ 신문고를 부활하여 백성의 억울함을 살폈다.
⑤ 친위 부대인 장용영을 설치하여 왕권을 강화하였다.

● 해설
사도세자의 아들로 화성에 능행을 했던 왕은 정조이다. 정조는 규장각과 장용영을 설치하여 왕권 강화의 핵심기구로 삼았다.

● 정답 : ⑤

포인트 출제적중문제

01 조선 후기 군사 제도에 대한 설명으로 옳지 않은 것은?

① 훈련도감은 직업 군인으로 삼수병을 양성하였다.
② 지역방위는 진관을 복구하고 속오군체제로 전환하였다.
③ 양난을 거치면서 중앙군인 5위는 5군영 체제로 바뀌었다.
④ 양인개병제에서 직업군인제로 전환하였다.
⑤ 속오군에는 양반들이 빠지고 평민과 노비들만 남게 되었다.

02 다음 자료를 바탕으로 비변사와 관련된 내용을 올바르게 추론한 것은?

> • 정광필, 김응기, 신용개가 말하였다. "여진에 대비하여 성을 쌓는 것은 중요한 일입니다. 정승 가운데 한 사람이나 모두 함께 의논해서 조치하도록 하시고, 이름은 비변사(備邊司)라 하십시오."
> 「중종실록」
>
> • 김익희가 상소하였다. "요즈음 비변사가 큰일이건 작은 일이건 모두 취급합니다. 의정부는 한갓 겉 이름만 가지고, 6조는 할 일을 모두 빼앗기고 말았습니다. 이름은 변방의 방비를 담당하는 것이라고 하면서 과거에 대한 판정이나 비빈 간택까지도 모두 여기서 합니다."
> 「효종실록」

① 임진왜란 전부터 비변사는 상설 기구로 만들어졌다.
② 비변사 설치의 원래 목적은 과거와 비빈 간택을 위해서였다.
③ 조선 후기 정치는 비변사와 의정부를 중심으로 운영되었다.
④ 비변사의 역할 강화는 결국 왕권의 약화로 직결되었다.
⑤ 문신만으로 구성된 비변사는 무신들을 차별 대우하였다.

정답 및 해설

01
조선 군역제도의 기본 원칙은 양인개병제이다. 조선 후기 훈련도감 등 직업 군인들이 등장하기도 하였으나 양인개병제가 직업 군인제로 전환된 것은 아니다.

02
비변사는 중종 때 삼포왜란이 일어나자 설치된 기구였다. 설치 당시에는 군사 문제를 담당하는 임시기구였으나 명종 때 을묘왜변이 일어나면서 상설기구화 되었고 양난을 거치면서 국정 최고기구로 성장하였다. 비변사의 강화는 왕권의 약화와 의정부 6조 중심의 행정체계의 약화를 의미한다.

정답 01.④ 02.④

정답 및 해설

03
제시문은 정조의 편지이다.
① 인조, ② 효종, ③ 숙종,
④ 영조에 대한 설명이다.

04
세도 정치에 대한 설명으로 이 시기에는 지방 사회에서 성장하던 상인, 부농층들을 통치 집단 속에 포섭하지 못하고 그들을 수탈의 대상으로 삼았다.

---

03 다음은 조선 시대 어느 왕이 신하에게 보낸 편지이다. 이 왕의 설명으로 옳은 것은?

> • 도목정사(문무반 인사)가 잘되었다고 하니 매우 다행이다. … 남인들은 초사(初仕:첫 벼슬)를 얻지 못한 것을 자못 불만스러워한다는데 차후에 김성일의 자손을 거두어 써서 크나큰 비난을 막는 것이 어떠한가
> 「1797년 12월 21일」
>
> • 지금 이른바 벽파라는 자들은 모두 아침에 동쪽으로 갔다가 저녁에는 서쪽으로 가고, 냄새를 쫓아다니며 모였다고 흩어지는 무리이니, 오는 사람을 굳이 막을 필요는 없다. 하지만 이른바 누구누구 이하는 모두 우습다. … 하물며 경은 한 사람뿐인데다 늙었다.
> 「1798년 4월 23일」

① 반정으로 즉위한 후 친명배금 정책으로 호란을 겪었다.
② 북벌론을 추진하면서 병자호란의 치욕을 씻고자 하였다.
③ 편당적인 인사관리로 환국이 거듭되었다.
④ 속대전을 편찬하고 청계천을 준설하였다.
⑤ 준론탕평을 추진하였으며 수원에 화성을 건설하였다.

04 다음과 같은 정치 형태가 행해졌던 시기의 특징으로 잘못된 것은?

> 정조가 사망하면서 권력의 핵심인 왕이 탕평 정치기에 행하던 역할을 하지 못하게 되자, 정치 세력 간의 균형이 다시 깨어지고 몇몇 유력 가문 출신의 인물들에게 권력이 집중되었다.

① 의정부와 6조의 기능이 약화되었다.
② 지방 사회에서 성장하던 상인, 부농층을 정치 세력으로 통합하여 정치적 기반을 확대하였다.
③ 19세기 사회 전반의 변화에 대하여 근본적인 개혁으로 대처하지 못하였다.
④ 비변사의 기능이 강화되었다.
⑤ 지방 수령의 수탈로 인해 농촌 경제가 황폐화되었다.

정답 03.⑤   04.②

05. 다음 자료와 관련된 사절에 대한 서술로 옳지 않은 것은?

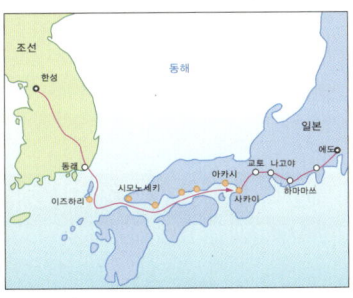

① 대일관계를 개선하기 위한 조선의 요청으로 파견되었다.
② 외교사절로서 뿐 아니라 문화사절 역할도 하였다.
③ 도쿠가와 막부의 요청에 의하여 이루어졌다.
④ 조선의 선진 학문과 기술을 배우고자 하였다.
⑤ 일본에서 국빈으로 대접하여 예우하였다.

정답 및 해설

05 조선통신사는 국제적 지위 확보와 선진문물의 수용을 위해 일본의 요청으로 파견되었고 이 통신사는 일본의 문화발전에 크게 기여하였다.

06. 조선시대 숙종 때 붕당정치의 변질 내용을 설명한 것으로 옳지 않은 것은?

① 특정 붕당이 정권을 독점하는 일당 전제화의 추세가 대두하였다.
② 상대 당에 대한 사사(죽음을 내림)의 남발로 보복이 더욱 확대되어 나타났다.
③ 공론을 주도하던 3사와 이조 전랑이 자기 당의 이익만을 직접 대변하였기 때문에 정치적 비중이 줄어들었다.
④ 쟁점이 군사력과 경제력을 확보하기 위한 대립, 왕위 계승 문제 등 비정상적 다툼을 벌였다.
⑤ 붕당에 대항하는 탕평파가 등장하여 왕권이 약화되고 정치적 혼란이 가중되었다.

06 숙종 때는 환국을 통한 왕권이 강화되었으나 급격한 정권 교체로 붕당이 변질되었다.

정답 ⊙ 05.① 06.⑤

근대 태동기의 경제

1 수취체제의 개편

(1) 농촌 사회의 동요

① 배경과 정부의 대응
  ㉠ 배경 : 양난 이후 경작지의 황폐화로 농민들의 조세 부담은 증가하였고 기근과 질병, 자연재해로 인하여 농민들의 불만이 고조되었다.
  ㉡ 정부의 대응 : 재정기반의 확대와 농민들의 부담 감소를 목적으로 수취체제를 개편하였으나 농민의 삶을 향상시킬 수는 없었다.

② 전세의 개편
  ㉠ 배경
    • 재정의 부족 : 임진왜란 이후 농경지의 황폐화와 양안의 소실로 농지가 감소되었다. 또한 자연재해, 질병의 만연으로 농민들이 몰락하였다.
    • 세율의 변화 : 세종 때 만들어진 전분6등법과 연분9등법이 제대로 적용되지 않았다.
  ㉡ 영정법(인조, 1635년, 전세의 정액화)
    • 개편 내용 : 전세율을 토지 1결당 미곡 4두로 세율을 고정하여 농민들의 불만을 해결하고자 하였다.
    • 결과 : 전세의 비율이 하락하였으나 다수의 농민이 소작농인 상태에서 농민에게 큰 도움이 되지는 못하였다.
    • 폐단 : 전세의 세율을 낮아졌지만 수수료와 운송비 등 각종 부가세의 증가로 농민의 부담은 오히려 증가되었다.

영정법의 시행

전분은 6등, 연분은 9등으로 되어 있는데, 전분은 전안(田案)에 기재되어 있고 연분은 수령이 먼저 답험하고 도사(都事)가 다시 살펴서 수시로 높이고 낮추는 것이 옛날 제도입니다. … 경기는 토질이 너무 척박하여 곡식이 번성하지 못하기 때문에 양전할 때 비록 4, 5등으로 된 곳이더라도 연분은 하하(下下)로 정하여 1결의 세금을 매양 4두씩 거두어들이고 있습니다.
「동호문답」

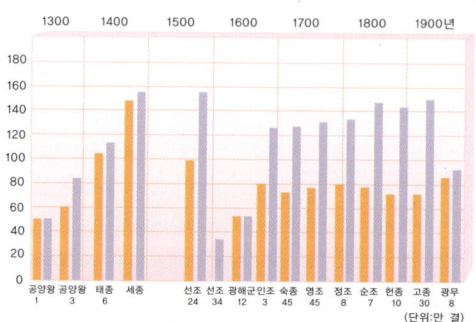

▶ 토지 결수와 수세액의 변화

(2) 공납제의 개편

① 배경

㉠ 방납의 폐단 : 당시 농민에게 가장 큰 부담을 주는 조세는 공납이었다. 특히 방납의 폐단으로 인하여 농민들의 토지 이탈이 심화되었다. 이러한 문제를 해결하기 위하여 조광조, 이이, 유성룡 등이 수미법을 주장하였다.

㉡ 재정악화 : 임진왜란을 겪으면서 정부의 재정 상태는 악화되었고 부족한 재정의 확보와 농민의 부담 완화가 시급히 해결할 과제였다.

② 대동법의 시행(광해군, 1608년, 공납의 전세화)

㉠ 대동법 시행 과정 : 정부의 재정이 악화되었고 방납의 폐단으로 농민의 부담이 증가하였다. 이에 수미법 등 개혁론이 등장하였고 광해군 때 경기도에서 시범적으로 대동법이 실시되었다. 이후 숙종 때 함경도와 평안도를 제외한 모든 지역에 확대 실시되었다.

㉡ 개편 내용
- 납부방식 : 가호마다 현물을 걷는 방식에서 토지 결수에 따라 쌀이나 베, 동전으로 납부하는 방식으로 바뀌었다.
- 세율 : 1결당 미곡 12두를 징수하였다.

㉢ 영향
- 공납의 전세화 : 공납을 전세화 함으로써, 세금의 부과 기준이 가호에서 토지로 과세기준이 변하여 토지 소유의 정도에 따라 과세함으로 보다 합리적인 조세 방식이라 할 수 있다.
- 공납의 금납화 : 현물 징수에서 쌀, 베, 동전으로 징수하는 조세의 금납화가 이루어졌다.
- 농민 부담의 감소 : 토지를 소유하지 못한 농민의 부담이 크게 감소하였고 토지를 소유한 지주의 부담은 크게 증가하였다.
- 공인의 성장 : 관청에 필요한 물품을 납부하는 어용상인인 공인이 등장하여 상품 화폐 경제가 발달하게 되었다.
- 도고의 성장 : 생산 활동이 활발해지면서 특권적 도고 상업이 발달하였다.

> **공인과 도고**
> - **공인(貢人)** : 대동법의 실시로 등장한 특권적 독점 도매상인으로 국가로부터 공물의 가격을 미리 받아 관수품을 조달하는 역할을 하게 된다. 이로 인해 지방의 장시를 활성화 하는 데 영향을 끼쳐 상품 화폐 경제의 발달에 기여하였다.
> - **도고(都賈)** : 특권상이 있었던 공인들이 공납품을 사서 미리 쌓아두는 창고를 뜻하였는데 조선 후기 대규모 자본을 가지고 매점을 하던 상인을 뜻하는 말로 바뀌었다. 이들은 매점매석과 독점, 선대제 수공업을 통하여 성장하였고 비정상적인 상업 활동을 주도하였다.

도고의 활동

그(허생)는 한성의 한 주막에 자리 잡고 밤, 대추, 감, 배, 귤 등의 과일을 모두 사들였다. 허생이 과일을 모두 사들이자, 온 나라가 잔치나 제사를 치르지 못할 지경에 이르렀고 과일의 값은 크게 폭등하였다. 허생은 이에 10배의 이익을 남기고 그 과일을 되팔았다. 이어 허생은 그 돈으로 곧 칼, 호미, 삼베, 명주 등을 사 제주도로 들어가 말총을 모두 사들였다. 말총은 망건의 재료였고 얼마 후 망건의 값이 10배나 올랐다.

「허생전」

근래 소민(小民)이 견디기 힘든 폐단은 모두 도고입니다. 도고라는 것은 물화를 모두 모아 그 이익을 독점하는 것으로 백 가지 물종이 다 한 곳으로 귀속되니 다른 사람들은 손을 쓸 수가 없습니다.

「영조실록」

         ㉣ 한계 : 대동법 실시 이후에도 진상(進上)이나 별공(別貢)이라는
            이름으로 현물의 징수가 존속하였다.

(3) 균역제도의 개편
   ① 배경
      ㉠ 군포의 유용 : 양난 이후 설치된 5군으로 모병제가 제도화되자
         군영의 경비를 마련하기 위하여 군포를 내고 군역을 면제받는 수가
         점차 증가하였다.
      ㉡ 면역자의 증가 : 군적의 분실과 납속·공명첩으로 양반의 숫자가
         증가하여 군역 재원이 축소되었다.

선무군관(選武軍官)

선무군관은 양반은 아니며 관서에 참여함을 얻은 자와 부유한 양민으로 교생(향교의 학생), 원생(서원의 학생)을 칭하여 군포를 부담하지 않던 자들(閑散方外)에게 선무군관의 지위를 합법적으로 인정해 주고 군포를 징수하는 방법이다. 정부의 입장에서는 향교나 서원에 뇌물을 바치고 군역을 면제 받던 사람들을 공식화하여 서원에 들어가던 뇌물을 끊음으로서 서원의 경제적 기반을 약화시키고자 하였던 목적도 있었다.

> **납속과 공명첩**
> • **납속(納粟)** : 부족한 재정 보충 및 빈민 구제를 목적으로, 돈이나 곡물을 납부한 사람에게 특혜를 준 정책으로 면천, 면역은 물론 관직을 주는 경우도 있었다.
> • **공명첩(空名帖)** : 임진왜란 이후 재정이 궁핍해지자 나라의 재정을 보충하기 위하여 부유층으로부터 돈이나 곡식을 받고 팔았던 명예직 임명장이다.

   ② 균역법(영조, 1750년)
      ㉠ 내용 : 영조는 1년에 2~3필 내던 군포를 1필로 줄여 부과하였다.
      ㉡ 재정 부족분의 보충
         • 결작(結作)의 징수 : 군포의 부족분을 메우기 위해 토지 소유자에게 1결당 미곡 2두의 결작을 징수하였다.
         • 잡세 : 지방의 관청이나 궁방에서 거두어들이던 어장세와 선박세 등의 잡세를 균역청에 속하게 함으로써 재정의 부족분을 보충하였다.
         • 선무군관포의 징수 : 지방의 일부 상류층에게 선무군관이라는 칭호를 주고 1년 1필의 군포를 징수하였다.
      ㉢ 결과
         • 농민부담 감소 : 농민의 군포 부담이 일시적으로 감소하였고 군역 부과에 대한 저항도 다소 진정 기미를 보였다.
         • 결작의 전가 : 지주들은 토지에 부과되는 결작을 소작농에게 전가하여 농민의 부담이 다시 증가하였다.
         • 군적 문란의 심화 : 군적의 수를 무리하게 책정함으로서 족징과 인징 같은 폐단이 다시 등장하게 되었다.

군역의 폐단

나라의 100여 년에 걸친 고질 병폐로서 가장 심한 것은 양역(良役)이니, 호포, 구전, 유포, 결포의 말이 어지러이 번갈아 나왔으나 적절히 따를 바가 없습니다. 백성은 날로 곤란해지고 폐해는 갈수록 심해지니, 혹 한 집안의 부자, 조손(祖孫)이 군적에 한꺼번에 기록되어 있거나 혹은 3~4명의 형제가 한꺼번에 군포를 납부해야 합니다. 또한 이웃의 이웃이 견책을 당하고(인징), 친척의 친척이 군포를 납부해야 합니다.(족징), 황구(黃口)는 젖 밑에서 군정으로 편성되고(황구첨정), 백골(白骨)은 지하에서 징수를 당하며(백골징포), 한 사람이 도망하면 열 집이 보존되지 못하니, 비록 좋은 재상과 현명한 수령이라도 역시 어찌 할 수 없습니다.

*황구 : 젖먹이 어린애

「영조실록」

2 조선 후기 서민 경제의 발전

(1) 양반 지주의 경영 변화

① 지주와 소작농의 관계 변화

㉠ 소작인의 저항 : 양반 지주들은 소작인에게 소작료 이외의 부담까지 강요하자 소작인들을 소작쟁의 등의 운동을 벌이기 시작했고 이 결과 소작인의 소작권을 인정하고 소작료를 낮추거나 정액화 되는 현상이 나타났다.

㉡ 지대의 변화 : 생산량의 1/2를 걷는 타조법에서 일정액을 납부하는 도조법으로 바뀌었고 기존의 신분적 예속관계에서 지주와 전호의 경제적 관계로 변모하게 되었다.

> **타조법과 도조법**
> - **타조법(打租法)** : 정률지대로 수확량의 1/2를 걷어가는 병작반수제이다. 작황에 따라 지주의 이익이 좌우되므로 농업에 있어 지주의 간섭이 심하다.
> - **도조법(賭租法)** : 정액지도로 수확량의 약 1/3을 걷어가는 정액지대이다. 일정액을 납부하므로 지주의 간섭이 줄었고 농민이 부를 축적할 수 있게 되었다.

② 양반 지주의 변화

㉠ 대지주의 등장 : 양반들은 소작료를 거두거나 받은 소작료를 내다 팔아 이익을 남기게 되었고 이렇게 남긴 이득으로 다시 토지를 매입해 천석꾼·만석꾼이라 불리는 대지주들이 등장하였다.

㉡ 양반 계층의 분화 : 경제적 변동에 적응하지 못해 몰락하는 양반들도 등장하였다.

(2) 농민 경제의 변화

① 농업 생산력 증대

㉠ 농법의 변화 : 농기구와 시비법을 개량하고 새로운 영농 방법을 시도하였다.

㉡ 이앙법의 일반화 : 이앙법(모내기법)은 기존의 직파법에 비해 노동력의 절감 효과가 커 17세기 이후 정부의 금지령에도 불구하고 조선 후기 전국으로 확대되었다.

㉢ 광작의 등장 : 이앙법의 보급은 잡초를 제거하는 일손을 덜게 되었고 농민들은 경작지를 확대하였다.

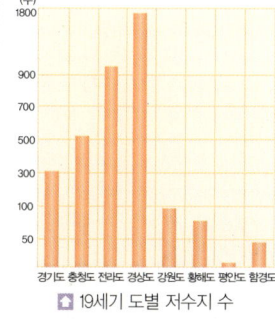

19세기 도별 저수지 수

이앙법의 확대

이앙법은 본래 그 금령이 엄격하였으나 근래에는 농사에 나태하고 이득을 탐하여 광작(廣作)을 일삼음이 해가 갈수록 증가되어 오늘날 여러 도에 널리 퍼졌으므로 전적으로 금할 수만은 없다.

「비변사등록」

② 이모작의 일반화 : 벼와 보리의 이모작으로 생산량이 증가하였고 농민의 소득도 증대되었다.

⑩ 수리시설의 개선 : 왜란 이후 폐지되었던 제언사를 다시 설치하고 제언절목 (정조, 1778년)이 반포되면서 국가의 지원으로 저수지·보 등이 새로이 축조되거나 보수되었다.

ⓗ 농민층의 분화 : 이앙법에 따른 광작의 등장으로 일부 농민은 부농으로 성장하였고 다수의 농민들은 소작농과 임노동자로 전락하였다.

② 조선 후기 농촌의 변화

㉠ 상품 작물의 재배 : 농민들은 시장에 내다 팔기 위한 작물을 재배하였는데 쌀, 목화, 담배, 약초 등이 대표적이다. 담배는 17세기 초 일본으로부터 전래되었는데 주로 전라도 지방을 중심으로 재배되었다. 쌀은 주곡 작물로 상품화가 가장 활발하여 장시에서 가장 많이 거래된 작물이고 쌀의 거래가 촉진되면서 밭을 논으로 바꾸는 현상이 나타나기도 하였다.

㉡ 소작농의 지위 상승
- 소작쟁의를 통해 소작권을 인정받게 되었다.
- 소작료의 정액화와 금납화가 이루어졌고 지주로 성장하는 농민이 등장하게 되었다.

㉢ 농민 계층의 분화
- 부농의 등장 : 광작과 상품 작물 재배로 부농이나 지주로 성장하는 소수의 농민들이 발생하였다.
- 몰락농민 : 다수의 농민은 소작농이나 임노동자로 몰락하였다.

(3) 민영 수공업의 발달

① 배경

㉠ 상품 화폐 경제의 발전 : 도시의 인구가 급증과 대동법의 실시로 재화의 수요가 크게 증가하였다.

㉡ 부역제의 와해 : 조선 후기로 들어서면서 장인세만 부담하면 자유롭게 생산 활동에 종사할 수 있는 민간 수공업자(납포장)이 증가하였다.

② 선대제 수공업의 등장

㉠ 배경 : 영세한 민간 수공업자들은 원료의 구입과 제품의 처분에서 상업 자본의 지배를 받았다.

㉡ 내용 : 공인이나 상인들의 주문을 받는데 그치지 않고 상인 물주로부터 자금과 원료를 미리 받아 제품을 생산하였다.

이모작의 확대

남쪽 사람들은 수전(水田)에 가을에 보리를 심어, 익으면 거두어들이고 물을 대어 이앙하니 1년 2모작이어서 공(功)은 적게 들고 이(利)는 매우 많다.

「증보산림경제」

선대제

3월에 삼씨 뿌려 7월에 삼을 쪄서 닷새 동안 실 잇고 이어 열흘 동안 씻고 씻어 가는 손에 북을 들고 가는 베 짜냈더니 잠자리 날개같아 한 줌 안에 담뿍 들 듯 아깝게도 저 모시, 남쪽 장사치에 다 주고 베값이라 미리 받은 돈은 관청 빚에 다 털렸는데 베 짜는 저 아가씬 언제 보나 석새 삼베 그나마 너무 짧아 정강이도 채 못 가리누나.

「이계집」

ⓒ 결과 : 민간 수공업자들은 상업 자본에 예속될 수밖에 없었으며 18세기경에는 일반적 현상이 되었다.

ⓔ 독립 수공업의 발달 : 18세기 후반 수공업자 가운데서도 독자적으로 제품을 생산하고 판매하는 사람들이 나타났다.

(4) 민영 광산의 증가

① 광산 정책의 변화

ⓐ 조선 전기 : 정부는 광산 개발을 독점하고 개인 채굴을 금지하였다. 광산의 경영은 정부가 해당 고을의 수령에게 부근의 농민들을 부역에 동원하여 독점 채굴하는 방식이었다.

ⓑ 조선 후기 : 개인의 경영을 허가 하였으며 민영 광산이 개발되었다.

ⓒ 잠채의 성행 : 18세기 말 상업 자본이 사금 채굴에 몰리면서 금광의 개발도 활발해졌고 광산 개발은 많은 이득을 주었기 때문에 정부 몰래 광산을 개발하는 잠채(潛採)가 성행하였다.

② 광산의 경영

ⓐ 특징 : 조선 후기에는 광산의 경영 방식에도 변화가 나타나, 경영 전문가인 덕대가 상인 물주에게 자본을 조달받아 채굴업자인 혈주와 임노동자를 고용하여 채굴하는 형태로 발전하였다.

ⓑ 작업과정 : 채굴에 관한 작업 과정이 분업으로 이루어졌고 자본주의적 방식인 분업에 토대를 둔 협업으로 진행되었다.

3 조선 후기 상공업의 발전

(1) 상품 화폐 경제의 발달

① 사상의 대두

ⓐ 배경

- 농업 생산력 증대 : 농업의 생산력이 증대되고 수공업 생산이 발달하였다.
- 대동법의 실시 : 대동법의 실시로 공인이 등장하였고 상품경제가 발달하였다.
- 도시 인구의 증가 : 농촌에서 농민의 계층 분화가 나타났고 몰락한 농민의 도시 유입은 상품의 수요 증가를 가져왔다.
- 세금 및 소작의 금납화 : 부세 및 소작료의 금납화로 상품 화폐 경제가 더욱 발전하였다.

ⓒ 전개
- 공인의 상업 활동 주도 : 대동법 시행 이후 다량의 물품을 구입하여 상업 활동을 주도하며 독점적 도매상인 도고로 성장하였다.
- 18세기 이후의 사상 : 초기 사상은 금난전권을 활용한 시전상인의 통제를 받았으나 사상들은 금난전권에 대항해 종루, 이현(동대문), 칠패(남대문) 등 서울 주변과 지방 도시를 중심으로 활동하였고 보부상들은 지방의 장시를 연결하여 물품 교역을 담당하였다.

ⓒ 신해통공(정조, 1791년)
- 배경 : 18세기 말에 이르러 정부는 사상의 성장을 막을 수 없었고 시전 상인과의 마찰이 심해지자 육의전을 제외한 시전상인의 금난전권을 철폐하였다.
- 결과 : 과거에 비해 시전 상인들의 활동은 위축되고 사상들의 자유로운 상업 활동이 보장되었다.

② 사상의 활동
ⓐ 활동 : 칠패, 송파, 개성, 평양, 의주, 동래 등에서 활동하였다.
ⓑ 주요 사상

▲ 조선 후기 상업과 무역

구분	지역	상인	특징
관허상인 (어용상인)	서울	시전상인	특정 품목을 독점 판매하고 대신 국가에 관수품을 납품
		공인	대동법 시행으로 등장, 국가의 수요품 조달
	지방	보부상	대체로 장시를 거점으로 활동
자유상인	서울	난전	시전 장부에 등록이 안 된 무허가 상인
	지방	경강상인	한강을 중심으로 서남부 지방의 쌀과 어물 등을 배로 수송, 쌀의 매점매석으로 폭리를 취하고 이로 인해 쌀 폭동 발생
		송상	개성상인, 인삼 재배와 유통으로 성장, 청과 일본 간 중계 무역 참여, 전국에 송방 조직
		만상	의주 상인, 대청 무역
		내상	동래 상인, 대일 무역
		객주·여각	상품을 위탁 판매하는 중간상인, 숙박업, 창고업, 금융업에도 종사

③ 장시의 발달

  ㉠ 장시의 확대 : 15세기 말 남부 지방에서 개설되기 시작하여 18세기 중엽에는 전국에 1천여개소가 개설되었다.

  ㉡ 특징
  - 인근의 장시와 연계하여 지역적 시장권을 형성하였고 일부는 상설시장으로 발전하였다.
  - 18세기 말 송파장(광주), 강경장(은진), 원산장(덕원), 마산포장(창원) 등이 유명하였다.

  ㉢ 보부상
  - 전국의 장시를 연결하고 생산자와 소비자를 이어주는 역할을 하였다.
  - 보부상단을 결성하여 이익을 도모하였으며, 상행위를 허가받은 대가로 세금과 역을 담당하였다.

④ 포구에서의 상업 활동

  ㉠ 배경 : 육상 교통의 미비로 물자의 대부분이 해로를 통해 운송되면서 포구가 장시보다 규모가 큰 상업 중심지로 발달하였다.

  ㉡ 대표적 포구 : 18세기에 이르러 칠성포(김해), 강경포(강경), 원산포(덕원) 등이 대표적이다.

  ㉢ 포구에서의 상업 활동 : 18세기경 상업의 중심지로 성장하였다.
  - 선상(船商) : 선박을 이용하여 각 지방의 물품을 구입해 포구에서 처분하였다. 경강상인이 대표적이며, 전국 각지의 포구를 하나의 유통권으로 연결하였다.
  - 객주와 여각 : 중개업, 운송·보관·숙박·금융 등의 영업을 하였다.

장시의 출현

경인년(1470년) 흉년이 들었을 때, 전라도의 백성이 스스로 모여 시포(市鋪)를 열어 장문(場門)이라 불렀는데, 사람들이 이것에 힘입어 살아날 수 있었습니다. 그때가 바로 외방에 시포를 설치할 기회였으나, 호조에서 수령들에게 물으니 이해를 살피지 않고 전에 없던 일이라 하여 다들 금지하기를 바랐으니, 이는 상습만을 쫓는 소견이었습니다. … 이제 외방의 큰 고을과 백성이 번성한 곳에 시포를 설치하도록 허가하되, 강제로 하지는 말고 민심이 원하는 대로 하면 실로 편리할 것입니다.

「성종실록」

(2) 대외 무역의 발달과 화폐의 사용

① 대청 무역

 ㉠ 발달 시기 : 17세기 중엽부터 청과의 무역이 발달하였다.

 ㉡ 무역 형태 : 공적으로 허용된 무역인 개시(開市)와 사무역인 후시(後市)의 형태로 이루어졌다.

 ㉢ 교역 물품 : 은, 종이, 무명, 인삼 등을 팔고 비단, 약재, 문방구 등을 수입 하였다.

② 대일 무역

 ㉠ 발달 시기 : 17세기 이후(기유약조) 일본과의 관계가 정상화되면서 왜관개시를 통하여 무역이 활성화 되었다.

 ㉡ 교역 물품 : 인삼, 쌀, 무명 등을 팔고 청에서 수입한 물품을 일본에 파는 중계무역을 하기도 하였다. 반면 일본으로부터는 은, 구리, 황, 후추 등을 수입하였다.

③ 화폐 유통

 ㉠ 배경 : 상공업의 발달, 조세의 금납화, 소작료의 동전 대납 허용 등으로 동전이 전국적으로 유통되었다.

 ㉡ 과정

  • 인조 : 김육의 주장으로 상평창에서 동전을 주조하여 개성을 중심으로 통용시켜 쓰임새를 살펴보았으나 널리 확대되지 못하였다.

  • 숙종 : 허적의 주장으로 동전(상평통보)을 주조하여 전국적으로 유통시켰다.

④ 전황의 발생

 ㉠ 배경 : 지주나 상인들이 화폐를 고리대나 재산 축적에 이용하면서 화폐를 저장 수단으로 활용되면서 시중에 동전이 부족한 전황이 발생하였다.

 ㉡ 영향 : 화폐의 가치가 올라가고 물가가 하락하는 디플레이션 현상이 발생하였고 농민의 부담이 증가하자 이익은 폐전론을 주장하였다.

화폐의 발행

대신과 비변사의 여러 신하들을 접견하고 비로소 돈을 사용하는 일(행전법)을 정하였다. 돈은 천하에 통행하는 재화인데 오직 우리나라에서는 예부터 누차 행하려고 하였으나 행할 수 없었다. 동전이 토산이 아닌데다 풍속이 중국과 달라서 막히고 방해되어 행하기 어려운 폐단이 있었기 때문이다. 이때에 이르러 대신 허적과 권대운 등이 시행하기를 청하였다. 왕이 군신에게 물으니, 군신들이 모두 그 편리함을 말하였다. 임금이 그대로 따르고 해당 관청에 명하여 상평통보를 주조하여 돈 4백문을 은 1냥 값으로 정하여 시중에 유통하였다.

「숙종실록」

🔹 상평통보

전황의 발생

근래 각종의 물건들을 돈이 아니면 살 수가 없다. 비록 쌀과 베가 있어도 반드시 돈으로 바꾼 뒤에야 교역을 한다. 근년에 이르러 동전이 매우 귀해지고 물건이 천해지니 농민과 상민이 함께 곤란해져 능히 견지지 못한다.

「농포문답」

대표 기출 문제

01 (가)에 대한 설명으로 옳은 것은? (3점)

① 군역의 부담을 줄여 주기 위한 조치였다.
② 줄어든 재정 수입을 결작과 잡세로 보충하였다.
③ 풍흉에 관계없이 1결당 미곡 4두를 수취하였다.
④ 방납의 폐단을 막고 재정을 확보하기 위해 실시하였다.
⑤ 일부 상류층에게 선무군관이라는 칭호를 두고 포를 징수하였다.

● 해설
제시된 그림은 대동법의 실시에 대한 각 계층의 반응이다. 광해군 때 시행된 대동법은 방납의 폐단을 시정하고 재정을 확충하기 위한 목적으로 시행되었다.
①, ②, ⑤ 균역법에 대한 설명이다.
③ 영정법에 대한 설명이다.

● 정답 : ④

02 다음 그림이 그려진 시기의 경제 상황에 대한 설명으로 옳지 않은 것은?

① 전국적으로 개설된 장시가 지방민의 교역 장소 역할을 하였다.
② 정부는 필요한 물품을 공급받기 위해 한양에 시전을 처음 설치하였다.
③ 경영 전문가인 덕대가 물주에게 자본을 조달받아 광산을 경영하였다.
④ 국경 지대를 중심으로 공무역인 개시와 사무역인 후시가 이루어졌다.
⑤ 지주나 대상인들이 화폐를 고리대나 재산 축적에 이용하기도 하였다.

● 해설
제시된 그림은 조선 후기의 상황이다.
② 조선 전기 한양에 육의전을 비롯한 시전이 설치되었다.

● 정답 : ②

Part 5 근대 사회의 태동 209

포인트 출제적중문제

정답 및 해설

01
제시된 글은 대동법과 균역법에 대해 설명하고 있다. 조선 후기 수취체제의 개편의 방향은 지주의 부담을 늘이고 농민의 부담을 감소시키는 방향으로 전개되었다. 그러나 양반들에게까지 군포를 부담시킨 법은 흥선 대원군때 실시된 호포법이다.

01 다음은 제시된 글을 읽고 추론한 것으로 옳지 않은 것은?

> • 경기 삼남에는 밭과 논을 통틀어 1결에 쌀 열두 말을 거두고, 관동도 이와 같게 하되, 양전이 되지 않은 읍에는 네 말을 더하여, 영동에는 두 말을 더하고 황해도에는 상정법(詳定法)을 시행하여 열다섯 말을 거두었다. 이를 통틀어 대동이라 하였다. 옛날 여러 도와 읍에서 각각 토산물로써 공납하던 것을 공인을 뽑아 서울 관청에 바치게 하였다.
> 「만기요람」
>
> • 양포(良布)를 반으로 줄였다. 그 줄어든 것이 모두 50여 만 필이니 돈으로는 백여 만냥이다. … 어쩔 수 없이 서북 양도를 제외한 6도의 토지 1결마다 쌀 2말이나 돈 오전씩을 거두도록 한다. 지금 평상시의 토지 결수대로 따진다면 가히 30여 만 냥이나 된다.
> 「균역사실」

① 이러한 수취체제의 개편에는 농민들의 저항도 한 몫을 했을 것이다.
② 양반 지주들은 수취체제의 개편에 반대했을 것이다.
③ 가난한 농민들의 부담을 줄여주려는 방향으로 개혁이 진행되었다.
④ 재산세의 비중이 높아져 조세의 공평성이 높아졌다고 할 수 있다.
⑤ 지주들의 부담을 늘이려는 목표로 인해 대부분의 양반들도 군포를 냈을 것이다.

02
제시문은 조선 후기 이모작에 대한 설명이다. 이모작은 이앙법을 토대로 가능해졌으며 이앙법은 노동력의 절감을 통한 광작을 가능하게 하였다.

02 자료의 농업 기술과 관련된 옳은 설명을 모두 고른 것은?

> 벼논에 물 빼고는 곧바로 보리 심고,
> 보리 벤 그 직시로 모내기를 한다네.
> 지력(地力)을 하루인들 쉬게 하지도 않고,
> 사시사철 바꿔 가며 색깔만 푸르렀다 노랗다 한다네.

ㄱ. 2년 3작의 윤작법이 가능해졌다.
ㄴ. 노동력의 절감 효과가 나타났다.
ㄷ. 광작의 농업 경영 방식이 나타났다.
ㄹ. 농민들의 노력으로 확대되었다.

① ㄱ, ㄴ   ② ㄱ, ㄴ, ㄷ, ㄹ   ③ ㄴ, ㄷ   ④ ㄴ, ㄷ, ㄹ   ⑤ ㄷ, ㄹ

정답 ◉ 01. ⑤   02. ④

03 조선 후기 세제 개편의 결과로 옳은 것을 고르면?

> • 균역법을 실시함으로써 군역의 일부가 전세화 되었다.
> • 영정법을 실시하여 풍흉에 관계없이 1결당 미곡 4두를 징수하였다.
> • 대동법을 실시하여 호에 부과하던 토산물을 토지 결수에 따라 부과하였다.

① 수취제도의 개편으로 농민의 조세 부담이 크게 완화되어 조선 후기 민생이 안정 되었다.
② 일부 세제 개편은 양반 지주의 조세 저항을 불러왔다.
③ 위의 세제 개편으로 지주 전호제의 모순이 해소되었다.
④ 양인 신분에 부과했던 조세가 모두 토지세로 전환되었다.
⑤ 세제의 개편으로 국가재정이 확충되어 정부의 재정 적자가 해소되었다.

03
조선 후기 수취제도의 개편 방향은 지주의 부담을 늘리고 평민의 부담을 줄이는 방향이었다. 그러나 이러한 수취제도의 개편은 큰 성과를 거두지 못하였다. 균역법과 같은 세제 개편은 양반 지주의 조세 저항을 불러일으켰다.

04 다음은 대동법의 운영 과정을 그린 것이다. (가)~(라)에 대한 설명으로 옳은 것을 〈보기〉에서 고른 것은?

ㄱ. (가)는 16세 이상 60세 이하의 양인 남자이다.
ㄴ. (나)는 토지의 결수에 따라 부과되었다.
ㄷ. (다)는 쌀, 삼베나 무명, 동전 등으로 납부하였다.
ㄹ. (라)의 활동으로 장사가 활성화되었다.

① ㄱ, ㄴ
② ㄴ, ㄹ
③ ㄱ, ㄴ, ㄷ
④ ㄱ, ㄷ, ㄹ
⑤ ㄴ, ㄷ, ㄹ

04
대동법은 각호에 부과하던 공납을 토지 결수에 부과하는 것으로 쌀이나 동전, 무명 등으로 납부하였다. 정부는 공인이라는 어용상인을 시켜 필요한 물품으로 납부하게 하였다.
ㄱ. 역에 대한 설명이다.

정답 ◉ 03.② 04.⑤

정답 및 해설

05
민간 수공업자들은 대체로 작업장과 자본의 규모가 소규모여서 원료의 구입과 처분에서 상업 자본의 지배를 받았다. 대부분 공인이나 상인들에게 주문을 받는 데에 그치지 않고 자금과 원료를 미리 받아서 제품을 생산하였다.

06
조선 후기에 발생한 이같은 현상을 전황이라고 한다. 전황은 화폐에 가치 저장의 수단이 있음을 인식한 지주나 고리대 금업자들이 재산 축적에 이용하였기 때문이다.

---

05 다음은 조선 후기에 쓰인 시이다. 이 시의 내용과 관계 깊은 당시의 사회 모습을 옳게 추론한 것은?

> 3월에 삼씨 뿌려 7월에 삼을 쪄서
> 닷새 동안 실 잇고 이어 열흘 동안 씻고 씻어
> 가는 손에 북을 들고 가는 베 짜냈더니
> 잠자리 날개 같아 한줌 안에 담뿍 들 듯
> 아깝게도 저 모시, 남쪽 장사치에 다 주고
> 베 값이라 미리 받은 돈은 관청 빚에 다 털렸는데
> 베 짜는 저 아가씬 언제 보나 석새삼베
> 그나마 너무 짧아 정강이도 채 못 가리누나.
>
> 홍양호, 「이계집」

① 일본 상인들이 농촌에 침투하여 작물 수매에 주력하였다.
② 관영 수공업을 중심으로 수공업이 발달하였다.
③ 민영 수공업에서 선대제가 행해지고 있었다.
④ 농업 중심의 자급자족 경제 상태였다.
⑤ 유교적인 검약 생활을 강조하였다.

06 조선 후기에 다음과 같은 현상이 나타난 이유로 가장 타당한 것은?

> 동전의 발행량이 상당히 늘어났는데도 제대로 유통되지 않아 시중에서 동전 부족 현상이 나타났다.

① 화폐를 고리대나 재산 축적에 이용하였기 때문에
② 정부에서 강력한 통화 억제 정책을 시행하였기 때문에
③ 자급자족 경제 정책으로 인해 농민들이 화폐의 필요성을 느끼지 못하였으므로
④ 대상인들의 화폐 기피 현상으로 인하여
⑤ 당백전 발행으로 인한 경제 혼란이 야기되었으므로

정답 ◉ 05. ③ 06. ①

3 근대 태동기의 사회

1 조선 후기 사회구조의 변동

(1) 신분제의 동요

① 양반층의 분화
  ㉠ 배경 : 붕당정치가 변질되어 일당 전제화 현상이 나타나면서 권력을 장악한 소수의 양반과 몰락한 다수의 양반으로 분화되었다.
  ㉡ 분화
   • 권반(벌열양반) : 정권을 장악한 폐쇄적 관료층으로 독점적 특권을 누리는 양반들이다.
   • 향반 : 중앙 정권에서 밀려나 지방으로 낙향 후 일정한 권력을 행사하는 지방 양반을 일컫는다.
   • 잔반 : 사회·경제적으로 몰락한 양반으로 사회적 불평 세력이 되고, 사회 개혁이나 민란의 주도세력이 되기도 하였다.

② 양반의 증가
  ㉠ 배경 : 하층민의 신분 상승으로 인한 양반의 양적 팽창이 나타났다.
  ㉡ 신분 상승 방법 : 군공, 납속, 공명첩과 같은 합법적 방법과 족보 위조와 같은 불법적 수단도 성행하였고 그 결과 양반 숫자의 증가와 상민과 노비의 감소 현상이 나타나 양반 중심의 신분체제는 동요하게 되었다.

③ 중간 계층의 신분 상승 운동
  ㉠ 서얼의 신분 상승 운동
   • 배경 : 서얼들은 임진왜란으로 재정적 타격을 받은 정부가 납속책과 공명첩을 발급하자 이를 이용하여 관직에 진출, 신분을 상승하였다.
   • 집단 상소 : 영·정조 시기 수차례에 걸친 집단 상소운동을 통해 신분 상승을 시도하였고 정조 때에 이르러 이덕무, 유득공, 박제가 등이 규장각 검사관으로 진출하였다.

 조선 후기 양반의 증가

이때에 적을 죽이거나 곡식을 납부한 자 및 미세한 공로가 있는 자들은 모두 면천(免賤)·면역(免役) 등의 첩(帖)으로 상을 주었고, 모병관(募兵官)·모속관(募粟官)들 역시 이런 첩으로 상을 주었는데, 이름을 비워 두었다가 응모하는 자가 있으면 이름을 써 주었다. 명을 받은 자들이 대부분 불순한 무리였기 때문에 국가에는 보탬이 되지 않아 무식하고 천한 촌부(村夫)들이 모두 직명의 띠게 되었다.
*모속관 : 식량을 모으는 임무를 맡은 관리

「선조실록」

울산호적 (단위 %)

시기	양반호	상민호	노비 호
1729	26.29	59.78	13.93
1765	40.98	57.01	2.01
1804	53.47	45.61	0.92
1867	65.48	33.96	0.56

ⓒ 중인의 신분상승 운동
- 배경 : 서얼들의 신분 상승운동은 중인들에게도 자극을 주었고 기술직에 종사하면서 축적한 재산과 실무 경험을 바탕으로 신분 상승운동을 전개하였다.
- 경과 : 철종 때 대규모 소청운동을 전개하였으나 실패하였다.
- 결과 : 소청운동의 결과 전문직으로서의 역할이 부각되었고 조선 후기 역관은 서학 등 외래 문화를 수용하는 선구자적 역할을 하였다.

④ 상민의 감소
  ㉠ 배경 : 이앙법의 등장은 논농사에서 노동력의 절감 효과를 가져왔고 이것은 다시 광작을 가능하게 하였다.
  ㉡ 농민의 계층 분화 : 광작을 통해 땅을 넓힌 부농과 땅을 잃고 몰락한 소작농, 임노동자 등으로 분화하게 되었다.
  ㉢ 부농의 신분 상승 : 부를 축적한 부농이나 상품 화폐 경제에서 부를 축적한 거상들은 납속책, 족보 매입이나 위조 등으로 신분을 상승시켰고 이로 인해 상민의 수가 급감하여 국가 재정이 위축되었다.

⑤ 노비의 해방
  ㉠ 노비의 수 감소 : 군공과 납속, 도망 노비의 증가 등으로 노비의 수는 계속 감소하였다.
  ㉡ 경과
   - 공노비의 유지비용이 많이 들자 입역노비를 신공을 바치는 납공노비로 전환하였다.
   - 18세기 후반 도망노비의 증가와 노비들의 신분 상승으로 신공을 받을 수 없게 되자 정부는 국방의 안정과 국가 재정 확보를 목적으로 6만 6천여 명의 공노비를 해방시켰고(순조, 1801년) 갑오개혁 때 신분제가 철폐됨으로써 노비는 법적으로 사라지게 되었다.

(2) 가족제도의 변화와 혼인
① 조선 초기~조선 중기
  ㉠ 남귀여가혼 : 혼인 후 남자가 여자 집에서 생활하기도 하였다.
  ㉡ 자녀 균분 상속 : 아들과 딸이 부모의 재산을 똑같이 상속받는 경우가 많았다. 집안의 대를 잇는 자식에게 1/5를 더 주는 것 외에는 균분 상속이 이루어졌다.

　　　ⓒ 제사의 책임 분담 : 제사는 형제 간에 서로 돌아가면서 지내거나 책임을 분담하였다.
　② 17세기 이후
　　　㉠ 친영제도(親迎制度) 정착 : 부계중심의 가족제도의 발달로 결혼 후 여자가 남자 집에서 생활하는 친영제도가 정착되었다.
　　　ⓒ 장자 중심의 상속 : 제사는 반드시 큰 아들이 지내야 한다는 의식이 확산되면서 재산의 상속에 있어서도 큰아들이 우대를 받았다. 이후 다른 자녀의 제사 및 재산 상속권은 상실되었다.
　③ 조선 후기
　　　㉠ 부계 중심의 가족제도 : 조선 후기로 접어들면서 부계 중심의 가족제도가 강화되었다.
　　　ⓒ 양자 제도의 일반화 : 아들이 없는 경우 양자를 들이는 제도가 일반화 되었다.
　　　ⓒ 동성 마을의 형성 : 부계 위주의 족보를 적극적으로 편찬하고 같은 성을 가진 사람들끼리 모여 사는 동성(同姓) 마을을 만들어 나갔다.
　④ 혼인 형태
　　　㉠ 일부일처제 : 일부일처제가 원칙이었으나 첩을 들이는 것에 제한을 두지는 않았다.
　　　ⓒ 적서 차별 : 부인과 첩의 자식에는 엄격한 구별이 있어, 첩의 자식인 서얼은 문과 응시가 불가하였고 제사나 상속 등에서도 차별을 받았다.

2　향촌 질서의 변화

(1) 인구의 변동
　① 호구 조사
　　　㉠ 목적 : 각 군현의 인구수를 파악하여 국가 운영에 자료로 삼기 위하여 수시로 호구 조사를 하였다.
　　　ⓒ 호적 대장의 작성 : 호적 대장은 인구의 기본 자료로 활용하기 위해 3년마다 수정하여 작성하는 것으로 정부는 이를 바탕으로 공물과 군역 등을 부과하였다.
　　　ⓒ 한계 : 공물과 군역의 부과자료로 활용되기에 주로 남성만이 기록되었고 실제 인구수와는 차이가 있었다.

② 지역별 인구
- ㉠ 인구 분포 : 하삼도라 불리는 전라·경상·충청도에 전체 인구의 50% 정도가 거주하였고 경기·강원에 20%, 평안·함경·황해도에 30% 정도가 거주하였다.
- ㉡ 인구 변화 : 조선 시대의 인구는 건국 초 550만 명에서 증가하여 임진왜란 이전에는 1,000만 명을 돌파하였다. 양란 이후 인구는 급격히 감소하였다가 19세기 말에는 1,700만 명 정도로 추산되고 있다.

(2) 양반의 향촌 지배 약화

① 배경
- ㉠ 부농층의 성장 : 이앙법의 보급에 따라 광작이 가능해졌고 이를 바탕으로 토지를 확대시킨 부농층이 성장하였다.
- ㉡ 양반의 몰락 : 양반 계층 내부에서도 토지를 잃고 몰락하여 전호가 되거나 심한 경우 임노동자로 전락하는 사람들이 생겨났고 향촌사회에서 양반의 권위가 약화되었다.

② 양반의 지위 유지 노력

양반들은 촌락 단위로 동약을 실시하거나 족적 결합을 강화하여 농촌 사회를 지배하고자 하였다. 이에 전국에 많은 동족 마을이 만들어지고 문중을 중심으로 서원과 사우가 많이 건립되었다. 또한 청금록과 향안을 중시함으로써 지배층의 권위를 지키고자 하였다.

> **청금록과 향안**
> - **청금록** : 서원 및 향교에 출입하는 양반들의 명단
> - **향안** : 향회에 소속된 지방 양반들의 명부

③ 부농층의 도전
- ㉠ 부농층의 성장 : 조선 후기에 등장한 부농층을 요호부민(饒戶富民)이라 하는데 이들은 자신의 토지를 소유하고, 경제력을 바탕으로 지방에서 일정한 영향력을 행사하였다.
- ㉡ 신향의 대두 : 납속이나 향직 매매를 통해 신분을 상승한 부농층은 수령을 중심으로 한 관권과 결탁하여 향안에 이름을 올리고 향회를 장악하는 등 지방에서의 영향력을 확대해 나갔다.

② 향전의 발생
- ㉠ 발생 : 기존 양반인 구향(舊鄕)과 신향(新鄕) 사이에 향전(鄕戰)이 발생하였다.

양반의 권위 약화

옷차림은 신분의 귀천을 나타내는 것이다. 그런데 어찌된 까닭인지 근래 이것이 문란해져 상민과 천민이 갓을 쓰고 도포를 입는 것이 마치 조정의 관리나 선비 같이 한다. 진실로 한심스럽기 짝이 없다. 심지어 시전 상인이나 군역을 지는 상인까지도 서로 양반이라 부른다.

「일성록」

향전(鄕戰)의 발생

전국의 각 고을에는 향안이 있어서 한 고을의 기강이 되고 있으며, 황해도는 율곡 이이의 향약을 고을의 기강으로 삼아 특별히 중요하게 여겼다. 그런데 요즘 몇몇 탐학한 수령이 매향에 방해되는 것을 꺼려 향전(鄕戰)을 빌미삼아 향안을 불살라버렸다. 이로 말미암아 고을의 기강이 문란해지고 위아래의 구별이 없게 되었다.

「일성록」

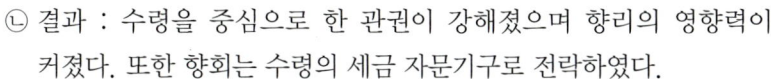

ⓒ 결과 : 수령을 중심으로 한 관권이 강해졌으며 향리의 영향력이 커졌다. 또한 향회는 수령의 세금 자문기구로 전락하였다.

3 사회 변혁의 움직임

(1) 사회 불안의 심화와 예언 사상의 대두

① 사회 불안의 고조
  ㉠ 신분제의 동요 : 양반 중심의 신분제 질서가 붕괴하면서 양반 중심의 사회 지배체제에 위기가 커졌다.
  ㉡ 삼정의 문란 : 세도정치로 인한 삼정의 문란으로 수탈이 강화되어 농민의 경제생활은 파탄에 이르렀다.
  ㉢ 자연재해 : 1820년 전국적인 수해의 발생과 이듬해 콜레라의 창궐로 많은 백성이 목숨을 잃었다.
  ㉣ 이양선의 출몰 : 서양의 이양선(異樣船)이 출몰하여 사회 불안은 심화되었다.

타조법과 도조법

이양선이라 함은 조선 후기에 우리나라 연해에 출몰하던 서양의 배들을 말한다. 18세기 산업혁명에 성공한 서양세력은 19세기 제국주의 시대에 동양에 자신들의 식민지를 개척하려 하였고 이렇게 밀려오는 서양 세력을 서세동점이라고 표현하기도 한다. 이때에 주로 출몰하였던 서양 선박들은 네덜란드, 영국, 프랑스, 미국, 러시아 등이었다.

② 예언 사상의 유행
  ㉠ 유교적 명분론의 쇠퇴 : 각종 비기와 도참설을 이용한 예언사상이 유행 하였다. 정감록은 이 시기 널리 유행한 비기였다.
  ㉡ 무격신앙 유행 : 질병과 재난 해결을 위해 무당 등에 의존하는 무격신앙이 유행하였다.
  ㉢ 미륵 신앙의 유행 : 내세의 행복을 바라는 마음으로 미륵신앙이 유행하였고 자신을 살아있는 미륵이라며 백성들을 현혹시키는 자도 등장하였다.

(2) 천주교의 전파

① 천주교의 전래
  ㉠ 도입 : 17세기 중국 베이징에 있는 천주당을 방문한 우리나라 사신들에 의해 서학(西學)으로 처음 소개되었다.

ⓒ 수용 : 18세기 후반 남인 실학자들에 의해 신앙으로 발전하였고 이승훈이 최초로 영세를 받고 돌아오면서 신앙 활동이 더욱 활발해졌다.

> **서학의 전래**
>
> 이수광은 자신의 책 「지봉유설」에서 마테오리치의 「천주실의」를 소개함으로써 처음 천주교가 소개되었다. 이후 천주교는 서학이라는 학문적 형태로 연구되어오다 18세기 남인 실학자들에 의해 신앙으로 받아들여져 자생적 신앙이라는 특징을 보인다.

② 교세 확산
  ㉠ 불후한 계층으로 확산 : 천주교는 정권에서 소외된 남인들을 중심으로 교세를 확장해나갔으며, 19세기 이후 중인·상민·부녀자 등 사회적으로 소외된 사람들의 신앙이 되었다.
  ㉡ 교리에 대한 공감 : 천주교의 인간평등, 내세사상 등은 서민들의 공감을 유도하였다.

③ 정부의 대응
  ㉠ 초기 : 정부는 천주교의 유포에 대해 저절로 사라질 것으로 생각하고 소극적으로 대응하였다.
  ㉡ 천주교에 대한 탄압
    • 배경 : 정부는 천주교의 제사의식 거부와 평등사상이 신분 질서를 부정하고 국왕의 권위에 대한 도전으로 여겨 천주교를 탄압하였다.
    • 신유박해(순조, 1801년) : 순조 즉위 후 정권을 잡은 노론 벽파는 남인 시파를 탄압하기 위하여 천주교를 박해하였는데 이 과정에서 많은 남인 계열 인사들이 처형당하고 정약전, 정약용 등이 유배를 당하였다.
    • 병오박해(헌종, 1846년) : 우리나라 최초의 신부 김대건이 처형되었다.

(3) 동학의 발생
① 발생과 성격
  ㉠ 창시 : 동학은 철종(1860년)때 경주에서 몰락한 양반인 최제우가 창시하였다.
  ㉡ 성격 : 유교와 불교, 도교와 민간신앙은 물론 천주교 교리까지 일부 수용하여 만들어진 종합적 성격을 지니고 있었다.

② 사상
　㉠ 평등사상 : 시천주(侍天主)와 인내천(人乃天) 사상을 강조하였다.
　㉡ 후천개벽(後天開闢) 사상 : 조선 왕조는 운이 다했다는 혁명적 사상이었다.
　㉢ 보국안민(輔國安民)과 제폭구민(除暴救民) : 사회개혁과 외세 배격을 적극 주장하는 사상이었다.

③ 동학의 탄압과 교세 확장
　㉠ 교조의 처형 : 정부는 1863년 천주교를 금하는 명령을 반포하고 세상을 어지럽히고 백성을 현혹시킨다는 죄(혹세무민, 惑世誣民)를 물어 교주인 최제우를 처형하였다.
　㉡ 교세확장 : 2대 교주인 최시형은 충청도의 보은 지방을 중심으로 더욱 교세를 확장하였고 교리서인 동경대전과 용담유사를 편찬하고 교단 조직을 정비하였다.

(4) 농민의 항거

① 배경
　㉠ 세도정치기의 혼란 : 19세기 등장한 세도정치로 매관매직이 성행하였고, 탐관오리의 부정 등으로 농촌 경제는 피폐해졌다.
　㉡ 삼정의 문란 : 전정(전세), 군정(군역), 환곡(구휼제)을 일컫는 말로 탐관오리들은 자신의 사리사욕을 채웠고 삼정의 문란 중 환곡제도가 농민에게는 가장 큰 부담이었다.

② 농민의 저항
　㉠ 소극적 저항 : 농민들은 처음에는 벽서·격쟁·소청 등의 소극적 저항을 하였다.
　㉡ 적극적 저항 : 19세기로 넘어가면서 농민들은 종래의 소극적 저항에서 관아를 습격하는 등 적극적 저항으로 변모하게 되었다.

③ 홍경래의 난(순조, 1811년)
　㉠ 배경 : 세도정치의 폐해와 서북민에 대한 차별대우가 원인이 되었다.
　㉡ 주도 : 몰락 양반인 홍경래의 주도하에 몰락 농민, 중소 상인, 광산 노동자 등이 합세하여 난을 일으켰다.
　㉢ 의의 : 19세기 최초의 민란으로 농민 항쟁의 선구자적 역할을 하였다.

홍경래의 난

평서대원수는 급히 격문을 띄우노니 관서의 부로(父老)와 자제와 공·사 천민들은 모두 이 격문을 들으라. 무릇 관서는 성인 기자의 옛터요, 단군 시조의 옛 근거지로 의관(衣冠)이 뚜렷하고 문물이 아울러 발달한 곳이다. … 조정에서는 관서를 버림이 분토(糞土)와 다름없다. 심지어 권세 있는 집의 노비들도 서토의 사람을 보면 반드시 '평안도 놈'이라고 말한다. 어찌 억울하고 원통하지 않은 자 있겠는가. … 지금, 임금이 나리가 어려 권세 있는 간신배가 그 세를 날로 떨치고, 김조순·박종경의 무리가 국가 권력을 오로지 갖고 노니, 어진 하늘이 재앙을 내린다. … 이제 격문을 띄워 여러 고을의 군후(君侯)에게 알리노니, 절대로 동요하지 말고 성문을 활짝 열어 우리 군대를 맞으라. 만약 어리석게 항거하는 자가 있으면 철기 5,000으로 남김없이 밟아 무찌르리니. 마땅히 속히 명을 받들어 가행함이 가하리라. 대원수.

「패림」

▲ 19세기 농민의 봉기

④ 진주민란(임술 농민 봉기, 철종, 1862년)
  ㉠ 원인 : 진주민란은 경상우병사 백낙신 등 탐관오리의 탐학에 대항하여 일어났다.
  ㉡ 결과
    • 정부의 노력 : 정부에서는 박규수를 안핵사로 파견하였고 삼정의 문란을 시정하기 위하여 삼정 이정청을 설치하기도 하였으나 문제를 해결하지는 못하였다.
    • 농민봉기의 전국 확산 : 진주 농민 봉기를 기점으로 함흥과 제주에 이르기까지 전국적으로 농민 봉기가 확산되었다.
  ㉢ 의의 : 19세기 농민 봉기는 농민들이 자신의 처지를 자각하는 농민의 자각 운동이었다.

읽기자료

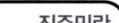

진주민란

진주민 수만 명이 머리에 흰 수건을 두르고, 손에는 나무 몽둥이를 들고, 무리를 지어 진주 읍내에 모여 서리들의 가옥 수십 호를 불사르고 부셔서, 그 움직임이 결코 가볍지 않았다. 병사(백낙신)가 해산시키고자 장시에 나가니, 흰 수건을 두른 백성들이 그를 둘러싸고는 백성의 재물을 횡령한 조목, 아전들이 세금을 포탈하고 강제로 징수한 일들을 면전에서 여러 번 문책하는데, 그 능멸함과 핍박함이 조금도 거리낌이 없었다.

「임술록」

01
11회 24번

(가), (나)의 사건에 대한 설명으로 옳지 않은 것은? (2점)

(가) 평서대원수는 급히 격문을 띄우노니 관서의 부로(父老)와 자제화 공·사 천민들은 모두 이 격문을 들으라. …… 조정에서는 관서를 버림이 분토(糞土)와 다름없다. 심지어 권세 있는 집의 노비들도 서토의 사람을 보면 반드시 '평안도 놈'이라고 말한다. 어찌 억울하고 원통하지 않은 자 있겠는가.

(나) 임술년 2월, 진주민 수만 명이 머리에 흰 수건을 두르고 손에는 몽둥이를 들고 무리를 지어 진주 읍내에 모여 …… 백성들의 재물을 횡령한 조목, 아전들이 세금을 포탈하고 강제로 징수한 일들을 면전에서 여러 번 문책하는데, 그 능멸하고 핍박함이 조금도 거리낌이 없었다.

① (가)는 서북 지방에 대한 차별이 원인이 되었다.
② (가)는 영세 농민, 광산 노동자 등이 합세하였다.
③ (나)는 삼정의 문란이 원인이 되었다.
④ (나)는 동학 사상의 영향을 받아 일어났다.
⑤ (가), (나)는 모두 세도 정치기에 일어났다.

● 해설
제시문은 세도 정치기에 일어난 농민봉기로 (가)는 홍경래의 난, (나)는 진주 농민 봉기이다.
④ 동학은 1860년 경주의 몰락한 양반인 최제우에 의해 창시된 종교로 제시된 농민봉기와 직접적인 관련은 없다.

● 정답 : ④

포인트 출제적중문제

정답 및 해설

01
(가)지역에서 일어난 민란은 홍경래의 난이고 (나)지역에서 일어난 민란은 진주 농민 봉기이다.

홍경래의 난(순조, 1811년)
- 원인 : 서북민에 대한 차별, 삼정의 문란, 자연재해 → 농민의 불만 고조
- 의의 : 19세기 최초의 민란 (농민 항쟁의 선구적 역할)

진주 농민 봉기 (철종, 1862년)
- 원인 : 삼정의 문란, 백낙신의 탐학에 대한 반발
- 정부의 대책 : 안핵사로 박규수가 파견되어 삼정 이정청 설치
- 결과 : 농민 봉기의 전국적 확산 계기

02
동학은 1860년 경주의 몰락한 양반인 최제우에 의해 창시되었다. 시천주와 인내천의 인간존중과 평등사상을 내포하고 있다.

---

01 다음 지도에 대한 설명으로 옳지 않은 것은?

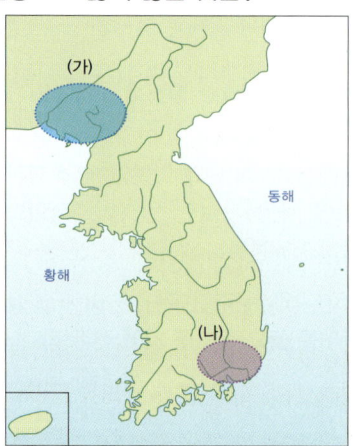

① (가)지역에서 일어난 민란은 삼정의 문란에 대한 저항과 아울러 차별대우에 항거하여 일어났다.
② (가)의 민란을 계기로 그 해에 농민 반란이 전국적으로 확산되는 계기가 되었다.
③ (나)의 농민 봉기는 백낙신의 탐학이 직접적인 계기가 되었다.
④ (나)의 농민 봉기 이후 정부는 삼정의 문란을 시정하기 위하여 삼정이정청을 설치하였다.
⑤ (가)와 (나)의 농민 봉기는 농민들의 자각 운동이라는 의의를 가진다.

02 다음은 19세기 우리나라의 어떤 사상에 대한 설명이다. 이 사상에 대한 설명으로 옳은 것을 고르면?

- 사상적 바탕 : 전통적인 민족 신앙
- 대표적 이념 : 사람이 곧 하늘이다.
- 교리의 성격 : 여러 종교의 교리 종합

① 올바른 것은 지키고, 사악한 것은 배척한다는 명분을 내세웠다.
② 지배계층이 중심이 된 사회 개혁운동의 성격이 띠고 있다.
③ 보국안민을 주장함으로써 정부의 인정을 받았다.
④ 현세에서 얻지 못한 행복을 미륵 신앙에서 해결하고자 하였다.
⑤ 여성과 어린이의 인격을 존중하는 사회를 추구하였다.

정답 ⊙ 01.② 02.⑤

03 다음 표는 조선 후기 울산 지역의 호적을 통해 본 신분 구성비이다. 이에 대한 설명으로 올바르지 않은 것은?

시기	양반호	상민호	노비호
1729년	26.29%	59.78%	13.93%
1765년	40.98%	57.01%	2.01%
1804년	53.47%	45.61%	0.92%
1867년	65.48%	33.96%	0.56%

① 이러한 인구의 변동은 납속책과 족보의 위조 등으로 이루어졌다.
② 사회적 지위와 경제적 지위가 대체로 일치하여 나타난 변화이다.
③ 양반 계층 내부의 계층 분화도 한 이유가 되었다.
④ 상민의 신분 상승으로 봉건적 신분제가 점차 붕괴되어 갔다.
⑤ 신분제의 변동 속에서 양반의 수가 증가하고 상민과 노비의 수가 감소함을 보여 준다.

3
조선 후기 부를 축적한 부농을 중심으로 납속이나 공명첩을 통한 신분 상승이 나타났다. 이로 인하여 전통적인 양반 중심의 사회질서는 붕괴하고 봉건적 신분제도가 붕괴됨을 보여주는 현상이다.

04 다음 그림과 같은 현상이 나타나던 시기의 향촌 사회에 대한 설명으로 옳은 것을 〈보기〉에서 모두 고르면?

- 영덕의 구향(舊鄕)은 사족이며, 신향(新鄕)은 모두 향리와 서리의 자식입니다. 근래 신향들이 향교를 주관하면서 구향들과 서로 마찰을 빚고 있습니다.
  「승정원일기」
- 요사이 수령들은 한 고을을 제멋대로 다스려 다른 사람이 그 잘못을 고칠 수가 없습니다. 수령이 옳다고 하면 좌수 이하 모두 그렇다고 합니다.
  「비변사등록」

〈보기〉
ㄱ. 수령을 중심으로 한 관권이 강화되었다.
ㄴ. 관권과 신향(新鄕)이 서로 대립하였다.
ㄷ. 전통적인 지방 사족의 향촌 지배력이 약화되었다.
ㄹ. 신향(新鄕)은 향촌의 지배력을 장악하고자 하였다.

① ㄱ, ㄴ
② ㄱ, ㄷ
③ ㄴ, ㄷ
④ ㄴ, ㄹ
⑤ ㄱ, ㄷ, ㄹ

4
부농층은 종래 향촌 사족이 담당하던 정부의 부세 제도 운영에 적극 참여하였으며, 향임직에 진출하지 못한 곳에서도 수령이나 기존의 향촌 세력과 타협하여 상당한 지위를 확보해 갔다.

정답 ⊚ 03.② 04.⑤

정답 및 해설

05
조선 후기로 접어들면서 여성의 지위는 격하되고 남성 중심의 가부장적 사회가 만들어져 갔다. 부계 중심의 가족제도로 여성들은 일상생활과 상속에서 차별을 받았으며 여자가 시집에서 생활하는 친영제도가 일반화되었다.

06
삼정의 문란을 시정하는 농민들의 봉기가 일어났던 시기는 세도정치기(순조-헌종-철종)이다. 철종 때 중인들은 소청운동을 벌였으나 실패하였다.
① 탕평책은 영조와 정조 때 시행되었다.
② 조선 후기 신분제의 동요는 양반의 수가 증가하게 된다.
③ 진주민란 이후 삼정의 문란을 해결하기 위하여 삼정이정청이 설치되지만 실효를 거두지는 못하였다.
⑤ 정조는 유득공, 박제가, 이덕무 등의 서얼들을 규장각 검서관으로 등용하였으나 신분 상승은 아니었다.

---

05 다음 자료를 통해 알 수 있는 조선 사회의 모습을 학생들이 토론한 내용으로 바른 것은?

- 혼인 후 바로 남자 집에서 생활하는 친영 제도가 정착하였다.
- 제사는 반드시 큰아들이 지내야 한다.
- 재산도 큰아들이 우대 받았다.
- 아들이 없는 집안에서는 양자를 들이는 게 일반화되었다.
- 효자나 열녀를 표창하였다.
- 사위의 처가에 대한 책임감이 약화되었다.

① 여자도 집안의 호주 상속이 인정되었다.
② 부계 중심의 가족 제도가 확립되었다.
③ 남녀에게 재산이 균등하게 분배되었다.
④ 남자의 처가 생활이 일반적이었다.
⑤ 여자의 재가는 비교적 자유로웠다.

06 다음 그림과 같은 현상이 나타나던 시기의 사회 모습으로 옳은 것은?

① 탕평책이 실시되면서 정치 기강을 확립하고자 하였다.
② 신분제가 동요하면서 몰락한 양반이 증가, 평민인 상민의 수가 증가하였다.
③ 농민 봉기의 결과 삼정 이정청이 설치되어 삼정의 문란은 시정되었다.
④ 중인들은 철종 때 대규모의 소청운동을 벌였으나 실패하였다.
⑤ 서얼들이 규장각 검서관으로 등용되면서 신분 상승이 이루어졌다.

정답 ◉ 05.② 06.④

4 근대 태동기의 문화

1 문화의 새기운

(1) 성리학의 변화와 양명학의 수용

① 성리학의 변화

㉠ 성리학의 절대화 경향
- 배경 : 양난 이후 조선의 지배체제의 위기를 놓고 성리학의 강화를 통해 사회의 문제를 해결하려는 세력과 성리학은 이미 사회적 문제의 해결 능력을 잃어 성리학에서 탈피하자는 세력으로 나누어지게 되었다.
- 성리학의 절대화
  - 인조 반정 이후 정권을 장악한 서인들은 의리 명분론을 강화하였다. 이들은 주자 중심의 성리학을 절대화하고 성리학에 대해 비판적 사상을 가진 사람들을 사문난적으로 몰아 배척하였다.
  - 영향 : 중화주의적 사고가 강화되어 명에 대한 의리론으로 이어졌다.

㉡ 성리학에 대한 비판
- 시기 : 17세기 후반 성리학에 대한 상대화와 6경과 제자백가 등에서 사회적 모순 해결의 기반을 찾으려는 경향이 나타났다.
- 대표적 학자
  - 윤휴 : 유교 경전에 대한 독자적 해석을 통해 주자의 학설을 벗어나고자 하였다. 서경덕의 학문적 영향을 받았고 송시열과의 예송논쟁에서 사문난적으로 몰려 죽임을 당하였다.
  - 박세당 : 서인 소론 계열로 양명학과 노장 사상의 영향을 받아 사변록(思辨錄)을 저술하였다. 사문난적으로 몰려 삭탈관직되었다.

읽기 자료 — 윤휴의 사상

천하의 많은 이치를 어찌하여 주자만 알고 나는 모른단 말인가. 주자는 다시 태어난다 하더라도 내 학설을 인정하지 않겠지만 공자나 맹자가 다시 태어난다면 내 학설이 승리하게 될 것이다.

ⓒ 성리학에 대한 논쟁

18세기 호락논쟁(노론 내부의 논쟁)

구분	호론(湖論, 충청도 노론)	낙론(洛論, 서울·경기 노론)
이론	인물성이론(人物性異論)	인물성동론(人物性同論)
지역	충청도, 호서(湖西) 지방	서울, 경기(석실서원) 지방
주장	인간과 사물의 본성은 다르다.	인간과 사물의 본성이 같다.
계승	위정척사 사상	북학 사상

② 양명학의 수용

ㄱ. 수용
- 전래 : 16세기 중종 때 조선에 전래되었다.
- 전개
  - 17세기 후반 : 중앙 정계에서 배재된 소론 학자들에 의해 본격적으로 수용되었다.
  - 18세기 이후 : 18세기 초 강화도로 낙향한 소론 계열의 학자 정제두에 의해 강화학파가 형성되었다.

심즉리(心卽理)

인간의 마음 밖에 따로 이치가 존재한다고 볼 수는 없다. 마음이 있으므로 이치가 있는 것이다. 효의 마음이 있기 때문에 효의 이(理)가 있는 것이지, 효의 이가 있기 때문에 효의 마음이 생겨나는 것은 결코 아니다.

ㄴ. 양명학의 사상
- 심즉리(心卽理) : 마음(心)이 곧 이(理)라고 주장하였다.
- 치양지(致良知) : 모든 사람이 가지는 선천적·보편적 마음의 본체인 양지를 실천하는 일을 뜻한다.
- 지행합일(知行合一) : 앎과 행함은 서로 분리되어 있거나 선후가 있는 것이 아니라 앎은 행함을 통해서 성립한다는 것이다.

③ 강화학파의 사상

ㄱ. 양반제의 폐지 주장 : 일반인을 도덕 실천의 주체로 인식하고 양반제의 폐지를 주장하였다.

ㄴ. 가학의 형태로 계승 : 정제두의 제자들은 정권에서 소외된 소론이었기 때문에 그의 학문은 후손을 중심으로 한 가학(家學)의 형태로 계승되었다.

치양지(致良知)

모든 인간은 양지(良知)라고 하는 선험적 지식을 가지고 태어난다. 인간은 상하 존비의 차별 없이 본래 타고난 천리로서 양지를 실천하여 사물을 바로 잡을 수 있다.

④ 양명학의 영향

ㄱ. 실학자에 영향 : 강화학파는 역사학, 국어학, 서화, 문학 등에서 새로운 경지를 개척하였다.

ㄴ. 국학자에 영향 : 박은식, 정인보 등의 국학자들에게 영향을 미쳐 민족운동에 기여하였다.

지행합일(知行合一)

알았다고 해도 행하지 아니하면 그 앎은 지정한 앎이 아니다. 앎은 행함의 시작이요, 행함은 앎의 완성이다.

왕양명, 「전습록」

(2) 실학의 발달

① 실학의 등장

㉠ 실학의 의미와 배경
- 실학의 의미 : 조선의 사회적 모순에 직면한 양반들 중 일부가 그 해결책을 구상하는 과정에서 실천적 성리학을 세우고 이를 실학(實學)이라고 불렀다.
- 실학의 배경 : 양난 이후 양반사회의 모순이 심화되었음에도 불구하고 중심이념인 성리학은 명분론의 강화로 사회 문제의 해결 기능을 상실하였다.

㉡ 실학의 선구자(17세기)
- 이수광 : 「지봉유설」을 저술하여 중국과 우리나라의 문화 전통을 정리하였고 「천주실의」 등을 소개하여 문화 인식의 폭을 확대하였다.
- 한백겸 : 독자적으로 6경을 해석하려는 노력을 하였고 「동국지리지」를 저술하여 우리나라 역사에 대한 고증을 시도하였다.

② 중농학파(경세치용학파) 실학

㉠ 특징
- 출신 : 서울 부근에서 생활하던 경기 남인들로 주자 성리학을 비판하던 사람들이다.
- 개혁의 방향 : 농촌사회의 안정을 위하여 토지제도를 비롯한 각종 제도의 개혁을 주장하였으므로 이들을 경세치용(經世致用)학파라 한다.

㉡ 실학자
- 유형원
  - 균전론 : 「반계수록」을 저술하고, 균전론을 주장하였다. 그는 신분(사농공상)에 따라 차등을 두어 토지를 재분배하고 자영농을 육성하여야 한다고 하였다.
  - 군사·교육제도의 개편 : 자영농을 육성하고 이를 바탕으로 농병일치의 군사제도와 사농일치의 교육제도를 확립하여야 한다고 주장하였다.
  - 신분제의 비판 : 양반제도·문벌제도·과거제도·노비제도(단계적 폐지)의 모순을 비판하였으나 양반제도 자체를 부정하지 않았다.

한전론

우선 국가에서 한 집의 살림을 알맞게 요량하는 것이 마땅하다. 전지 몇 마지기를 한정하여 한 호의 영업전(永業田)으로 만들어 당나라의 조세 제도와 같이 한다. 많은 자의 것을 줄이거나 빼앗지 말고 모자라는 자에게도 더 주지 않는다. 돈이 있어 사고자 하는 자는 천백 결이라도 다 허가하며 전지가 많아 팔고자 하는 자도 역시 영업전 몇 마지기 이외에는 모두 허가한다. 그러나 영업전 몇 마지기를 매매하는 자가 있으면 여러 곳을 살펴서 산 자에게는 남의 영업전을 빼앗은 죄로 다스리고, 판 자에게도 역시 몰래 판 죄로 다스린다.

「성호사설」

여전론

이제 농사짓는 사람은 토지를 갖고 농사짓지 않는 사람은 토지를 갖지 못하게 하려면 여전제를 실시하여야 한다. 산골짜기와 시냇물의 '지세'를 기준으로 구역을 획정하여 경계를 삼고, 그 경계선 안에 포괄되어 있는 지역을 1여(閭)호 한다. … 1여마다 여장을 두며 무릇 1여의 인민이 공동으로 경작하도록 한다. … 여장은 매일 개개인의 노동량을 장부에 기록하여 두었다가, 가을이 되면 수확물을 모두 여장의 집에 가져온 다음 분배한다.

「여유당전서」

북학론

다섯 번이나 청나라에 다녀왔지만 나는 아직도 청을 잊지 못하고 있다. 사람들이 나를 비난하며 "무슨 도움이 있어 그렇게 청을 좋아하는가?"하고 물었다. 내가 선왕의 옛 법을 찾기 위해서라고 말하자, 지금의 청은 옛전의 중국이 아닌데 어떻게 그것을 찾을 수 있겠는가 하고 박장대소하였다. 중국에서 번성한 문물이 요순 임금 이후 계속 전해져 내려와 청나라에도 사농공상과 관련된 이용후생의 방법이 그대로 보존되어 있으니, 청나라가 아니고 어디에서 선왕의 유풍을 구하겠는가.

「설수외사」

- 이익
  - 성호학파의 형성 : 벼슬을 단념하고 학문에 전념하여 안정복, 신경준, 정상기, 이중환, 이승훈, 정약용 등의 많은 학자들을 길러내 성호학파를 형성하였다.
  - 한전론 : 백과사전식으로 서술된「성호사설」을 저술하였고 한전론을 주장하였다. 한전론은 매매를 금지하는 영업전(永業田)을 설정하고 그 외의 토지를 매매할 수 있게 하여 점진적으로 토지 소유의 평등을 이루고자 하였다.
  - 여섯 가지 좀 : 나라가 빈곤하고 농업이 피폐한 이유로 여섯 가지 좀(노비제도, 과거제도, 양반 문벌, 사치와 미신, 승려, 게으름)을 지적하고 이를 나라의 6좀이라고 하였다.
- 정약용
  - 실학의 집대성 : 신유사옥과 관련되어 강진 등에서 유배생활을 하면서「경세유표」,「목민심서」,「흠흠신서」등 500여권의 이르는 저술을 남겼다.
  - 여전론(閭田論) : 마을 단위의 공동 농장 제도로 30가구를 1여로 하여 공동 노동을 하고 수확은 노동량에 따라 분배하는 방식이었다.
  - 정전론(井田論) : 국가가 장기적으로 토지를 사들여 정전을 편성하고, 사유 농지의 9분의 1을 공전으로 만들어 공동으로 경작하여 수확물을 조세로 충당하는 방식이었다.
  - 과학 기술과 상공에 대한 관심 : 서양 기술을 최초로 중국에 소개한「기기도설」을 참고하여 배다리를 설계하였고 거중기를 제작하여 수원 화성 건설에 도움을 주었다.

정약용의 저서
- **목민심서** : 지방관의 치민(治民)에 관한 도리를 담고 있다.
- **경세유표** : 중앙 정치 제도의 문제점과 개혁안을 제시하고, 정전제 등을 서술하였다.
- **흠흠신서** : 형옥(刑獄)에 관한 법률 지침서이다.

③ 중상학파(이용후생학파, 북학파) 실학
  ㉠ 특징
   - 출신 : 서울의 노론 출신들이다.
   - 개혁의 방향 : 청나라의 문물을 적극적으로 받아들여 상공업의 발전과 기술혁신을 강조하였다. 청나라의 문물을 받아들이자 주장하여 북학파 라고도 불린다.

ⓒ 실학자
- 유수원(중상학파의 선구자)
  - 우서(迂書) : 소론 출신의 중상학파의 선구자로 우서를 저술하여 정치·경제·신분·사상 등의 여러 부분에서 중국과 우리나라의 문물을 비교하여 개혁안을 제시하였다.
  - 상공업의 진흥 : 사농공상의 직업적 평등화와 전문화를 주장하였다.
- 홍대용
  - 부국강병책 : 기술 문화의 장려, 신분제도의 철폐, 성리학 극복이 부국강병의 근본이라고 강조하였다.
  - 저서 : 「임하경륜」, 「의산문답」 등

임하경륜	놀고먹는 선비들의 생산 활동 종사와 균전제를 통해 성인 남자에게 2결의 토지를 나누어 줄 것과 병농 일치의 군사조직을 제안하였다.
의산문답	지전설을 주장하여 중국이 세계의 중심이라는 생각을 비판하고 우주 무한론을 주장하였다.

- 박지원
  - 농업론 : 개인이 소유할 수 있는 토지의 상한선을 정하자는 한전론을 주장하고 상업적 농업을 장려하였다. 또한 수리시설의 확충을 주장하였다.
  - 상공업 진흥 : 청에 다녀와 기행문인 「열하일기」를 저술하여 청의 문물을 소개하고 수레와 선박의 이용 증대와 화폐 유통의 필요성을 강조하였다.
  - 몰락 양반의 비판 : 「양반전」, 「호질」 등을 지어 몰락하는 양반 사회를 조롱하고 양반 사회의 비생산성을 비판하였다.
- 박제가
  - 상공업 진흥책

소비권장	생산과 소비의 관계를 우물물에 비유하면서 절약보다는 소비를 강조하였다.
과학 기술 습득	서양인을 초빙하여 천문과 지리, 유리 제조 기술 등을 습득할 것을 주장하였다.

  - 청과의 통상 강화 : 청에 다녀온 후 「북학의」를 저술하였고 청 문물을 적극 수용하고 무역 증대를 주장하였다.
- 중상학파 실학의 의의 : 농업 중심의 전통적 가치관에서 탈피하여 기술 발전을 통한 부국강병을 추진했다는 점에서 의의가 있다. 또한 북학파 실학사상은 19세기 개화사상에 영향을 미쳤다.

이익과 박지원의 한전론

이익의 한전론은 매매가 불가능한 영업전을 두어 토지 소유의 하한을 둔 것이라면 박지원의 한전론은 개인이 소유할 수 있는 토지의 상한선을 두어 일정한 면적이 넘게 되면 더 이상 토지소유를 금지하는 것이다.

박제가의 소비 강조

비유하건대, 재물은 대체로 샘과 같은 것이며, 퍼내면 차고, 버려두면 말라 버린다. 그러므로 비단옷을 입지 않아서 나라에 비단 짜는 사람이 없게 되면 여홍(女紅)이 쇠퇴하고, 쭈그러진 그릇을 싫어하지 않고 기교를 숭상하지 않아서 장인이 기술을 개발하는 일이 없게 되면 기예가 망하게 되며, 농사가 황폐해져서 그 법을 잃게 되므로, 사농공상의 사민이 모두 곤궁하여 서로 구제할 수 없게 된다.

「북학의」

④ 실학의 의의와 한계
  ㉠ 실학의 의의
    • 민족적 : 실학자들은 우리 문화에 대한 독자적이고 주체적인 입장을 강조하였다.
    • 근대지향적 : 사회체제의 개혁, 생산력의 증대 등 근대지향적인 입장을 가지고 있었다.
    • 실증적 : 과학적이고 객관적인 학문 태도를 가지고 있었다.
  ㉡ 실학의 한계 : 실학을 연구하는 학자들은 정권에서 소외되어 국가 정책에 반영되지 못하였다.

(3) 국학 연구

① 국학 연구의 확대
  ㉠ 배경 : 실학의 발달로 민족의 전통과 문화에 대한 관심이 깊어지면서 우리의 역사, 지리, 국어 등을 연구하는 국학이 발달하게 되었다.
  ㉡ 역사 연구
    • 이익 : 실증적이고 비판적인 역사 서술 태도를 보여주었으며 성호사설을 통해 우리역사를 중국과 대등하게 인식하며 중국 중심의 역사관을 비판하였다.
    • 안정복
      - 동사강목(東史綱目) : 단군부터 고려까지의 역사를 편년체로 서술한 역사서로 우리 역사의 독자적 정통론을 제시하였다.
      - 삼한정통론 : 단군조선 → 기자조선 → 마한 → 통일신라 → 고려 → 조선을 우리 역사의 전통으로 보았다.
      - 고증 사학의 토대 : 고증에 필요한 여러 기록을 비교·분석하여 옳고 그름을 따져 선별하는 방법을 채택함으로써 고증 사학의 토대를 마련하였다.
    • 한치윤 : 다양한 외국 자료를 인용하여 해동역사(海東繹史)를 저술하였다. 해동역사는 문헌적 고증을 통한 사서로 단군부터 고려시대까지 저술하여 민족사 인식의 폭을 확대하였다.
    • 이긍익 : 소론 계열의 이긍익은 연려실기술(燃藜室記述)을 저술하였고 야사를 참고하여 조선의 정치사를 객관적이고 실증적으로 저술하였다.
    • 이종휘 : 「동사」라는 책에서 고구려사를 연구하여 고대사 연구를 만주 지방까지 확대시켰다.
    • 유득공 : 「발해고」라는 책에서 남북국 시대라는 용어를 처음 사용하였고 고대사 연구를 만주 지방까지 확대시켰다.

안정복의 삼한 정통론

삼국사에서 신라를 으뜸으로 한 것은 신라가 가장 먼저 건국되었고, 위에 고구려와 백제를 통합하였으며, 고려는 신라를 계승하였으므로 편찬한 것이 모두 신라의 남은 문적을 근거로 하였기 때문이다. 그러므로 편찬한 내용이 신라에 대하여는 약간 자세히 갖추어져 있고 백제에 대해서는 겨우 세 대만을 기록했을 뿐 없는 것이 많다. 고구려의 강대하고 현저함은 백제에 비할 바가 아니며 신라가 자처한 땅의 일부는 남쪽에 불과할 뿐이다. 그러므로 김씨(김부식)는 신라사에 쓰인 고구려 땅을 근거로 했을 뿐이다. … 정통(正統)은 단군·기자·마한·신라 문무왕·고려 태조 이후를 말한다. 삼국이 병립한 때는 무통(無統)이다.

「동사강목」

Chapter 4 근대 태동기의 문화

- 김정희 : 「금석과안록」에서 북한산비가 진흥왕의 순수비임을 밝혔다.
ⓒ 지리 연구
- 역사 지리서
  - 동국지리지 : 한백겸이 저술한 역사 지리서로 실증적이고 객관적인 역사연구를 추구하였다.
  - 아방강역고 : 정약용의 역사 지리서로 백제의 첫 수도가 지금의 서울이라는 것과 발해의 중심지가 백두산 동쪽이라고 주장하였다.
- 인문 지리서
  - 동국여지지(東國輿地誌) : 효종 때 유형원이 편찬한 전국 지리지이다.
  - 택리지(擇里志) : 이중환이 저술한 지리서로 가거지(可居地)선정 기준을 담고 있다. 택리지에서는 지리·생리·인심·산수의 네 가지 기준으로 사람이 가장 살기 좋은 곳에 관한 내용이 기록되어 있다.
- 지도의 제작
  - 동국지도 : 영조 때 정상기에 의해 제작된 지도로 100리 1척(尺)으로 하는 축척의 개념을 사용하여 지도를 제작하였다.
  - 대동여지도 : 전국을 돌며 만든 실측도이고 접어서 휴대가 가능하도록 만든 지도이다. 10리마다 눈금을 찍어 거리 계산이 가능하도록 하였고 산맥, 하천, 도로망의 표시가 정밀해졌다.

🔲 곤여만국전도

ⓒ 국어 연구
- 음운학 : 신경준의 「훈민정음운해」, 유희의 「언문지」 등이 대표적이다.

이긍익의 객관적 역사 인식

처음에 이 책을 만들 때에 가까운 친구들이, 남에게 보이지 말라고 권고하는 이가 있었다. 나는 답하기를, 남이 이 책을 알지 못하기를 바란다면 만들지 않는 것이 옳고, 만들어 놓고서 남이 알까 두려워한다면 도(道)를 좋아하는 것이 아니다. … 이 책은 남의 귀나 눈에 익은 이야기들을 모아 분류대로 편집한 것이요, 하나도 나의 사견(私見)으로 논평한 것이 없는데, 만일 숨기고 전하지 않는다면 남들이 눈으로는 보지 못하고 귀로만 이 책이 있다고 듣고서 도리어 새로운 말이나 의심한다면, 오히려 위태롭고 두려운 일이 아니겠는가?

「의례」

유득공의 발해 인식

부여씨(백제)가 망하고 고씨(고구려)가 망한 다음. 김씨(신라)가 남방을 차지하고 대씨(발해)가 북방을 차지하고는 발해라 하였으니 이것을 남북국이라 한다. … 저 대씨가 어떤 사람인가? 바로 고구려 사람이다. 그들이 차지하고 있던 땅은 어떤 땅인가? 바로 고구려 땅이다.

「발해고」

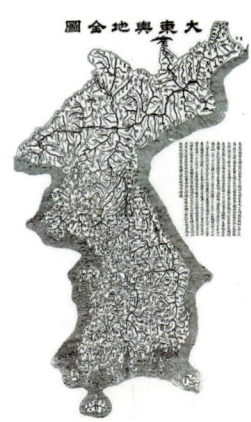
🔲 대동여지도

Part 5 근대 사회의 태동 231

- 어휘수집 : 정약용의 「아언각비」, 우리 방언을 정리한 이호봉의 「고금석림」 등이 편찬되었다.

② 백과사전의 편찬
- 지봉유설 : 이수광이 편찬한 책으로 백과사전의 효시격인 책이며 마테오리치의 천주실의가 소개되어 있다.
- 성호사설 : 이익이 편찬한 책으로 천지·만물·경사·인사·사문의 5개 부문으로 나누어 정리하였다.
- 청장관전서 : 이덕무가 편찬한 책으로 중국의 역사와 인물, 사상 등을 소개하고 있다.
- 임원경제지 : 순조 때 서유구가 편찬한 책으로 농업과 농촌 생활에 필요한 사항을 정리한 농촌 백과사전이다.
- 오주연문장전산고 : 이규경이 편찬한 책으로 우리나라와 중국, 외국의 문물제도를 망라하여 연혁과 내용을 기록한 책이다.

② 과학 기술의 발달
  ㉠ 서양 문물의 수용
  - 전래 : 17세기경부터 사신들이나 서양 선교사들을 통해 전래되었다.
  - 수용 : 북학파 실학자들에 의한 과학 기술 연구 및 보급이 이루어졌다.
  - 외국인의 왕래 : 벨테브레는 서양식 대포 제조법과 조종법을 전수하였고, 하멜은 효종 때 일행 30여 명과 제주에 표류하여 15년간 조선에서 생활하다 탈출하여 본국인 네덜란드로 돌아가 하멜 표류기를 지었다.

  ㉡ 천문학과 지도 제작 기술의 발달
  - 천문학 : 김석문은 최초로 지전설을 주장하였고 홍대용은 지전설을 주장하고 또한 무한 우주론을 주장하여 중화사상을 바탕으로 한 성리학적 세계관을 비판하였다.
  - 역법 : 김육이 청에서 아담 샬이 만든 시헌력을 도입하였다.
  - 지리학 : 마테오리치의 천주실의에 실려 있는 곤여만국전도가 소개됨으로써 조선인의 세계관이 확대되었다.

  ㉢ 의학의 발달
  - 17세기
    – 동의보감 : 광해군의 명을 받아 허준이 편찬한 의학서적으로 한의학을 체계적으로 정리하였다. 일본과 중국에서도 간행될 정도로 뛰어난 의학서적이다.

벨테브레

박연(벨테브레)은 하란 타국 사람이다. … 조정에서 훈련도감에 소속시켜 투항한 왜인과 표착한 한인의 대장으로 삼았다. 훈련대장 구인후의 휘하에 있었고 그 자손들도 마침내 훈련도감의 군적에 편입되었다.

「해동외사」

지전설

지금 이 땅에서 보면 모든 별은 왼쪽으로 움직이고 있는 듯이 보이지만, 그것은 별의 실체 운행이 아니다. 별에는 밤낮으로 하늘을 일주하는 운행이 없다. 지구와 대기의 불이 모여 하나의 구(球)를 이루고, 서쪽에서 동쪽으로 매일 한 바퀴를 도는 것일 뿐이다.

「오위역지」

▣ 동의보감

- 침구경험방 : 허임이 자신의 경험을 바탕으로 침구술을 집대성한 책이다.
- 18세기 : 정약용은 「마과회통」이라는 책에서 마진(홍역)에 관한 연구를 서술하고 종두법을 최초로 소개하였다.
- 19세기 : 이제마는 「동의수세보원」에서 사람의 체질에 따라 치료 방법이 달라야 한다는 사상의설을 주장하였다.

② 농서의 편찬
- 농가집성 : 인조 때 신속이 엮은 책으로 벼농사 중심의 수전 농법을 소개하고 이앙법 보급에 기여하였다.
- 색경 : 숙종 때 박세당이 지은 책으로 양잠에 관련된 사항, 1년 동안의 월별 농사일, 가축 사육 방법, 양봉·술 제조법 등 농가에서 필요한 상식들을 서술하였다.
- 산림경제 : 숙종 때 홍만선이 지은 책으로 고추에 관한 사항이 최초로 언급되어 있고 과수와 약초, 축산 등 다양한 농법을 소개하고 있다.

⑩ 기술 개발
- 정약용의 기예론 : 인간이 동물보다 뛰어난 것은 기술 때문이라고 보고, 기술 발달이 인간 생활을 풍요롭게 한다고 믿었다.
- 거중기 제작 : 기기도설을 참고하여 거중기를 제작했다. 거중기는 수원의 화성 축조 시 사용되어 공사기간의 단축과 공사비의 절감을 가져왔다.
- 배다리 건설 : 정조의 수원 행차 시 한강을 건너가기 용이하도록 배다리를 설계하였다.
- 자산어보 : 정약전은 유배지인 흑산도에서 155종의 어류를 직접 채집·연구하여 「자산어보」를 만들었다.

▣ 배다리

2 문학과 예술의 새 경향

(1) 서민문화의 발달

① 배경
㉠ 상공업의 발달과 농업 생산력의 증대로 서민문화의 새로운 변화가 등장하기 시작하였다.
㉡ 서당 교육의 보급으로 서민층의 사회적 의식이 높아졌고 서민의 경제적·신분적 지위가 향상되었다.

② 경향

서민문화는 솔직한 감정 표현으로 양반의 위선을 비판하고 사회의 부정과 비리를 풍자하였다.

③ 한글 소설
- ㉠ 홍길동전 : 서얼 차별 철폐와 탐관오리의 응징을 통한 이상사회의 건설을 묘사하였다.
- ㉡ 춘향전 : 신분 차별의 비합리성을 비판하고 인간평등의 내용을 담고 있다.

④ 판소리와 가면극
- ㉠ 특징 : 창과 사설로 직접적이고 솔직한 감정을 표현할 수 있었고 서민 문화의 중심이었다.
- ㉡ 판소리 정리 : 열두 마당이 있었으나 신재효가 춘향가, 심청가, 흥부가, 수궁가, 적벽가, 변강쇠가의 6마당을 골라 정착시켰으며 그 중 변강쇠가를 제외한 5마당이 전하고 있다.
- ㉢ 가면극 : 탈놀이와 산대놀이 등의 가면극을 통해 양반 지배층과 승려들의 부패를 풍자하고 양반들의 허구를 폭로하였다.

⑤ 사설시조
- ㉠ 창작 주체 : 서민들의 창작의 주체로 선비들이 창작의 주체로 절의와 자연관을 담고 있던 이전의 시조와는 달리 서민들의 감정을 솔직하게 표현하는 경향이 나타났다.
- ㉡ 형식 : 형식에 얽매이지 않고 자유로운 형식으로 남녀 간의 사랑과 현실에 대한 비판 등의 내용을 담고 있다.

⑥ 한문학
- ㉠ 특징 : 양반층이 중심이 된 한문학도 부조리한 현실을 비판하였다.
- ㉡ 대표적 저자 : 정약용은 '애절양'과 같은 한시로 삼정의 문란을 비판하였고, 박지원은 「허생전」, 「호질」, 「양반전」 등의 소설을 남겨 양반 사회의 허구성을 폭로하고 실용적 태도를 강조하였다.

(2) 진경산수화와 풍속화

① 진경산수화
- ㉠ 배경 : 17세기부터 우리 문화에 대한 자부심이 높아지면서 우리 고유의 자연과 정서를 표현하려는 움직임이 나타났다.
- ㉡ 특징 : 18세기 전반에 들어 등장한 진경산수화는 우리 고유의 자연과 풍속에 맞춘 새로운 화법이다.

정약용의 애절양(哀絶陽)

갈밭 마을 젊은 아낙 울음소리 서러워라.
관청 향해 통곡하다 하늘 보고 한탄하네.
… 시아버지 삼년상 벌써 지났고,
갓난아이 배냇물도 안 말랐는데
이 집 삼대 이름 군적에 모두 실렸네.
억울한 하소연 하려해도 관가 문지기는 호랑이 같고,
이정은 으르렁대며 외양간 소마저 끌고 갔다네.
… 부잣집들 일 년 내내 풍악 울리고 흥청망청
이네들 한 톨 쌀 한 치 베 내다바치는 일 없구나 …

「여유당전서」

ⓒ 정선 : 진경산수화의 대표적 작가로 사실적 풍경화들을 그렸다. 대표작으로는 '인왕제색도'와 '금강전도'가 있으며 바위산은 선으로 그리고 흙산은 묵으로 묘사하는 기법을 사용하였다.

✿ 인왕제색도

② 풍속화
  ⓐ 특징 : 18세기 후반에 유행한 풍속화는 사람들의 일상생활의 모습을 생동감 있게 그려냈다.
  ⓑ 김홍도 : 풍속화에 능했고 서민들의 생활을 소탈하고 익살스런 필치로 그렸다.
  ⓒ 신윤복 : 도시의 풍류생활과 남녀의 애정을 감각적이고 해학적으로 묘사하였다.

✿ 단오풍정

③ 기타
  ⓐ 강세황 : 영통동구도에서 서양의 원근법을 동양화에 접목시켰다.
  ⓑ 윤두서 : 독창적인 구도의 초상화가 유명하다.

✿ 영통동구도

④ 19세기의 회화
  ⓐ 장승업 : 삼원 중의 하나로 강력한 필법으로 군마도와 같은 작품을 남겼다.
  ⓑ 문인화의 부활 : 김정희의 세한도 등 문인화의 부활로 진경산수화는 다소 침체하였다.
  ⓒ 궁궐도 : 도시의 번영을 반영한 그림이 그려졌다.

⑤ 민화의 발달
  ⓐ 특징 : 민중의 기복적 염원과 미의식을 한국적 정서로 표현하여 생활공간 장식용으로 그려졌다. 소박한 형태와 파격적인 구성을 특징으로 한다.
  ⓑ 작가와 소재 : 작가는 알 수 없는 경우가 대부분이며 그림의 소재로는 해, 달, 호랑이, 꽃, 물고기 등 복을 비는 마음을 담은 소재들이 그려졌다.

✿ 민화

⑥ 서예

단아한 글씨체인 이광사의 동국진체(원교체)와 굳센 기운과 조형성을 가진 김정희의 추사체가 등장하였다.

(3) 건축과 공예, 음악

① 건축

㉠ 17세기의 건축 : 양반 지주의 경제적 성장을 바탕으로 사원건축이 활발하게 이루어졌는데 금산사 미륵전, 법주사 팔상전 등이 있다.

㉡ 18세기의 건축
- 사원건축 : 부농과 상인의 지원으로 사원이 많이 건립되었는데 논산 쌍계사, 안성 석남사 같은 사원이 대표적이다.
- 수원화성 : 정조 때 정약용의 거중기를 이용하여 건축된 화성은 방어와 공격을 겸한 성곽 시설로 생활과 경제적 기반까지 조화시킨 계획도시로 설계되었다.

수원화성

㉢ 19세기의 건축
홍선대원군이 왕실의 권위를 높여 왕권을 강화하기 위한 목적으로 경복궁의 근정전, 경회루가 중건되었다.

금산사 미륵전

경복궁 근정전

② 공예와 음악

㉠ 자기 공예 : 백자가 민간에 널리 사용되고 청화 백자가 유행하였다. 서민들은 옹기를 많이 사용하였다.

㉡ 음악 : 음악에 대한 향유층이 확대되면서 다양한 음악이 나타나 발전하였다. 양반층은 기존의 가곡과 시조를 애창하였고 서민들은 민요를 즐겨 불렀다.

청화 백자

01
12회 30번

다음을 주장한 실학자에 대한 설명으로 옳은 것은? (2점)

> 비유하건대, 재물은 대체로 샘과 같다. 퍼내면 차고, 버려두면 말라 버린다. 그러므로 비단옷을 입지 않아서 나라에 비단 짜는 사람이 없게 되면 여공이 쇠퇴하고, 쭈그러진 그릇을 싫어하지 않고 기교를 숭상하지 않아서 공장하는 일이 없게 되면 기예가 망하게 된다.

① 정통론에 입각하여 「동사강목」을 저술하였다.
② 「우서」를 저술하여 상공업 진흥을 강조하였다.
③ 북벌론을 비판하고 청 문물의 수용을 주장하였다.
④ 육두론을 통해 나라를 좀 먹는 여섯 가지 폐단을 지적하였다.
⑤ 토지의 공동 소유·공동 경작을 골자로 한 여전체를 주장하였다.

● 해설
제시문은 박제가가 쓴 북학의의 일부 내용이다. 박제가는 중상학파 실학자로 발달된 청의 문물 수용과 상공업의 진흥을 주장하였다.
① 안정복, ② 유수원, ④ 이익, ⑤ 정약용

● 정답 : ③

02
14회 44번

(가)에 들어갈 서적으로 옳은 것은? (1점)

> 중종 30년(1535), 한양 사람 박○○이 충청도 서산의 지방관으로 임명되었다. 그는 부임하기 전에 그 지역에 대한 역사, 성씨, 산천, 교통, 인물 등을 파악하기 위해 인문 종합 지리서인 (가)을(를) 보았다.

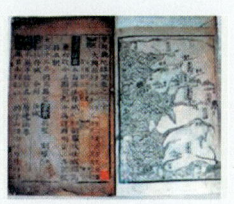

① 주자가례
② 동국통감
③ 삼강행실도
④ 국조오례의
⑤ 신증동국여지승람

● 해설
조선 성종 때 각 지방의 연혁, 인물, 지세, 풍속 등을 담은 동국여지승람이 간행되었고 중종 때 이를 증보하여 신증동국여지승람으로 간행하였다.

● 정답 : ⑤

포인트 출제적중문제

정답 및 해설

01
향약집성방은 세종 때 간행된 의학서적으로 의방유취와 함께 의학의 자주적 체계를 마련한 의학서로 평가된다. 사상의설을 주장한 이제마의 책은 동의수세보원이다.

02
(가) : 낙론
(나) : 호론

구분	호론 (충청노론)	낙론(서울, 경기 노론)
주장	인물성이론 (人物性異論) - 인간과 사물의 본성이 다르다는 주장	인물성동론 (人物性同論) - 인간과 사물의 본성이 같다는 주장
계승	위정척사 사상	북학 사상

01 조선시대의 문화에 대한 설명으로 옳지 않은 것은?

① 태종 때에는 서적 간행을 위하여 주자소가 설치되고 금속활자인 계미자가 주조되었다.
② 세조는 불교 진흥책의 일환으로 간경도감을 설치하였다.
③ 조선 초기에는 분청사기가, 16세기 이후에는 선비들의 취향에 부합하는 백자가 유행하였다.
④ 15세기 회화의 대표작으로는 안견의 몽유도원도와 강희안의 고사관수도를 들 수 있다.
⑤ 조선 후기 이제마는 향약집성방에서 사상의설을 주장하였다.

02 다음 (가)와 (나)의 주장에 대한 설명으로 옳지 않은 것은?

> (가) 생태계를 구성하는 인간, 금수, 초목은 차별성이 있지만 이것이 곧 차등성이 되는 것은 결코 아니다. 금수와 초목에도 나름대로 예(禮)와 의(義)가 있다. 사람과 사물이 귀하고 천함에 차이가 있다고 해도 하늘이라는 절대적인 관점에서 보면 사람과 사물은 균등하다.
> 「홍대용」
> (나) 물(物)에도 인·의·예·지라는 도덕성이 있다. 다만 인간은 그 전체를 가지고 있지만 물(物)은 일부분만 가지고 있다. 사람이 오상(五常)을 모두 갖추었음에 비해 초목이나 금수와 같은 물(物)에는 그것이 치우치게 존재하여, 인성(人性)과 물성(物性)은 근본적으로 다를 것이다.
> 「한원진」

① (가)는 서울, 경기 노론의 주장이다.
② (가)는 위정척사 사상으로 계승되었다.
③ (나)는 충청 노론인 호론의 주장이다.
④ (가)와 (나)는 조선 후기의 호락논쟁이다.
⑤ (가)와 (나)의 논쟁은 노론 내부에서 전개되었다.

정답 ◎ 01. ⑤   02. ②

03 다음의 인물에 대한 설명으로 바르게 된 것은?

> 18세기 말 신유박해에 연루되어 전라도 강진으로 유배되었던 그는 백성을 위하여 존재한다는 것이 통치자라고 주장하면서 백성의 의사가 반영될 수 있는 정치 제도의 개선 방안을 모색하였다.

① 반계수록을 저술하였다.
② 토지 개혁론으로 여전론을 제시하였다.
③ 나라를 좀먹는 6가지의 폐단을 지적하였다.
④ 많은 제자를 길러내어 성호학파를 형성하였다.
⑤ 동사강목을 저술하여 삼한정통론을 주장하였다.

정답 및 해설

03
제시문은 정약용에 대한 설명이다. 정약용은 실학을 집대성한 실학자로 토지제도의 개혁 방향으로 여전론을 주장하였다.
① 유형원의 저서이다.
③, ④ 이익에 대한 설명이다.
⑤ 안정복에 대한 설명이다.

04 다음은 조선 후기 어떤 유학자의 주장이다. 이와 같은 주장이 나오게 된 배경으로 가장 적절한 것은?

> 안다는 것은 행하는 것이며, 행하는 것은 아는 것이 이루어지는 것이다. 성학(聖學)은 단지 하나의 공부이니, 아는 것과 행하는 것은 두 가지 일로 나눌 수 없는 것이다.

① 가혹한 수탈, 자연 재해 등으로 사회의 불안정이 심화되었다.
② 서민 의식을 반영한 한글 소설 등 서민 문화가 대두되었다.
③ 성리학 일변도의 사상체계로 사회의 보수적인 성향이 심화되었다.
④ 서양의 이양선이 출몰하는 등 사회불안이 가중되고 있었다.
⑤ 서학의 전래와 보급으로 양반층의 성리학 중심 체계가 변화되었다.

04
제시문은 양명학의 이론이다. 조선후기 성리학은 절대화 되면서 사회 개혁의 이론으로서 기능이 떨어지게 되고 이러한 성리학의 절대화를 비판하는 움직임이 나타나는데 양명학도 성리학의 절대화를 비판하며 지행합일, 심즉리 등을 강조했던 학문이다. 정제두에 의해 강화학파가 형성된다.

정답 ◎ 03.② 04.③

정답 및 해설

05
신속의 농가집성은 벼농사 중심의 농법을 소개하고 이앙법을 보급하는 데 공헌하였다. 그 후 채소, 과수, 원예, 양잠 등의 농서가 필요해지자 박세당이 색경을, 홍만선이 산림경제를, 서호수는 해동농서를 저술하여 농업 발전에 기여하였다.

06
실학은 실증적·민족적·근대 지향적 특성을 지닌 학문이었으나, 신분제 폐지나 남녀 평등 등을 주장하지는 않았다.

---

05 조선 후기의 과학과 기술에 대한 설명으로 옳지 않은 것은?

① 천문학 : 지전설을 주장하여 성리학적 세계관을 비판하였다.
② 지리학 : 중국에서 전래된 곤여만국전도는 화이론적 세계관에서 벗어나, 세계관을 확대시켜 주었다.
③ 의학 : 이제마는 동의수세보원을 저술하여 사상 의학을 확립하였다.
④ 농학 : 신속은 농가집성에서 곡물 재배법 외에 채소, 과수, 화초 재배법과 목축, 양잠 기술에 대해 소개하였다.
⑤ 기예론 : 정약용은 기술의 발달이 인간 생활을 풍요롭게 한다고 주장하였다.

06 조선 후기 실학에 관한 설명으로 바르지 못한 것은?

① 민족적, 근대 지향적 성격이 있었다.
② 북학파 실학자들은 청나라 문물의 수용을 주장하였다.
③ 농업 중심의 개혁론과 상공업 중심의 개혁론이 있었다.
④ 신분제 폐지, 남녀 평등, 토지 균분 등의 주장을 하여 지배층의 박해를 받았다.
⑤ 조선 후기의 사회 모순에 대한 해결책을 구상하는 과정에서 나타난 사회 개혁론이었다.

정답 ◉ 05.④ 06.④

Part 6 근대 사회의 전개

- **Chapter 01** 외세의 침략적 접근과 개항
- **Chapter 02** 개화 정책의 추진과 반발
- **Chapter 03** 민족운동과 근대적 개혁
- **Chapter 04** 근대의 경제와 사회
- **Chapter 05** 근대 사회의 문화

외세의 침략적 접근과 개항

1 흥선대원군의 정치

(1) 대원군 집권 당시 국내외 정세

① 국내정세
  ㉠ 정치 기강 문란 : 세도 정치로 인해 왕권은 약화되었고 매관매직의 성행, 과거시험의 부정 등 정치기강이 문란해졌다.
  ㉡ 농민 경제 파탄 : 탐관오리의 수탈과 부정부패, 삼정의 문란으로 농촌 경제는 파탄에 이르렀고 곳곳에서 농민 봉기가 발생하였다.
  ㉢ 새로운 종교의 등장 : 사회적 혼란으로 인해 사람들은 새로운 종교를 갈망하였고 동학, 천주교의 교세가 크게 확장되었다.

② 국외정세
  ㉠ 아시아 각국의 문호개방 : 청, 일본 등 아시아 각국의 문호가 개방되었다.
  ㉡ 서양 세력의 접근 : 이양선이 출몰하고 서양 제국주의 열강의 침략적 접근으로 위기의식이 고조되었다.

◎ 이양선

(2) 흥선대원군의 개혁 정치

① 왕권 강화 정책
  ㉠ 세도정치 타파 : 세도가문을 축출하고 능력에 따른 인재의 고른 등용을 추진하였다.
  ㉡ 비변사 혁파 : 비변사의 기능을 축소하고 의정부와 삼군부의 기능을 부활하여 정치와 군사의 기능을 분리하였다.

읽기자료 대원군의 세도가문 축출

대원군이 집권한 후 어느 회의석상에서 여러 대신들에게 말하기를 "나는 천리(千里)를 끌어다 지척(咫尺)을 삼겠으며, 태산을 깎아내려 평지를 만들고, 또한 남대문을 3층으로 높이려 하는데, 여러분들은 어떻게 생각하오?"
「매천야록」

> **비변사의 축소와 폐지**
> 흥선대원군은 1864년(고종 1년) 의정부와 비변사의 기능을 구분하여 의정부는 국무의 총괄 기능을 회복시켰고 비변사는 외교와 국방, 치안 관계만을 관장하게 하였다. 다음해 비변사를 폐지하고 삼군부를 부활시켜 군사업무를 담당하게 하였다.

  ㉢ 법전 정비 : 「대전회통」, 「육전조례」를 편찬하여 통치 체제를 재정비하였다.

Chapter 1 외세의 침략적 접근과 개항

ⓔ 서원 정리 : 붕당 정치의 폐단을 일소하고 국가 재정의 확충, 양반의 횡포 방지를 목적으로 47개의 사액서원을 제외한 나머지 서원을 철폐하였다. 대원군의 서원철폐는 양반 유생의 반발을 초래하였다.

ⓜ 경복궁 중건 : 경복궁 중건의 재정을 확보하기 위하여 원납전을 징수하고 당백전을 발행하였다. 이로 인하여 인플레이션이 발생하였고 강제 노역에 동원된 백성들의 반발을 초래하였다. 또한 대원군은 양반들의 묘지림을 벌목하기도 하여 양반의 반발도 초래하였다.

② 민생 안정 정책
ⓐ 목적 : 삼정의 문란 시정을 통한 백성의 생활 안정과 국가 재정확보가 목적이었다.
ⓑ 전정 : 양전 사업을 통해 은결을 색출하려고 하였고 지방관과 토호의 토지 겸병을 금지하였다.
ⓒ 군정 : 호포법(동포제)을 실시하여 양반에게도 군포를 징수하였다. 이로 인하여 양반들의 불만이 고조되었다.
ⓓ 환곡(還穀) : 사창제로 전환하여 농민들의 부담을 경감시켰다.

③ 대원군의 개혁 정치의 의의와 한계
ⓐ 의의 : 전통적인 국가 체제 정비와 민생안정에 다소 효과가 있었다.
ⓑ 한계 : 전통 체제 내의 개혁으로 민주 정치나 평등 사회를 지향한 근대적인 개혁은 아니다.

(3) 통상수교 거부정책

① 병인양요(1866년 9월)
ⓐ 병인박해 : 대원군은 집권 초기에 천주교에 대해 관대한 정책을 폈다. 그러나 이후 프랑스 신부 9명과 8천여 명의 신자를 처형하는 등 천주교를 박해하였다.
ⓑ 전개 : 병인박해를 구실로 프랑스 함대가 강화도를 공격하였다. 문수산성의 한성근과 정족산성의 양헌수 부대의 분전으로 프랑스군은 철수하였고 이때 돌아가던 프랑스 함대는 외규장각 도서를 약탈하였다.

대원군의 서원철폐

대원군은 "백성을 해치는 자는 공자가 다시 살아난다 하여도 내가 용서 못한다. 하물며 서원은 우리나라 선유에 제사 지내는 곳인데 어찌 이런 곳이 도적이 숨는 곳이 되겠느냐?"라고 호통을 치며 군졸들로 하여금 유생들을 해산시키고 한강 너머로 축출하였다.
「근세조선정감」

🔸 당백전

🔸 외규장각

대원군의 호포제

나라 제도로서 인정(人丁)에 대한 세를 신포라 하였는데, 충신과 공신의 자손에게는 모두 신포가 면제되어 있었다. 대원군은 이를 수정하고자 동포(洞布)라는 법을 제정하였다. … 이 때문에 예전에는 면제되던 자라도 신포를 바치지 않을 수 없게 되었다. 조정의 관리들이 이 법의 시행을 저지하고자 하여, "만약 이와 같이 하면 국가에서 충신과 공신을 포상하고 장려하는 후한 뜻이 자연히 사라지게 됩니다."라고 하였다. 대원군은 이를 듣지 않으면서, "충신과 공신이 이룩한 사업도 종사와 백성을 위한 것이었다. 지금 그 후손이 면세를 받기 때문에 일반 평민이 법에 정한 세금보다 무거운 부담을 지게 된다면 충신의 본뜻이 아닐 것이다."하여 단연 그 법을 시행하였다.
「근세조선정감」

Part 6 근대 사회의 전개 243

제너럴셔먼호 사건

미국도 1866년에 조선의 개방을 시험한 것이 있으니, 제너럴셔먼호라는 상선이 평양을 향해 대동강을 거슬러 올라갔다. 미국인과 영국인, 중국인이 섞인 선원을 태운 이 중무장 선박은, 크리스트교뿐만 아니라 외국과의 통상도 조선의 법에 위배된다는 전문을 받았다. 하지만 제너럴셔먼호는 이 말을 무시한 채 계속해서 앞으로 나아갔다. 곧 적대감에 찬 군중이 강가에 몰려들었고, 겁에 질린 선원들은 그들에게 머스캣 총을 발사하였다. 그 일제 사격이 끝나자 당시 평양 감사로서 사람들의 존경을 받고 있던 온건한 관리 박규수는 제너럴셔먼호를 파괴하라는 명을 내렸다. 전투에 나선 조선인들은 선원 전원을 죽이고 배를 불살랐다.

브루스 커밍스, 「한국현대사」

오페르트 도굴 사건

"너희 나라와 우리나라 사에는 원래 왕래도 없었고, 은혜를 입거나 원수를 진일도 없다. 이번 덕산 묘지에서 저지른 사건은 사람으로서 차마 할 수 있는 일이겠는가? 또한 방비가 없는 것을 엿보아 몰래 들이닥쳐 소동을 일으키며, 무기를 빼앗고 백성들의 재물을 강탈하는 것도 사리로 볼 때, 어찌 할 수 있는 일이겠는가? 이런 사태에서 우리나라 신하와 백성들은 있는 힘을 다하여 한 마음으로 네놈들과 같은 하늘을 이고 살 수 없다는 것을 다짐한다."

「고종실록」

② 제너럴셔먼호 사건(1866년 7월)
  ㉠ 전개 : 미국의 상선인 제너럴셔먼호는 평양 앞바다에 나타나 통상을 요구하며 무력시위를 벌였다.
  ㉡ 조선의 대응 : 평양 감사 박규수를 비롯한 평양 군민들은 썰물을 이용하여 제너럴셔먼호를 불태웠다.

③ 오페르트 도굴 사건(1868년 4월)
  ㉠ 전개 : 미국 자본주 지원으로 독일인인 오페르트는 흥선대원군의 아버지인 남연군의 묘를 도굴하여 유골을 탈취하고 이를 빌미삼아 통상을 요구하려 하였다.
  ㉡ 결과 : 오페르트의 도굴사건이 실패하고 이 사건 이후 조선에서는 서양에 대한 적개심이 고조되었고 천주교에 대한 탄압이 강화되었다.

④ 신미양요(1871년 5월)
  ㉠ 배경 : 제너럴셔먼호 사건을 구실로 미국이 강화도를 침입하였다.
  ㉡ 전개 : 광성진의 어재연을 중심으로 덕진진, 초지진이 함께 미국을 공격하였으나 무력의 열세를 극복하지 못하고 사실상 강화도를 점령당하였다. 그 후 전쟁의 장기화를 우려한 미국은 40여 일 만에 강화도에서 퇴각하였다.
  ㉢ 영향 : 대원군은 전국에 척화비를 건립하여 서양 세력에 대한 통상 수교 거부 의지를 분명히 하였다.

⑤ 대원군의 통상수교 정책의 평가
  ㉠ 의의 : 외세의 침략을 막고 전통 질서를 지키려는 자주적 운동이다.
  ㉡ 한계 : 세계사의 흐름에 뒤쳐짐으로서 우리나라의 근대화가 지연되었다.

병인양요와 신미양요의 격전지

양요의 흐름

연도	사건	내용
1866	병인박해	프랑스 선교사 9명과 신도 8천여 명이 처형
	제너럴셔먼호 사건	미국 상선 제너럴셔먼호가 평양에 와서 통상을 요구하여 충돌 (박규수)
	병인양요	병인박해를 구실로 프랑스 함대가 강화도 침입(외규장각 도서 약탈, 문수 산성(한성근), 정족산성(양헌수)에서 프랑스 군 격퇴
1868	오페르트 도굴 사건	남연군묘 도굴 사건 → 서양 열강에 대한 적개심 고조, 흥선 대원군의 통상 수교 거부 정책 뒷받침
1871	신미양요	제너럴셔먼호 사건을 구실로 미국의 강화도 침입 → 초지진, 덕진진, 광성진(어재연) 등의 항전
	척화비 (斥和碑)	전국 각지에 척화비를 건립하여 서양 세력 경제(洋夷侵犯 非戰則和 主和賣國)

척화비(斥和碑)

洋夷侵犯
(서양 오랑캐가 침범하였는데)
非戰則和
(싸우지 않는 것은 화친하는 것이며)
主和賣國
(화친을 주장하는 것은 나라를 파는 것이다.)

2 개항과 불평등 조약

(1) 개항의 배경

① 국내의 상황
  ㉠ 흥선대원군의 퇴진(1873년) : 흥선대원군이 실각하고 고종의 친정(민씨 정권 수립)이 시작되었다.
  ㉡ 외교 정책의 변화 : 명성황후를 중심으로 한 민씨 정권이 수립되었고 통상개화론자들이 새로운 세력으로 성장하였다.

② 초기 개화파의 형성
  ㉠ 박규수 : 평안도 관찰사로 있을 때 제너럴셔먼호를 대동강에서 격퇴시켰다. 이후 청에 사신으로 다녀와 조선의 부국강병을 위해서 발달된 서양 문물을 수용하여야 한다고 주장하였다.
  ㉡ 오경석 : 역관 출신으로 청에 오가면서 「해국도지」, 「영환지략」 등 새로운 책을 소개하였다.
  ㉢ 유홍기(유대치) : 박규수, 오경석과 함께 개화당을 지도하였다.

③ 일본의 상황
  ㉠ 서계 문제 : 외교 문서인 서계 문제를 계기로 조선을 정벌하자는 정한론이 대두되었다.
  ㉡ 운요호 사건(1875년) : 일본 배인 운요호가 강화도 해역을 불법적으로 침략하였고 초지진 포대에서는 경고 사격을 가했다. 이를 구실로 일본은 강화도 조약을 강요하였고 일본 함대의 위협 속에서 통상조약(강화도조약)이 체결되었다.

④ 개항과 개화 정책

㉠ 강화도 조약(1876년. 조·일 수호 조규·병자수호조약)

조약의 체결	• 최초의 근대적 조약, 불평등 조약(영해 측량권 인정, 치외법권 허용)
조·일 수호조규 부록	• 일본 외교관의 여행 자유 • 거류지(조계) 설정, 일본 화폐 사용 • 거류지 무역(간행이정 10리)
조·일 통상장정 (무역규칙)	일본 상선의 무항세, 일본 상품의 무관세, 쌀과 잡곡의 무제한 방출

⑤ 주요 내용

㉠ 강화도 조약

조항	내용	의미
제 1관	조선은 자주의 나라이며, 일본과는 평등한 권리를 가진다.	청의 종주권 부인
제 2관	일본국 정부는 지금부터 15개월 후 수시로 사신을 조선국 서울에 파견한다.	김기수, 김홍집을 수신사로 파견
제 4관	조선국 부산 초량항에는 일본 공간이 세워져 있어 양국 백성들의 통상 지구로 되어 왔다. 금후에는 종전 관례의 세견선 등의 일을 없애고 새로운 조약에 준하여 무역 사무를 할 것이다.	토지조차, 주택 임차를 허용으로 영토 주권 침해
제 5관	조선 정부는 부산 외에 2개 항구를 개항하고 일본인이 와서 통상하는 것을 허가한다.	인천(정치), 부산(경제), 원산(군사) 3개항 개항
제 7관	일본국의 항해자가 자유로이 해안을 측량하도록 허가한다.	조선 영해 측량권 인정
제 10관	일본국 인민이 조선국 지정의 각 항구에 머무르는 동안에 죄를 지었거나 조선국 인민에게 관계되는 사건은 모두 일본국 관원이 심판한다.	치외법권의 허용

㉡ 조·일 수호 조규 부록(1876년 7월)

조항	내용	의미
제 4관	금후 부산항에 있어서는 일본국 인민이 통행할 수 있는 도로의 이정은 방파제로부터 기산하여 동서남북 각 직경 10리로 정한다. 이 이정내에 있어서 일본국 인민은 자유로 통행하고 기타의 산물 및 일본국산물을 매매할 수 있다.	간행이정 10리 설정 일본 거주 지역 설정
제 7관	일본국 국민은 본국에서 사용되는 화폐로 조선국 국민이 보유하고 있는 물자와 마음대로 교환 할 수 있다.	일본 화폐의 유통

Chapter 1 외세의 침략적 접근과 개항

ⓒ 조·일 통상 장정(1876년 7월)

조항	내용	의미
제6조	금후 한국 제 항구에서 양미(糧米) 및 잡곡을 수출입할 수 있다.	양곡의 무제한 유출 허용 → 방곡령의 원인
제7조	항구로 들어오는 상선은 항세를 납입해야 한다. 단 일본정부 소속 선박은 항세를 납부하지 않는다. 수출입 상품에 관세를 부과하지 않는다.	일본의 수출입 상품에 대한 무관세

⑥ 각국과의 조약 체결

㉠ 조미수호통상조약(1882년)

구분	내용
조약의 배경	• 황쭌셴의 조선책략(조선은 미국, 청, 일본과 손잡고 러시아의 남하를 막아야 한다는 내용을 담고 있음) • 러시아와 일본을 견제하려는 청의 알선
조약의 체결	• 우리나라가 서양과 맺은 최초의 조약
조약의 내용	• 거중조정(양국 중 한 나라가 제3국의 핍박을 받을 경우 서로 개입하여 도움을 주겠다는 규정이다.) • 불평등 조약(치외법권, 최혜국 대우) • 관세 조항 규정

㉡ 각국과의 조약 체결(불평등 조약)

조·청 상민 수륙 무역 장정	청	1882년	청 상인의 통상 특권 허용, 최혜국 대우, 치외 법권, 양화진, 서울 개방
조·영 통상 조약	영국	1883년	최혜국 대우, 내지 통상권
조·독 통상 조약	독일	1883년	최혜국 대우
조·러 통상 조약	러시아	1884년	청, 일의 반대로 직접 수교
조·프 통상 조약	프랑스	1886년	천주교 신앙 및 선교의 자유 허용

황쭌셴의 조선책략

조선 땅 덩어리는 실로 요충을 차지하고 있어 형세가 반드시 다투게 마련이며, 조선이 위태로우면 아시아의 형태도 위태로워질 것이다. … 그렇다면 조선은 러시아를 막는 일보다 더 급한 일은 없을 것이다. 러시아를 막는 책략은 어떠한가? 중국과 친하고(親中國), 일본과 맺고(結日本), 미국과 연합(聯美國)함으로써 자강을 도모할 따름이다.

「조선책략」

1. 저자 : 황쭌셴(주일 청 공사)
2. 소개 : 2차 수신사로 일본을 방문했던 김홍집의 소개 (1880년)
3. 영향 : 개화사상가 → 미국과 수교 주장, 보수유생 → 위정척사 사상 강화(이만손의 영남만인소)

조·청 상민 수륙 무역 장정

이 수륙 무역 장정은 중국이 속방을 우대하는 뜻에서 상정한 것이고, 각 대등 국가 간의 일체 균점(均霑)하는 예와는 다르다.

1조 : 청의 상무위원을 서울에 파견하고 조선 대관을 천진에 파견한다. 청의 북양 대신과 조선 국왕은 대등한 지위를 가진다.
2조 : 조선에서 청의 상무위원의 치외법권을 인정한다.
4조 : 북경과 한성의 양화진에서의 개잔(開棧)무역을 허락하되 양국 상민의 내지 채판(內地采辦)을 금하고, 다만 내지 재판이 필요할 경우 지방관의 허가서를 받아야 한다.

대표 기출 문제

01
16회 31번

(가)에 들어갈 내용으로 옳지 않은 것은? (2점)

> ◆ 인물 탐구 – 흥선 대원군 ◆
> - 생몰 연대 : 1820~1898년
> - 본명 : 이하응(고종의 아버지)
> - 추진 정책
>   - 대내 : (가   )
>   - 대외 : 서양의 통상 수교 요구를 거부하였다.

① 의정부와 삼군부의 기능을 부활시켰다.
② 양전 사업을 실시하고 지계를 발급하였다.
③ 왕실의 권위를 세우기 위해 경복궁을 중건하였다.
④ 양반에게도 군포를 부과하는 호포제를 실시하였다.
④ 환곡의 폐단을 개선하기 위해 사창제를 실시하였다.

● 해설
고종은 대한제국을 선포하고 광무 개혁을 단행하였는데 이때 양전 사업을 실시하고 토지 소유 문서인 지계를 발급하였다.

● 정답 : ②

02
11회 28번

(가) 조약이 조선의 경제 상황에 끼친 영향으로 옳은 것은? (2점)

> ○○신문 △△△△년 △△월 △△일
>
> 특집 (가) 을(를) 분석한다
>
> 조선은 (가)을(를) 체결함으로써, 청에게 치외법권은 말할 것도 없고, 최초로 한성과 양화진에서 점포를 개설할 수 있는 권리와 여행권을 소지한 경우 개항장 밖에서도 통상할 수 있는 권리 및 조선 연안에서 자유롭게 무역할 수 있는 권리를 넘겨주었다.

① 청과 일본의 상권 경쟁이 치열해졌다.
② 개항장에서 일본 화폐가 사용되었다.
③ 최초로 무관세 협정을 체결하게 되었다.
④ 일본 제일은행권이 본위 화폐가 되었다.
⑤ 화폐 가치의 하락으로 물가가 폭등하였다.

● 해설
제시된 조약은 1882년 체결된 조청 상민 수륙 무역 장정이다. 이 조약으로 청은 조선의 내륙으로 진출하였고 이로 인하여 조선 내 청과 일본 상인 간의 경쟁이 치열해졌다.

● 정답 : ①

출제적중문제

01 다음과 같은 입장을 가졌던 인물이 집권한 시기에 추진된 정책으로 옳지 않은 것은?

> • 나는 천리를 끌어다 지척을 삼겠으며, 태산을 깎아내려 평지를 만들고, 또한 남대문을 3층으로 높이려 하는데 제공들은 어떻게 생각하오?
> • 진실로 백성에게 해가 되는 것이 있으면 비록 공자가 다시 살아난다 해도 나는 용서하지 않겠다. 하물며 서원은 우리나라에서 존경받는 유학자를 제사하는 곳인데, 지금은 도적의 소굴이 되어버렸으니 말할 것도 없다.

① 개항을 결정하고 강화도 조약을 체결하였다.
② 환곡제를 개혁하기 위해 사창제를 실시하였다.
③ 양반에게도 군포를 징수하는 호포제를 실시하였다.
④ 비변사의 기능을 축소시키고 의정부의 기능을 부활시켰다.
⑤ 경복궁 중건을 위해 원납전을 징수하고 당백전을 발행하였다.

02 흥선대원군의 집권 무렵인 1860년대를 전후한 국내의 정세에 관한 것 중 바르지 않은 것은?

① 비변사의 권한이 강화되어 왕권과 의정부의 권한이 약화되었다.
② 삼정의 문란으로 농민들의 반발이 심하였다.
③ 이양선의 출몰과 통상 요구 및 위협이 가중되어 사회가 혼란하였다.
④ 세도정치로 인하여 왕권이 약화되고 백성의 생활이 어려웠다.
⑤ 통상개화론이 힘을 얻으면서 최초로 서양국가인 미국과 수교를 맺었다.

정답 및 해설

01
제시문의 인물은 흥선대원군이다. 흥선대원군은 집권 후 세도정치기의 모순을 해결하기 위한 개혁을 실시하였고 대외적으로는 통상수교 거부 정책을 표방하였다. 1873년 대원군이 하야하고 권력을 잡은 명성왕후와 민씨정권을 무력을 앞세워 개항을 요구하는 일본과 1876년 강화도 조약을 체결하고 문호를 개방하였다.

02
대원군은 통상수교 거부 정책을 내세웠으며 미국과는 1882년 수교를 맺었다.

정답 ◉ 01.① 02.⑤

정답 및 해설

03
제시문은 1876년 조선과 일본 사이에 체결된 강화도 조약의 내용이다. 우리나라 최초의 근대적 조약이며 불평등 조약이다. 제1관의 내용은 청에 대한 종주권을 부인한 것으로 강화도 조약으로 청과의 사대관계가 청산된 것은 아니다.

04
제시된 연표는 대원군의 집권시기에 일어난 일이다. 고종의 친정은 1873년 이후이므로 제시된 연표와 관계없다.

---

03 다음은 1876년 조선이 일본과 맺은 조약의 주요 내용이다. 이를 통하여 추론한 것으로 옳지 않은 것은?

> 제1관 : 조선국은 자주의 나라이며, 일본국과 평등한 권리를 갖는다.
> 제2관 : 일본국 정부는 지금부터 15개월 후 수시로 사신을 조선국 서울에 파견한다.
> 제4관 : 조선국은 부산 외에 두 곳을 개항하고, 일본인이 왕래 통상함을 허가한다.
> 제10관 : 일본국의 인민이 조선국 지정의 각 항구에 머무르는 동안에 죄를 범한 것이 조선국 인민에 관계되는 사건일 때에는 모두 일본 관원이 심판한다.

① 일본은 정치적, 군사적 침투도 노렸다.
② 일본은 개항장에서 영사 재판권을 행사하였다.
③ 조선에서는 개화와 보수의 갈등이 심화되었다.
④ 이를 계기로 조선은 청과의 사대 관계를 청산하였다.
⑤ 영해측량권, 치외법권 등을 인정한 불평등 조약이다.

04 다음 연표에 나타난 상황과 관련된 사실로 보기 어려운 것은?

1866년 7월	미국의 제너럴셔먼호가 통상을 요구하다 평양 군민에 의해 불에 탐
1866년 9월	프랑스군이 강화도를 침범
1866년 10월	양헌수 부대가 정족산성에 프랑스 군 격파
1868년 1월	독일 상인 오페르트 남연군 묘를 도굴하려다 실패
1871년 1월	미국, 통상을 요구하다 거절당하자 광성보 점령
1871년 5월	미국군 철수, 조선 정부 전국에 척화비 건립

① 양이(洋夷)가 침범 … 화친을 주장하는 것은 나라를 파는 것이다.
② 전하께서 친히 정사를 펼친 이후 일본과 통상을 해온 결과 나라의 사태가 위급합니다.
③ 프랑스에서 외규장각 도서의 반환이 이루어지다.
④ 어재연의 장군기 미국에서 반환되다.
⑤ 미국 상인의 오페르트 지원으로 서양에 대한 국민의 반감이 고조되다.

정답 ◎ 03.④   04.②

05. 다음 글의 ㉠, ㉡에 해당하는 흥선 대원군의 개혁으로 맞게 짝지어진 것은?

> 흥선 대원군의 개혁은 세도 정치로 인해 어지러워진 정치를 안정시키고 ㉠ 백성들의 기대에 어느 정도 부응하는 것이었지만 ㉡ 일부 양반들은 크게 반발하기도 하였다.

	㉠	㉡
①	당백전의 발행	안동 김씨 세력의 제거
②	사창제의 실시	천주교 박해
③	호포제의 실시	서원의 정리
④	경복궁의 중건	당백전의 발행
⑤	지계 발급	교정청 설치

정답 및 해설

05
호포제의 실시는 백성들에게는 호응을 얻었고 서원의 철폐는 양반들의 큰 반발을 불러 일으켰다.

06. 강화도 조약에 대한 설명으로 옳지 못한 것은?

① 치외법권이 인정되었다.
② 최혜국 조항이 최초로 규정되었다.
③ 청의 종주권을 부정하는 규정이 있다.
④ 해안 측량권을 인정한 것은 조선의 주권을 침해한 것이다.
⑤ 우리나라 최초의 근대적 조약이다.

06
강화도 조약에는 최혜국 조항이 규정되어 있지 않다.

정답 ● 05.③ 06.②

개화 정책의 추진과 반발

1 개화 정책과 근대화의 추진

(1) 개화 세력의 형성

북학파 실학자 → 개화 선구자 (박규수, 유홍기, 오경석) → 개화파 (온건파, 급진파)

① 통상 개화론
- ㉠ 형성과정 : 북학파 실학자들은 청을 비롯한 해외 문물의 수용을 주장하였고 박규수, 유홍기, 오경석 등의 통상 개화론자들로 영향을 미쳤다.
- ㉡ 내용 : 서양의 발달된 문물을 수용하여 부국강병을 이루고자 하였다.
- ㉢ 영향
  - 대내적 : 북학파 실학사상을 계승하였다.
  - 대외적 : 청의 양무운동(「해국도지」, 「영환지략」 등의 서적에 영향)과 일본의 문명 개화론의 영향을 받았다.

(2) 개화 정책의 추진

① 수신사의 파견
- ㉠ 1차 수신사(1876년) : 강화도 조약의 내용에 따라 파견되었다. 일본을 방문하여 각종 제도와 문물을 시찰하였다.
- ㉡ 2차 수신사(1880년) : 김홍집 일행이 일본을 방문하여 「조선책략」을 국내에 소개하여 미국과의 수교에 영향을 미쳤다.

② 제도의 개편
- ㉠ 통리기무아문(1880년)의 설치 : 최초의 근대적 행정기구 통리기무아문을 설치하고 그 아래에 12사를 두어 외교, 군사, 산업 등의 업무를 분담하게 하였다.
- ㉡ 군제의 개혁
  - 2영의 설치 : 5군영 체제를 2영(무위영, 장어영)으로 통합하였다.

- 별기군의 설치 : 신식군대인 별기군을 창설하고 일본인 교관을 채용하여 근대적 군사 훈련을 담당하게 하였다.

> **통리기무아문의 변천**
> 1880년 군국기밀과 일반 정치를 총괄하기 위해 설치된 통리기무아문은 우리나라 최초의 근대적 행정기구이며 그 아래에 12사를 두어 사무를 분담하였다. 1881년 12사가 7사로 개편되었으며, 임오군란으로 일시적으로 재집권한 흥선대원군은 1882년 6월 통리기무아문을 폐지하고 그 기능을 삼군부에게 이관하였다.

③ 해외 시찰단의 파견
  ㉠ 조사시찰단(신사유람단, 1881년) : 1881년 60여 명으로 일본에 파견된 개화시찰단이다. 이들은 일본의 정부기관과 산업을 시찰하고 돌아와 담당 분야에 관한 보고서를 제출하여 개화 정책을 뒷받침하였다.
  ㉡ 영선사(1881년)
    - 내용 : 김윤식을 대표로 청에 파견하여 근대적 무기 제조법과 군사 훈련법을 배우게 하였다.
    - 결과 : 근대 기술에 대한 지식 부족과 정부의 재정적 뒷받침이 부족하여 1년 만에 귀국하였으나 무기 제조창인 기기창(機器廠)이 설치되었다.
    - 보빙사(1883년) : 조 · 미 수호 통상 조약이 체결되고 민영익을 전권대사로 홍영식과 유길준 등을 미국에 파견하였다.

> **조사시찰단**
> 동래부 암행어사 이헌영을 뜯어보아라. 일인(日人)의 조정 의론, 국세 형편, 풍속 인물, 교빙 통상 등의 대략을 다시 한 번 염탐하는 것이 좋겠다. 그런 그대는 반드시 이 점을 염두에 두고 일본 배를 빌려 타고 그 나라로 건너가 해관(海關)이 관장하는 사무를 비롯한 그 밖의 크고 작은 일들을 보고 듣되, 이에 필요한 날짜의 길고 짧음에 구애받지 말고 낱낱이 탐지해서 뒤에 이를 별도의 문서로 조용하게 보고하라. 급히 성 밖으로 나갈 필요는 없고 집에서 출발 준비를 하도록 하여라.
> 「고종 봉서(封書)」

2 개화 정책에 대한 반발

(1) 위정척사 운동
  ① 배경
    ㉠ 개념 : 정학(正學)인 성리학과 성리학적 사회질서를 수호하고 사학(邪學)인 천주교를 비롯한 서양의 사상과 문화를 배척하자는 운동이다.
    ㉡ 중심세력 : 주리론적 성리학을 계승한 보수적 유생에 의해 전개되었다.
  ② 성격 : 반외세 · 반침략의 민족 운동
    ㉠ 정치 : 전제 군주제를 옹호하였다.
    ㉡ 경제 : 지주 중심의 봉건적 경제 체제를 옹호하였다.
    ㉢ 사회 : 양반 중심의 사회질서를 옹호하였다.
    ㉣ 사상 : 성리학 이외의 모든 종교와 사상을 배척하였다.

이항로의 척화주전론
(斥和主戰論)

지금 국론이 수교하자는 입장과 싸우자는 입장 두 가지로 갈리어 있습니다. 서양 오랑캐를 공격하자는 것은 우리 쪽 사람의 주장이고, 서양 오랑캐와 화친을 주장하는 사람은 적 쪽 사람의 주장입니다. 전자를 따르면 우리의 문화를 지키는 것이지만, 후자를 따르면 금수에 빠질 것입니다. 이것이 바로 서양 오랑캐와 싸우지 않으면 안 되는 까닭입니다. 타고난 천성을 조금이라도 지닌 사람이면 다 알 수 있습니다. 하물며 밝은 덕을 가지신 전하께서 어찌 오랑캐가 침입하는 것을 용납하오리까.

「화서집」

최익현 5불가소

대개 사람들은 모두 자기의 약점을 보고 이를 숨기려 하지만 이것은 불가능합니다. 저들이 우리의 방비가 없고 보이는 실상을 알고서 우리와 강화(講和)를 맺을 경우 앞으로 밀려 올 저들의 욕심을 무엇으로 채워 주겠습니까? … 이것이 바로 강화가 난리와 멸망을 이루게 되는 바의 첫째이옵니다. 일단 강화를 맺고 나면 저 적들의 욕심은 물화(物貨)를 교역하는 데 있습니다. 저들의 물화는 모두가 지나치게 사치하고 기이스러운 노리개이고 손으로 만든 것이어서 그 양이 무궁한 데 반하여, 우리의 물화는 모두가 백성들의 생명이 달린 것이고 땅에서 나는 것으로 한정이 있는 것입니다. … 이것이 바로 강화가 난리와 멸망을 가져오게 되는 둘째이옵니다. 저들이 비록 왜인이라고 하나 실은 양적(洋賊)이옵니다. 강화가 한번 이루어지면 사학(邪學)의 서적과 천주의 초상화가 교역하는 속에 들어올 것입니다. 그렇게 되면 얼마 안 가서 선교사와 신자 간의 전수를 거쳐 사학이 온 나라에 퍼지게 될 것입니다. … 이것이 바로 강화가 난리와 멸망을 가져오게 되는 셋째이옵니다.

③ 의의
  ㉠ 긍정적 측면 : 자주적 성격을 지닌 반외세, 반침략 민족 운동이다. 위정척사 운동은 후에 항일 의병으로 계승되었다.
  ㉡ 부정적 측면 : 근대 사회로의 발전에 부정적 영향으로 근대화를 지연시켰다.

④ 위정척사 운동의 전개

구분	배경	주장	대표 인물
1860년대	병인양요, 통상요구	통상반대, 척화주전론	이항로, 기정진
1870년대	문호개방 강화도 조약	개항반대, 왜양일체론	최익현
1880년대	정부의 개화정책 조선책략의 유포	개화 반대, 조선책략 반대	이만손 "영남만인소" 홍제학 "만인척사소"
1890년대	을미사변, 단발령	항일 의병운동	유인석, 이소응, 최익현

(2) 임오군란(1882년)

① 임오군란의 배경
  ㉠ 개화와 척사의 대립 : 개화 정책의 추진과정에서 군제 개혁으로 인한 실직 등 피해를 입은 하층민, 구식 군인들 사이에서 개화와 보수의 대립이 나타났다.
  ㉡ 구식 군대의 불만 : 녹봉미가 미지급되고 별기군과 구식 군대의 차별로 인해 구식 군인들의 불만이 고조되었다.

② 임오군란의 과정
  ㉠ 구식 군인들의 불만 폭발 : 선혜청 당상 민겸호의 집과 일본 공사관을 습격하여 별기군 교관을 살해하였다.
  ㉡ 민씨 세력의 축출 : 도시 빈민들이 합세하면서 궁궐로 쳐들어갔고 명성왕후는 충주로 피난을 떠나 개화정책이 일시적으로 중단되었다.
  ㉢ 대원군의 재집권 : 대원군이 재집권하여 통리기무아문을 폐지하고 5군영을 부활시켰다.

이만손의 영남만인소(嶺南萬人疏)

수신사 김홍집이 가지고 와서 유포한 황쭌셴의 사사로운 책자를 보노라면 어느새 털끝이 일어서고 쓸개가 떨리며 울음이 북받치고 눈물이 흐릅니다. … 중국은 우리가 신하로서 섬기는 바이며 해마다 옥과 비단을 보내는 수레가 요동과 계주를 이었습니다. 신의와 절도를 지키고 속방의 직분을 충실히 지킨 지 벌써 2백 년이나 되었습니다. … 이제 무엇을 더 친할 것이 있겠습니까? 일본은 우리에게 매어 있던 나라입니다. 삼포왜란이 어제 일 같고 임진왜란의 숙원이 가시지 않았습니다. 그들은 이미 우리 땅을 잘 알고 수륙 요충 지대를 점거하고 있습니다. … 그들이 우리의 허술함을 알고 함부로 쳐들어오면 장차 이를 어떻게 막겠습니까? 미국은 우리가 본래 모르던 나라입니다. 잘 알지 못하는데 공연히 타인의 권유로 불러들였다가 그들이 재물을 요구하고 우리의 약점을 알아 차려 어려운 청을 하거나 과도한 경우를 떠맡긴다면 장차 이에 어떻게 응할 것입니까? 러시아는 본래 우리와 혐의가 없는 나라입니다. 공연히 남의 말만 듣고 틈이 생기게 된다면 우리의 위신이 손상될 뿐만 아니라 만약 이를 구실로 침략해 온다면 장차 이를 어떻게 막을 것입니까? …

「일성록」

Chapter 2 개화 정책의 추진과 반발

ⓒ 청군의 개입 : 일본의 군대 파견 움직임에 청은 군대를 파견하였고 임오군란의 책임자로 흥선대원군을 강제로 청에 압송하였다.

③ 임오군란의 결과
  ㉠ 국내의 영향
    • 청·일의 대립 격화 : 조선의 지배권을 둘러싸고 청과 일본의 대립이 심화되었다.
    • 개화정책의 후퇴 : 민씨 정권의 재집권하였고 개화정책은 후퇴하였다.
  ㉡ 일본과의 관계
    • 제물포 조약의 체결 : 일본과 체결한 제물포 조약으로 일본 공사관의 경비병이 주둔하게 되었으며 조선은 일본에 배상금을 지불하였다.
  ㉢ 청과의 관계
    • 조선에서 청의 내정 간섭 심화 : 마 젠창(정치)과 묄렌도르프(외교, 세관)를 고문으로 파견하였고 조·청 상민 수륙 무역 장정 체결하여 청나라 상인의 특권을 허용하였다.
    • 군대 주둔 : 위안스카이(원세개) 등이 지휘하는 군대가 용산에 상주하게 되었다.

3 개화당의 형성과 활동

(1) 갑신정변(1884년)

① 갑신정변의 배경
  ㉠ 국내
    • 온건개화파와 급진개화파의 대립 : 급진개화파는 민씨 정권의 친청 정책에 불만을 품고 있었으며 임오군란 이후 친청(민씨) 세력의 개화당 탄압으로 입지가 축소되었다.
    • 청의 내정 간섭 심화 : 청의 내정 간섭이 심화되고 개화 정책이 후퇴하였다.
  ㉡ 국외
    • 청군의 철수 : 베트남 문제로 발발한 청·프 전쟁으로 청군의 일부가 조선에서 철수하였다.
    • 일본의 지원 약속 : 개화당은 일본 공사의 군사적·재정적 지원 약속을 받고 정변을 준비하였다.

제물포 조약

제1조 금일부터 20일 안에 조선국은 흉도를 체포하고 그 괴수를 엄중히 취조하여 중죄에 처한다. 일본국은 관리를 보내 입회 처단케 한다. 만일 그 기일 안에 체포하지 못할 때는 응당 일본국이 처리한다.

제3조 조선국은 5만 원을 내어 피해를 입은 일본 관리들의 유족 및 부상자에게 배상토록 한다.

제4조 흉도의 폭거로 일본국이 받은 피해 및 공사를 호위한 육해군 경비 중에서 50만 원은 조선국이 부담한다. 해마다 10만 원씩 5개년 동안 완납한다.

제5조 일본 공사관에 군인 약간을 두어 경비한다. 그 비용은 조선국이 부담한다.

🔸 우정총국

② 갑신정변의 과정
  ㉠ 정변의 발생 : 우정국 개국 축하연을 계기로 사대당 요인을 암살하고 정권을 장악하였다.
  ㉡ 14개조 개혁 정강 : 정권을 장악한 개화당은 14개조의 개혁 정강을 발표하였다.

14개조 정강	내용
1. 대원군을 곧 돌아오게 하며, 청에 조공하는 허례의 행사를 폐지할 것	청에 대한 사대관계 폐지, 흥선대원군의 송환
2. 문벌을 폐지하여 인민 평등의 권리를 제정하고 능력에 따라 관리를 임명할 것	양반 문벌제도 폐지, 근대적 평등사회 추구
3. 지조법을 개혁하여 관리의 부정을 막고 백성의 곤란을 구제하며, 국가 재정을 넉넉하게 할 것	지조법 개혁을 통한 민생 안정, 국가 재정 확충
4. 내시부를 없애고, 그 중에 우수한 인재를 등용할 것	내시 제도 폐지
5. 부정한 관리 중 그 죄가 심한 자는 치죄할 것	탐관오리 처벌
6. 각 도의 환상미를 영구히 받지 않을 것	환곡제도 폐지(봉건적 악습 폐지, 민심수습)
7. 규장각을 폐지할 것	외척 세도 정치의 기반으로 변질된 규장각 폐지
8. 급히 순사를 두어 도둑을 막을 것	경찰제도 도입
9. 혜상공국(보부상 조직)을 혁파할 것	1883년 만들어져 보부상의 특권을 보호하던 혜상공국을 없애 전근대적 상업 특권을 폐지
10. 귀양살이를 하고 있는 자와 옥에 갇혀 있는 자는 적당히 형을 감할 것	민심 수습
11. 4명을 합하여 1명으로 하되, 영 중에서 장정을 선발하여 근위대를 급히 설치 할 것	군사 제도 개혁
12. 모든 재정은 호조에서 관할케 하고 그 밖의 재무 관청은 폐지할 것	재정의 일원화
13. 대신과 참찬은 매일 합문 내의 의정부에 모여 회의하여 결정하고 정령을 공포하고 시행할 것	내각 중심의 정치 운영
14. 정부는 6조 이외의 불필요한 관청은 모두 없애고 대신과 참찬이 협의해서 처리케 할 것	내각 제도를 수립하고 불필요한 관청을 폐지

  ㉢ 청의 개입 : 청의 개입과 일본의 배신으로 정변은 3일 천하로 끝나게 되고 정변은 실패로 끝나게 되었다.

③ 결과와 영향
  ㉠ 한성조약 : 조선과 일본에 사이에 맺어진 조약으로 배상금의 지불, 공사관 신축비 부담 등의 내용을 담고 있다.
  ㉡ 텐진조약 : 청과 일본 사이에 맺어진 조약으로 조선에서 청·일 양군의 철수와 조선에 파병 시 상대국에 통보하는 것을 주요 내용으로 담고 있다.

④ 의의와 한계
  ㉠ 의의
   • 중국에 대한 전통적 사대 관계의 청산을 시도하였다.
   • 입헌군주제를 추진하였다.
   • 신분제도 타파를 주장하였다.
   • 최초의 정치 개혁 운동으로 근대화 운동의 선구 역할을 하였다.
  ㉡ 한계
   • 백성의 지지를 얻지 못한 위로부터의 개혁이었다.
   • 당시 백성의 가장 중요한 관심사인 토지 제도의 개혁을 외면하였다.
   • 지나치게 일본에 의존하였다.

개화 운동의 두 방향

구분	온건개화파(수구당, 사대당)	급진개화파(개화당, 독립당)
인물	김홍집, 어윤중, 김윤식	김옥균, 박영효, 홍영식
개혁모델	청의 양무운동 (해국도지, 영환지략)	일본의 메이지 유신
개혁속도	문물만을 수용하는 점진적 개혁	제도개혁까지 포함한 급진적 개혁
정치적 성격	민씨 정권과 결탁, 청에 의존적 → 갑신정변 불참	정부의 친청 정책과 청의 내정 간섭 반대 → 갑신정변 주도
개혁이론	동도서기론	문명개화론

(2) 조선을 둘러싼 열강의 대립
 ① 거문도사건(1885년)
  ㉠ 배경 : 러시아의 남하정책에 긴장한 영국은 러시아의 남하를 막는다는 구실로 거문도를 불법으로 점령하였다.
  ㉡ 경과 : 영국은 거문도를 해밀턴 항이라고 부르며 영국 국기를 게양하고 포대를 구축하였다.
 ② 한반도 중립화론 대두
  ㉠ 부들러와 유길준의 중립화론 : 독일 부영사 부들러와 유길준은 열강속에서 조선을 보호하기 위하여 중립화론을 주장하였다.
  ㉡ 결과 : 부들러의 주장은 조선 정부의 관심을 받지 못하였고 민씨 정부로부터 급진개화파로 배척당하였던 유길준의 중립화론도 실현되지 못하였다.

유길준의 중립화론

우리나라가 아시아의 인후(咽喉)에 처해 있는 지리적 위치는 유럽의 벨기에와 같고, 중국에 조공하던 처지는 터키에 조공하던 불가리아와 같다. 그런데 불가리아가 중립 조약을 체결한 것은 유럽 여러 대국이 러시아를 막으려는 계책에서 나온 것이었고, 벨기에가 중립 조약을 체결한 것은 유럽의 여러 대국들이 자국을 보전하려는 계책에서 나온 것이었다. 대저 우리나라가 아시아의 중립국이 된다면 러시아를 방어하는 큰 기틀이 될 것이고, 또한 아시아의 여러 대국들이 서로 보전하는 정략도 될 것이다. 오직 중립만이 우리나라를 지키는 방책인데, 우리 스스로가 제창할 수도 없으니 중국에 청하여 처리해야 할 것이다. 중국이 맹주가 되어 영국, 프랑스, 일본, 러시아 같은 아시아에 관계있는 여러 나라들과 회합하고 우리나라를 참석시켜 같이 중립 조약을 체결토록 해야 될 것이다. 이것은 비단 우리나라만을 위한 것이 아니라 중국의 이익도 될 것이고, 여러 나라가 서로 보전하는 계책도 될 것이니 무엇이 괴로워서 하지 않겠는가.

「유길준 전서」

(3) 방곡령

① 원인

- ㉠ 일본의 경제적 침략 : 임오군란과 갑신정변으로 청의 정치적 영향력이 강화되자 일본은 경제적인 침략을 강화해 나갔다.
- ㉡ 곡물 유출의 증가 : 일본은 조선으로부터 많은 양의 곡식을 매입해 나갔는데 조선 농민의 경제적 어려움을 이용해 폭리를 취하였고 농촌경제는 피폐해져 갔다.

② 대응

- ㉠ 방곡령의 선포 : 곡식의 외부 유출로 농촌 경제가 피폐해지자 함경도와 황해도 지방에서는 곡식의 외부 유출을 막는 방곡령을 선포하였다.
- ㉡ 결과 : 일본은 통보기간을 문제 삼아 방곡령을 철회시키고 배상금을 요구하였다. 이에 굴복한 조선 정부는 배상금을 지불하였고 농민들의 일본에 대한 적개심은 더욱 고조되었다.

 기출 문제

01
14회 35번

(가)에 들어갈 역사적 사실로 옳은 것은? (2점)

〈동학 농민 운동의 전개 과정〉

고부 농민 봉기 → 전주 화약 → (가) → 우금치 전투

① 백산에서 4대 강령이 발표되었다.
② 전라도 일대에 집강소가 설치되었다.
③ 황토현 전투에서 농민군이 승리하였다.
④ 지도자인 전봉준이 체포되어 처형당하였다.
⑤ 보은 집회에서 '척왜양창의'가 제기되었다.

● 해설
정부와 전주화약을 체결한 동학 농민군은 점령지역인 전라도에 자치기구인 집강소를 설치하였다.

● 정답 : ②

02
15회 31번

다음은 어느 인물의 연보이다. 이 인물의 활동으로 옳은 것은? (2점)

• 1861년 경기도 수원 출생
• 1872년 철종의 부마(사위)가 됨
• 1882년 일본에 수신사로 가면서 태극기 제작
• 1884년 갑신정변 실패 후 일본으로 망명
• 1894년 귀국 후 내부대신 취임

• 1939년 사망

① 광화문을 설립하였다.
② 서유견문을 저술하였다.
③ 독립신문을 발간하였다.
④ 박문국 설립을 주도하였다.
⑤ 한반도 중립화론을 주장하였다.

● 해설
제시된 인물은 박영효이다. 박문국은 1883년 8월 김옥균, 박영효 등의 노력으로 설치된 출판기관이다.

● 정답 : ④

포인트 출제적중문제

정답 및 해설

01
제시된 글은 위정척사의 주장과 개화론자 중 온건개화파의 동도서기론의 주장이다. 이들 주장의 공통점은 전통적인 가치관을 지키자는 점에서 공통점을 찾을 수 있다.

01 다음은 개항을 전후하여 제기된 주장의 일부이다. 이들 주장의 공통점으로 옳은 것은?

> • 천하의 커다란 시비(是非) 분별(分別)은 세 가지가 있다. 첫째는 화(華)와 이(夷)의 구분이며, 둘째는 왕(王)과 패(覇)의 구분이며, 셋째는 정학(正學)과 이단(異端)의 구분이다.
> • 외국의 교(敎)는 즉, 사(邪)로서 마땅히 멀리 해야 하지만, 그 기(器)는 즉, 이(利)로써 가히 이용후생의 바탕이 될 것인즉, 어찌 이를 멀리하겠는가?

① 개화는 국가의 파멸을 가져온다.
② 위정척사는 시대착오적 발상이다.
③ 서구의 기술 문화는 수용하여야 한다.
④ 성리학적 전통 질서를 극복하여야 한다.
⑤ 우리의 정신문화를 온전히 지켜야 한다.

02
제시된 글은 유길준의 조선 중립화론이다. 러시아의 남하를 막는다는 구실로 1885년 영국이 거문도를 불법으로 점령하였다. 이 사건을 거문도 사건이라 하고 독일인 부들러와 유길준의 중립화론의 배경이 되었다.

02 다음과 같은 주장의 배경이 된 사건에 대한 설명으로 옳은 것은?

> 이제 우리나라는 지역으로 말하면 아시아의 인후(咽喉)에 처해 있는 것이 유럽의 벨기에와 같다. 지위는 중국에 조공하던 나라로서 불가리아가 터기에 조공하던 것과 같으나, 동등한 권리로 각국과 조약을 맺은 것은 불가리아에도 없던 바요. 조공하던 나라로서 왕이 책봉을 받은 일을 벨기에도 없던 일이었다. … 불가리아가 중립 조약을 체결한 것은 유럽의 여러 대국들이 러시아를 막으려는 계책에서 나온 것이고, 벨기에가 중립 조약을 체결한 것은 유럽의 여러 대국들이 자국을 보전하려는 계책에서 나온 것이다. 대저 우리나라가 아시아의 중립국이 된다면 러시아를 방어하는 큰 기틀이 될 것이고, 또한 아시아의 여러 대국들이 서로 보전하는 정략도 될 것이다.

① 독일, 러시아, 프랑스가 일본에 압력을 행사하여 요동반도를 청에게 다시 되돌려 줄 것을 요구하였다.
② 영국이 거문도를 불법으로 점령하였다.
③ 오페르트는 남연군의 묘를 도굴하려다 실패하였다.
④ 명성황후 시해 후 고종이 자신의 거처를 러시아 공사관으로 옮겼다.
⑤ 구식군대와 신식군대의 차별대우에 구식 군대가 반발하였다.

정답 ◉ 01. ⑤ 02. ②

03 다음 정강이 발표된 근대 개혁 운동의 의의를 옳게 서술한 것은?

- 청에 잡혀간 흥선 대원군을 빨리 귀국시키고 청에 대하여 행하던 조공의 허례를 폐지한다.
- 문벌을 폐지하여 인민 평등의 권리를 세우며 능력에 따라 관리를 임명한다.
- 모든 재정은 호조에서 관할하고 그 밖의 재무 관청은 폐지한다.
- 대신과 참찬은 의정부에 모여서 정령을 의결, 반포한다.

① 청의 선진 문물을 받아들여 부국강병을 꾀하였다.
② 반봉건, 반외세를 추구한 농민 중심의 개혁 운동이었다.
③ 전제 왕권을 확립하여 나라의 자주성을 지키려 하였다.
④ 근대 국민 국가 건설을 목표로 한 최초의 정치 개혁 운동이었다.
⑤ 개항과 개화에 반대하여 성리학적 전통 질서를 지키고자 하였다.

04 다음 사실들과 관계있는 정치 세력이 수행한 역할에 대한 설명으로 옳은 것은?

- 박규수, 유홍기 등의 지도를 받았다.
- 임오군란을 계기로 활발하게 활동하였다.
- 청의 간섭과 민씨 정권의 보수화에 반발하였다.

① 민중을 기반으로 근대화를 추구하였다.
② 정부의 개화 정책 추진에 반발하였다.
③ 대원군의 통상 수교 거부를 뒷받침하였다.
④ 청의 양무운동을 본받아 개혁을 추구하였다.
⑤ 전제 군주제를 입헌 군주제로 바꾸려고 하였다.

정답 및 해설

03
제시문은 갑신정변 당시 발표된 14개조 개혁 정강이다. 갑신정변은 우리나라 최초의 근대화 운동으로 근대화 운동의 선구자적 역할을 하였다.
① 동도서기론을 주장했던 온건개화파의 입장이다.
② 동학 농민운동에 대한 설명이다.
③, ⑤ 흥선대원군과 위정척사에 대한 설명이다.

04
제시된 글과 관련된 정치 세력은 갑신정변을 주도한 급진개화파이다.
① 급진개화파가 주도한 갑신정변은 백성들의 지지를 얻지 못한 위로부터의 개혁이라는 한계를 가지고 있다.
③ 위정척사 운동에 대한 설명이다.
④ 청의 양무운동에 영향을 받은 것은 온건개화파이고 급진개화파는 일본의 메이지 유신의 영향을 받았다.

정답 ◉ 03.④ 04.⑤

정답 및 해설

05
제시문은 우리나라의 외교 고문으로 파견된 묄렌도르프에 대해 말하고 있다. 임오군란 이후 청은 조선에 군대를 주둔시키고 마 젠창과 묄렌도르프를 파견하여 조선의 내정을 간섭하였다.

06
제시된 글은 제너럴셔먼호 사건이며 1860년대 위정척사 운동의 움직임은 통상반대, 척화주전론이다.

· 1860년대

배경	주장	대표 인물
병인양요, 통상요구	통상반대, 척화주전론	이항로, 기정진

· 1870년대

배경	주장	대표 인물
문호개방, 강화도 조약	개항반대, 왜양일체론	최익현

· 1880년대

배경	주장	대표 인물
정부의 개화정책, 조선책략의 유포	개화 반대, 조선책략 반대	이만손 "영남만인소", 홍재학 "만인척사소"

· 1890년대

배경	주장	대표 인물
을미사변, 단발령	항일 의병 운동	유인석, 이소응, 최익현

---

05 다음 자료와 같은 상황이 발생하게 된 배경으로 옳은 설명은?

> 외무 관리들은 모두 그(묄렌도르프)의 부림을 받고 있다. 내가 비록 외무아문으로 가서 일을 의논해도 모든 일을 끝내는 묄렌도르프가 결정해 버린다. 그러므로 지금부터는 내가 어쩔 수 없이 묄렌도르프와 일을 의논하지 않을 수 없는 것이다.

① 급진개화파의 급진적 개혁 시도가 있었다.
② 영선사가 청에 파견되었다.
③ 독일과 수교가 이루어졌다.
④ 구식 군인들의 정변이 있었다.
⑤ 미국 함대와 조선군 사이에 무력 충돌이 있었다.

06 다음과 같은 사건이 발생했을 당시 위정척사 사상을 가진 사람들의 움직임으로 적절한 것은?

> 미국도 1866년에 조선의 개방을 시험한 것이 있으니, 제너럴셔먼호라는 상선이 평양을 향해 대동강을 거슬러 올라갔다. 미국인과 영국인, 중국인이 섞인 선원을 태운 이 중무장 선박은, 크리스트교뿐만 아니라 외국과의 통상도 조선의 법에 위배된다는 전문을 받았다. 하지만 제너럴셔먼호는 이 말을 무시한 채 계속해서 앞으로 나아갔다. 곧 적대감에 찬 군중이 강가에 몰려들었고, 겁에 질린 선원들은 그들에게 머스켓총을 발사하였다. 그 일제 사격이 끝나자 당시 평양 감사로서 사람들의 존경을 받고 있던 온건한 관리 박규수는 제너럴셔먼호를 파괴하라는 명을 내렸다. 전투에 나선 조선인들은 선원 전원을 죽이고 배를 불살랐다.
>
> 「브루스 커밍스, 한국 현대사」

① 이항로, 기정진과 같은 인물들이 중심이 되어 통상을 반대하였다.
② 유인석, 이소응 등이 중심이 되어 의병 운동이 일어났다.
③ 만언척사소의 홍재학과 같은 인물들이 개화를 반대하였다.
④ 최익현 등은 상소를 올려 왜양일체론을 주장하였다.
⑤ 양반 유생들을 중심으로 의병을 조직하여 서양세력에 맞서 싸웠다.

정답 ⊚ 05.④ 06.①

민족운동과 근대적 개혁

1 동학농민운동

(1) 동학농민운동의 배경
① 국내 배경
  ㉠ 열강의 대립 : 갑신정변 이후 청과 일본의 침략 경쟁이 격화되었고 러시아와 일본의 대립이 격화되었다.
  ㉡ 지배층의 수탈 : 정부는 배상금 지불과 근대 문물 수용비용으로 재정이 궁핍해졌고 백성들의 수탈이 심화되었다.
② 일본의 경제적 침탈
  ㉠ 일본의 경제적 침투 : 임오군란과 갑신정변으로 조선 내 청의 정치적 세력이 강화되었고 일본은 경제적 침투를 전개하였다.
  ㉡ 쌀의 수탈 : 일본은 영국산 면제품을 이용한 중계무역으로 조선의 곡식을 수탈하였다. 곡식의 외부유출로 농촌 경제가 어려워지자 방곡령을 선포하여 곡식의 외부 유출을 막았으나 1개월 전 통보하지 않았다는 일본의 항의로 배상금 지불 후 철회하였다. 이 사건으로 농민들의 일본에 대한 적개심이 고조되었다.

(2) 동학농민군의 봉기
① 교조 신원운동
  ㉠ 삼례집회(1892년) : 교조신원운동을 벌여 교조인 최제우의 명예를 회복 시켜줄 것을 요구하였으나 실패하였다.
  ㉡ 복합 상소(1893년) : 동학교도들은 서울로 상경하여 왕에게 교조신원을 상소하였으나 실패하였다.
  ㉢ 보은집회(1893년) : 교조신원운동과 아울러 탐관오리의 처벌, 일본과 서양세력의 축출을 주장하였다. 보은집회는 기존의 종교적 성격의 동학 집회가 정치적 성격의 사회개혁운동으로 전환되는 것을 보여준다.

보은집회

"지금 왜양의 도적 떼가 나라 한 복판에 들어와 어지럽힘이 극에 이르렀다. 진실로 오늘날 서울을 보건대 오랑캐 소굴이다. 임진년의 원수요 병인년의 치욕을 차마 어찌 말로 할 수 있겠으며 어찌 잊을 수 있겠는가? 지금 우리나라 삼천리강토가 전부 금수에 짓밟히고, 5백년 종묘사직이 장차 끊어지게 되었다. … 무릇 왜양은 개나 양과 같다는 것은 비록 어린 애라 할지라도 그것을 모르는 사람이 없다. 그런데 명석한 재상으로서 어찌하여 우리가 왜양을 배척하는 것을 도리어 사류(邪類)라고 배척하는가?"

「취어」

② 동학농민운동의 전개

㉠ 제1기(고부농민봉기, 1894년 1월)
- 원인 : 고부 군수 조병갑이 만석보를 축조 후 수세를 징수하였다. 이에 전봉준을 비롯한 농민들이 시정을 요구했으나 조병갑이 이를 거부하였고 이에 항거하여 봉기하였다.
- 경과 : 사발통문으로 1천여 명의 농민군이 모여 관아를 습격하고 군수를 내쫓고 아전들을 징발한 뒤 곡식을 백성들에게 나누어 주었다.

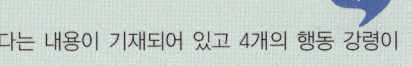

사발통문
1893년 11월 죽산리에서 고부 민란을 계획했다는 내용이 기재되어 있고 4개의 행동 강령이 명시되어 있다.
① 고부성을 점령하고 조병갑을 효수할 것
② 군기창과 화약고를 점령할 것
③ 군수에게 아부하여 백성을 괴롭힌 탐관오리를 징치할 것
④ 전주 감영을 함락하고 서울로 곧장 올라갈 것

↑ 사발통문

- 결과 : 정부는 군수를 교체하고 이용태를 안핵사로 파견하여 민란의 진상을 조사하도록 하였고 동학은 자진 해산하였다.

㉡ 제2기(1차 봉기, 1894년 3~5월)
- 원인 : 안핵사로 파견된 이용태가 모든 책임을 동학 농민군으로 돌리고 주모자를 색출하고 마을을 약탈하였다.
- 경과 : 전봉준·손화중·김개남 등의 지도하에 보국안민(輔國安民), 제폭구민(除暴救民)의 기치 하에 봉기하였다. 황토현 전투에서 전라 감영군을 격파, 황룡촌 전투에서 홍계훈의 경군을 격파하였고 전주성을 점령하였다.
- 결과 : 동학군은 전라도 일대를 장악하였고 정부는 동학군의 진압을 위하여 청군의 개입을 요청하였다.

㉢ 제3기(전주화약, 1894년 5월)
- 원인 : 조선 정부의 파병 요청에 따라 청군이 아산만에 상륙하였다. 청군이 파병하자 일본군이 인천에 상륙하였다.
- 경과 : 동학 농민군은 잇따른 외세의 침입에 위기감을 느끼고 정부에게 폐정개혁안을 제출하고 정부가 이를 수용할 경우 스스로 해산하겠다는 의사를 밝혔다. 정부는 이를 받아들였고 동학 농민군은 스스로 해산하였다.

전봉준 창의문(倡義文)

우리가 義를 들어 여기에 이르렀음은 그 본의가 결코 다른 데 있지 아니하고, 창생을 도탄 중에서 건지고 국가를 반석 위에다 두자 함이라. 안으로는 탐학한 관리의 머리를 베고 밖으로는 횡포한 강적의 무리를 쫓아 내몰고자 함이라. 양반과 부호의 앞에서 고통을 받고 있는 小吏들은 우리와 같이 원한이 깊은 자이라. 조금도 주저하지 말고 이 시각으로 일어서라. 만일, 기회를 잃으면 후회하여도 미치지 못하리라.

4대강령
1. 사람을 죽이지 말고 남의 물건을 해치지 않는다.
2. 충효를 다하여 세상을 구하고 백성을 평안하게 하라.
3. 일본 오랑캐를 몰아내고 나라의 정치를 깨끗하게 한다.
4. 군대를 몰고 서울로 들어가 권세가와 귀족을 없앤다.

- 집강소(執綱所)의 설치 : 동학은 자신들의 점령지에 집강소를 설치하였는데 집강소는 동학의 자치기구의 역할을 담당하였다.

12개조

12개조	내용
1. 동학도는 정부와의 원한을 씻고 서정에 협력한다.	왕조를 부정하지 않음
2. 탐관오리는 그 죄상을 조사하여 엄징한다.	–
3. 횡포한 부호를 엄징한다.	봉건적 지배층 타파
4. 불량한 유림과 양반의 무리를 징벌한다.	봉건적 지배층 타파
5. 노비 문서를 소각한다.	신분제도 폐지
6. 7종천인 차별을 개선하고, 백정이 쓰는 평량갓은 없앤다.	신분제도 폐지
7. 청상과부의 개가를 허용한다.	봉건적 악습 폐지 요구
8. 무명의 잡세는 일체 폐지한다.	봉건적 수탈 반대
9. 관리 채용에는 지체와 문벌을 타파하고 인재를 등용한다.	문벌 폐지
10. 왜(일본)와 통하는 자는 엄징한다.	반외세
11. 공·사채를 막론하고 기왕의 것을 무효로 한다.	농민의 경제적 지위 향상 요구
12. 토지는 평균하여 분작한다.	토지제도의 개선, 농민의 경제적 지위 향상 요구

ㄹ) 청일전쟁(1894년 6월 23일)
- 원인 : 조선 정부는 동학 농민군이 해산한 이후 청과 일본 군대의 공동 철병을 제안하였으나 일본은 이를 거부하였다. 조선 정부는 교정청을 설치하고 자주적 개혁을 시도하였고 이에 일본은 경복궁을 점령(6월 21일)하고 청군의 군함에 선제공격을 가하여 청일 전쟁이 발발하였다.
- 경과 : 청군이 우세할 것이라는 예상을 깨고 전쟁의 주도권은 일본으로 넘어갔으며 이듬해인 1895년 4월 17일 청이 시모노세키 조약에 조인함으로써 전쟁은 일본의 승리로 끝났다.
- 결과 : 시모노세키 조약으로 일본은 요동반도와 타이완을 할양받았고 조선에서 청의 세력을 몰아내었다.

ㅁ) 제4기(2차봉기, 1894년 9월)
- 배경 : 정부의 폐정개혁안이 이행되지 않았고 일본의 침략과 내정간섭이 심화되자 동학 농민군은 재봉기 하였다.
- 경과 : 남접(전봉준)과 북접(손병희)이 연합하여 공주를 점령하였고 서울을 향하여 북상을 시작하였다. 그러나 공주의 우금치 전투에서 일본군에게 패배하면서 동학농민운동은 실패로 끝나게 된다.

시모노세키 조약
1조 조선은 자주국임을 확인한다.
2조 청은 일본에게 타이완, 요동, 팽호도를 할양한다.
3조 청은 2억 냥을 배상금으로 일본에게 지불한다.
4조 청은 일본 정부와 국민에게 최혜국 대우를 부여한다.

③ 동학농민운동의 성격과 의의 및 한계
　㉠ 동학농민운동의 성격
　　• 대내적 : 노비문서의 소각, 토지의 평균 분작을 주장하는 등 반봉건적 성격을 띠었다.
　　• 대외적 : 동학의 일부 잔여 세력이 활빈당과 의병운동에 가담하는 등 반외세적 성격을 보인다.
　㉡ 의의
　　• 아래로부터의 개혁 : 근대화 운동을 이루려 한 아래로부터의 개혁 운동이다.
　　• 갑오개혁에 영향 : 신분제의 철폐 등 동학 농민군의 요구사항이 갑오개혁에 반영되는 등 봉건 질서 붕괴에 영향을 미쳤고 민중 의식의 성장에 기여하였다.
　㉢ 한계
　　• 근대적 방안의 미비 : 동학 농민군은 집권 후의 구체적 방안 제시는 결여되어 있었다.
　　• 계층간의 갈등 : 양반 계층은 지배층을 적대시하는 것으로 간주하여 민보군(民堡軍)을 조직하여 농민군을 진압하고자 하였다.

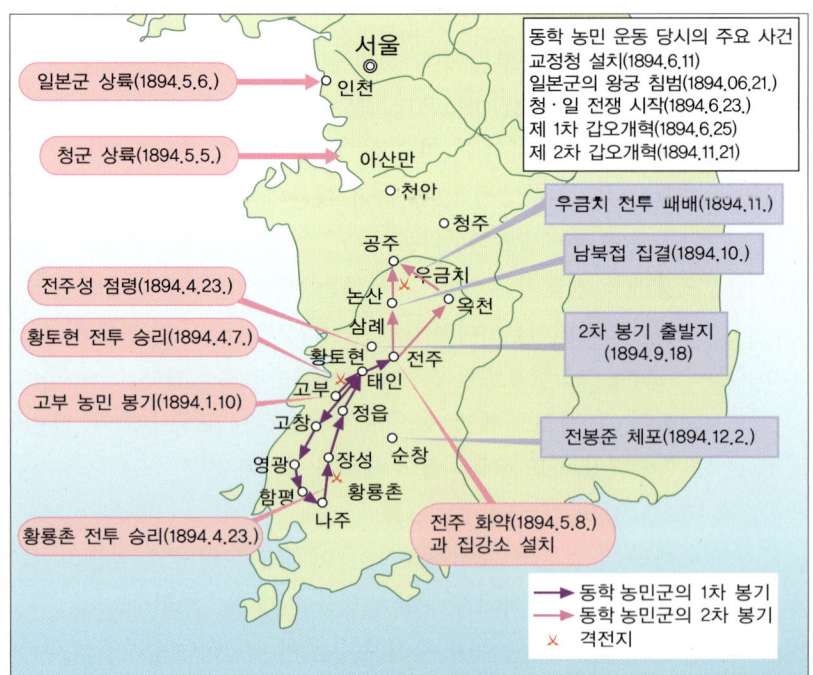

▣ 동학농민군의 전투

Chapter 3 민족운동과 근대적 개혁

2 근대적 개혁의 추진과 대한제국

(1) 1차 갑오개혁(1894년 7월 27일 ~ 1894년 12월 17일)

① 배경
  ㉠ 대내적 : 1차 갑오개혁은 동학 농민군을 비롯한 농민들의 개혁 요구가 지속되었다.
  ㉡ 대외적 : 일본은 조선의 침략을 용이하게 하기 위하여 조선 정부에 내정 개혁을 요구하였다.
  ㉢ 교정청 : 갑신정변에 가담하지 않았던 온건 개화파를 중심으로 자주적 개혁을 추진하기 위한 기구로 교정청이 설치되었다.

교정청의 설치와 폐지
1894년 6월 6일 일본의 내정 간섭 압력에 대한 방편으로 자주적 개혁을 추진할 목적으로 설치하였다. 그러나 6월 21일 일본은 경복궁을 침범하고 대원군을 섭정에 앉히고 김홍집을 수반으로 하는 친일 내각을 수립하였다. 그 후 6월 25일 교정청을 폐지하고 군국기무처를 설치하였다.

② 개혁의 내용
  ㉠ 정치 개혁
  • 군국기무처 설치 : 교정청을 폐지하고 갑오개혁을 추진하기 위하여 초헌법적 성격의 군국기무처를 설치하고 개혁을 추진하였다.

군국기무처
갑오개혁을 추진하는 중심 기관으로 설립된 국정 최고 기구의 성격을 가진 관청. 김홍집이 영의정으로 총재에 임명되었다. 운영은 합의제를 채택하여 의사는 공개적이며 다수결로 의결하여 대원군에게 보고하고 국왕의 재가를 받는 절차를 거쳤다. 군국기무처는 1894년 7월 27일에 설치되어 12월 17일 폐지되었으며, 이 기간 동안 모두 205건(또는 208건 이라고도 함)의 개혁안이 통과되었다.

• 독자적 연호의 사용 : 중국식 연호를 폐지하고 '개국' 연호를 사용하였다.
• 행정 체제 개편 : 6조를 8아문으로 개편하였다.
• 과거제 폐지 : 과거제를 폐지하고 새로운 관리 임용 제도를 실시하였다.
• 사무의 구분 : 궁내부를 신설하여 왕실사무를 담당하게 함으로써 의정부의 정부 사무와 분리시켰다.

향전(鄕戰)의 발생

전국의 각 고을에는 향안이 있어서 한 고을의 기강이 되고 있으며, 황해도는 율곡 이이의 향약을 고을의 기강으로 삼아 특별히 중요하게 여겼다. 그런데 요즘 몇몇 탐학한 수령이 매향에 방해되는 것을 꺼려 향전(鄕戰)을 빌미삼아 향안을 불살라버렸다. 이로 말미암아 고을의 기강이 문란해지고 위아래의 구별이 없게 되었다.

「일성록」

ⓒ 경제 개혁
- 재정의 일원화 : 탁지아문에서 재정에 관한 모든 사무를 담당하게 함으로써 재정이 일원화 되었다.
- 경제 제도의 정비 : 조세의 금납화를 시행하였고 도량형을 통일하였다.

ⓒ 사회 개혁
- 노비제 폐지 : 공노비와 사노비의 노비제를 폐지하고 계급을 없앴다.
- 악습의 폐지 : 고문 및 연좌법, 조혼을 금지하고 과부의 개가를 허용하였다.

1차 갑오개혁의 주요 개혁 법령

제1차 주요 개혁 법령	내용
1. 국내외 공사 문서에는 개국 기원을 사용할 것	청의 종주권 부인
2. 문벌과 계급을 타파하여 귀천을 가리지 않고 인재를 뽑아 쓸 것	문벌 폐지
4. 죄인 자신 이외 일체의 연좌율을 폐지할 것	봉건적 악습 폐지
6. 남녀의 조혼을 엄금하며 남자는 20세, 여자는 16세라야 비로소 결혼을 허락할 것	
7. 과부의 재혼은 자유에 맡길 것	남녀 평등
8. 공사 노비법을 혁파하고 인신 판매를 금할 것	신분제도 폐지, 평등사회로의 이행

(2) 2차 갑오개혁(1894년 12월 17일 ~ 1895년 7월 7일)

① 2차 갑오개혁의 추진

㉠ 군국기무처의 폐지 : 청·일 전쟁에서 우위를 점한 일본은 일본의 정책에 소극적이었던 대원군을 쫓아내고 군국기무처를 폐지하였다.

㉡ 연립 내각의 수립 : 일본에 있던 박영효와 서광범을 귀국시켜 김홍집과 연립내각을 형성하게 하였고 최초의 헌법적 성격의 문서인 홍범 14조가 반포되었다.

홍범 14조

홍범 14조	내용
1. 청국에 의존하는 생각을 버리고 확실히 자주 독립의 기초를 세운다.	청의 종주권 부인
2. 왕실 전범(典範)을 제정하여 왕위 계승의 법칙과 종친 외척과의 구별을 엄히 한다.	—
3. 임금은 각 대신과 의논하여 정사를 하고, 종실·외척의 내정 간섭을 엄금한다.	—

홍범 14조	내용
4. 왕실 사무와 국정 사무를 나누어 서로 혼동하지 않는다.	왕실 사무와 궁정 사무의 분리(국왕의 전제권 제한)
5. 의정부 및 각 아문(衙門)의 직무, 권한을 명백히 규정한다.	–
6. 인민이 세를 바침에 있어서 법령에 따라 율을 정하되 멋대로 명목을 붙이거나 함부로 징수해서는 안 된다.	조세법 개정
7. 조세의 징수와 경비 지출은 모두 탁지아문의 관할에 속한다.	재정의 일원화
8. 왕실의 경비는 솔선하여 절약하고, 각 관부의 모범이 되게 한다.	왕실 재정과 정부 재정의 분리
9. 왕실 비용 및 각 관부 비용은 미리 일 년 예산을 정하여 재정의 기초를 확립한다.	–
10. 지방 관제를 개정하여 지방 관리의 직권을 제한한다.	지방 제도의 개편
11. 총명한 젊은이들을 파견하여 외국의 학술 기예를 견습시킨다.	선진 문물 수용
12. 장교를 교육하고 징병을 실시하여 군제의 근본을 확립한다.	국민 개병제
13. 민법, 형법을 제정하여 인민의 생명과 재산을 보전한다.	법치주의
14. 문벌을 가리지 않고 인재 등용의 길을 넓힌다.	문벌 폐지

② 개혁의 내용
　㉠ 정치 개혁
　　• 행정 체제 개편 : 8아문을 7부로 개편하였다.
　　• 지방 행정 개편 : 8도로 구분되어있던 행정구역을 23부로 개편하였다.
　　• 사법권의 독립 : 사법권을 행정권에서 분리시켰다.
　　• 지방관의 권한 축소 : 지방관이 갖고 있던 사법권과 군사권을 분리시켜 행정권만을 행사하게 하였다.
　　• 경찰제 일원화 : 경무청을 설치하고 경찰 업무를 일원화 하였다.
　㉡ 교육 개혁
　　• 근대적 교육 : 교육입국 조서를 반포하고 이후 한성사범학교, 소학교, 중학교 등을 세웠다.
　　• 유학생 파견 : 200여명의 학생을 선발하여 일본에 파견하였다.

(3) 을미사변과 을미개혁(3차 갑오개혁, 1895년 8월 ~ 1896년 2월)
　① 삼국간섭(1895년)
　　㉠ 배경 : 청·일 전쟁에서 승리한 일본은 시모노세키 조약을 체결하여 청으로부터 요동반도와 타이완을 할양받았다.

- ⓒ 전개 : 일본의 세력 확대를 경계하던 러시아는 프랑스와 독일을 끌어들여 일본에 압력을 가해 요동반도를 청에 반환하게 하였다.
- ⓒ 결과 : 조선에서 러시아의 세력이 확대되고 3차 김홍집 내각(친러내각)이 형성되었다.

② 을미사변(1895년)
- ㉠ 배경 : 조선에서의 친러내각의 형성으로 위기의식을 느낀 일본은 반일적 성향의 명성황후를 제거하려 하였다.
- ㉡ 전개 : 일본 공사 미우라는 일본군과 낭인들을 동원하여 경복궁에 난입하여 명성황후를 시해하고 시신을 불태웠다.
- ㉢ 결과
  - 을미개혁의 추진 : 일본의 위협하에 4차 김홍집 내각이 수립되어 개혁을 주도하였다.
  - 을미의병 : 명성황후의 시해와 을미개혁에 반발하여 을미의병이 일어났다.

③ 을미개혁(1895년 8월 ~ 1869년 2월)
- ㉠ 정치 개혁
  - 연호 사용 : 건양이라는 연호를 사용하였다.
  - 군제 변경 : 중앙군은 친위대, 지방군은 진위대로 편성하였다.
- ㉡ 사회 개혁
  - 단발령의 시행 : 단발령을 반포하고 고종이 단발하였다. 이에 전국민적 저항이 일어났고 특히 최익현과 같은 유생들의 반발은 더욱 거세었다.
  - 소학교령 반포 : 소학교령을 반포하여 서울에 4개의 소학교가 세워졌다.
  - 종두법의 시행 : 지석영이 소개한 종두법이 시행되었다.

(4) 갑오개혁의 의의와 한계

① 의의
- ㉠ 갑오개혁은 정치·경제·사회 전 분야에 걸친 근대적 개혁으로 봉건적 사회 질서를 타파하였다.
- ㉡ 과거제의 폐지, 조세제도의 개혁, 신분제 타파는 갑신정변과 동학농민운동에서 요구되었던 개혁요구가 일부 반영되었다.

② 한계
- ㉠ 갑오개혁은 일본의 침략 의도가 반영되어 일본의 침략을 용이하게 하는 방향으로 개혁이 이루어졌고 군제의 개혁이 미흡하였다.

ⓒ 당시 농민들의 가장 큰 관심사였던 토지제도의 개혁이 부재하여 농민의 지지를 상실하는 결정적 이유가 되었고 이로 인해 갑오개혁은 위로부터의 개혁이라는 부정적 평가를 받는다.

(5) 아관파천과 독립협회

① 아관파천(1896년 2월 11일)
  ㉠ 배경 : 을미사변을 겪으면서 고종은 안전에 대한 위협이 커졌다고 판단하였고 처소를 러시아 공사관으로 옮겼다.
  ㉡ 결과
    • 친일 내각의 붕괴 : 친일내각이 붕괴되었다.
    • 친러 내각의 성립 : 친러내각이 수립되었다.
    • 국가의 위신 추락 : 아관파천 이후 국가 위신은 추락하였고 열강의 이권침탈은 심화되었다.
    • 옛 제도의 복귀 : 단발령을 폐지하고 23부를 13도로 환원하였다.
    • 의병 해산 : 고종은 의병의 해산 권고 조칙을 반포하였고 이에 을미의병은 해산하였다.

② 독립협회(1896년 ~ 1898년)
  ㉠ 창립 배경 : 아관파천으로 열강의 이권침탈이 심해지고 집권층의 수구화 경향이 나타나고 있었다.
  ㉡ 독립협회의 창립 : 미국에서 귀국한 서재필은 윤치호 등과 자주 국권을 수호하고 민주적 개화사상을 민중에게 보급하기 위하여 독립신문을 창간하고 독립협회를 창립하였다.
  ㉢ 독립협회의 구성
    • 주도 : 서재필, 윤치호, 이상재 등의 진보적 지식인과 남궁억, 정교 등의 진보적 유학자들로 지도부가 구성되었다.
    • 지지계층 : 도시 시민, 학생, 노동자, 여성, 천민 등 광범위한 사회 계층이 독립협회의 회원으로 참여하였다.
  ㉣ 주요 활동

자주 국권 운동	• 러시아의 절영도 조차 요구 저지, 일본의 석탄고 기지를 반환하게 함 • 러시아의 목포, 증남포 해역 토지 매도 요구 저지 • 프랑스 · 독일의 광산 채굴권 요구 저지
자유 민권 운동	• 국민의 신체와 재산권 보호 운동 전개 • 언론 · 출판 · 집회 · 결사의 자유 요구 운동과 국민 참정권 운동 전개
자강 개혁 운동	• 보수파 내각을 퇴진시키고 개혁 내각을 수립 • 관민 공동회를 개최하여 헌의 6조 채택 • 관선 25명, 민선 25명으로 구성된 중추원 관제를 반포

독립신문

백정 박성춘의 만민 공동회 연설(1898년)

나는 대한의 가장 천하고 무지몰각합니다. 그러나 충군애국의 뜻은 대강 알고 있습니다. 이에 나라를 이롭게 하고 국민을 편안하게 하려면 관민이 합심한 연후에야 가능하다고 생각합니다. 저 차일에 비유하건대, 한 개의 장대로 받친다면 역부족이나, 많은 장대를 합한다면 그 힘이 공고합니다. 원컨대 관민이 합심하여 우리 황제의 성덕에 보답하고, 국운(國運)이 만만세 이어지게 합시다.

헌의6조(1898년 10월)

1. 외국인에게 의존하지 말고 관민이 힘을 합하여 전제 황권을 견고히 할 것.
2. 외국과의 이권에 관한 계약과 조약은 각 대신과 중추원 의장이 합동 날인하여 시행할 것.
3. 국가 재정은 탁지부에서 전관하고, 예산과 결산은 국민에게 공포할 것.
4. 중대 법죄를 공판하되, 피고의 인권을 존중할 것.
5. 칙임관을 임명할 때는 정부에 그 뜻을 물어서 중의(衆意)에 따를 것
6. 정해진 규칙을 실천할 것.

익명서 사건

1898년 11월 5일 우리 역사상 처음으로 독립 협회에서 25명의 민선 의관을 선출하기로 하였다. 이에 보수 반동 세력은 11월 4일 밤에 독립 협회가 왕정을 폐지하고 박정양을 대통령, 윤치호를 부통령으로 삼으려 한다는 익명서를 날조하여, 결국 독립 협회를 해산시키고 그 간부들 17명을 체포하게 하였다. 만민 공동회는 조병식, 민종묵, 유기환, 이기동, 김정근 등 5명을 익명서 사건의 책임자로 지목하고 이들 5흉(五凶)의 처벌을 요구하였다.

윤치호, 「독립협회의 시종」

대한국 국제 9조(1899년)

1조 대한국은 세계 만국에 공인된 자주국이다.
2조 대한국은 만세 불변의 전제 정치이다.
3조 대한국 대황제는 무한한 군권을 누린다.
4조 대한국 신민이 대황제의 군권을 침해할 행위가 있으면 그 행위의 사전과 사후를 막론하고 신민의 도리를 잃어버린 자로 인정한다.
5조 대한국 대황제는 육·해군을 통솔하고 군대의 편제를 정하고 계엄을 명한다.
6조 대한국 대황제는 법률을 제정하여 그 반포와 집행을 명하고, 대사, 특사, 감형, 복권을 명한다.
7조 대한국 대황제는 행정 각 부서의 관제를 정하고 행정에 필요한 칙령을 공포한다.
8조 대한국 대황제는 문무 관리의 출척 및 임면권을 가진다.
9조 대한국 대황제는 각 조약의 체결 국가에 사신을 파견하고, 선전, 강화 및 제반 조약을 체결한다.

   ㉤ 해산
      - 익명서 사건 : 보수세력과 왕실의 일부 세력은 독립 협회의 정치적 영향력 강화를 우려하여 고종에게 독립협회가 공화정을 추구한다는 내용의 허위 투서(익명서 사건)를 전달하였다.
      - 황국협회와의 충돌 : 어용 보부상들로 조직된 황국협회와 독립협회의 충돌을 구실로 정부는 황국협회와 독립협회 모두를 해산시켰다.
   ㉥ 의의와 한계
      - 의의 : 민중이 결합된 최초의 자주적 근대화 운동이며 국권의 수호와 민권의 신장을 추구하였다.
      - 한계 : 러시아를 주로 배척 미국·영국·일본 등에 대해서는 우호적 태도를 보이는 이중적 태도를 보였다.

(6) 대한제국
① 대한제국의 성립과 광무개혁
   ㉠ 배경 : 독립협회의 환궁요구와 러시아 세력 독점을 견제하려는 열강들의 요구로 고종은 아관파천 1년 만에 경운궁으로 환궁하였다.
   ㉡ 대한제국의 선포(1897년 10월) : 경운궁으로 환궁한 고종은 원구단(환구단)에서 황제즉위식을 갖고 국호를 대한제국(大韓帝國)이라 하고 연호를 광무(光武)고 고친 후 새로운 국가를 선포하였다.
   ㉢ 광무개혁
      - 개혁의 성격 : 광무개혁은 기존의 급진적 개혁을 비판하고 복고적 성격의 점신석 개량을 추구하였다.
      - 개혁의 원칙 : 구본신참(舊本新參)의 복고적 성격을 표방하며 전제황권을 강화하고자 하였다.

구본신참
"옛 것을 근본으로 삼고 새 것을 참조한다."라는 뜻으로, 대한 제국 시기의 집권 세력의 온건 개혁안을 대변하는 정책이다. 이는 기존의 갑오개혁의 급진성을 비판하고 전통적 가치관의 토대위에 서양의 제도를 부분적으로 절충하려는 시도이다.

      - 개혁의 내용

분야	개혁 내용
정치	• 대한국 국제 반포(1899년, 자주 독립과 전제 황권 강화를 표방) • 지방 행정 구역 변경(23부 → 13도제) • 교정소 설치(황제의 직속 입법기구)
교육	• 실업 교육 강조(실업학교와 기술 교육 기관 설립) • 외국에 유학생 파견

Chapter 3 민족운동과 근대적 개혁

분야	개혁 내용
경제	• 양전 사업 추진(양지아문 설치, 1898년) : 지계 발급 → 근대적 토지 소유권 제도 확립, 국가 재정 개선 토대 마련(조세 수입증가) • 황실 중심의 상공업 진흥(식산흥업, 殖産興業) : 근대적인 공장과 회사 설립, 실업 기술 교육 기관 설립 • 금본위제 실시 • 상무사(보부상 지원 목적)
군사	• 원수부 설치(황제가 육해군 통솔 목적) • 시위대 · 진위대 군사 수 증강 • 무관 학교 설립(장교 양성)
외교	• 이범윤을 간도 관리사로 파견(1902년) • 간도를 함경도의 행정구역으로 편입(1902년)

② 광무개혁의 의의와 한계
　㉠ 의의
　　• 전제 군주제 확립을 통한 자주 독립과 근대화 지향하였다.
　　• 개혁을 통하여 국방 · 산업 · 교육 · 기술 분야에서 성과를 거두었다.
　　• 간도에 대한 적극적 관리를 위하여 이범윤을 간도 관리사로 파견하였다.
　㉡ 한계
　　• 집권층의 보수적 성향과 열강의 간섭으로 개혁이 완성되지 못하였다.
　　• 황제권의 강화하는 방향으로 개혁이 진행되면서 독립협회의 민권 운동 탄압하였다.

(7) 간도와 독도

① 간도
　㉠ 배경 : 우리 민족이 이주하여 개척하였으나 청은 간도 개간 사업을 구실로 한민족의 철수 요구하면서 영토 분쟁이 발생하였다.
　㉡ 대한제국의 대응
　　• 함경도 편입 : 간도를 함경도에 편입시켰다.
　　• 간도관리사 파견(1903년) : 이범윤을 간도 관리사로 파견하여 세금을 징수하며 실질적 지배를 하였다.
　㉢ 일본의 간도 파출소(1907년) : 일본은 한국인의 독립운동을 탄압할 목적으로 간도에 파출소를 설치하였다.
　㉣ 간도협약(1909년) : 일본은 을사조약(1905년)으로 대한제국의 외교권을 강탈하고 청으로부터 만주의 철도부설권과 푸순 광산 채굴권을 얻는 대신, 간도를 청에 영토로 인정하는 간도협약을 체결하였다.

② 독도
　㉠ 독도의 편입 : 대한제국은 1900년 10월 울릉도를 울도로 개칭하고 울릉도의 행정구역 안에 독도를 편입시켰다.
　㉡ 일본의 강제 편입 : 일본은 러·일 전쟁 기간 중인 1905년 독도를 자신들의 영토로 강제로 편입시켰다.

3 항일 의병운동의 전개

(1) 항일 의병 투쟁

① 을미의병(1895년)
　㉠ 원인 : 최초의 의병인 을미의병은 을미사변과 단발령을 계기로 일어났다.
　㉡ 특징과 의병장
　　• 특징 : 위정척사 사상의 척사파 유생들이 중심이었고 농민과 동학농민군의 잔여세력이 가담하였다.
　　• 주요 의병장 : 유인석(제천, 충주), 이소응(춘천) 등이 활약하였다.
　㉢ 전개과정
　　• 고종의 해산권고 : 아관파천 후 고종은 단발령을 철회하였고 의병의 해산 권고 조칙에 따라 대부분 해산하였다.
　　• 활빈당의 조직 : 의병 해산 이후 일부 농민들은 활빈당(1898년~1904년)을 조직하여 반봉건·반침략 운동을 전개하였다.

을미의병
국모의 원수를 생각하며 이를 갈았는데, 참혹함이 더욱 심해져, 임금께서 또 머리를 깎으시는 지경에 이르렀다.
　　　유인석, 「을미의병 창의문」

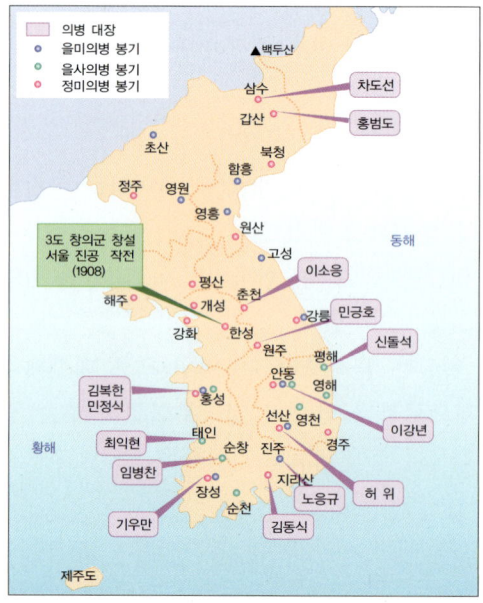
🔶 의병부대의 활약

② 을사의병(1905년)
  ㉠ 원인 : 을사조약으로 외교권을 일본에 빼앗기자 을사의병이 일어났다.
  ㉡ 특징과 의병장
    • 특징 : 신돌석이라는 평민의병장이 등장하였다.
    • 주요 의병장 : 최익현(태인·순창), 신돌석(평민, 영해·평해·울진) 등이 활약하였다.
  ㉢ 전개과정
    • 홍주성 점령 : 민종식은 을사조약이 체결되자 관직을 버리고 의병을 일으켜 홍주성을 점령하였다.
    • 최익현의 순절 : 관군과 대치하던 최익현은 스스로 싸움을 중단하고 포로가 되어 일본의 쓰시마 섬에서 순절하였다.

③ 정미의병(1907년)
  ㉠ 원인 : 헤이그 특사 사건을 구실로 일본이 고종을 강제로 퇴위시키자 이에 대한 반발과 군대 해산을 계기로 일어났다.
  ㉡ 특징과 의병장
    • 특징 : 해산된 군인의 일부가 의병에 가담함으로써 의병의 전투력이 향상되었다.
    • 주요 의병장
      – 이인영 : 13도 창의군을 편성하여 서울 근교까지 집결하였다.
      – 홍범도, 이범윤 : 홍범도는 간도에서 이범윤은 연해주에서 국내 진공작전을 모색하였다.
  ㉢ 전개과정
    • 서울 주재 각 영사관에 의병을 국제법상의 교섭 단체로 승인해 줄 것을 요구하는 문서를 발송하였다.
    • 군대해산에 반발한 시위대 대대장인 박승환이 자결을 하였고 이 사건을 기점으로 해산 군인들이 의병에 합류하여 의병 전쟁으로 발전하였다.
    • 총대장 이인영, 군사장 허위로 13도 창의군을 편성하여 서울 진공 작전(1908년)을 전개하였으나 총대장인 이인영이 부친상을 당하여 고향으로 되돌아갔고 일본군의 반격으로 후퇴하였다.
  ㉣ 의의와 한계
    • 의의 : 의병의 활동은 민족의 저항 정신의 표출이었으며 항일 무장 독립 투쟁의 기반을 마련하였다.
    • 한계 : 일본군에 비해 무력적 열세에 놓여 있었고 국제적 고립과 의병 지도부의 사상의 제약의 한계를 극복하지는 못하였다.

을사의병

작년 10월에 저들이 한 행위는 오랜 옛날에도 일찍이 없던 일로서, 억압으로써 한 조각의 종이에 조인하여 500년 전해 오던 종묘사직이 드디어 하룻밤에 망하였으니, 천지신명도 놀라고 조정(祖宗)의 영혼도 슬퍼하였다. 나라를 들어 적국에 넘겨 준 이지용 등은 실로 우리나라 만대의 변할 수 없는 원수요, 자기 나라 임금을 죽이고 다른 나라 임금까지 침범한 이토 이로부미는 마땅히 세계 열방이 함께 토벌해야 할 역적이다. 우리에게 이웃 나라가 있어도 스스로 결교(結交)하지 못하고 타인을 시켜 결교하니 이것은 나라가 없는 것이요, 임금이 없는 것이다.

「최익현의 격문」

이인영 약사

13도 창의군의 총대장이었던 이인영은 거사를 앞두고 부친상을 당하자, 다음과 같은 말을 남기고 고향으로 되돌아갔다.
"나라에 대한 불충은 어버이에 대한 불효요, 어버이에 대한 불효는 나라에 대한 불충이다. 그러므로 나는 3년상을 치른 뒤 다시 의병을 일으켜 일본을 소탕하고 대한을 회복하겠다."
「1909년 7월 31일자 대한매일신보」

④ 의병 전쟁의 전환
  ㉠ 남한 대토벌 작전 : 호남의병 전쟁으로 호남지방의 의병 활동이 활발해지자 일본은 이를 탄압하기 위하여 남한대토벌 작전(1909년)을 전개하였고 의병 활동은 크게 위축되었다.
  ㉡ 마지막 의병장 : 마지막 의병장인 채응언은 1913년 황해도의 일본 헌병 파견소를 공격하였다.

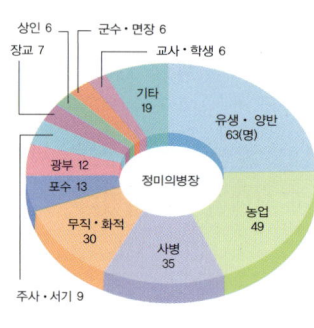
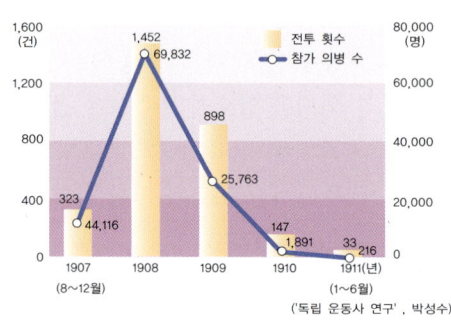

▲ 정미의병

⑤ 의사들의 의거 활동
  ㉠ 전명운·장인환(1908년 3월) : 샌프란시스코에서 우리나라의 외교고문이었던 스티븐슨을 사살하였다.
  ㉡ 안중근(1909년 10월) : 만주의 하얼빈 역에서 우리나라의 초대 통감이었던 이토 이로부미 사살하였다. 이후 안중근은 뤼순 감옥에서 순국(1910년 3월)하였다.
  ㉢ 이재명(1909년 12월) : 이완용을 저격하려 하였으나 실패하자, 칼로 찔러 중상을 입혔다.

4 애국 계몽 운동

(1) 애국 계몽 운동의 전개
  ① 성격
    ㉠ 사회진화론의 영향 : 사회진화론의 영향을 받아 산업진흥과 교육, 언론, 종교 등의 활동을 통하여 국권 회복운동을 전개하였다.
    ㉡ 일진회에 대항 : 개화 자강 계열의 단체들은 친일 단체인 일진회에 대항하며 구국 민족 운동을 전개하였다.
  ② 주요 단체
    ㉠ 보안회(1904년)
      • 중심인물 : 전직관리와 유생·기독교도 등이 중심이었다.

읽기 자료 — 안중근의 동양평화론

러·일 전쟁을 일으킬 때 일본 황제의 선전 포고문에 "동양 평화를 유지하고 대한 독립을 공고히 한다." 운운했으니, 이와 같은 대의가 청천백일의 빛보다 더 환하였기 때문에 한·청 인사들은 지혜로운 사람이나 어리석은 사람을 물론하고 한 몸과 한마음으로 오직 감화하고 복종했음이 그 하나이다. 오늘날 서양 세력이 동양으로 점차 밀려오는 환난을 동양 인종이 일치단결해서 온 힘을 다하여 방어해야 하는 것이 제일 상책임은 어린 아이일지라도 익히 하는 바인데, 무슨 까닭으로 일본은 이러한 순리의 형세를 돌아보지 않고 같은 인종인 이웃 나라를 약탈하고 우의를 끊어, 스스로 도요새가 조개를 쪼으려다 부리를 물리는 형세를 만들어 둘 다 잡혀 어부를 기다리는 듯 하는가. …

「경술(庚戌) 1910년 2월. 대한국인 안중근 여순 옥중에서 쓰다」

Chapter 3 민족운동과 근대적 개혁

- 목적 : 일제가 우리나라의 황무지 개간권을 요구하자 이를 저지하고자 설립하였고 1908년 동양 척식 주식회사가 설립될 때까지 황무지 개간권을 유보시켰다.
- 활동 : 주체적으로 황무지를 개발하기 위하여 농광회사(農鑛會社)를 조직하였다.
- 해체 : 일제의 탄압으로 해체되었고 보안회에 자극을 받은 일제는 친일 단체인 일진회를 조직하였다.

ⓒ 헌정연구회(1905년)
- 중심인물 : 이준, 윤효정 등이 중심이 되어 조직하였다.
- 목적 : 국민의 정치의식 고취와 입헌 군주제 수립을 목적으로 민중 계몽 운동을 전개하였다.
- 해체 : 일제의 반민족 행위를 규탄하였으나 통감부에 의해 한국인의 정치활동이 금지됨에 따라 해체되었고 대한자강회로 계승되었다.

ⓒ 대한자강회(1906년)
- 중심인물 : 장지연, 윤효정 등 헌정 연구회의 중심인물들이 주도하여 창립하였다.
- 목적 : 교육 및 산업의 진흥과 같은 실력 양성 운동을 통해 독립의 기초를 만들 것을 목표로 삼았다.
- 활동 : 「대한자강회 월보」를 발행하였고 전국에 33개의 지회를 설치하였으며 국채보상운동을 지원하였다.
- 해체 : 일진회의 규탄과 고종의 강제 퇴위 반대운동으로 통감부에 의해 해체되었고 대한협회로 계승되었다.

ⓔ 대한협회(1907년)
- 중심인물 : 오세창, 장지연 등이 대한 자강회를 계승하여 설립하였다.
- 목적 : 민권의 신장과 교육과 산업 발달을 목표로 설립되었다.
- 활동 : 「대한협회보」라는 기관지를 발행하였으며 전국에 60여개의 지회를 설치하였다.
- 해체 : 지도부가 일진회에 연합하는 등 친일적 색체를 띠기도 하였으며 일제에 의한 국권의 강탈 이후 해체되었다.

③ 신민회(1907년 ~ 1911년)
ⓙ 중심인물 : 안창호, 양기탁, 신채호, 박은식 등이 중심이 되어 비밀결사의 형태로 조직하였다.
ⓒ 목적 : 국권의 회복과 공화정체의 국민국가 건설을 목표로 하였다.

> **읽기자료 대한자강회 설립 취지문**
>
> 무릇 우리나라의 독립은 오직 자강(自强)의 여하에 있을 따름이다. 우리 대한이 종전에 자강의 방도를 구하지 아니하여 인민이 스스로 우매함에 갇히고 국력이 스스로 쇠퇴하게 되었고, 나아가서 금일의 험난한 지경에 이르렀고, 외국인의 보호까지 받게 되었다. 이것은 모두 자강의 방도에 뜻을 두지 않았기 때문이었다. … 오늘날 우리 한국은 삼천리 강토와 2천만 동포가 있으니, 자강에 분발하여 힘써 단체를 만들고 모두 단결하면 앞으로 부강한 전도를 바랄 수 있고 국권을 능히 회복할 수 있을 것이다. 자강의 방법으로는 교육을 진작하고 산업을 일켜 흥하게 하면 되는 것이다. 무릇 교육이 일지 못하면 백성의 지혜가 열리지 못하고, 산업이 늘지 못하면 국가가 부강할 수 없다. 그런즉 민지(民智)를 개발하고 국력을 기르는 길은 무엇보다도 교육과 산업을 발달시키는 데 있지 않겠는가? … 청컨대 주저하지 말고 이 혈성(血誠)을 같이하여 더욱 자강의 술(術)에 분발하여 국권 회복의 길에 매진하면 곧 대한 독립의 기초가 반드시 여기 세워지리니, 이것이 어찌 전국의 행복이 아닐 수 있겠는가.
>
> 「황성신문(광무 10년 4월 2일)」

> **신민회 취지서**
>
> 신민회는 무엇을 위하여 일어남이뇨? 민습(民習)의 완고 부패에 신사상이 시급하며, 민습의 우미(愚迷)에 신교육이 시급하며, 원기의 쇠퇴에 신수양이 시급하며, 도덕의 타락에 신윤리가 시급하며, 문화의 쇠퇴에 신학술이 시급하며, 실업의 초췌에 신모범이 시급하며, 정치의 부패에 신개혁이 시급이라, 천만가지 일에 신(新)을 기다리지 않는 바 없도다. … 무릇 우리 대한인은 내외를 막론하고 통일 연합으로써 그 진로를 정하고 독립 자유로써 그 목적을 세움이니, 이것이 신민회가 원하는 바이며, 신민회가 품어 생각하는 소이이니, 간단히 말하면 오직 신정신을 불러 깨우쳐서 신단체를 조직한 후에 신국을 건설할 뿐이다.

Part 6 근대 사회의 전개   277

신민회의 공화제 지향

신민회의 목적은 한국의 부패한 사상과 습관을 혁신하여 국민을 유신케 하며, 쇠퇴한 발육과 산업을 개량하여 사업을 유신케 하며, 유신한 국민이 통일 연합하여 유신한 자유 문명국을 성립케 한다고 말하는 것으로서, 그 깊은 뜻은 공화 정체의 독립국으로 함에 목적이 있다고 함.
「일본 헌병대 기밀 보고(1909)」

신민회의 활동 목표

1. 국민에게 민족의식과 독립 사상을 고취할 것.
2. 동지를 찾아 단합하여 민족 운동의 역량을 축적할 것.
3. 교육 기관을 각지에 설치하여 청소년 교육을 진흥할 것.
4. 각종 상공업 기관을 만들어 단체의 재정과 국민의 부력(富力)을 증진할 것

ⓒ 활동
- 교육활동 : 안창호는 평양에 대성학교를 이승훈은 정주에 오산학교를 설립하였다.
- 산업활동 : 평양에 자기회사를 설립하였고 대구에는 태극서관을 세워 서적을 출판, 보급하였다.
- 독립운동기지건설 : 만주 삼원보에 신흥학교(신흥무관학교)를 세워 독립군을 양성하였고 밀산부의 한흥동 건설을 지원하였다.

ⓔ 해체 : 일제에 의해 조작된 데라우치 총독 암살 사건인 105인 사건으로 해체되었다.

④ 언론 활동
　ⓙ 국내

신문	발행	발행시기	주요 활동
한성순보	박문국	1883년~1884년	• 최초의 신문 • 관보 성격으로 순한문 사용
독립신문	독립협회	1896년~1899년	• 최초의 민간신문 • 최초의 일간지 • 한글판과 영문판 발행
황성신문	남궁억	1898년~1910년	• 장지연의 '시일야방성대곡' • 국한문 혼용체
대한매일신보	양기탁, 베델	1905년~1910년	• 한·영 합작(사장 : 베델, 주필 : 양기탁) • 일제에 대해 가장 비판적 • 신민회의 기관지 성격 • 일제의 황무지 개간권 요구 반대 운동 • 국채 보상 운동
제국신문	이종일	1898년~1910년	• 부녀자가 주 독자층 • 순 한글

베델

한국이름은 배설(裵說)이라고 하며 1904년 러·일 전쟁이 발발하자 이를 취재하기 위하여 파견된 '런던 데일리 뉴스'의 특파원이었다. 그 후 베델은 양기탁과 함께 '대한매일신보'를 창간하였다. 대한매일신보는 베델이라는 영국인 사장으로 인하여 일본의 언론 탄압으로부터 자유로워 항일 논조를 유지하였다. 대한매일신보는 을사조약의 부당함을 주장하고, 고종의 친서를 게재하는 등의 활동을 펼쳤으며 국채 보상 운동을 적극적으로 후원하였다. 또한 신문사 정문에 '일인(日人) 출입금지'라는 글자를 붙여 놓은 것으로 유명하였다.

Chapter 3 민족운동과 근대적 개혁

ⓛ 국외 : 미국에서는 신한민보가 간행되었고 연해주에서는 대동공보, 해조신문 등이 발행되었다.

ⓒ 일제의 언론 탄압
- 신문지법(1907년) : 일제의 압력으로 이완용 내각이 공포한 것으로 36개 조항으로 이루어졌다. 이 법은 언론을 탄압하기 위해 만들어진 최초의 언론 관련 법률로 주요 내용으로는 정기간행물 발행의 허가제와 정기간행물의 발매·반포금지·정간·폐간 등의 규제를 허용하고 있다.
- 보안법(1907년) : 보안법은 내무대신이 결사(1조)와 집회의 금지(2조)를 할 수 있도록 되어 있다. 이외에도 보안법은 공개 장소에서의 문서게시, 낭독 등을 금지하고 이를 위반할 경우 태형과 징역형을 부과하는 등 우리 민족의 언론 및 집회와 결사의 자유를 탄압하는 도구로 사용되었다.

⑤ 애국 계몽 운동의 의의와 한계
ⓘ 의의 : 민족의 독립운동 이념과 독립운동의 전략을 제시하였고 항일 무장 투쟁의 토대를 마련하였다.
ⓒ 한계
- 일제에 의해 정치적·군사적으로 예속 상태에서 전개되었다.
- 실력을 양성하는 것이 우선이라고 생각하며 항일 의병에 관해서는 부정적 입장을 가지고 있었다.

신문지법

제1조 신문지를 발행하려는 자는 발행지를 관할하는 관찰사를 경유하여 내부대신에 청원하여 허가를 받아야 한다.
제10조 신문지는 매회 발행에 앞서 먼저 내부 및 그 관할 관청에 각 2부를 납부해야 한다.
제21조 내부대신은 신문지로서 안녕 질서를 방해하거나 풍속을 어지럽힌다고 인정하는 때는, 그 발매 반포를 금지하고 이를 압수하여 그 발행을 정지 혹은 금지할 수 있다.
「조선 사법 경찰 법규 제요」

Part 6 근대 사회의 전개   279

대표 기출 문제

01 그림의 남학생 주장을 뒷받침할 수 있는 근거로 적절한 것을 〈보기〉에서 고른 것은? (2점)

〈보기〉
ㄱ. 원수부를 설치하고 황제 호위 군대를 증강하였다.
ㄴ. 연좌제와 고문 등의 봉건적인 악습을 폐지하였다.
ㄷ. 과거제를 폐지하고 새로운 관리 임용 제도를 마련하였다.
ㄹ. 근대적 토지 소유권을 마련하기 위하여 지계를 발급하였다.

① ㄱ, ㄴ   ② ㄱ, ㄷ   ③ ㄴ, ㄷ   ④ ㄴ, ㄹ   ⑤ ㄷ, ㄹ

● 해설
갑오개혁은 봉건적인 악습을 폐지하고 신분제를 철폐하는 등 갑신정변, 동학 농민 운동의 요구 사항이 일부 반영된 개혁이라 할 수 있다.
ㄱ, ㄹ - 광무개혁의 내용이다.

● 정답 : ③

02 다음 자료와 관련된 정부의 정책으로 옳지 않은 것은? (2점)

환구단 　　지계

① 국방력 강화를 위해 군제를 개편하였다.
② 상공업 육성을 위해 다양한 회사를 세웠다.
③ 황제권 강화를 위해 대한국 국제를 선포하였다.
④ 개화 정책 추진을 위해 통리기무아문을 설치하였다.
⑤ 근대적 토지 소유권 확립을 위해 양지아문을 설치하였다.

● 해설
제시된 사진은 대한제국과 관련된 내용이다. 1897년 고종은 환구단을 짓고 대한제국의 수립을 선포하였으며 양전 사업을 전개하고 지계를 발급하였다.
④ 통리기무아문은 1880년에 설치된 우리나라 최초의 근대적 행정기구이다.

● 정답 : ④

출제적중문제

01 다음 개혁안을 내세운 근대적 민족 운동의 특징에 해당하는 것을 보기에서 모두 고르면?

> • 노비문서를 소각한다.
> • 7종의 천인 차별을 개선하고 백정이 쓰는 평량갓을 없앤다.
> • 왜와 통하는 자는 엄징한다.
> • 토지는 평균하여 분작한다.

〈보기〉
ㄱ. 신분제의 폐지를 주장한 반봉건적 운동이었다.
ㄴ. 반외세적 성격으로 양반 유생들의 지지를 받았다.
ㄷ. 입헌군주제를 목표로 하였다.
ㄹ. 위로부터의 개혁운동이라고 할 수 있다.
ㅁ. 이 운동은 안으로는 갑오개혁, 밖으로는 청일 전쟁에 영향을 미쳤다.

① ㄱ, ㄷ   ② ㄱ, ㄹ   ③ ㄱ, ㅁ   ④ ㄴ, ㄷ   ⑤ ㄴ, ㄹ

02 밑줄 친 '이 집회'에서 결의한 내용으로 옳은 것은?

> 내가 일전에 학교에 갈 때 종로를 지나가 본즉 태극기는 일월(日月)같이 높이 달고 흰 구름 같은 천막이 울타리 담장처럼 넓게 펼쳐져 있었습니다. 나무 울타리 안에 수많은 사람들이 모여 있었습니다. 제가 어떤 사람에게 묻기를 "여기서 무슨 일을 하려고 모였소?"하니까, 그 사람이 대답하기를 "정부 대신을 초청하여 묻고 토론할 일이 있어 이 집회가 열렸소." 라고 하였습니다.
> 「대한계년사」

① 토지의 평균 분작을 주장하였다.
② 의정부와 각 아문의 직무 권한을 명확히 제정한다.
③ 태양력을 사용하며 종두법을 실시하였다.
④ 국가의 재정은 탁지부에서 관리하고, 예산·결산을 공포한다.
⑤ 대한국 황제는 법률을 제정하여 그 반포와 집행을 명한다.

정답 및 해설

01
제시된 글은 동학 농민 운동의 폐정개혁안의 일부이다.
ⓒ - 신분제의 폐지와 같은 반봉건적 성격으로 양반들의 지지를 받지 못한다.
ⓒ - 동학은 입헌군주제와 같은 구체적인 정치적 실천 방안이 없으며 집권 후의 구체적 계획이 결여되어 있다는 한계를 지니고 있다.
ⓔ - 농민들이 중심이 된 아래로부터의 개혁 운동이다.

02
제시문의 집회는 독립협회가 주관한 관민공동회이다. 관민공동회에서는 헌의 6조가 채택되었고 헌의 6조에서는 재정의 탁지부에서 일원화 할 것을 주장하였다.

재정의 일원화
• 갑신정변 : 14개조 개혁 정강 – 호조로 재정의 일원화 주장
• 갑오개혁 : 홍범 14조 – 탁지아문으로 재정의 일원화 주장
• 독립협회 : 헌의 6조 – 탁지부로 재정의 일원화 주장

정답 ⊚ 01. ③ 02. ④

정답 및 해설

03
이재명은 을사오적의 한 명인 이완용을 저격하였으나 실패하였다.

04
항일의병운동은 을미사변과 단발령을 계기로 처음으로 시작되었으며, 이 단계에서는 주로 위정척사사상을 갖고 있던 양반유생들이 중심이 되었다. 그러나 점차 의병에 참여하는 계층의 폭이 확대되다가 1905년 을사조약 이후에는 신돌석과 같은 평민 의병장이 등장하기에 이르렀다. 1907년 정미7조약(한일신협약) 이후에는 김수민, 홍범도 등의 평민 의병장이 더욱 많아졌고, 의병운동의 양상도 보다 조직적인 연합활동에까지 발전하였다. 또한 1907년에는 해산된 군대가 의병에 가담함으로서 의병운동이 전쟁의 양상으로까지 발전하였다. 결국 ㉠에서 ㉡, ㉢로 진행되면서 의병의 전투력은 더욱 강화되었다고 보아야 한다.

---

03 다음 의사들의 의거활동으로 옳지 않은 것은?

① 나석주는 동양 척식 주식회사에 폭탄을 투척하였다.
② 이재명은 조선 총독을 저격하였으나 실패하였다.
③ 이봉창의 의거는 상하이 사변의 배경이 되었다.
④ 전명운과 장인환은 스티븐슨을 저격, 살해하였다.
⑤ 안중근은 하얼빈역에서 이토 히로부미를 저격, 살해하였다.

04 다음 표는 한말 항일의병운동을 정리한 것이다. 이 표에 대한 설명으로 적절하지 못한 것은?

구분	발생시기	계기	의병장
㉠	1895년	을미사변과 단발령	(가)
㉡	1905년 ~ 1906년	을사조약	최익현, 신돌석
㉢	1907년	(나)	이인영, 허위

① 의병 내부에서 신분에 따른 입장의 차이로 갈등을 빚었다.
② (가)는 주로 위정척사사상을 가진 유생들이 앞장섰다.
③ (나)에 들어갈 내용은 '고종황제 강제퇴위와 군대해산'이다.
④ ㉢ 시기의 의병은 13도 창의군을 조직 서울 진공작전을 전개하기도 하였다.
⑤ ㉠ → ㉡ → ㉢로 진행되면서 의병이 전투력이 약화되고 국지전적인 성격을 띠었다.

정답 ◉ 03.② 04.⑤

05 다음은 근대적 개혁의 전개 과정을 도식화 한 것이다. 이에 대해 바르게 설명한 것은?

(가) 1차 개혁	(나) 2차 개혁	(다) 3차 개혁
제1차 김홍집 내각 군국기무처 설치	군국기무처 폐지 홍범14조 발표	연호 제정 친위대·진위대 설치

① (가)의 개혁에 반발하여 전국에서 의병이 봉기하였다.
② (나)와 (다) 사이에 친러 내각이 성립되었다.
③ 일제는 적극적인 태도로 (가)와 (나)의 개혁에 관여하였다.
④ (다)시기에 사용한 연호는 '개국'이었다.
⑤ (가), (나), (다)의 개혁은 근대화를 추진한 독자적 개혁이었다.

06 다음 그림의 신문에 대한 설명으로 바른 것은?

① 천주교 단체에서 후원하였다.
② 유생층을 주요 독자로 삼았다.
③ 국권피탈과 더불어 폐간 되었다.
④ 우리나라 최초의 근대적 신문이다.
⑤ 영국인 베델과 양기탁이 함께 창간하였다.

정답 및 해설

05 제시된 표는 갑오개혁에 대한 설명이다. 2차 갑오개혁은 1894년 12월 김홍집과 박영효의 연립내각에서 추진되었다. 이후 1895년 청·일 전쟁에서 승리한 일본은 시모노세키 조약을 체결하여 요동반도를 할양 받았으나 러시아, 프랑스, 독일의 3국 간섭으로 청에 요동반도를 반환하였다. 이에 조선에서는 친러 내각인 3차 김홍집 내각이 형성되었다.

06 국채보상운동을 주도하고 있고 의병에 대한 기사가 실린 것으로 미루어 이 신문은 대한매일신보임을 알 수 있다. 대한매일신보는 베델과 양기탁에 의해 창간되었다.

정답 ◎ 05.② 06.⑤

4 근대의 경제와 사회

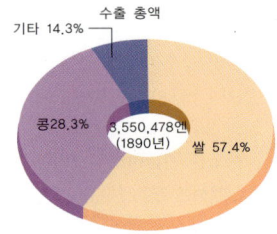

■ 일본과의 무역

조·청 상민 수륙 무역 장정(1882년)

세4소 북성과 한성의 양화진에서의 개잔 무역을 허락하되 양국 상민의 내지 채판(內地采辦)을 금하고 다만 내지 채판이 필요한 경우 지방관의 허가서를 받아야 한다.

*개잔 무역 : 상품을 쌓아 놓고 파는 무역.
*내지 채판 : 내륙 지방의 시장에 상품을 운반하여 판매하는 상행위

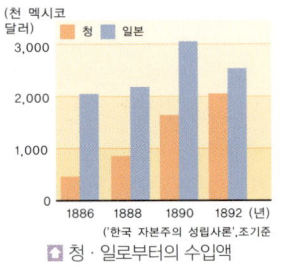

■ 청·일로부터의 수입액

1 열강의 경제적 침략

(1) 개항과 불평등 조약

① 개항 이후의 상황
  ㉠ 통상 교역의 시작 : 강화도 조약으로 일본과 조약을 맺고 이후 서양 국가들과 국교를 통해 본격적인 교역이 시작되었다.
  ㉡ 개화 정책의 추진 : 일본에 수신사, 청에 영선사, 미국에 보빙사 등 외국에 시찰단을 파견하는 등 개화정책을 추진하였다.

② 개항 초기의 무역 형태
  ㉠ 거류지 무역 : 수호조규부록에 따라 개항 초기 일본 상인의 활동범위를 개항장 10리 이내로 제한되어, 조선의 상인들을 매개로 무역을 하였다. 이로 인해 객주와 여각, 보부상들이 중간 상인으로 활동하여 많은 이득을 얻기도 하였다.
  ㉡ 중계 무역 : 일본은 조선에 영국산 면제품과 일본산 생필품 등을 들여와 팔고 그 대가로 조선의 곡물, 금 등을 싼 값에 사들여가는 방식으로 무역을 독점해 나갔다. 그 결과 조선에서는 쌀의 부족 현상이 발생하고 물가가 상승하였다.

③ 임오군란 이후
  ㉠ 청 상인의 세력 확대 : 조·청 상민 수륙 무역 장정의 체결로 청 상인들은 내지 통상권을 획득하고 세력을 확대하였다.
  ㉡ 일본 상인의 대응 : 일본은 수호 조규 속약을 체결하여 일본 상인의 활동범위를 처음 50리 이후 100리까지 확대하고 청 상인과 치열한 경쟁을 벌였다.

④ 청·일 전쟁 이후
  ㉠ 일본 상인의 무역 독점 : 청·일 전쟁에서 승리한 일본은 조선에서 일본 상인의 독점적 지배가 나타났다.
  ㉡ 열강에 의한 이권 침탈 : 아관파천 이후 열강의 이권침탈이 본격화되었다.

(2) 제국주의 열강의 경제 침탈

① 이권침탈

㉠ 시기 : 아관파천(1896년)을 계기로 열강의 이권침탈은 본격화 되었다.

㉡ 최혜국 대우 : 일본, 미국, 프랑스, 독일 등은 최혜국 대우 규정을 근거로 조선의 여러 이권을 빼앗아 갔다.

② 열강의 이권 침탈

러시아	• 재정고문(알렉셰프)과 군사 교관 파견 • 경원·종성의 광산 채굴권(1896년)	• 조·러 은행 설치권(화폐 발행권, 국고 출납권) • 압록강·울릉도의 삼림 벌채권(1896년)
미 국	• 운산 금광 채굴권(1896년) • 경인 철도 부설권(일본에 양도, 1896년)	• 전기·전차·수도시설권(1896년)
일 본	경부 철도 부설권, 직산 금광 채굴권	
독 일	강원도 금성 금광 채굴권(1897년)	
프랑스	경의선 철도 부설권(일본에 양도, 1896년)	
영 국	은산 광산 채굴권(1900년)	

❀ 열강의 이권침탈

조·일 통상 장정
(1876년 6월 18일)

제6칙 조선국 여러 항구에 거주하는 일본인의 쌀과 잡곡 수출 허용

제7칙 일본국 정부에 소속된 선박의 관세 납부 면제

조·일 수호 조규 부록
(1876년 8월 24일)

제1조 긴급 사태 때 일본인의 내지 여행 허용

제4조 부산에서 일본인의 간행이정(間行里程)을 10리로 한정

제7조 개항장에서 일본 화폐 유통

조·일 수호 조규 속약
(1882년 8월 30일)

제1조 개항장의 간행이정을 각 50리로 하고 2년 후 100리로 함

제2조 일본국 공사·영사 및 그 수행원과 가족의 조선 각지 여행의 자유 허용

화폐 정리 사업

구 백동화의 상태가 매우 양호한 갑종 백동화는 개당 2전 5리의 가격으로 새 돈과 교환하여 주고, 상태가 좋지 않은 을종 백동화는 개당 1전의 가격으로 정부에서 매수하며, 매수를 원치않는 자에 대해서는 정부가 절단하여 돌려준다. 단, 형질이 조악하여 화폐로 인정하기 어려운 병종 백동화는 매수하지 않는다.

「1905년 6월 탁지부령 제1호」

③ 일본의 금융 지배
  ㉠ 화폐정리사업
    • 목적 : 일본 화폐의 유통과 일본 자본의 진출을 확대하여 조선의 경제를 일본에 예속화하기 위한 목적으로 시행되었다.
    • 전개
      – 재정고문 파견 : 제1차 한일협약(1904년 8월)이 체결되고 재정고문으로 일본인 메가다가 파견되었다.
      – 화폐 정리 사업 : 재정고문으로 파견된 메가다는 화폐정리사업(1905년 1월)을 단행하여 대한제국의 화폐 발행권을 박탈하였다.
      – 민족 은행의 몰락 : 일본제일 은행이 중앙은행이 되고 민족 은행인 조선은행, 한성은행, 천일은행 등은 몰락하였다.

화폐 정리 사업의 실상

일본에 의해 조선 상인들이 소유하고 있던 백동화의 상당량을 을종 또는 병종으로 분류되고 소액을 가진 농민층은 제대로 교환조차 할 수 없었다. 그러나 화폐 정리 사업의 정보를 미리 알았던 일본 상인들은 자신들이 가지고 있던 질 나쁜 병종 백동화로 물건을 구입하거나 농민의 땅을 대량으로 사들이기도 하여 재빨리 처분하였다. 농민들은 값을 후하게 해 준다는 일본 상인에게 속아 질 나쁜 백동화를 받고 농토를 팔아넘기기도 하였다.

  ㉡ 일본의 차관 정책
    • 목적 : 시설 개선 명목이나 화폐 정리 기금 등의 명목으로 차관을 강요하여 조선을 재정적으로 예속화하려고 하였다.
    • 한계 : 시설 개선 명목으로 일본은 차관을 강요하였지만 개선된 시설의 혜택은 대부분 일본인에게 놀아갔다.

2 경제적 구국 운동의 전개

(1) 경제적 구국 운동
① 방곡령 실시(1889년 ~ 1910년)
  ㉠ 배경 : 일본 상인은 우리나라의 농촌에 침투하여 곡물을 반출하였다. 이에 흉년까지 겹치면서 곡물 가격의 폭등 현상이 발생하였다.
  ㉡ 경과
    • 방곡령 선포(1889년) : 함경도 관찰사 조병식, 황해도 등 지방관의 방곡령을 실시하여 곡식의 외부 유출을 막았다.

- 방곡령의 철회 : 일본이 방곡령 실시 1개월 전 통고해야 한다는 조·일 통상 장정의 규정을 구실로 방곡령 철회 압력을 가하자 조선 정부는 방곡령을 철회하고, 배상금을 지불 하였다.
- 일본에 대한 반감 고조 : 일본의 압력으로 방곡령이 철회되자 일본에 대한 농민들의 적개심이 고조되었다.

② 서울 상인들의 상권 수호 운동
㉠ 배경 : 조·청 상민 수륙 무역 장정(1882년)과 조·일 수호조규 속약(1882년)으로 인해 국내 상인들이 몰락하게 되었다.
㉡ 전개
- 1880년대 : 청국 상인들과 일본 상인들의 침탈이 심화되자 이에 반발한 서울 상인들은 외국 상인들인 철시와 퇴거를 요구하였다.
- 1890년대 : 서울 상인들은 황국 중앙 총상회(1898년)조직하여 상권 수호 운동을 전개하였다.

③ 독립협회의 이권 수호 운동
㉠ 러시아의 절영도 조차 요구 저지(1898년) : 러시아가 일본의 선례를 들어 절영도에 저탄소(貯炭所)를 설치하기 위하여 조차를 요구하자 독립협회는 만민 공동회를 통하여 일본의 저탄소 철거까지 주장하여 러시아의 요구를 철회시켰다.
㉡ 재정고문 철수(1897년) : 재정 고문으로 파견된 알렉셰프에 대해 반대시위를 벌여 취임을 막았다.
㉢ 한·러 은행 폐쇄(1898년) : 각종 이권 획득을 목표로 설립된 한·러 은행을 폐쇄하였다.

④ 황무지 개간 반대(1904년)
㉠ 배경 : 일본은 러·일 전쟁 중 한일의정서를 체결하고, 막대한 국유지를 빼앗았다.
㉡ 활동
- 보안회 : 일제의 황무지 개간권 요구에 대해 반대 운동을 전개하였다.
- 농광회사 설립 : 관리들과 일부의 민간 기업인들이 농광회사(農鑛會社)를 설립하였다.

농광회사

일본이 우리나라 국토의 4분의 1에 해당하는 황무지 개간을 요구하자, 우리나라 관리들과 기업가들이 일본의 황무지 개간을 막기 위해 설립한 회사이다. 농광 회사는 정부에 황무지 개간 특허를 요구하였고 정부는 1904년 이를 허용하였다.

**국채 보상
국민대회 취지문**

국채 1300만원은 바로 우리 한 제국의 존망에 직결된 것이라. 이것을 갚으면 나라가 보존되고, 갚지 못하면 나라가 망할 것을 자명한 일이다. 그런데 지금 국고는 도저히 상환할 능력이 없으며, 만일 나라에서 갚는다면 그때는 이미 삼천리강토는 장차 우리나라의 것, 백성들의 것이 아니 될 위험이 있다. … 그러므로 이 국채를 갚는 방법으로 2000만 인민들이 3개월 동안 흡연을 금하고, 그 대금으로 1인당 매달 20전씩 거둔다면 1300만원을 모을 수 있다.
「대한매일신보, 1907년 2월 21일자」

    ⓒ 결과 : 국민적 호응으로 일제의 황무지 개간권 요구는 철회되었다.
  ⑤ 국채 보상 운동(1907년)
    ㉠ 배경 : 일제의 차관 정책으로 우리나라에 대한 일본의 경제적 예속이 심화되었고, 부채가 1,300만 원에 달해 상환이 어려워졌다.
    ㉡ 전개
      • 목적 : 국채 상환을 통한 경제 자립과 국권 수호를 목적으로 하였다.
      • 전개 : 대구에서 서상돈 등이 시작하여 대한 매일 신보, 제국신문, 황성신문 등의 후원으로 전국으로 확대되었다. 서울에서는 국채 보상 기성회가 조직되어 금연운동, 폐물 모금 운동 등을 전개하였다.
    ⓒ 결과 : 통감부의 방해로 국채 보상 운동은 실패하였다.

(2) 근대적 민족 자본의 형성
  ① 상인들의 노력
    ㉠ 시전상인 : 외국 상인들의 침투에 대항하여 황국 중앙 총상회를 조직하여 상권수호 운동을 전개하였다.
    ㉡ 경강상인 : 개강 후 일본에 의해 세곡(稅穀) 운송권이 넘어가자 증기선을 구입하여 운송권을 되찾으려 하였으나 실패하였다.
    ⓒ 객주와 여각·보부상
      • 개항 초기 : 거류지 무역으로 내륙 진출이 어려운 일본 상인과 조선 내륙을 연결하는 중개 판매로 이득을 취하였다.
      • 1880년대 이후 : 외국 상인들의 내륙 진출로 중개 판매로 이득을 얻던 이들은 큰 피해를 입었다. 그러나 자본력을 갖춘 일부 상인들은 상회사(창신 상회, 태평 상회)를 설립하기도 하였다.
  ② 산업자본과 금융자본
    ㉠ 산업자본 : 전통 수공업을 계승하여 서울에 조선 유기 상회라는 합자 회사가 설립되었다. 또한 면직물 공업에서도 섬유회사인 종로 직조사, 한성 제직 회사 등이 설립되었다.
    ㉡ 금융자본 : 일본의 금융 침투에 대응하여 우리 자체의 은행 설립이 시도되어 우리나라 최초의 은행인 조선은행(1896년) 등이 세워졌으나 자본의 영세성, 운영 방식의 미숙으로 어려움을 겪었고 화폐 정리 사업으로 몰락하였다.

3 개항 이후의 사회 변화

(1) 사회 제도와 의식의 변화
① 평등 사회로의 이행

개항기	개화 세력의 개혁 추구 → 북학 사상 계승, 천주교, 동학, 개신교의 영향으로 평등 사회 지향
갑신정변	• 주장 : 문벌 폐지, 인민평등권, 지조법 개혁 • 결과 : 청군에 의해 좌절 • 한계 : 민중들은 개혁 의지 이해 못함(민중들로부터 유리)
동학 농민 운동	• 주장 : 토지의 평균 분작, 노비제 폐지 • 결과 : 일본에 의해 좌절 • 조선 왕조 인정, 근대적 사회 의식 결여
갑오개혁	• 주장 : 신분제 폐지(천민 신분 폐지, 공·사 노비 제도 혁파), 봉건적 세습 타파(조혼 금치, 과부 재가 허용, 연좌제 폐지) • 결과 : 근대적 평등 사회의 기틀 마련 • 한계 : 민중과 유리된 개혁, 타율적 개혁(일본의 침략에 유리)
독립 협회	• 민중 운동 전개(만민 공동회) 개최 • 조선 왕조 인정(입헌 군주제) • 민중을 기반으로 한 정치 개혁 운동(백정 박성춘의 연설)
애국 계몽 운동	• 근대 교육 보급 • 국민의 근대적 정치·사회의식 고취

② 생활 모습의 변화
  ㉠ 남성 의생활의 변화
    • 일부 상류층과 개화인사 : 일부 상류층 인사들은 기존의 한복 대신 양복과 구두를 착용하였다.
    • 일반 남성 : 일반 남성들은 여전히 한복을 입었으나 저고리 위에 마고자와 조끼를 입는 풍습이 새로 생겼다.
  ㉡ 여성 의생활의 변화
    • 대부분의 여성 : 대부분의 여성들은 저고리와 치마로 이루어진 전통적인 한복을 입었다.
    • 서양 선교사의 영향 : 서양 선교사의 영향을 받아 전통적인 한복을 변형시킨 개량 한복이 등장하였고 여학생은 교복을, 신교육을 받은 여성들은 개량 한복을 입었다.
  ㉢ 식생활의 변화
    • 배경 : 외래 문물과의 교류가 활발해지며 음식 문화가 들어왔다.
    • 개항 이후 : 서양 선교사들이 들어오면서 식사법의 변화가 생겨 겸상과 두레상이 등장하였다.

- 외래 음식의 전래 : 서양음식(커피, 홍차, 빵 등)과 중국음식(만두, 찐빵 등), 일본음식(초밥, 어묵, 우동 단무지, 청주 등)이 전래되었다. 그러나 일반 서민들의 음식에는 큰 영향을 미치지 않았다.

ㄹ 주거 생활의 변화
- 신분에 따른 주택 규제 철폐 : 개항 이후 가옥의 규모나 건축 양식에 제한 없이 집을 지을 수 있었다.
- 서양식 건물과 일본식 주택의 등장 : 서양식 건물과 일본식 주택이 등장하게 되었다.

③ 동포들의 국외 이주
  ㄱ 만주(간도)지역
  - 배경 : 일제의 경제적 침탈로 인한 생활고가 가장 주된 이유였다.
  - 이민 형태 : 이주한 동포들은 황무지를 개간하고 농사를 지어 생계를 유지하였다.
  - 활동 : 일본의 탄압을 피해 간도로 이주해 온 인사들은 학교를 세워 민족 교육을 하였고 독립군을 지원하는 등 독립 운동 기지 건설을 위한 노력들을 전개하였다.

  ㄴ 연해주 지역
  - 배경 : 러시아가 베이징 조약을 중재한 대가로 청의 영토였던 연해주를 넘겨받고 이 지역을 개발할 목적으로 한인들의 이주를 허가하였다.
  - 이민 형태 : 황무지 개간을 통한 농사로 생계를 유지하며 정착하였다. 그러나 1937년 스탈린의 한인강제 이주 정책으로 중앙아시아로 강제 이주되었다.
  - 활동 : 100여 개에 이르는 한인 집단촌인 신한촌을 형성하고 학교를 세워 민족의식을 고취시켰다. 또한 이 지역은 을사조약 이후 무장 독립 투쟁의 중심지가 되었다.

  ㄷ 미주 지역
  - 배경 : 하와이의 사탕수수 농장의 일손 부족을 해결하기 위하여 1902년 최초로 합법적 이민이 시작되었다.
  - 이민 형태 : 사탕수수 농장으로 떠난 동포들은 고된 노동과 인종 차별에 시달렸으며 철도 공사와 개간 사업 등에도 동원되었다.
  - 활동 : 학교와 교회를 세우고 자치 단체들을 만들기도 하였다. 동포들 중 일부는 멕시코, 쿠바, 미국의 본토 등으로 이주하였다.

01 다음 그림과 같은 상황이 발생한 직접적 계기로 옳은 것은? (3점)

13회 30번

① 조·청 상민 수륙 무역 장정이 체결되었다.
② 미국에 파견되었던 보빙사가 귀국하였다.
③ 군국기무처를 중심으로 개혁 정책을 실시하였다.
④ 일본이 운요호 사건을 구실로 개항을 강요하였다.
⑤ 김홍집이 가지고 온 「조선책략」이 국내에 개포되었다.

● 해설
1882년 체결된 조·청 상민 수륙 무역장정으로 청 상인의 내륙진출이 심화되자 조선 상인들은 외국 상인들의 내륙 진출을 저지하기 위한 운동들을 전개하였다.

● 정답 : ①

출제적중문제

정답 및 해설

01
세창양행 독일인이 경영하던 가게로 한성주보에 최초로 상업광고를 실었다.

02
임오군란을 진압한 청은 조선에 조청 상민 수륙무역 장정(1882년)의 체결을 강요하였고 이 조약의 결과 청 상인들의 내륙진출이 심화되었다. 이후 청·일 전쟁의 패배로 한반도에 대한 지배권을 완전히 상실하기 이전까지 청 상인과 일본 상인 간의 경쟁이 격하되었다.

01 다음 보기의 밑줄 친 내용에 해당되지 않는 것은?

> 우리나라는 개항 이후 자본주의 열강의 침략을 받으면서도 근대민족 경제의 토대를 만들어갔다. 특히, 일본의 무역독점, 이권침탈, 금융지배 등의 경제침략에 대응하여 우리민족은 <u>근대적 회사</u>와 공장 등을 설립하고 민족 자본을 육성하려고 노력하였다.

① 대동 상회
② 세창양행
③ 조선 유기 상회
④ 종로 직조사
⑤ 한성 제직회사

02 다음 도표와 같이 1880년대 중반이후 청과의 무역이 꾸준히 증가한 계기로 옳은 것은?

나라 연도	청	일본	비율(%) 청	비율(%) 일본
1885년	313,342	1,377,392	19	81
1888년	860,328	2,196,115	28	72
1891년	2,148,294	3,226,468	40	60

① 임오군란
② 갑오개혁
③ 아관파천
④ 3국 간섭
⑤ 을사조약

정답 ◉ 01.② 02.①

03 갑오개혁 이후 의식주 생활의 변화에 대하여 바르지 못한 설명은?

① 상류층에서는 남녀 구분의 식사 예절이 철저히 지켜졌다.
② 커피를 비롯한 서양식 음식을 즐겼다.
③ 신분에 따라 가옥의 크기는 제한이 존재하였다.
④ 개항장이나 서울에 서양식 건물이 등장하였다.
⑤ 대다수의 백성들에게는 큰 변화를 주지는 못했다.

04 다음 자료의 경제적 구국운동에 관한 설명으로 옳은 것은?

(가) 곡물이 일본등지로 유출되어 가격이 오르고 백성들의 원성이 높아지자 지방관이 이 명령을 내렸다.
(나) 서울의 시전상인들은 상점을 철시하고 외국 상점들의 퇴거를 요구하였다.
(다) 일제가 요구한 황무지 개간권을 취소시키고자 하였다.
(라) 일제에게 빌려온 차관을 갚자는 운동으로 대구에서 시작되었다.
(마) 객주와 관료들도 각종 회사를 설립하였다.

① (가) - 전라도와 경상도 지역에서 가장 크게 일어났다.
② (나) - 황국중앙 총상회를 조직하여 상권을 지키고자 하였다.
③ (다) - 동양척식주식회사를 세워 우리 손으로 개간하자고 하였다.
④ (라) - 이 운동으로 일제에 빌린 차관을 다 갚을 수 있었다.
⑤ (마) - 농광회사를 설립하여 상업 활동에 종사하였다.

정답 및 해설

03
갑오개혁 이후 법적인 신분제는 사라졌으며 가옥의 크기 역시 재산의 정도에 따라 자유롭게 크기를 결정할 수 있었다.

04
① 방곡령은 함경도와 황해도가 대표적이다.
③ 동양 척식 주식회사는 일제 시대 토지조사 사업을 벌여 토지를 약탈한 회사이다.
④ 국채보상 운동은 통감부의 방해로 실패로 끝났다.
⑤ 농광 회사는 보안회가 일제의 황무지 개발권 요구를 철회시킨 후 우리 스스로 황무지를 개간하고자 설립한 회사이다.

정답 ◎ 03.③ 04.②

정답 및 해설

05
일제의 화폐정리 사업으로 인하여 국내 화폐 보유자들의 자산가치가 크게 줄어 기업은 도산하고 민족은행은 몰락하였다.

06
개항 초기 거류지 무역으로 인해 객주와 여각, 보부상 등은 내륙과 거류지를 연결하는 중계를 통해 부를 축적하였다.

---

05 다음 사업을 실시한 결과에 대한 상황으로 옳게 서술된 것으로 묶은 것은?

> 일제는 1905년 1월 일본 제일 은행을 앞세워 기존에 통용되던 엽전과 백동화를 거둬들이는 대신에 제일 은행권을 주요통화로 이용하고, 조선 정부의 이름으로 보조화폐를 발행하였다. 구 백동화는 품질에 따라 갑·을·병종으로 분류되었다. 갑종은 1매당 2전 5리로 교환해주고 을종은 1전으로 매수되었다. 품질이 나쁜 병종은 화폐로 인정되지 않았다. 제일은행은 또한 소액교환을 거부하고 어음발행을 중지하였으며, 새 화폐 발행을 지연시켜 극심한 피해를 입었다.

(가) 국내 물가가 크게 올랐다.
(나) 국내 상인들의 화폐자산가치가 크게 줄었다.
(다) 일제는 조선의 재정 및 화폐, 금융을 지배하게 되었다.
(라) 대한제국의 금융자본 형성에 기여하였다.
(마) 금융공황이 일어나 기업이 도산하거나, 상점이 휴업하고 기업주가 음독하는 일도 있었다.

① (가), (다), (마)
② (나), (다), (마)
③ (가), (다), (라)
④ (가), (나), (마)
⑤ (라), (마)

06 청과 일본의 경제 침탈에 관한 설명으로 옳지 않은 것은?

① 개항 초기 일본은 거류지 무역을 전개하였고 이로 인해 객주와 여각 등 기존 상권이 몰락하였다.
② 일본은 중계무역으로 값싼 면제품을 조선에 수출하고 대신 조선의 곡물 등을 수입해 갔다.
③ 임오군란 이후 청은 조·청 상민 수륙 무역 장정을 체결하고 내륙 진출을 강화하였다.
④ 임오군란 이후 일본은 조일수호 조규 속약을 체결하고 내륙 진출을 강화하였다.
⑤ 청일 전쟁 이후 일본의 독점적 지배가 나타났다.

정답 ● 05.② 06.①

5 근대 사회의 문화

1 서양 과학 기술의 수용

(1) 과학 기술의 수용 태도

① 개항 이전 과학 기술의 수용
  ㉠ 개항 이전(흥선대원군 집권기) : 흥선 대원군은 서양의 무기 제조술에 많은 관심을 가지고 있었다.
  ㉡ 개항 이후 : 개화파 인사들에 의해 동도서기론(東道西器論)이 대두되었다.

② 1880년대 : 산업 기술 수용에도 관심이 고조되어 방직·양잠·광산 등의 진흥을 목적으로 외국 기술자 초빙하는 등 서양 기술을 도입하기 위해 노력하였다.

③ 1890년대 : 교육의 개혁을 위하여 해외에 유학생을 파견하고 여러 근대적 학교를 설립하고자 노력하였다. 이로 인해 경성의학교, 철도학교, 광업학교 등이 세워졌다.

(2) 근대 시설의 수용

분야	명칭	연도	내용
출판	박문국	1883년	한성순보 발간
	광인사	1884년	최초의 민간 출판사
화폐	전환국	1883년	화폐(당오전)주조
무기	기기창	1883년	영선사의 건의로 세워진 근대식 무기 제조 공장
통신	전신	1885년	서울 ~ 인천 간 전신선 가설, 한성전보총국
	전화	1898년	궁중에 처음 가설, 민가에 가설(1902년)
	우정국	1884년	갑신정변으로 중단 → 을미개혁 때 우체사로 우편업무 재개, 1900년 만국 우편 연합에 가입함으로써 국제업무 시작
전기	전등	1887년	경복궁에 최초로 개설
	전차	1899년	한성 전기 회사 설립(미국인 콜브란과 조선 황실 합작), 서대문 ~ 청량리에 가설

동도서기론

외국의 교(敎)는 즉, 사(邪)로서 마땅히 멀리해야 하지만, 그 기(器)는 즉, 리(利)로서 가히 이용후생의 바탕이 될 것인즉, 농·상·의약·갑병(甲兵)·주차(周車) 등의 종류는 어찌 이를 꺼려서 멀리 하겠는가

곽기락의 상소, 「일성록」

전차에 대한 백성들의 분노

전차가 운행하면서 다치고 죽는 백성이 많다고 들었다. 매우 놀랍고 참혹한 일이다. 내부에서 한 사람 한 사람 구제금을 넉넉히 주어 나라가 불쌍히 여기고 있음을 보여주라. 의정부에서는 농상공부, 경무청, 한성부에 특별히 당부하여 방법을 강구하게 하라. 전차를 운전할 때는 반드시 사람들이 철길에 들어서지 못하게 살펴 다시는 차에 치여 죽는 폐단이 없도록 거듭 타일러라.

*1899년 5월 17일 한성전기회사는 전차 운행을 시작하였다. 그러던 중 26일 다섯 살난 아이가 종로 거리를 달리는 전차에 치여 죽는 사건이 발생했고 분노한 사람들은 차체를 부수고 기름을 뿌려 불태워 버렸다. 전차가 전복되어 죽거나 다친 사람이 발생하자 고종이 이러한 지시가 내려졌다.

「고종실록」

분야	명칭	연도	내용
철도	경인선	1899년	미국인 J.R. 모스가 착공하였으나 일본이 완성하였다. 1899년 제물포~ 노량진 사이, 1900년 노량진 ~ 서울 사이에 완공
	경부선	1904년	러·일 전쟁 중 일본이 완성
	경의선	1906년	-
의료	광혜원	1885년	알렌과 조선 정부와의 공동 출자로 개원 → 제중원 → 세브란스 병원
	광제원	1900년	정부 출자의 신식 의료 기관

근대 문물의 수용은 민중의 생활 개선에 기여한 측면이 있으나 외세의 이권 침탈 목적과 관련되어 있다.

경부철도가(1908년)

우렁차게 토하는 기적 소리에 / 남대문을 등지고 떠나가서 / 빨리 부는 바람의 형세 같으니 / 날개 가진 새라도 못 따르겠네 / 늙은이와 젊은이 섞여 앉았고 / 우리 내외 외국인 같이 탔으나 / 내외 친소 다같이 익혀 지내니 / 조그마한 딴 세상 절로 이뤘네 / 관왕묘와 연화봉 들러 보는 중 / 어느 덧에 용산역 다다랐도다 / 새로 이룬 저자는 모두 일본집 / 이천여 명 일인이 여기 산다네.

「최남선」

2 근대 교육과 국학 연구

(1) 근대 교육의 시작

① 1880년대의 근대 교육

ㄱ) 원산학사(1883년) : 함경도 덕원 주민들이 설립한 최초의 사립학교로 외국어와 국제법 등 근대교육과 함께 무술 교육도 실시하였다.

ㄴ) 동문학(1883년) : 영어와 일어를 가르치는 교육기관으로 통역관을 양성하였다.

ㄷ) 육영공원(1886년) : 정부가 세운 최초의 관립학교로 미국인 교사(헐버트, 길모아 등)들을 초빙하여 상류층 자제들에게 근대 학문을 교육하였다.

② 1890년대(갑오개혁 이후)의 근대 교육

ㄱ) 교육입국 조서의 반포 : "국가의 부강이 국민의 교육에 있다."라는 내용의 교육입국 조서가 반포(1895년 2월)되었다.

ㄴ) 관립 학교의 설립 : 교원의 양성을 위하여 정부는 한성사범학교 관제를 반포(1895년 4월 16일)하고 같은 해 한성사범학교 규칙(7월 23일)을 공포하였다. 이에 최초의 근대적 교원양성학교가 설립되었다. 그 후 소학교, 한성중학교, 외국어 학교 등이 설립되었다.

ㄷ) 개신교 계열의 사립학교 : 선교 목적의 일환으로 배재학당, 이화학당, 경신학당 등의 사립학교가 설립되어 근대적 학문을 교육하였다.

ㄹ) 민족주의 계열의 사립학교 : 민영환이 최초의 사립학교인 흥화학교(1895년)를 세운 이후 을사조약 이후 민족주의자들에 의해 보성전문학교, 오산학교, 대성학교 등의 민족주의 계열의 학교들이 설립되었다.

교육 입국 조서 (1895년 2월)

… 세계의 형세를 보면, 부강하고 독립하여 잘 사는 모든 나라는 다 국민의 지식이 밝기 때문이다. 이 지식을 밝히는 것은 교육으로 된 것이니 교육은 실로 국가를 보존하는 근본이 된다. … 이제 짐은 정부에 명하여 널리 학교를 세우고 인재를 길러 새로운 국민의 학식으로써 국가 중흥의 큰 공을 세우고자 하니, 국민들은 나라를 위하는 마음으로 덕(德)과 체(體)와 지(智)를 기를지어다. 왕실의 안전이 국민들의 교육에 있고, 국가의 부강도 국민들의 교육에 있도다.

「교육 입국 조서의 일부」

Chapter 5 근대 사회의 문화

④ 일제의 탄압 : 일제는 사립학교령(1908년)을 발표하여 사립학교의 설립과 운영을 통제하고자 하였다.

사립학교령(1908년)
제2조 사립학교를 설립할 때에는 학부대신의 인가를 받아야 한다.
제6조 통감부 시책에 맞지 않는 교과서는 사용하지 못한다.
제10조 학부대신이 사립학교의 폐쇄를 명할 수 있다.

(2) 국사 연구

① 근대 계몽 사학의 성립 : 신채호, 박은식 등이 근대 계몽사학을 성립시켰다.

② 구국 위인전기 저술 : 박은식, 신채호 등을 중심으로 「이순신전」, 「을지문덕전」, 「강감찬전」 등 외세의 침략을 물리친 영웅들의 전기를 통해 국민들의 사기를 높이고 애국심을 고취시키고자 하였다.

③ 외국 흥망사 번역 : 「미국 독립사」, 「베트남 망국사」, 「이태리 건국 삼걸전」 등 타 국가의 흥망사를 편찬하여 국민들의 독립의지를 높이고자 하였다.

④ 일제의 침략 비판 : 황현 「매천야록」을 통해 구한말의 상황을 기록하였으며 1910년 국권이 피탈되자 절명시(絶命詩)를 남기고 자결하였다.

⑤ 신채호 : 「독사신론(1908년)」을 대한매일신보에 발표하여 민족주의 사학의 토대를 마련하였다.

(3) 국어 연구

① 국·한문체의 보급 : 갑오개혁 이후 정부의 공문서나 학교의 교과서에서도 국·한문체가 사용되었다.

② 유길준 : 최초의 국한문 혼용체인 「서유견문」과 최초의 문법서인 「조선문전」을 저술하였다.

③ 순 한글 신문 : 독립신문, 제국신문, 대한매일신보 등의 순 한글을 사용하는 신문들이 만들어졌다.

④ 국문연구소 설립(1907년)
  ㉠ 설립 : 대한제국 정부가 학부(學部)의 내부 기구로 설립한 연구소로 표기법 통일의 필요성 때문에 설립되었다.
  ㉡ 활동 : 지석영, 주시경 등이 참여하였고 주시경의 「국어문법」 등이 저술(1908년)되었다.

신채호의 독사신론

국가의 역사는 민족의 흥망성쇠를 서술하는 것이다. 민족을 빼면 역사가 없을 것이며, 역사를 알지 못하면 그 민족의 애국심이 사라질 것이니, 역사가의 책임이 얼마나 무거운가 … 역사를 서술하는 사람은 먼저 민족의 형성 과정을 적고 정치는 어떻게 번영하고 쇠퇴하였는지, 산업은 어떻게 융성하고 쇠퇴하였는지, 무공(武功)은 어떻게 나아가고 물러갔으며, 그 문화는 어떻게 변하였으며, 다른 민족과의 관계는 어떠하였는지를 서술해야 한다. 만일 민족을 주제로 한 역사 서술이 이루어지지 않는다면 이는 무정신의 역사라. 무정신의 역사는 무정신의 민족을 낳으며 무정신의 국가를 만들 것이니 어찌 가히 두려워하지 아니하리오.

「대한매일신보, 독사신론」

3. 문예와 종교의 새 경향

(1) 신소설의 등장
① 특징 : 언문일치(言文一致)의 문장을 사용하였고 권선징악을 주제로 봉건적 윤리와 미신의 타파, 남녀평등 등을 주장하는 등 계몽주의적 성격을 띠고 있었다.
② 작품 : 최초의 신소설인 이인직의 「혈의 누」를 비롯하여 이해조의 「자유종」, 안국선의 「금수회의록」 등이 대표적이다.
③ 한계 : 권선징악적 요소, 지나친 우연성의 개입 등 구소설의 특징에서 크게 벗어나지는 못하였다.

(2) 신체시의 등장
① 특징 : 신체시는 고전적 시가에서 탈피하여 근대시의 새로운 형식을 개척하였다.
② 최초의 신체시 : 소년이라는 잡지 창간호에 실린 최남선의 '해(海)에게서 소년에게'가 최초의 신체시이다.

(3) 번역 문학
① 대표작품 : 「성경」, 「천로역정」, 「이솝이야기」 등이 번역되었다.
② 의의와 한계 : 신문학의 발달과 근대 의식의 보급에 기여하였으나 서양 문화의 무분별한 소개로 식민지 문화의 터전이 마련되는 부정적 측면도 있었다.

(4) 예술계의 변화
① 서양 음악의 도입 : 크리스트교가 수용되어 찬송가가 불리면서 서양 음악이 도입되었다.
② 창가의 유행 : 서양의 악곡에 맞추어 부르는 신식노래로 애국심과 근대 의식을 담으려는 노력으로 백성들의 의식을 높이는데 크게 기여하였다. 대표적으로 '독립가', '학도가', '권학가', '애국가' 등이 유행하였다.
③ 연극 : 신극운동이 전개되면서 이인직은 우리나라 최초의 서양식 극장인 원각사를 설립(1908년)하였고 「은세계」, 「치악산」 등의 작품이 공연되었다.

(5) 종교의 새경향
① 천주교
　㉠ 선교의 자유 : 천주교는 1886년 조·프 수호 통상 조약으로 선교의 자유를 획득하였다.

금수회의록

- **여우** : "나는 여우올시다. 사람들이 옛적부터 우리 여우를 가리켜 요망하고 간사하다지만, 정말 요망하고 간사한 것은 사람이오. 사람들은 여우가 호랑이의 위엄을 빌어서 모든 짐승으로 하여금 두렵게 하기 때문에 우리 여우더러 간사하고 교활하다 하오. 그러나 지금 세상 사람들은 당당한 하나님의 위엄을 빌어야 할 터인데, 외국의 세력을 빌어 의뢰하여 몸을 보존하고 벼슬을 얻으려고 하며 타국 사람을 부동하여 제 나라를 망하고 제 동포를 압박하니, 그것이 우리 여우보다 나은 일이오?"
- **개구리** : "나의 성명은 말씀 아니 하여도 여러분이 다 아시리다. 사람은 우리를 빗대어 우물 안 개구리와 바다 이야기를 할 수 없다 하나, 사람들은 좁은 소견을 가지고 외국 형편도 모르면서 무엇을 아는 체하고 나라는 다 망하여 가건마는 썩은 생각으로 갑갑한 말만 하는 도다. 사람이란 것은 하나님의 이치를 알지 못하고 악한 일만 많이 하니 그대로 둘 수 없으니, 차후는 사람이라 하는 명칭을 주지 않는 것이 대단히 옳은 줄로 생각하오."

해에게서 소년에게

처얼썩 처얼썩 척 쏴아아 / 때린다 부순다 무너 버린다.
태산 가티은 높은 뫼 집체 같은 바윗돌이나 / 요것이 무어야 요게 무어야.
나의 큰 힘 아느냐 모르느냐 호통까지 하면서 / 때린다 부순다 무너 버린다
처얼썩 처얼썩 척 튜르릉 꽉
　　　　　　　　　「소년 창간호」

ⓒ 활동 : 고아원과 양로원을 설립하였고 1906년에는 경향 신문을 발행하여 애국 계몽 운동을 전개하였다.
② 개신교 : 서양 의술을 보급하였고 학교를 설립하여 미신타파와 평등사상을 전파하였다.
③ 천도교
　　㉠ 명칭의 개칭 : 동학은 3대 교주인 손병희는 친일파를 축출하고 동학의 명칭을 천도교로 개칭하였다.
　　ⓒ 활동 : '보성사'라는 인쇄소를 경영하였고 만세보라는 민족신문을 발행하여 민족의식을 고취시키고자 하였다.
④ 유교
　　㉠ 유교에 대한 비판 : 유교는 위정척사 운동으로 시대적 흐름에 따르지 못했다는 비판을 받았다.
　　ⓒ 유교구신론 : 박은식은 주자학 중심의 유교를 배격하고 양명학과 사회진화론의 진보 원리를 조화시킨 대동사상(大同思想)을 제창하였다.
⑤ 불교
　　㉠ 일본 불교의 침투 : 통감부의 후원을 얻고 일본 불교의 침투가 심해졌다.
　　ⓒ 조선불교유신론 : 한용운은 저서 「조선불교유신론」에서 왜색 불교의 배격과 미신적 요소의 배격을 통하여 불교의 혁신과 자주성 회복을 추진하였다.
⑥ 대종교
　　㉠ 창시 : 나철과 오기호가 단군신앙을 기반으로 창시하였다.
　　ⓒ 활동 : 간도와 연해주 등지에서 중광단을 조직하여 해외 무장 항일 운동에 적극적으로 참여하였다.

유교구신론

여기에 감히 외람됨을 무릅쓰고 3대 문제를 들어서 개량 구신의 의견을 바치노라. 이른바 3대 문제는 무엇인고, 첫째는 유교파의 정신이 전적으로 제왕이 편에 있고 인민 사회에 보급할 정신이 부족한 것이다. 둘째는 여러 나라를 돌아다니면서 천하의 주의를 바꾸려는 생각을 강구하지 않고, 내가 어진 이를 구하는 것이 아니고 어진 이가 나를 구한다는 주의만을 지키는 것이다. 셋째는 우리 대한 유가에서 간이 적절한 법문(양명학)을 구하지 아니하고, 질질 끌고 가는 대로 내버려 두는 공부(주자학)을 전적으로 숭상함이라.
「박은식 전서」

조선불교유신론

교육이 보급되면 문명이 발달하고, 교육이 발달하지 못하면 문명이 쇠미해지는 것이니, 교육이 없다는 것은 야만, 금수가 되는 길이다. … 승려 교육에 있어서 급선무가 셋이 있다. 첫째는 보통학이다. … 승려 학생들을 보건대, 학력의 고하를 가리지 않고 다 불교의 전문적 학문에 종사하여 보통학 보기를 원수 같이 하는 형편이어서, 다만 배우지 않을 뿐만 아니라 도리어 중상을 일삼고 있으니, 사리를 헤아릴 줄 모름이 크게 드러난다고 하겠다. … 둘째는 사범학이다. … 승려 가운데 15세에서 40세까지 조금이라도 재덕이 있는 자를 가려 배우게 하고 그 과정에 있어서는 보통학, 사범학, 불교학을 화합 가감해서 적절을 기한다면 … 장래에 있어서 불교가 세계에 큰 광명을 발하게 됨이 오직 이 일에서 생겨날 것이다. 셋째로 외국 유학이다. 인도에 가 배워서 부처님과 조사들의 참다운 발자취를 찾게 하며, 널리 경론으로서 우리나라에 전해지지 않은 것을 구하여 그 중요한 것을 골라 번역해 세계에 펴게 할 필요가 있다.
한용운, 「조선불교유신론」

01 (가)~(마)에 대한 설명으로 옳지 않은 것은?

`16회 39번`

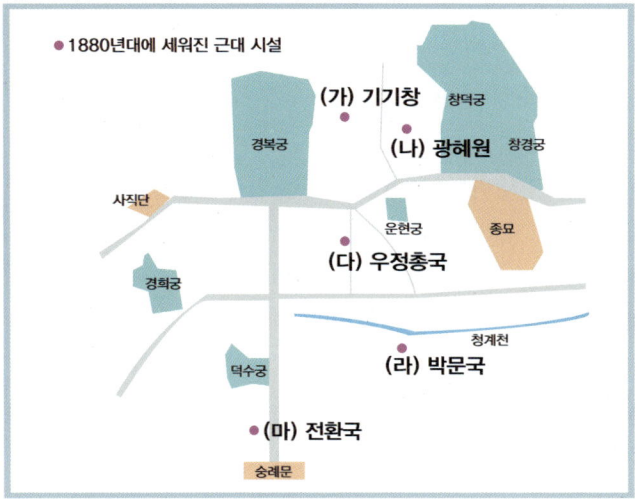

① (가) – 서양식 무기를 제조한 기관이다.
② (나) – 최초의 근대식 병원이다.
③ (다) – 최초로 설립된 우편업무 담당 기관이다.
④ (라) – 한성순보를 발행한 기관이다.
⑤ (마) – 화폐를 주조하던 기관이다.

● 해설
우정총국은 우편 업무를 담당하던 관청으로 1884년 개국 축하연 때 갑신정변이 일어나게 된다.

● 정답 : ③

포인트 출제적중문제

01 다음 인물들과 그 업적이 바르게 연결된 것은?

① 지석영 – 일본의 식민사관을 비판함으로써 민족주의 역사학의 연구 방향을 제시하였다.
② 주시경 – 국문연구소를 설립하여 국문을 정리하고 국어의 이해체계를 확립하고자 하였다.
③ 이인직 – 시가문학에서 신체시라는 새로운 형식의 시를 썼다.
④ 한용운 – 유교의 혁신을 모색하여 유교구신론을 저술하였다.
⑤ 박은식 – 불교의 개혁을 주장하여 조선불교유신론을 저술하였다.

02 다음 근대 시설에 대한 설명으로 바른 것을 고르면?

① 경인선이 우리나라 최초의 철도이다.
② 우리나라 최초의 일간신문은 박문국에서 발행한 한성순보이다.
③ 광무국은 화폐를 제조한 관청의 이름이다.
④ 원각사는 최초의 근대적 사찰로 한용운의 불교유신론의 근거지이다.
⑤ 광제원은 우리나라 최초의 신식 병원이다.

정답 및 해설

01
① 민족주의 사학의 방향을 제시한 사람은 신채호이다.
③ 최초의 신체시는 최남선의 해에게서 소년에게이다.
④ 박은식은 유교의 개혁을 주장하며 유교구신론을 주장하였다.
⑤ 일본 불교의 침략을 막고 개혁을 주장한 사람은 한용운이다.

02
② 우리나라 최초의 일간신문은 독립신문이다. 1986년 4월 7일 창간되어 처음에는 격일간이었던 것이 1898년 7월부터 일간신문으로 개편되었다. 한성순보는 박문국에서 발행한 관보 성격의 최초의 신문이다.
③ 광무국은 조선 말기 광산에 관한 사무를 관장하는 관아를 말한다. 근대적 조폐기관은 1883년 만들어진 전환국이다.
④ 원각사는 우리나라 최초의 서양식 극장으로 이인직이 궁내부의 후원을 받아 만들어졌다.
⑤ 광제원은 1900년 정부 출자의 신식 의료기관이고 최초의 신식의료 기관은 광혜원이다.

정답 ◎ 01.② 02.①

정답 및 해설

03
국학 운동은 국민들의 근대의식의 고양과 민족의식의 고취를 목적으로 시행되었다.

03 다음의 국학 운동이 당시 사회에 미친 영향으로 가장 올바른 것은?

> • 계몽 사학자들은 외국의 건국 영웅이나 독립운동, 혁명 운동의 역사를 번역, 소개하였다.
> • 조선 광문회는 '동국통감', '동사강목' 등 민족 고전을 정리·간행하였다.
> • 국문 연구소는 국문의 정리와 국어의 새로운 이해 체계를 확립하였다.

① 자주적 근대화의 방향 제시
② 근대의식과 민족의식 고취
③ 민족사에 대한 정통론 재인식
④ 세계사에 대한 체계적 이해
⑤ 화이사상을 극복하는 세계관의 변화

04
제시문은 1895년에 발표된 교육입국 조서이다. 이 조서에 따라 한성 사범학교, 소학교, 한성 중학교 등의 관립학교가 세워졌다.

04 다음 발표문에 따라 설립된 학교로 옳은 것은?

> 세계의 정세를 보면, 부강하고 독립하여 잘 사는 모든 나라는 다 국민의 지식이 밝기 때문이다. 이 지식을 박히는 것은 교육으로 된 것이니 교육은 실로 국가를 보존하는 근본이 된다. …… 이제 짐은 정부에 명하여 널리 학교를 세우고 인재를 길러 새로운 국민의 학식으로써 국가 중흥의 큰 공을 세우고자 하니, 국민들은 나라를 위하는 마음으로 덕(德)과 체(體)와 지(智)를 기를지어다. 왕실의 안정이 국민들의 교육에 있고, 국가의 부강도 국민들의 교육에 있도다.
>
> 「교육입국조서(1895년)」

① 동문학, 육영공원
② 원산학사, 배재학당
③ 대성학교, 오산학교
④ 한성사범학교, 소학교
⑤ 배재학당, 이화학당

정답 ◉ 03.② 04.④

민족의 수난과 독립운동의 전개

- **Chapter 01** 20세기 전반의 세계와 일제의 침략
- **Chapter 02** 독립운동의 전개
- **Chapter 03** 사회·경제적 민족운동

20세기 전반의 세계와 일제의 침략

1 세계대전과 세계 질서의 재편

(1) 제1차 세계대전(1914년 ~ 1918년)
① 1차 세계대전의 원인과 결과
  ㉠ 원인 : 독일과 같은 신흥 제국주의 국가로 성장한 국가들과 구(舊)제국주의 국가들 간의 식민지 쟁탈이 원인이었다.
  ㉡ 결과 : 1차 세계대전은 독일의 패망으로 종식되었고 연합국은 전후 처리를 위하여 프랑스 파리에서 강화회의를 열었다.
  ㉢ 파리 강화 회의(1919년 1월) : 미국 대통령이었던 윌슨은 민족자결주의를 바탕으로 14개조 평화 원칙을 제시하였다
② 러시아 혁명(1917년)
  ㉠ 소련의 등장 : 레닌이 주도한 러시아 혁명이 성공하여 세계 최초의 사회주의 국가가 등장하였다.
  ㉡ 코민테른의 결성(1919년) : 코민테른을 결성하여 반제국주의 민족운동 및 약소민족의 독립을 지지하였다.

> **읽기자료**
>
> **제1차 영일동맹(1902년)**
>
> 제1조 영·일 양국은 한국과 청 양국의 독립을 승인하고, 영국은 청에, 일본은 한국에 각각 특수한 이익을 갖고 있으므로, 제3국으로부터 그 이익이 침해될 때는 필요한 조치를 취할 수 있다.
> 제2조 영·일 양국 중 한 나라가 자신의 이익을 보호하기 위하여 제3국과 개전시 동맹국은 중립을 지킨다.
> 제3조 위의 경우에서 제3국 혹은 여러 나라들이 일국에 대해 교전할 때는 동맹국은 참전하여 공동작전을 펼치며 강화조약을 맺을시 에도 서로의 합의에 의해서 한다.

2 개항과 불평등 조약

(1) 국권의 피탈과정
① 러·일 전쟁 전의 상황
  ㉠ 제1차 영일 동맹(1902년 1월) : 일본은 청에서 영국의 이권을 인정하고 영국은 한반도에서의 일본의 특수 권익을 승인하는 내용을 담고 있다.
  ㉡ 대한제국의 중립 선언(1904년 1월) : 한반도를 둘러싼 러시아와 일본의 대립이 심해지자 대한제국은 전쟁에 휘말리지 않기 위하여 국외 중립선언을 하고 열강에 이 사실을 통보하였다.

② 러·일 전쟁(1904년)
  ㉠ 배경 : 한반도를 둘러싸고 러시아와 일본의 대립이 격화되자 일본은 전쟁을 준비하고 영국, 미국 등 러시아의 세력을 견제하기 위하여 일본을 지원하였다.
  ㉡ 전쟁의 시작과 경과 : 일본은 여순항을 선제공격하였고 러시아에 대해 선전포고를 하였다.(1904년 2월 10일) 이후 일본은 우리나라에 한일의정서(1904년 2월 23일)를 강요하였고 5월에는 러시아 군을 격파하면서 전쟁의 주도권을 장악하였다.
  ㉢ 결과 : 전쟁의 전세가 일본쪽으로 기울어지고 러시아 내부적으로 혁명이 터져 더 이상 전쟁의 수행이 어려워진 러시아는 미국의 중재로 포츠머스 조약(1905년 9월)을 체결하였고 한반도에서의 지배권을 일본에 넘기게 되었다.

(2) 국권 피탈과 관련된 조약
① 한·일 의정서(1904년 2월)
  ㉠ 배경 : 러·일 전쟁이 발발하자 일본은 한·일 의정서를 강요하였다.
  ㉡ 내용 : 한·일 의정서는 일본이 군사상 필요한 지역을 무단으로 사용할 수 있게 하였고(독도를 강제로 시마네현에 귀속시킴. 1905년) 우리나라는 일본의 동의 없이는 제3국과의 조약 체결이 금지되었다.

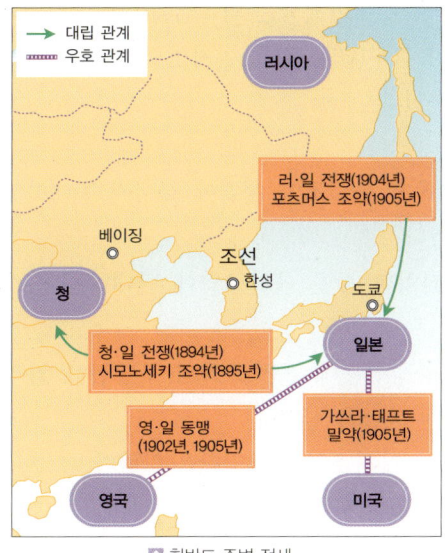

🔲 한반도 주변 정세

② 제1차 한·일 협약(1904년 8월)
  ㉠ 배경 : 러·일 전쟁에서 승기를 잡은 일본은 한반도를 식민지로 만들기 위해 제1차 한·일 협약을 강요하여 체결하게 하였다.

한·일 의정서 (1904년 2월)

제4조 일본 정부는 제3국이나 내란에 의하여 한국 황제와 영토에 안녕이 위험해질 경우 일본은 이에 필요한 조치를 취하고, 이 목적을 위하여 군사 전략상 필요한 요충지를 사용할 수 있다.

제5조 한국 정부는 일본의 승인(동의)없이는 제3국과 자유로이 조약을 맺을 수 없다.

제1차 한·일 협약 (1904년 8월)

제1조 한국 정부는 일본 정부가 추천하는 일본인 1명을 재정 고문으로 하여 한국 정부에 용빙하고, 재무에 관한 사항은 일체 그 의견을 물어 시행할 것.

제2조 한국 정부는 일본 정부가 추천하는 외국인 1명을 외교 고문으로 하여 외부에 용빙하고 외교에 관한 요무(要務)는 일체 그 의견을 물어 시행할 것.

제3조 한국 정부는 외국과의 조약 체결, 기타 중요한 외교 안건, 즉 외국인에 대한 특권 양여와 계약 등의 처리에 관하여는 미리 일본 정부와 협의할 것.

**가쓰라·테프트 밀약
(1905년 7월)**

제1조 필리핀은 미국과 같은 친일적인 나라가 통치하는 것이 일본에 유리하며, 일본은 필리핀에 대해 어떤 침략적 의도도 갖지 않는다.

제2조 극동의 전반적 평화를 유지하는 데는 일본·미국·영국 등 3국 정부의 상호 양해를 달성하는 것이 최선의 길이며 사실상 유일한 수단이다.

제3조 미국은 일본이 대한 제국의 보호권을 확립하는 것이 러·일 전쟁의 논리적 귀결이며 극동 평화에 직접 이바지할 것으로 인정한다.

ⓒ 내용 : 일본인이 추천하는 외국인 고문이 임명되어 외교고문으로 미국인 스티븐슨이 재정 고문으로 일본인 메가타가 임명되었다.

③ 열강의 묵인

1차 영·일 동맹 (1902년 1월)	일본이 청에서 영국 이권을 승인. 영국은 한국에서의 일본의 특수 권익을 승인
가쓰라·테프트 밀약 (1905년 7월)	미국이 일본의 한국 지배 인정. 일본은 미국의 필리핀 지배 인정
2차 영·일동맹 (1905년 8월)	영국이 일본의 한국 지배 인정. 일본은 영국의 인도 특수 권익을 인정
포츠머스 조약 (1905년 9월)	미국의 중재로 러시아와 일본이 체결한 조약. 러시아가 일본의 한국 지배를 인정

④ 제2차 한·일 협약(1905년 11월 을사조약)

㉠ 배경 : 러·일 전쟁에서 승리한 일본은 한반도에서의 독점적 지위권을 확보하고 조선을 식민지로 만들기 위하여 을사조약을 강요하였다.

㉡ 체결 : 고종과 일부 대신은 을사조약의 체결을 반대하였으나 이토 히로부미는 군대를 동원하여 조약의 체결을 강요하였고 이완용을 비롯한 5대신(을사5적 – 이완용, 이근택, 이지용, 박제순, 권중현)이 조약을 체결하고 공포하였다.

㉢ 조약의 내용
- 외교권 박탈 : 을사조약으로 대한제국은 외교권을 박탈당하였다.
- 통감부 설치 : 일제는 통감부(統監府)를 설치하고 초대 통감으로 이토 히로부미를 파견하였다.

㉣ 을사조약에 대한 반발
- 조약의 무효 선언 : 고종은 을사조약 체결에 끝까지 반대하였고 조약의 무효를 선언하였다.
- 반대 상소 : 이상설, 최익현 등은 을사조약에 반대하는 상소를 올렸다.
- 언론활동 : 장지연은 황성신문에 을사조약의 부당함을 알리는 '시일야 방성 대곡'이라는 논설을 실었다.
- 순국 : 민영환은 순국으로 을사조약의 부당함을 알렸다.
- 5적 암살단 : 나철과 오기호는 5적 암살단을 조직하여 을사조약에 찬성한 5대신을 암살하고자 하였다.
- 외교활동 : 고종은 헤이그에서 열린 만국평화회의에 이준, 이위종, 이상설을 대표로 파견하여 을사조약의 불법성과 부당함을 알리고자 하였으나 일제의 방해로 실패하였다.
- 의병활동 : 을사조약이 원인이 되어 을사의병이 일어났다.

민영환의 순국

슬프다! 국치와 민욕이 이에 이르렀으니, 우리 인민은 장차 생존 경쟁 속에서 모두 멸망하게 되었다. 무릇 삶을 요하는 자는 반드시 죽고, 죽음을 기하는 자는 반드시 삶을 얻는다는 것을 여러분은 어찌 모르겠는가. 영환은 다만 한 번 죽음으로써 우러러 황은에 보답하고 우리 2천만 동포에게 사죄하노라. 영환은 죽었다 하더라도 죽은 것이 아니다. 여러분을 구천지하에서 반드시 도울 것이다. 부디 우리 동포 형제들은 천만으로 분력을 배가하여 자기를 굳게 하고 학문에 힘쓰고 마음을 다짐하고 힘을 합하여 우리의 자유와 독립을 회복하면 죽은 자가 마땅히 땅속에서 기뻐 웃을 것이다. 슬프다. 그러나 조금도 실망하지 말라.

⑤ 한·일 신협약(1907년 7월 정미7조약)
  ㉠ 배경 : 고종의 헤이그 특사 사건을 빌미로 일제는 고종을 강제퇴위 (1907년 7월)시켰고 순종을 즉위시켰다. 순종의 즉위 후 일제는 한·일 신협약을 강요하였다.
  ㉡ 내용 : 각 부서에 일인(日人)을 차관으로 둘 수 있게 하여 내정 간섭을 강화하였고 순종을 협박하여 군대를 해산시켰다.
  ㉢ 반발
    • 순국 : 대대장 박승환은 군대해산에 반발하여 자결하였다.
    • 정미의병 : 한일 신협약에 반발하여 정미의병이 일어났고 해산된 군인의 일부가 의병에 가담하였다.
⑥ 기유각서(1909년 7월)
  기존의 사법부와 재판소는 폐지되었고 통감부에 사법청을 설치하고 그 관할하에 각급 재판소를 설치하여 사법권을 박탈하였다.
⑦ 한·일 병합 조약(1910년 8월 29일 경술국치)
  ㉠ 배경 : 일본의 육군대신 데라우치가 통감으로 부임하고 황성신문, 대한매일신보 등을 강제로 폐간하고 이완용 내각의 주도로 한일 병합 조약을 체결하게 하여 국권을 강탈하였다.
  ㉡ 반발 : 매천야록의 지은이 황현은 절명시(絕命詩)를 남기고 자결하였고 금산군수 홍범식 등 많은 애국지사들이 순국하였다.

한·일 신협약 (정미 7조약)

일본국 정부와 한국 정부는 속히 한국의 부강을 도모하고 한국민의 행복을 증진할 목적으로 아래의 조관을 협정한다.
제1조 한국 정부는 시정 개선에 관하여 통감의 지도를 받을 것
제2조 한국 정부의 법령 제정 및 중요한 행정상의 처분은 미리 통감의 승인을 거칠 것
제3조 한국의 사법 사무는 보통 행정 사무와 구분할 것
제4조 한국 고등 관리의 임면은 통감의 동의로써 이를 행할 것
제5조 한국 정부는 통감이 추천한 일본인을 한국 관리로 임명할 것
제6조 한국 정부는 통감의 동의 없이 외국인을 한국 관리로 용빙(傭聘)하지 아니할 것
제7조 1904년 8월 22일 조인한 한·일 외국인 고문 용빙에 관한 협정서 제1항을 폐지할 것

3 일제의 식민 정책

(1) 1910년대 일제의 통치(무단통치, 헌병 경찰 통치)

① 조선총독부의 설치
  ㉠ 기능 : 입법·행정·사법의 기능을 수행하는 일제 강점기 최고의 식민 통치 기관이다.
  ㉡ 조선총독
    • 출신 : 조선총독은 일본군 현역 대장 또는 대장 출신자 중에서 임명되었다.
    • 권한 : 일본 국왕의 직속으로 입법권과 행정권은 물론 군사권까지 장악하고 강력한 권한을 행사하였다.
② 중추원 설치
  ㉠ 기능 : 총독부의 자문기구로 일본의 식민지 지배 정책 결정과정에 조선인을 포함시킨다는 명목으로 설치되었으나 실제적으로는 조선인에 대한 회유책의 일환으로 사용되었다.

기유각서

첫째, 한국의 사법과 감옥 사무는 완비되었다고 인정되기까지 일본 정부에 위탁한다.
둘째, 정부는 일정한 자격이 있는 일본인·한국인을 재한국 일본재판소 및 감옥 관리로 임용한다.
셋째, 재한국 일본재판소는 협약 또는 법령에 특별한 규정이 있는 외에도 한국인에 대하여 한국법을 적용한다.
넷째, 한국 지방관청 및 공사(公使)는 각각 그 직무에 따라 사법·감옥 사무에 있어서는 재한국 일본 당해 관청의 지휘, 명령을 받고 또는 이를 보조한다.
다섯째, 일본 정부는 한국 사법 및 감옥에 관한 일체 경비를 부담한다.

조선태형령(1912년)

태형은 태 30 이하일 경우 이를 한 번에 집행하되, 30을 넘을 때마다 횟수를 증가시킨다. 태형의 집행은 하루 한 회를 넘을 수 없다.

제2조 3월 이하의 징역 또는 구류에 처할 자, 100원 이하의 벌금 또는 과료에 처할 자 중 다음 각 호에 해당할 때는 그 정상에 따라 태형에 처할 수 있다.
1. 조선 내에 일정한 주소를 가지고 있지 않을 때
2. 무자산이라고 인정될 때

제13조 본령은 조선인에 한하여 적용한다.

「조선총독부 관보」

교원의 제복과 착검

소학교 선생님이 긴 칼을 차고 교단에 오르는 나라가 있는 것을 보셨습니까? 나는 그런 나라의 백성입니다.

「만세전」

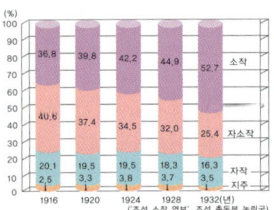

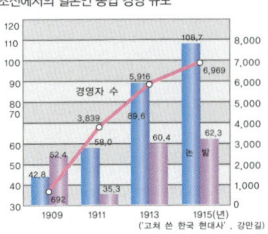

▣ 토지조사사업

    ⓒ 한계 : 3·1운동이 일어날 때까지 정식으로 소집된 적이 없다.
  ③ 일본의 헌병 경찰 통치
    ㉠ 범죄 즉결례(1910년) : 경찰 서장과 헌병 대장은 재판 없이 징역 3개월 이하, 벌금 100만 원이하의 처벌을 집행할 수 있도록 하였다.
    ⓒ 조선태형령(1912년) : 조선인에 한하여 태형을 실시하고 재판 없이 구류에 처할 수 있게 하였다.
    ⓒ 기본권의 박탈 : 보안법(1907년), 신문지법(1907년), 출판법(1909년) 등을 제정하여 우리 민족의 언론·집회·출판·결사의 자유를 박탈하였다.
    ㉣ 교육에 대한 규제
- 사립학교 규칙(1915년) : 일제는 사립학교 규칙을 제정하여 민족의식이 강한 사립학교를 폐지하는 등 교육에 대한 통제를 가하였다.
- 교원의 제복과 착검 : 교원에게 제복을 입히고 착검을 하게 하였다.

(2) 1910년대의 경제 침탈
① 토지조사사업
  ㉠ 목적
- 표면적 이유 : 토지 소유 관계의 근대적 확립이라는 명분을 내세워 토지조사령(1912년)을 공포하였다.
- 실재적 이유 : 한국인의 토지를 약탈하고 지주층을 회유하기 위한 목적이었다.

  ⓒ 토지조사 방법
- 기한부 신고제 : 농민이 직접 필요한 서류를 갖추고 지정된 기간 내에 신고하여야만 소유권이 인정되었다.
- 복잡한 절차 : 당시 신고제의 내용이 일반 농민에게 잘 알려지지 않았을 뿐만 아니라 신고의 절차가 너무 복잡하여 일반 농민들은 신고에 많은 어려움을 겪었다. 또한 황실 소유지나 국유지, 문중의 선산과 같이 명확한 신고 주체가 불분명한 토지들은 주인이 없다는 이유로 일본에 의해 약탈당하였다.

  ⓒ 결과
- 소작농의 증가 : 대다수의 농민들이 토지를 약탈당하고 소작농으로 전락하게 되었다.
- 지주에게 유리 : 토지조사사업으로 일본은 지주의 소유권만을 인정하여 지주에게만 유리하였다.

- 일본인 지주의 증가 : 약탈한 토지에 대하여 일본은 조선총독부의 소유로 이후 일본인에게 싼값으로 불하하여 일본인 지주가 증가하였다.
- 농민의 토지 이탈 : 농민들의 생활이 피폐해지면서 간도, 연해주 등지로 이주하는 농민이 크게 증가하였다.

농민의 토지 이탈
일본의 지속적인 약탈로 인하여 농민들의 토지 이탈은 가속화되었다. 결국 1930년대까지 인구의 약 10%에 해당하는 200여만 명의 농민이 해외로 이주하였다.

② 회사령의 반포
  ㉠ 목적 : 민족자본 및 기업의 성장 억제를 목적으로 실시하였다.
  ㉡ 내용 : 회사의 설립 시 총독부의 허가가 필요하게 하였고 회사의 해산을 명할 수 있게 하였다.

③ 그 외 산업의 침탈
  ㉠ 산림령(1911년) : 산림령을 공포하여 임야 조사를 벌였고 전체 산림의 50% 이상을 총독부와 일본인이 점유하게 되었다.
  ㉡ 어업령(1911년) : 황실 및 개인 소유 어장을 일본인 중심으로 재편하였다.
  ㉢ 광업령(1915년) : 조선광업령을 공포하여 한국인의 광산 경영을 억제하였고 일본 재벌에 불하하였다.

(3) 1920년대 일제의 통치(문화통치, 민족분열통치, 보통경찰통치)

① 배경
  ㉠ 3·1운동으로 우리 민족의 저항과 국제 여론의 악화에 직면한 일본은 통치 방식의 변화를 모색할 필요성을 느껴 새로운 방식의 통치 전략을 수립하였다.
  ㉡ 친일파의 양성 : 이 시기 일본의 통치 전략은 각계각층에 새로운 친일파를 양성하여 일본에 우호적인 세력을 형성하고 민족의 역량을 분산시켜 일제의 식민지 지배에 순응시키고자 하였다.

② 문화통치의 내용과 실제
  ㉠ 총독 임명 규정의 개정 : 문관 출신도 총독에 임명될 수 있도록 규정이 개정되었으나 실제로는 단 한명의 문관총독도 임명된 적이 없다.

ⓛ 보통경찰제의 시행과 교원의 제복과 착검 폐지 : 헌병경찰제를 폐지하고 보통경찰제를 실시하였다. 그러나 이는 표면적인 완화책에 불과하였고 실제로는 경찰의 수와 관서의 수가 이전보다 크게 증가하였다.

보통경찰제의 실제

일본의 보통경찰제는 헌병경찰제의 모습을 바꾼 것에 불과하며 실재로 경찰 관서와 인원이 대폭 증대되어 1군 1경찰서, 1면 1주재소가 설치되었다. 또한 고등 경찰제의 시행으로 우리 민족에 대한 감시와 탄압은 더욱 강화되었다.

구분	경찰 기관	경찰 인원	경찰 비용
1918년	751	5,400	751
1920년	2,716	18,400	2,716

치안유지법

제1조 국체를 변혁하는 것을 목적으로 결사를 조직한 자 또는 결사의 임원, 그 외 지도자로서의 임무에 종사하는 자는 사형, 무기 또는 5년 이상의 징역 또는 금고에 처한다. 사정을 알고서 결사에 가입하는 자 또는 결사의 목적 수행을 위한 행위를 돕는 자는 2년 이상의 유기 징역 또는 금고에 처한다. 사유 재산 제도를 부인하는 것을 목적으로 결사를 조직하는 자, 결사에 가입하는 자 또는 결사의 목적 수행을 위한 행위를 돕는 자는 10년 이하의 징역 또는 금고에 처한다. 전2항의 미수죄도 벌한다.

제7조 본법은 누구를 막론하고 본법 시행 구역 밖에서 죄를 범한 자에도 통용한다.

ⓒ 민족 신문의 등장 : 동아일보 · 조선일보와 같은 민족 신문이 창간(1920년)되었으나 사전검열과 삭제 · 압수와 정간 등으로 언론의 기능을 제대로 수행하기는 힘들었다.

ⓔ 교육 기회의 확대 : 일제는 제2차 조선교육령(1922년)을 발표하여 조선인에게도 일본인과 같은 교육을 실시하겠다고 하였으나 실제로는 조선인의 고등교육을 제한하였고 일제에 협력하는 노동자를 양성하기 위한 실업 교육 위주로 교육이 실시되었다. 이에 우리 민족 내부에서 고등교육의 필요성을 느껴 민립대학 설립운동 등이 전개되자 이를 무마하기 위하여 경성제국 대학을 설립하기도 하였다.

ⓜ 치안유지법
- 배경 : 1920년대 젊은 지식인 계층을 중심으로 사회주의 사상이 급속히 유입되었고 이로 인하여 노동쟁의와 소작쟁의가 활발해지자 이에 대한 대책으로 등장하였다.
- 내용 : 반정부, 반체제 운동이나 사유재산제를 부인하는 공산주의자의 체포가 목적이었으나 실제로는 민족 운동의 탄압 도구로 활용되었다.

(4) 1920년대의 경제 침탈

① 산미증식계획

㉠ 배경 : 일본은 식량의 부족 현상이 발생하였고 이를 해결하기 위한 목적으로 한반도에서 개간 및 간척사업, 종자 개량, 수리 시설의 확충 등을 통하여 미곡의 증산과 수탈을 증가시켰다.

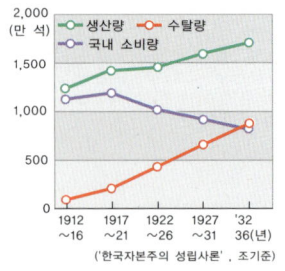

미곡 생산량과 수탈량

ⓒ 경과 : 생산량이 다소 증가하였으나 목표를 달성하지는 못하였다. 그러나 수탈량은 계획대로 시행되었고 농민들의 생활은 더욱 피폐해졌다.

ⓒ 결과
- 단작형 농업 : 쌀 생산량의 증대를 위하여 논농사를 강요하였고 이로 인해 논농사 중심의 단작화 농업이 나타나게 되었다.
- 식량의 부족 : 수탈량이 빠르게 증가하면서 조선에서의 식량 부족 현상은 더욱 심해졌고 일제는 이를 해결하기 위해 만주로부터 잡곡을 수입하였으나 실효를 거두지 못하였다.
- 농민의 토지 이탈 : 많은 농민들이 생활고를 견디지 못하고 새로운 삶을 위하여 만주로 이주하였다.

② 회사령의 폐지
ⓐ 목적 : 일본 자본의 조선 진출을 용이하기 위한 목적으로 일제는 회사령을 폐지하였다.
ⓑ 내용 : 회사 설립의 조건이 허가제에서 신고제로 바뀌면서 회사의 설립이 용이하게 되었다.

(5) 1930년대 일제의 통치
① 민족 말살 통치
ⓐ 배경
- 일본의 공황 극복 : 세계대공황으로 위기에 빠진 일본은 군국주의를 통한 대외 침략으로 공황을 극복하고자 하였다.
- 만주사변(1931년) : 일본은 만주를 공격하였고 만주국이라는 괴뢰국을 세웠다.
- 중·일전쟁(1937년) : 중국에 대한 침략을 본격화 하였다.
- 태평양 전쟁(1941년) : 미국의 진주만을 기습 공격하였고 이 공습으로 미국은 2차 세계대전에 참전하게 되었다.

② 민족정신의 말살
ⓐ 민족 말살 : 내선일체, 일선동조론 등을 내세우며 민족을 말살하려 시도했다.
ⓑ 조선 교육령 : 1938년 조선 교육령을 통하여 일제는 조선어 과목을 수의과목으로 변경하여 사실상 조선어 교육을 금지하였다.

③ 일본화 강요
ⓐ 황국 신민 서사 암송 : 일본은 전 국민에게 '황국 신민 서사'를 암송하게 하였고 신사참배 등을 강요하였다.

> **읽기자료**
> **산미증식 계획의 추진**
>
> 일본에서의 쌀 소비는 연간 약 6,500만 석인데 일본내 생산고는 6,800만 석을 넘지 못해 해마다 그 부족분을 제국, 반도 및 외국의 공급에 의지하는 형편이다. 게다가 일본의 인구는 해마다 약 70만 명씩 증가하고 있을 뿐만 아니라 국민 생활의 향상과 함께 1인당 소비량도 역시 점차 증가하게 될 것은 필연적인 대세이다. 따라서 장래 쌀의 공급은 계속 부족해질 것이고, 따라서 지금 미곡의 증수 계획을 수립하여 일본 제국의 식량 문제를 해결하는 데 도움을 주는 것은 진실로 국책상 급무라고 믿는다.
>
> 「조선 총독부 농림국」

국가 총동원법 실시
(1938년)

제1조 국가 총동원이란 전시에 국방 목적을 달성하기 위해 국가 전력을 가장 유효하게 발휘하도록 인적·물적 자원을 운영하는 것이다.

제4조 정부는 전시에 국가 총동원상 필요한 때에는 칙령이 정한 바에 따라 제국 신민을 징용하여 총동원 업무에 종사할 수 있게 한다.

제14조 정부는 필요한 때 칙령이 정하는 바에 따라 물자의 생산, 수리, 배급, 양도, 기타의 처분, 사용, 소비, 소지 및 이동에 대해 필요한 명령을 내릴 수 있다.

제20조 정부는 신문지, 기타 출판물의 게재에 대해 제한 또는 금지할 수 있다.

ⓒ 창씨개명 : 우리 민족의 성씨와 이름까지 일본식으로 고치는 창씨개명을 강요하였다.

④ 인적·물적 자원의 수탈

  ㉠ 징용·징병제 : 중·일 전쟁이 발발하자 일본을 국가 총동원령(1938년)을 제정하여 강제 징용으로 노동력을 착취하였고 징병제도를 실시하여 젊은이들을 전쟁터로 내몰았다.

  ㉡ 정신대 : 젊은 여성들은 정신대란 이름으로 끌고 갔다.

  ㉢ 물적 자원의 수탈 : 지속적인 전쟁을 치루기 위하여 일제는 공출제(1939년), 식량 배급제(1943년) 등을 차례로 실시하였다.

(6) 1930년대의 경제 침탈(병참기지화 정책)

① 병참기지화 정책

  ㉠ 배경 : 세계 대공황을 극복하기 위하여 만주사변을 일으킨 일본은 한반도를 대륙 침략을 위한 커다란 병참기지로 삼고 수탈을 자행하였다.

  ㉡ 남면북양 정책

   • 배경 : 산미 증식 계획이 차질을 빚자 일제는 공업 원료 수탈 정책으로 방향을 전환하여 원료의 증산 정책을 계획하였다.

   • 내용 : 원료 증산 정책의 일환으로 남쪽에는 면화의 생산을 늘려 면직물 공업을, 북쪽에는 양을 사육하여 모직물 공업을 육성한다는 이른바 남면북양(南綿北羊) 정책을 강요하였다.

남면북양 정책
일제가 남면북양 정책을 강요한 이면에는 세계 대공황 이후 선진 자본주의 국가들의 보호 무역주의로 인하여 원료 공급이 부족할 것에 대비하여 일본인 방직 자본가를 보호하려는 의도가 반영된 것이다.

대표 기출 문제

01 다음 법령이 제정된 시기의 식민 정책으로 옳은 것은? (2점)

> - 3월 이하의 징역 또는 구류에 처할 자는 그 정상에 의하여 태형에 처할 수 있다.
> - 태 30대 이하이면 이를 1회에 집행하고, 매 30대를 초과할 때마다 1회씩 가한다. 태형의 집행은 1일에 1회를 초과할 수 없다.
> - 본령은 조선인에 한하여 이를 적용한다.

① 남면북양 정책을 추진하였다.
② 산미 증식 정책을 다시 실시하였다.
③ 헌병 경찰에게 즉결 처분권을 부여하였다.
④ 국가 총동원령에 의해 수탈을 강화하였다.
⑤ 한글 신문의 발행을 부분적으로 허가하였다.

● 해설
제시문은 1910년대 일제의 조선 태형령이다. 이 시기는 일제의 헌병경찰 통치 시기로 헌병 경찰이 즉결 처분권을 행사하기도 하였다.

● 정답 : ③

02 (가)에 들어갈 내용으로 가장 적절한 것은? (2점)

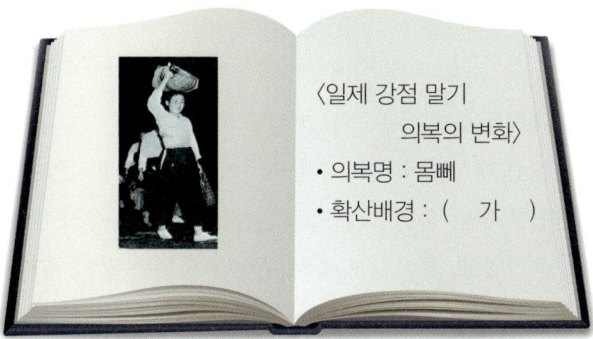

〈일제 강점 말기 의복의 변화〉
- 의복명 : 몸뻬
- 확산배경 : (가)

① 개량 한복의 등장
② 서양 복식의 유행
③ 여성의 노동력 동원 필요
④ 일본산 면제품 판매 급증
⑤ 조선인에 대한 차별 확대

● 해설
1930년대 이후 전쟁을 수행하던 일제는 여성의 노동력을 수탈하기 위하여 몸뻬를 착용시키고 노동에 동원하였다.

● 정답 : ③

출제적중문제

정답 및 해설

01
ㄱ. 한일의정서(1904년 2월)
ㄴ. 을사조약(제 2차 한일협약, 1905년)
ㄷ. 기유각서(1909년)
ㄹ. 한일 신협약(정미 7조약, 1907년)
ㅁ. 제 1차 한일협약(1904년 8월)

02
1920년대 문화통치의 일환으로 창간된 조선일보는 1940년 일제에 의해 강제 폐간되었다.

01 우리나라의 국권 피탈 과정을 순서대로 바르게 나열한 것은?

> ㄱ. 군사 전략상 필요한 지역을 마음대로 사용
> ㄴ. 외교권 박탈, 통감부 설치
> ㄷ. 사법권 강탈
> ㄹ. 정부 각 부에 일본인 차관을 두게 하였음. 군대 강제 해산
> ㅁ. 일본이 추천하는 외국인 고문(메가타, 스티븐슨) 임명

① ㄱ – ㄴ – ㄷ – ㄹ – ㅁ
② ㄱ – ㄷ – ㄹ – ㅁ – ㄴ
③ ㄱ – ㅁ – ㄴ – ㄹ – ㄷ
④ ㄱ – ㄴ – ㄹ – ㄷ – ㅁ
⑤ ㄱ – ㅁ – ㄴ – ㄷ – ㄹ

02 일제에 의해 다음과 같은 통치 방식이 적용되고 있을 때 조선의 상황으로 보기 어려운 것은?

> 조선 주둔 헌병은 치안 유지에 관한 경찰 및 군사 경찰 일을 관장한다. 육군 대신의 관할에 속하고 그 직무의 집행은 조선 총독의 지휘 감독을 받는다.

① 교원들에게 제복을 입고 칼을 차게 하였다.
② 조선 태형령이 공포되어 조선인에게만 적용하였다.
③ 신문지법, 출판법 등으로 언론·출판의 자유가 박탈되었다.
④ 조선일보, 동아일보 등의 우리말 신문이 강제 폐간되었다.
⑤ 친일파를 중심으로 총독 자문 기구인 중추원이 구성되었다.

정답 ◉ 01. ③ 02. ④

03 다음의 논설이 쓰인 사건에 대한 설명으로 바른 것은?

> 지난날 이등 후작이 한국에 옴에 어리석은 우리 국민이 서로 서로 모여 말하기를 … 중략 … 그러하거늘 저 돼지와 개만도 못한 우리 정부의 소위 대신된 자들은 영리를 바라고 덧없는 위협에 겁을 먹어 놀랍게도 매국의 도적을 … 중략 … 아아, 분하도다! 우리 2천만. 타국인의 노예가 된 동포여! 살았는가! 죽었는가!

① 총독부가 만들어졌으며 일본의 직접 통치가 시작되었다.
② 고종이 강제 퇴위되었으며 군대가 강제 해산되었다.
③ 외교권이 박탈당하고 통감부가 설치되었다.
④ 최초의 근대적 조약이며 부산, 인천, 원산의 3개항이 개항되었다.
⑤ 신변의 위협을 느낀 고종은 러시아 공사관으로 거처를 옮겼다.

04 다음의 그래프와 관련된 일제의 정책에 대한 설명으로 옳지 않은 것은?

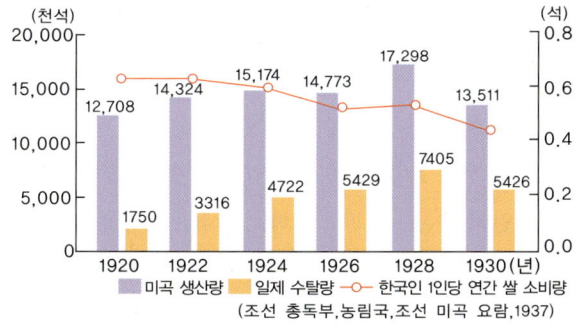

① 공업화에 성공한 일본은 국내에 쌀 부족분을 한반도에서 충당하려 하였다.
② 농민들은 과중한 수리조합비, 비료대 등으로 고통을 받았다.
③ 일제는 조선의 식량 부족 현상을 해결하기 위하여 만주에서 잡곡을 수입하였다.
④ 지방관들은 이러한 상황을 극복하기 위하여 방곡령을 내려 곡식의 외부 유출을 막았다.
⑤ 쌀의 증산이 이루어졌으나 수탈량이 더 많이 증가하였다.

정답 및 해설

03
제시된 글은 을사조약의 체결에 반발하여 황성신문에 실린 장지연의 시일야방성대곡이다. 을사조약의 결과 대한제국은 외교권을 박탈당하고 통감부가 설치되어 초대 통감으로 이토 히로부미가 부임하였다.
① 1910년 한일병합이다.
② 1907년 고종의 강제퇴위와 정미 7조약(한일신협약)의 내용이다.
④ 1876년 강화도 조약에 대한 설명이다.
⑤ 1896년 아관파천에 대한 설명이다.

04
1920년대 일제는 공업화로 인한 쌀의 부족 현상을 해결하기 위하여 산미 증식계획을 추진하였다. 그 결과 농민들은 몰락하고 한반도의 쌀을 수탈하였다.
④ 방곡령은 1889년 쌀의 외부 유출을 막고자 지방관이 내린 명령이다.

정답 ◎ 03.③ 04.④

정답 및 해설

05
일제의 식민지 기간 일본의 경제적 침탈은
ㄱ - 1910년대 토지조사 사업, ㄹ - 1920년대 산미증식 계획, ㄷ - 1930년대 병참기지화 정책, ㄴ - 1940년대 강제징용과 징병의 순으로 이루어졌다.

06
일제의 침략 전쟁을 미화하는 시기는 1930년대 이후의 일이다.
① 조선일보와 동아일보가 창간되었다.
② 문관 총독이 임명될 수 있도록 자격 요건을 완화하였으나 해방까지 문관 총독이 임명된 적은 없다.
④ 우리 민족의 힘으로 고등 교육 기관을 세우고자 민립 대학 설립 운동이 일어나자 일제는 이를 무마하기 위하여 경성제국 대학을 설립하였다.

---

05 일제의 식민지 수탈 정책을 시대순으로 바르게 나열한 것은?

> ㄱ. 토지조사사업 ㄴ. 강제 징용과 징병
> ㄷ. 병참기지화 정책 ㄹ. 산미증산계획

① ㄱ - ㄴ - ㄷ - ㄹ
② ㄱ - ㄴ - ㄹ - ㄷ
③ ㄱ - ㄹ - ㄴ - ㄷ
④ ㄱ - ㄹ - ㄷ - ㄴ
⑤ ㄱ - ㄷ - ㄹ - ㄴ

06 다음 글과 관련된 시기에 실시된 일제의 정책에 해당하지 않는 것은?

> 3·1 운동 이후 일제가 시행한 소위 문화 통치는 우리 민족을 기만하고 가혹한 식민 통치를 은폐하기 위한 통치 방식이었다. 한편으로 일제는 친일 분자들을 은밀히 지원하여 통치에 협력하게 하고, 우리 민족을 이간·분열시키는 악랄한 통치 방식을 시행하였다.

① 한글 신문의 간행을 허용하였다.
② 총독의 자건 요건을 문관노 임명할 수 있도록 하였다.
③ 한국인의 언론·출판·집회·결사의 자유를 일부 허용하였다.
④ 초등 교육과 실업 교육을 강화하고 경성 제국 대학을 설립하였다.
⑤ 친일 작가 단체를 조직하여 일제의 침략 전쟁을 미화하게 하였다.

정답 ◉ 05.④ 06.⑤

독립운동의 전개

1 1910년대 무장 독립 전쟁

(1) 1910년대 국내외 민족 운동

① 1910년대 민족운동
  ㉠ 국내 : 애국 계몽 운동은 비밀 결사 운동으로 변모하였다.
  ㉡ 국외 : 국외로 이주한 무장 독립 운동은 독립운동 기지를 건설하며 일제에 대한 무장투쟁을 전개하였다.

② 1910년대 국내의 비밀 결사 운동
  ㉠ 독립의군부(1912년, 복벽주의)
    • 조직 : 임병찬이 고종의 밀명을 받고 조직한 비밀결사이다.
    • 활동 : 일본에 국권 반환 요구서를 제출하였으며 일제가 이를 받아들이지 않자 전국 의병의 봉기 계획을 세웠으나 사전에 발각되어 실패하였다.
  ㉡ 대한 광복회(1915년)
    • 조직 : 총사령에 박상진, 부사령에 김좌진을 두고 군대식으로 조직하였다.
    • 활동 : 공화정치를 지향하였으며 친일파의 색출과 처단, 해외에 독립운동 기지(사관학교 건설 시도)를 건설하기 위한 군자금 모금 등 1910년대 가장 활발한 활동을 전개한 단체이다.
  ㉢ 기타 단체
    • 송죽회(1913년) : 평양 숭의 여학교 교사와 학생들이 중심이 되어 결성한 단체이다.
    • 기성단(1914년) : 평양의 대성학교 출신들이 주도한 비밀 결사 단체이다.
    • 선명단(1915년) : 유학자들이 중심이 되어 조직한 단체로 공화주의를 표방하였다.

◐ 1910년대 국외 독립운동기지

③ 1910년대 국외의 독립운동

㉠ 서간도(남만주)
- 지역과 중심인물 : 서간도의 삼원보 지역을 중심으로 신민회 인사들이 독립운동 기지를 건설하였다.
- 활동 : 한반도에서 넘어온 이주민들과 함께 자치기관으로 경학사를 독립군 양성 기관으로 신흥강습소를 세웠다.
- 변화 : 경학사는 실패하였고 이후 새로운 자치기관으로 부민단을 조직하였고 1919년 부민단이 확대되어 한족회로 발전하였다. 또한 신흥강습소는 신흥중학으로 개칭하였고 신흥중학은 신흥무관학교로 개칭하여 1920년 폐교될 때까지 독립군의 양성 기지로 독립운동에 크게 기여하였다.

㉡ 북간도
- 지역과 중심인물 : 용정촌과 명동촌을 중심으로 우리 동포 최대의 독립군 기지이다.
- 교육활동 : 용정촌에서 서전서숙이 세워졌고 이 학교가 폐교된 이후 이를 계승한 명동학교가 설립되었다.
- 무장활동 : 대종교의 인물들을 중심으로 항일 무장 단체인 중광단이 만들어졌고 3·1운동 이후 북로 군정서로 발전하였다.

㉢ 밀산부
- 한흥동의 건설 : 소련과 접경지대인 밀산부에는 한흥동이라는 한인촌을 결성되었다.
- 신민회의 지원 : 신민회는 토지 구입자금을 지원하는 등 한흥동의 건설을 지원하였다.

㉣ 상하이에서의 활동 : 여운형, 김규식 등은 상하이에서 신한청년단을 조직하여 파리 강화회의에 김규식을 대표로 파견하였다.

ⓐ 연해주 지역
- 의병 활동 : 1910년 9월 항일 의병 운동 계열과 애국 계몽 운동 계열의 합작 단체인 성명회가 조직되었다. 성명회는 한·일 병합의 무효를 선언하면서 일본인 거류지를 습격하기도 하였다.
- 권업회(1911년) : 홍범도, 유인석, 이상설 등이 모여 만들어진 단체인 권업회는 권업신문을 발행하기도 하였다.
- 대한 광복군 정부(1914년) : 권업회가 이상설, 이동휘를 정·부통령으로 선출하면서 수립하였다. 공화정체를 표방하였으며 사관학교를 설립하고 무장 항일 운동을 전개하였다.
- 대한 국민 의회(1919년) : 1919년 대한 국민 의회로 개편되었으나 이후 상하이의 대한민국 임시정부로 통합되었다.

ⓑ 미주 지역
- 대한인 국민회(1910년) : 미주지역 단체였던 국민회를 개편하여 통합 조직인 대한인 국민회로 발전하였고 기관지로 신한민보를 발행하였다.
- 흥사단(1913년) : 신민회가 해산되자 안창호를 중심으로 샌프란시스코에서 조직하였다. 정치 활동보다는 외교 및 교민 교화, 군인 양성 등에 노력하였으며 1920년대 이후 국내에서 실력양성운동을 전개하기도 하였다.
- 대조선 국민 군단(1914년) : 박용만이 중심이 되어 하와이에서 결성하였고 군사 훈련을 실시하였다.

2 3·1 운동과 대한민국 임시정부

(1) 3·1운동(1919년)의 전개

① 3·1운동의 배경

㉠ 국내
- 독립운동의 준비 : 종교계와 학생을 중심으로 거족적인 독립운동을 준비하고 있었다.
- 일제에 대한 불만 고조 : 일제의 토지 약탈에 따른 저항의식이 고조되었다.
- 고종의 승하 : 경운궁에서 고종이 갑자기 승하(1919년 1월 21일)하자 일본에 의한 독살설이 유포되어 민족 운동의 분위기가 조성되었다.

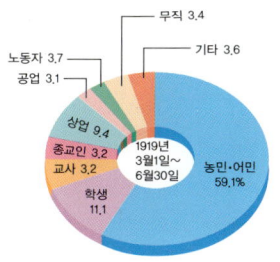

('한국 민족 운동 사료-3.1 운동편 2', 국회도서관)
▣ 3·1 운동 당시 투옥자 직업

　　　ⓒ 국외
　　　　• 민족자결주의 : 윌슨은 1918년 미 의회 연설에서 1차 세계 대전의 처리 문제에 대한 원칙을 발표했는데 이것이 윌슨의 14개조 평화원칙이다. 파리 강화회의에서 윌슨의 14개조 평화원칙이 수용되어 민족자결주의가 제창되었다.

> **민족자결주의**
> 윌슨의 14개조 평화원칙 중 식민지 처리의 원칙을 밝힌 것으로 모든 민족은 자기 스스로 정치적 의사와 미래를 결정할 수 있다는 것이다. 민족자결주의는 당시 강대국의 지배를 받던 많은 약소민족들에게 큰 희망을 주었고 우리나라 3·1운동에도 영향을 미쳤다. 그러나 이 민족자결주의는 패전국의 식민지를 대상으로 하였고 승전국의 식민지는 대상으로 하지 않았다.

　　　　• 2·8 독립선언(1919년) : 동경 유학생들이 조직한 조선 청년 독립단이 주도하여 동경에서 2월 8일 독립선언서와 결의문을 발표하고 시위를 벌였다.
　　② 3·1 운동의 전개
　　　ⓐ 1단계(점화 단계) : 종교계 인사들이 중심이 된 민족 대표 33인은 태화관에 모여 독립 선언문을 발표하고 국내외에 독립을 선포하였다. 이에 학생과 지식인 계층이 중심이 되어 비폭력주의를 표방한 만세운동이 서울과 지방에서 일어났다.
　　　ⓑ 2단계(도시 확산 단계) : 청년과 학생들이 중심이 되어 만세운동이 주요도시로 확산된 단계로 교사 및 도시의 상인, 노동자들이 만세시위·파업·운동자금 제공 등의 방법으로 호응하였다.
　　　ⓒ 3단계(농촌 확산 단계) : 토지 조사 사업으로 피해를 입은 농민들이 적극적으로 만세운동에 가담하여 농촌 각 지역으로 확산된 단계이다. 이때 비폭력으로 시작된 만세운동은 헌병 주재소의 습격 등 무력 투쟁으로 발전하였다.
　　　ⓓ 국외로 확산 : 만주와 연해주, 미주, 일본 등 우리 동포가 살고 있는 곳에서는 만세 운동이 전개되었다.

> **기미 독립 선언(1919년)**
> … 오등(吾等)은 이에 아(我) 조선의 독립국임과 조선인이 자주민임을 선언하노라. 이로써 세계만방에 고하여 인류 평등에 대의(大義)를 극명하며, 이로써 자손만대에 고하여 민족자존(民族自存)의 정권을 영유(永有)하게 하노라. 반만년 역사의 권위를 장(仗)하여 이를 선언함이며, 2천만 민중의 충성을 합하여 이를 표명함이며, 민족의 항구여일한 자유 발전을 위하여 이를 주장함이며, 인류적 양심으로 발로에 기인한 세계 개조의 대 기운에 순응 병진하기 위하여 이를 제기함이니…

ⓒ 일제의 탄압 : 일제는 경찰은 물론 군대까지 출동시켜 3·1 운동을 무력으로 진압하였고 전국적인 학살이 일어났다. 화성의 제암리 교회 학살사건, 유관순의 순국 등이 대표적 예이다.

③ 3·1 운동의 영향
  ㉠ 국내 영향
    • 일본의 통치 방식 변화 : 일제의 통치 방식이 무단통치에서 문화통치로 전환되었다.
    • 독립 의지의 표출 : 민족 스스로의 독립에 대한 강한 희망과 자신감을 고취시켰고 우리 민족의 자주 독립 의지와 역량을 전 세계에 표출하였다.
    • 대한민국 임시정부 수립 : 3·1 운동을 계기로 대한민국 임시정부가 수립되는 계기가 되었다.
    • 독립운동의 방향 제시 : 독립운동의 이념과 방법론에 일대 전기를 마련하였다.
  ㉡ 국외 영향
    • 무장 독립운동 전개 : 만주와 연해주 지역 독립군 단체들의 항일 무장 투쟁을 자극하였고 본격적인 활동에 들어갔다.
    • 해외 민족운동에 영향 : 중국의 5·4운동, 인도의 반제국주의 운동에 영향을 미쳤다.

각지의 임시정부

(2) 대한민국 임시정부의 수립과 활동
① 임시정부의 수립
  ㉠ 배경 : 3·1 운동 이후 체계적이고 조직적인 독립운동의 필요성이 대두되었고 각지에서 임시정부가 수립되었다.
  ㉡ 각지의 임시정부
    • 대한 국민 의회 : 연해주에서 손병희를 대통령으로 조직되었다.
    • 대한민국 임시정부 : 상하이의 신한청년단을 중심으로 이승만을 국무총리로 선출하였다.
    • 한성정부 : 13도 대표의 국민 대회의 명의로 서울에서 이승만을 집정관 총재, 이동휘를 국무총리로 선출하였다.
② 임시정부의 통합(1919년 9월)
  ㉠ 수립 : 각지의 임시정부는 한성 정부의 법통을 계승하고 대한 국민 의회를 흡수하여 상하이 대한민국 임시 정부로 통합되었다.
  ㉡ 체제 : 입법부로 임시의정원, 행정부로 국무원, 사법부로 법원을 두는 3권 분립에 입각한 민주 공화제와 대통령 중심제를 채택하고 초대 대통령에 이승만, 국무총리에 이동휘를 선출하였다.

③ 임시정부의 활동
  ㉠ 비밀 행정 조직망
    • 연통제의 실시 : 국내외 연락을 담당하는 비밀 연락 조직으로 정부 문서와 명령 전달, 군자금 송부 등의 활동을 하였다.
    • 교통국의 설치 : 교통부 소속의 통신기관으로 각 군에 교통국, 각 면에 교통소를 두어 정보의 수집과 분석, 교환, 연락 및 군자금을 조달하는 역할을 담당하였다.
  ㉡ 군자금 모급
    • 애국 공채의 발행 : 임시정부는 국민 의연금과 함께 애국 공채를 발행하여 독립운동 자금을 조달하려 하였다.

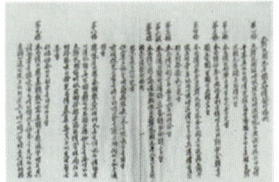

애국공채

대한민국 원년 독립 공채 발행 조례
제1조 기채 정액은 4천만 원으로 하며, 대한민국 원년 독립 공채로 한다.
제4조 상환 기간은 대한민국이 완전 독립한 후 만 5개년부터 30개년 이내에 수시로 상환하는 것으로 하며, 그 방법은 재무 총장이 정한다.
제7조 공채의 응모 청약 기한은 대한민국 원년 8월 1일부터 동 11월 말일 까지로 한다.
제17조 본 공채는 외국인도 응모할 수 있는 것으로 한다.

    • 이륭 양행 : 만주 안동에 이륭 양행을 교통국 지부로 이용하여 군자금의 모금, 애국공채의 발행등의 활동을 전개하였다.
    • 백산상회 : 임시정부는 부산의 백산상회를 통해 독립 자금의 모금 등의 활동을 전개하였다.
  ㉢ 군사 활동
    • 육군무관학교 설립 : 상하이에 독립군을 지휘할 지휘관 양성을 목표로 설립되었다.
    • 독립군과의 연계 노력 : 만주 지역에서 활동하는 독립군과의 연계 노력의 일환으로 서로군정서, 북간도의 북로군정서 등을 통합하려 노력하였고 서간도의 광복군 총영, 육군 주만 참의부를 설치하기도 하였다.
    • 한국광복군의 창설(1940년) : 임시정부의 직할 부대로 충칭에서 창설되어 대일 항전을 주도하였다.
  ㉣ 외교활동
    • 대표 파견 : 김규식을 외무총장으로 임명하여 파리 강화회의에서 참가하도록 하였으나 큰 성과를 거두지는 못하였다.

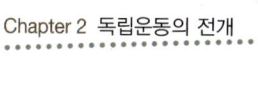

- 구미위원부의 설치 : 미국에 설치된 구미위원부에서 활동한 이승만은 한반도의 독립 문제를 국제적으로 여론화하려 노력하였다.

ⓒ 문화 활동
- 독립신문 발행 : 이광수 등이 중심이 되어 기관지로 독립신문을 발행하였다.
- 사료편찬소 설치 : 임시정부는 사료편찬소를 설치하고 한·일 관계 사료집을 편찬하여 국제 연맹에 제출함으로써 민족의 자주성과 독립의지를 밝히기도 하였다.

④ 국민대표회의(1923년 1월 ~ 5월)

㉠ 배경
- 임시정부 활동의 위축 : 연통제와 교통국 조직이 발각되면서 임시정부와 국내와의 연결이 단절되었고 이로 인하여 임시정부의 활동이 위축되었다.
- 이승만의 위임통치론 : 이승만은 국제 연맹에 한반도의 위임통치를 청원하는 문서를 미국 정부에 제출하였다.
- 독립 노선의 갈등 : 외교 독립론이 성과를 거두지 못하자 임시정부 안팎에서 무장 투쟁론이 힘을 얻게 되었다.

㉡ 국민대표회의의 소집
- 소집 : 신채호, 박용만 등 외교 노선에 비판적이었던 인물들을 중심으로 소집이 요구되어 1923년 1월 국내외 대표가 참가하여 개최되었다.
- 창조파와 개조파의 대립 : 임시정부를 해소하고 새로운 정부를 만들자는 창조파(신채호, 박용만)와 임시정부를 존속하면서 개조를 하자는 개조파 (여운형, 안창호)로 나뉘어 대립을 하였다. 결국 개조파가 회의를 떠나게 되자 임시정부 내무총장이었던 김구는 회의의 해산 명령을 내리고 국민대표회의는 별다른 성과 없이 막을 내렸다.
- 결과 : 이승만은 파면되고 제2대 대통령으로 박은식이 취임하였다. 이후 임시정부는 국무령 중심의 내각책임제로 개헌을 하였으나 이후 많은 독립 운동가들의 이탈로 세력이 급격히 약화되었다.

 이승만의 위임 통치안 (1919년 2월 25일)

우리는 자유를 사랑하는 2천만의 이름으로 각하에게 청원하니 각하도 평화 회의에서 우리의 자유를 주장하여 참석한 열강들과 함께 먼저 한국을 일본의 학정으로부터 벗어나게 하여 주십시오. 장래 완전한 독립을 보증하고 당분간은 한국을 국제 연맹 통치 밑에 둘 것을 바랍니다. 이렇게 될 경우 대한 반도는 만국 통상지가 될 것이며, 그리하여 한국을 극동의 완충국이나 혹은 1개 국가로 인정하게 되면 동아시아 대륙에서의 침략 정책이 없게 될 것이며, 그렇게 되면 동양 평화는 영원히 보전될 것입니다.

「독립운동자료집 9」

🔹 6·10 만세운동

6·10 만세 운동 격문

조선 민중아!
우리의 철천지 원수는 자본·제국주의 일본이다.
이천만 동포야! 죽음을 각오하고 싸우자!
만세 만세 조선 독립 만세

광주 학생 항일 운동 격문

"학생, 대중이여 궐기하라! 검거된 학생은 우리 손으로 탈환하자.
언론·결사·집회·출판의 자유를 획득하라. 식민지 교육 제도를 철폐하라.
조선인 본위의 교육 제도를 확립하라."
"용감한 학생, 대중이여! 최후까지 우리의 슬로건을 지지하라. 그리고 궐기하라.
전사여 힘차게 싸워라."

3 1920년대 무장 독립 전쟁의 전개

(1) 6·10만세 운동(1926년)

① 배경
  ㉠ 일제에 대한 반발 : 일제의 수탈에 대한 반발과 식민지 교육에 대한 반발이 있었다.
  ㉡ 순종의 죽음 : 대한제국의 마지막 황제였던 순종의 사망으로 민족 감정이 악화되었다.

② 전개
  ㉠ 만세 운동의 준비 : 학생단체와 사회주의 계열이 각기 시위 계획을 수립하여 순종의 인산일을 기해 격문을 배포하기로 결정하였다.
  ㉡ 만세 운동의 전개 : 사회주의 계열은 일제에 사전 발각되었고 학생들이 중심이 되어 만세 운동을 전개하여 각급 학교에 연쇄적으로 확산되어 대규모 시위운동으로 발전하였다.

③ 의의
  ㉠ 민족 운동에 활기 : 6·10만세 운동은 3·1운동 이후 침체된 민족 운동에 활기를 불어넣었다.
  ㉡ 민족 유일당 운동에 영향 : 민족주의 계열과 사회주의 계열이 함께 항일 운동을 전개할 수 있다는 가능성을 보여줌으로써 민족 유일당 운동의 신호탄으로 신간회 설립에 영향을 미쳤다.

(2) 광주 학생 항일 운동(1929년)

① 배경
  ㉠ 1920년대 학생 운동 : 3·1운동 이후 학생들은 스스로가 독립운동의 주도 세력임을 인식하고 1920년대 활발한 학생운동을 전개하였다.
  ㉡ 차별교육에 대한 항거 : 6·10만세 운동 이후 각급 학교에는 항일 결사 조직이 만들어졌고 이러한 조직들은 동맹휴학 등의 방법을 통해 식민지 차별교육에 항거하였다.
  ㉢ 신간회의 활동 : 민족 유일당 운동의 일환으로 창립된 신간회(1927년)의 활동으로 국민들의 독립에 대한 의식이 고취되었다.

② 전개
  ㉠ 발단 : 광주에서 일본 학생의 한국 여학생 희롱사건이 발생했고 이에 격분한 한국 학생과 일본학생들 간의 충돌이 벌어졌다. 이 사건의 처리 과정에서 일본 경찰의 편파적 수사가 행해지자 '조선 독립 만세', '식민지 교육 철폐' 등의 구호를 외치면서 시위가 벌어졌다.

Chapter 2 독립운동의 전개

ⓒ 조사단 파견 : 학생들의 시위에 시민들이 가담하면서 전국적 규모의 항일 투쟁으로 확대되었고 신간회는 조사단을 광주에 파견한 후 광주 학생 항일 운동 보고대회를 개최하고자 하였으나 지도부가 검거되면서 실패하였다.

③ 의의
  ㉠ 반일 운동 : 광주 학생 항일 운동은 식민지 교육의 철폐와 조선인 본위의 교육을 요구함과 더불어 독립의 요구까지 표출한 민족 운동이었다.
  ㉡ 최대의 민족 운동 : 광주 학생 항일 운동은 3·1 운동 이후 최대의 민족운동이었다.

(3) 의열단과 한인 애국단

① 의열단(1919년 11월)
  ㉠ 배경 : 3·1 운동 이후 평화적 시위 방법의 한계성이 나타나면서 무장 투쟁의 필요성이 제기되었다.
  ㉡ 결성 : 만주 길림에서 김원봉이 중심이 되어 신흥무관학교 출신의 청년들이 조직하였다.
  ㉢ 조선 혁명 선언(1923년 1월) : 민중의 직접혁명에 따른 독립의 쟁취를 주장하는 신채호의 '조선 혁명 선언'을 창립 선언문으로 채택하였다.
  ㉣ 활동

성명	시기	활동내용
박재혁	1920년	부산 경찰서에 폭탄 투척
최수봉	1920년	밀양 경찰서에 폭탄 투척
김익상	1921년	조선 총독부에 폭탄 투척
김상옥	1923년	종로 경찰서에 폭탄 투척
김지섭	1924년	일본 황궁과 니주바시(二重橋)에 폭탄 투척
나석주	1926년	동양 척식 주식회사에 폭탄 투척

  ㉤ 활동 변화
  • 개별 활동의 한계 : 개별적 의거 활동만으로는 효과적인 독립 투쟁이 될 수 없음을 인식한 김원봉은 조직적 무장 투쟁의 필요성을 인식하였다.
  • 황포 군관학교 입학(1926년) : 다수의 의열단원들은 중국의 국민당 정부가 세운 황포 군관학교에 입학하여 교육을 받았다.
  • 조선 혁명 간부학교(1932년) : 의열단은 조선 혁명 군사 정치 간부 학교를 세우고 군사 훈련에 힘썼다.

읽기자료

신채호의 조선 혁명 선언

강도 일본이 우리의 국호를 없이 하며, 우리의 정권을 빼앗으며, 우리 생존의 필요조건을 다 박탈하였다. … 이상의 사실에 의거하여 우리는 일본 강도 정치, 곧 이족통치(異族統治)가 우리 조선 민족 생존의 적임을 선언하는 동시에, 우리는 혁명 수단으로 우리 생존의 적인 강도 일본을 살벌함이 곧 우리의 정당한 수단임을 선언하노라 … '내정독립'이나 '참정권'이나 '자치'를 운동하는 자가 누구이냐? 너희들이 '동양 평화', '한국 독립 보전' 등을 조건으로 내건 조약이 먹도 마르지 아니하여 삼천리강토를 집어먹던 역사를 잊었느냐? … 일본 강도 정치하에서 문화 운동을 부르는 자 누구이냐? 문화는 산업과 문물이 발달한 전체의 용적을 가리키는 명사니 경제 약탈의 제도하에서 생존권이 박탈된 민족은 그 종족의 보존도 의문이거든 하물며 문화 발전의 가능성이 있으랴? … 강도 일본을 내쫓자고 주장하는 가운데 또 다음과 같은 논자들이 있으니, 첫째는 외교론이니 이조 오백 년 문약 정치가 '외교'로써 호국에 적당한 계책을 삼아 더욱 그 말기에 갑신 이래 유신당, 수구당의 성쇠가 거의 외국 원조의 유무에서 판결되며 위정자의 정책은 오직 갑국(甲國)을 끌어들여 을국(乙國)을 제압함에 불과했고 … 강도 일본이 정치, 경제 양면으로 구박을 주어 경제가 날로 곤란하고 생산 기관이 전부 박탈되어 의식의 방책도 단절되는 때에 무엇으로 어떻게 실업을 발전하여, 교육을 진흥하며, 더구나 어디서 얼마나 군인을 양성하여, 양성한들 일본 전투력의 백분지 일의 비교라도 되게 할 수 있느냐? 실로 한바탕 잠꼬대가 될 뿐이로다. 이상의 이유에 의하여 우리는 '외교', '준비' 등의 미련한 꿈을 버리고 민중 직접 혁명의 수단을 취함을 선언하노라.

- 조선 민족 혁명당(1935년) : 민족 유일당 운동의 일환으로 조선혁명당·의열단 등의 단체를 통합하여 조선 민족 혁명당을 조직하였다.

② 한인애국단(1926, 1931년)
  ㉠ 배경 : 국민대표회의가 결렬되면서 임시정부는 침체되었고 임시정부를 이끌던 김구는 위기 타개의 필요성을 느꼈다.
  ㉡ 결성 : 김구가 중심이 되어 상하이에서 조직하였다.
  ㉢ 활동

▣ 김구와 윤봉길

▣ 이봉창

- 이봉창의 의거(1932년 1월) : 이봉창은 동경에서 일본 국왕의 마차에 폭탄을 투척하였으나 일왕을 살해하는 데는 실패하였다. 이봉창의 의거에 중국의 신문들은 이 사건을 대서특필하면서 의거의 실패를 안타까워했고 중국 언론의 이러한 보도 태도를 문제 삼아 일본은 상하이 사변을 일으켰다.
- 윤봉길의 의거(1932년 4월) : 일본이 상하이에서 천장절(일왕 생일) 행사와 겸하여 홍커우 공원에서 전승 축하 행사를 벌이는 곳에 윤봉길 의사는 폭탄을 투척하였다. 윤봉길 의사의 의거에 중국 국민당의 장제스는 "중국 1억 인구가 하지 못한 일을 한국의 한 청년이 해냈다."고 감탄하면서 임시정부에 대한 지원을 강화하는 계기가 되었다.

  ㉣ 그 외 의거 활동
- 강우규의 의거(1919년) : 노인단 소속의 강우규는 남대문 역에서 사이토 총독에게 폭탄을 투척하였다.
- 조명하의 의거(1928년) : 타이완에서 일왕의 장인인 구미노미야 육군대장을 사살하였다.

(4) 1920년대 국내의 무장 투쟁
① 천마산대(1919년)
  ㉠ 조직 : 평안북도 의주의 천마산 지역에서 조직된 무장 단체이다.
  ㉡ 활동 : 만주의 광복군 사령부와 연계하여 식민통치 기관의 파괴, 친일파의 숙청 등의 활동을 전개하였으나 1922년 간부들의 피살과 검거가 이루어지자 만주로 이동하여 대한통의부에 편입되었다.
② 보합단(1920년)
  ㉠ 조직 : 평안북도 의주 지역에서 조직된 무장 단체이다.
  ㉡ 활동 : 친일파의 처단, 군자금의 모금 등의 활동에 주력하였으며 일제의 탄압 이후 대한독립단에 흡수되었다.

③ 구월산대(1920년)
  ㉠ 조직 : 대한독립단의 국내 파견부대 중의 하나로 이명서를 대장으로 이근영, 박기수 등 8명을 국내에 파견하였다.
  ㉡ 활동 : 친일파인 황해도 은율 군수를 처형하였다.

(5) 1920년대 독립군의 승리와 시련
① 봉오동 전투(1920년 6월)
  ㉠ 참가부대 : 홍범도의 대한 독립군과 안무의 국민회군, 최진동의 군무도독부군 등이 연합하여 부대를 조직하였다.
  ㉡ 전개과정 : 1920년 삼둔자를 출발한 독립군은 두만강을 건너 함경북도 강양동에 주둔하고 있던 일본군 1개 소대 규모의 헌병 국경 초소를 습격하였고 이에 일본군이 두만강을 건너 추격해오자 삼둔자에 매복했던 독립군은 일본군 60여 명을 사살하였다. 연이은 패배 이후 일본군은 봉오동 지역을 기습하였고 이 전투에서 독립군은 일본군 120~150여 명을 사살하였다.

② 청산리 대첩(1920년 10월)
  ㉠ 참가부대 : 김좌진이 이끄는 북로군정서, 홍범도의 대한독립군, 안무의 국민회군 등이 연합하였다.
  ㉡ 전개과정 : 독립군을 공격하기 위해 파견된 일본군과 6일간 10여 차례의 전투(백운평 전투, 천수평 전투, 어랑촌 전투)에서 일본군 1,200여 명을 사살하는 독립군 최대의 대승을 거두었다.

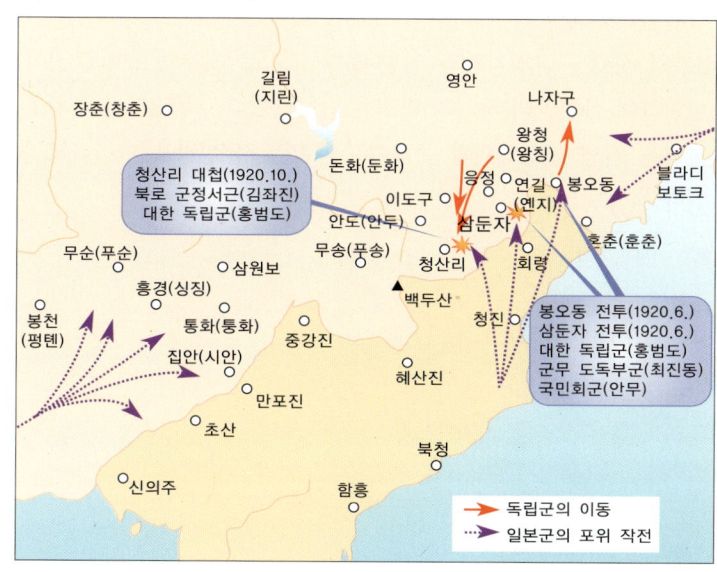

🔺 독립군의 활약

청산리 대첩

교전은 아침부터 저녁까지 계속되었다. 굶주림! 그러나 이를 의식할 시간도 먹을 시간도 없었다. 마을 아낙네들이 치마폭에 밥을 싸 가지고 빗발치는 총알 사이로 산에 올라와 한 덩이 두 덩이 동지들 입에 넣어 주었다. … 얼마나 성스러운 사랑이며, 고귀한 선물이랴! 그 사랑 갚으리. 우리의 뜨거운 피로! 기어코 보답하리. 이 목숨 다하도록! 우리는 이 산과 저 산으로 모든 것을 잊은 채 뛰고 달렸다.
이범석, 「우등불」

③ 간도참변(경신참변, 1920년 10월)
  ㉠ 일제의 보복 : 일제는 봉오동, 청산리 전투에서 패배하자 이에 대한 보복으로 한인 학살과 한인 촌락에 대한 초토화 작전을 전개하였다.
  ㉡ 독립군의 이동 : 일제의 탄압으로 간도(만주)에서의 활동이 어려워진 독립군은 소·만 접경지대인 밀산부로 이동하였고 이곳에서 서일을 총재로 하는 대한독립군단(1920년 12월)을 조직하였다.

④ 자유시 참변(흑하사변, 1921년 6월)
  ㉠ 배경 : 소련 적군의 지원 약속으로 독립군들은 소련 영토의 자유시로 이동하였다.
  ㉡ 경과 : 독립군의 주도권을 놓고 공산당 간의 대립이 격화되었고 무장 해제를 요구하는 적색군의 공격으로 독립군의 많은 희생이 발생하였다.

⑤ 독립군의 재정비
  ㉠ 3부의 성립 : 자유시 참변 이후 다시 만주로 이동한 독립군은 육군 주만 참의부, 정의부, 신민부의 3부로 재정비 되었다.
    • 육군 주만 참의부 : 대한 통의부에서 탈퇴한 인사들을 중심으로 압록강 유역에서 조직하였고 임시정부의 직할 부대를 표방하였다.
    • 정의부 : 오동진, 지청천 등을 중심으로 길림, 봉천 중심의 남만주 일대에서 활동하였다.
    • 신민부 : 자유시에서 돌아온 독립군이 중심이 되어 북만주 일대를 관할하였다.
  ㉡ 3부의 성격 : 민정기관과 입헌 정부 조직을 갖추었으며 군정기관을 설치하여 독립군의 훈련과 작전을 담당하였다. 즉, 3부는 자치조직의 성격을 지닌 민정기관과 군정기관의 연합적 성격을 가진다고 할 수 있다.

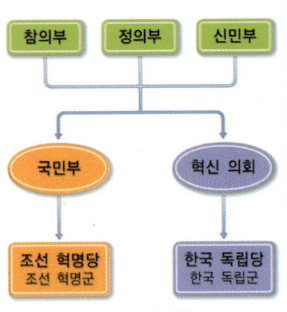

▣ 3부의 통합

▣ 3부의 관할지역

ⓒ 미쓰야 협정(1925년)
- 협정의 체결 : 총독부 경무 국장 미쓰야와 만주의 군벌인 장쮜린 사이에 체결된 독립군 탄압 협정이다.
- 협정의 내용 : 만주 군벌이 독립군을 사살하거나 체포하여 일본 영사관에 인계할 경우 그에 대한 보상금을 지급한다는 것을 주요 내용으로 하고 있다.

ⓔ 3부의 통합운동
- 배경 : 민족 유일당 운동이 전개되었다.
- 남만주 지역 : 남만주 지역에서 국민부가 성립되었다. 이후 국민부는 조선 혁명당으로 개편되었고 산하에 조선 혁명군을 편성하였다.
- 북만주 지역 : 북만주 지역에서는 혁신의회가 조직되었다. 이후 한국 독립당으로 개편되었고 그 산하에 한국 독립군을 편성하였다.

> **읽기자료**
> **미쓰야 협정 (1925년 6월)**
> 2조 한국인의 무기 휴대와 한국 내 침입을 엄금하며, 위반자는 검거하여 일본 경찰에 인도한다.
> 3조 재만 한인 단체를 해산시키고 무장을 해제하며, 무기와 탄약은 몰수한다.
> 4조 일본이 지명한 불령단 수령은 중국 관헌에서 신속히 체포하여 인도한다.
> 5조 중국, 일본의 관부는 불령단 취체(단속) 실황을 서로 통보한다.

4 1930년대의 무장 독립 전쟁

(1) 1930년대 국외의 무장 투쟁

① 한·중 연합군의 활동

ⓐ 배경 : 일제의 만주사변 결과 중국 내부에서 반일 감정이 고조되었고 만주 지역 내 우리 독립군에 대한 탄압도 심화되어 한·중 연합작전이 전개되었다.

ⓑ 활동
- 한국독립군 : 지청천이 이끄는 한국독립군은 중국 호로군과 연합하여 쌍성보 전투, 대전자령 전투, 사도하자 전투, 동경성 전투에서 일본군을 격파하였다.
- 조선 혁명군 : 양세봉이 이끄는 조선 혁명군은 중국 의용군과 연합하여 영릉가 전투, 흥경성 전투에서 일본군을 상대로 큰 승리를 거두었다.

ⓒ 한·중 연합작전의 와해
- 갈등의 심화 : 한국 독립군과 함께 연합작전을 폈던 호로군 내부에서 공산주의자들이 주도권을 장악하면서 갈등이 심화되었다.
- 한·중 연합작전의 해체 : 김구의 임시정부가 중국 본토로 이동할 것을 요청함에 따라 지청천 등이 이동하면서 사실상 해체되었다.

② 민족 연합 전선의 형성 노력
  ㉠ 배경 : 만주사변과 이봉창, 윤봉길 의사의 의거 활동 등을 계기로 중국 본토의 좌·우익 독립 운동 단체들은 민족 연합 전선을 형성하여 대일 항전을 적극적으로 추진하고자 하였다.
  ㉡ 민족 혁명당(1935년 6월)
    • 결성 : 만주에서 활동하던 의열단(김원봉), 한국 독립당(조소앙, 김두봉), 신한독립당(신익희), 조선 혁명당(지청천, 최동오), 대한 독립당(김규식) 등의 5개 정당이 연합하여 난징에서 민족 혁명당을 조직하였다. 임시 정부 계열의 단체들은 참여하지 않았다.
    • 목표 : 민족 독립운동의 단일 정당을 목표로 하였으며 민주 공화국의 수립, 대규모 생산 기관의 국유화 등의 정강을 채택하였다.
    • 분열 : 김원봉 중심의 의열단 계열이 주도권을 장악하고 사회주의적 성향이 드러나게 되자 조소앙 등의 민족주의 계열 인사들이 탈퇴하였고 이후 지청천도 탈퇴하였다. 그 후 민족혁명당은 김원봉 중심의 조선민족혁명당으로 개편(1935년)되었고 중국의 협조를 얻어 우한에서 직할부대로 조선의용대를 편성(1938년) 하였다.
  ㉢ 조선의용대 조직(1938년 10월)
    • 결성 : 조선 민족혁명당의 직할 부대로 중·일 전쟁 직후 중국의 국민당 정부의 도움을 받아 조직되었다.
    • 활동 : 중국 국민당 정부군과 더불어 항일 전쟁에 참가하여 일제 타도를 목포로 하였다.
    • 변화 : 1940년대 이후 중국 국민당 정부가 항일 투쟁에서 소극적 태도를 견지하자 지도부 내부에 분열이 생겼으며 조선의용대 화북지대와 충칭의 임시정부 산하의 한국광복군에 합류하는 김원봉과 잔여 세력으로 분열되었다.
  ㉣ 한국국민당(1935년 11월)
    • 결성 : 김구를 중심으로 세력이 약화되었던 임시정부의 인사들이 민족 혁명당의 임시정부 해체 주장에 반대하며 결성하였고 지청천, 조소앙등과 연합하였다.
    • 성격 : 민주공화국의 수립을 목표로 공산주의를 배격하고 조소앙의 삼균주의(三均主義)를 건국 강령으로 채택하였다.

조소앙의 삼균주의

삼균주의는 대한민국 임시정부의 외무 부장이었던 조소앙이 독립운동의 기본 방략 및 독립 국가 건설의 지침을 만들어 낸 이론이었다. 삼균이란 개인과 개인, 민족과 민족, 국가와 국가의 완전한 균등을 의미한다. 개인과 개인 사이의 균등은 정치·경제·교육을 통해, 민족과 민족 사이의 균등은 민족 자결을 통해 이룩된다. 국가와 국가 사이의 균등은 식민 정책과 자본 제국주의를 배격하고 침략 전쟁 행위를 금지해야 하며, 이에 따라 국가가 서로 간섭하거나 침탈 행위를 하지 않아야 이룩된다는 것이다.

삼균주의는 1920년대 말 기본 구상이 마련되고 1931년 임시 정부의 '대외 선언'에서 체계가 세워졌다. 1941년 대한민국 건국 강령에서 임시 정부의 기본 이념 및 정책 노선으로 채택되어 공포되었다.

③ 공산주의계열의 무장 투쟁
  ㉠ 배경 : 1920년대 초 만주지역에 이주 농민들이 증가하고 사회주의 사상이 전파되었다. 이후 1930년대에 이르러 조선인 공산주의자들의 항일 운동이 활발해졌다.
  ㉡ 활동
   • 동북인민혁명군(1933년) : 중국 공산당 유격대와 공산주의 한인 항일 유격대가 만든 조직으로 중국 공산당 조직의 정규군으로 편성되었다.
   • 동북항일연군(1936년) : 2차 국·공 합작이 이루어지면서 동북인민혁명군이 개편된 조직으로 만들어지게 된다. 동북항일 연군은 당파와 민족, 계층, 이념, 국적 등을 초월하여 일본에 대항하기 위하여 연합된 부대로 보천보 전투를 이끌게 된다.

5 1940년대 국외의 무장 투쟁

(1) 한국 독립당의 결성(1940년)

① 결성 : 김구와 조소앙, 지청천이 이끌던 우파 3당(한국 국민당, 한국 독립당, 조선 혁명당)의 통합의 결과 충칭에서 결성되었고 삼균주의를 건국 강령으로 채택하였다.
② 성격 : 한국 독립당의 주요 간부들은 임시정부의 주요 직책을 겸임하고 있었기 때문에 한국 독립당은 사실상 임시정부와 같은 역할을 수행하였다.

(2) 한국 광복군(충칭, 1940년)

① **결성** : 임시정부 산하의 정규군으로 충칭에서 창설하였다. 이후 김원봉의 '조선의용대' 일부를 흡수하면서 보다 강화된 조직을 형성하였다. (사령관 지청천, 부사령 김원봉)

② **활동**
- ㉠ 대일 선전 포고(1941년) : 태평양 전쟁이 발발 직후 대일·대독 선전포고문을 발표하였다.
- ㉡ 연합국의 일원으로 참전 : 인도와 버마 전선에서 영국군과 함께 작전을 준비하였으며 주로 포로 심문, 암호문 번역, 회유 방송 등에 참여하였다.
- ㉢ 국내 정진군 편성 : 미군 OSS와 연합하여 특수훈련과 비행대까지 편성하는 등 국내 정진군을 편성하였으나 일제의 패망으로 실행에 옮겨지지는 못하였다.

(3) 조선독립동맹(1942년 7월)

① **결성** : 조선의용대 병력을 대다수 흡수하여 김두봉이 중심이 되어 화북 조선청년 연합회를 확대·개편하여 결성하였다.

② **목적과 활동** : 보통 선거에 의한 민주공화국의 수립을 목표로 하였고 1942년 조선의용군을 창설하고 해방 후 북한의 인민군에 편입되었다.

대일·대독 선전 포고

우리는 3천만 한국 인민과 정부를 대표하여 다음과 같이 성명한다.
1. 한국 전 인민은 현재 이미 반침략 전선에 참가하였으니 한 개의 전투 단위로서 추축국(樞軸國)에 선전한다.
2. 1910년의 합병 조약과 일체의 불평등 조약의 무효를 선포하며 반침략 국가인 한국에 있어서의 합리적 기득 권익을 존중한다.
3. 한국·중국 및 서태평양으로부터 왜구를 완전히 구축하기 위하여 최후 승리를 거둘 때까지 열전 한다.
4. 일본 세력하에 조성된 창춘 및 난징 정권을 절대로 승인하지 않는다.

「임시정부 주석 김구, 외무부장 조소앙」

대표 기출 문제

01
●11회 36번

(가), (나) 민족 운동의 공통점을 〈보기〉에서 고른 것은? (3점)

> (가) 조선 민중아!
> 　우리의 철천지 원수는 자본·제국주의 일본이다.
> 　이천만 동포야! 죽음을 각오하고 싸우자!
> 　만세 만세 조선 독립 만세!
>
> (나) 학생·대중이여 궐기하라!
> 　검거된 학생은 우리 손으로 탈환하자.
> 　사회 과학 연구의 자유를 획득하자.
> 　식민지적 노예 교육 제도를 철폐하라!

〈보기〉
ㄱ. 국내 및 해외까지 확대되었다.
ㄴ. 국왕의 죽음을 계기로 일어났다.
ㄷ. 학생들이 중심이 되어 전개되었다.
ㄹ. 일제의 민족 차별 교육에 항거하였다.

① ㄱ, ㄴ　② ㄱ, ㄷ　③ ㄴ, ㄷ　④ ㄴ, ㄹ　⑤ ㄷ, ㄹ

● 해설
(가)는 1926년 6·10 만세 운동, (나)는 1929년의 광주 학생 항일 운동 당시의 격문이다. 두 운동은 모두 학생들이 주도하였으며 일제의 민족 차별 교육에 대한 항거였다.
ㄱ - 3·1 운동에 대한 설명이다.
ㄴ - 6·10 만세 운동은 순종의 인산일에 일어났지만, 광주 학생 항일 운동은 일본인 학생의 조선인 여학생 희롱 사건을 계기로 일어났다.

● 정답 : ⑤

02
●15회 40번

(가)~(마) 지역에서 활동한 독립군으로 옳지 않은 것은? (2점)

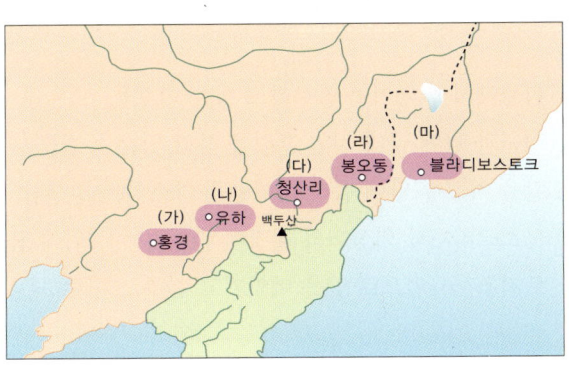

① (가) - 조선 혁명군
② (나) - 서로 군정서군
③ (다) - 북로 군정서군
④ (라) - 대한 독립군
⑤ (마) - 한국 광복군

● 해설
한국 광복군은 1940년 중국 내륙의 충칭에서 조직된 임시 정부 산하의 군사조직이다.

● 정답 : ⑤

출제적중문제

정답 및 해설

01
(가)는 이봉창 의사, (나)는 윤봉길 의사의 의거이다. 김구가 조직한 한인 애국단 소속의 의혈 활동이며 이봉창 의사의 의거 후 일본은 상하이 사변을 촉발 시켰다. 윤봉길 의사의 의거로 중국의 장제스는 임시정부를 지원하게 되었고 임시정부는 일본의 탄압을 피해 중국 여러 지역을 떠돌게 되었다.

02
제시문은 1925년 일제의 미쓰야와 만주 군벌 장쭤린 사이에 맺어진 미쓰야 협정이다.
① 1922년 제2차 조선교육령을 통해 일제는 조선어를 필수 과목으로 지정하였다.
② 1945년 한국광복군은 미군 OSS와 국내 정진군을 편성하였으나 국내 진입을 하지는 못하였다.
③ 1910년대 일제의 무단통치기의 상황이다.
④ 1945년 해방 이후의 상황이다.
⑤ 토지조사사업은 1910년대에 이루어졌다.

---

01 다음 사건과 관련된 설명으로 옳지 않은 것은?

> (가) 1932년 상하이의 중국 신문들이 사건을 보도하면서 "일본 국왕이 불행히도 명중되지 않았다"라고 표현하였다.
> (나) 중국의 지도자 장제스는 "중국의 1억 인구가 해내지 못한 일을 한국의 한 청년이 해내었다"고 감탄하였다.

① 김구가 조직한 한인애국단 소속 의사들의 의혈 활동이다.
② (가) 사건에 대한 중국 신문들의 표현은 상하이 사변을 불러 일으켰다.
③ (나) 사건 이후 임시 정부는 일본의 탄압을 피해 중국 내륙으로 이동하게 되었다.
④ (가) 사건은 중국 국민당 정부가 임시정부를 지원하는 계기가 되었다.
⑤ 임시 정부의 침체를 극복하고 세계에 우리 민족의 독립 의지를 알리는 계기가 되었다.

02 다음과 같은 내용의 협정이 체결될 당시의 사실로 가장 옳은 것은?

> • 한국인의 무기 휴대와 한국 내 침입을 엄금하며, 위반자는 검거하여 일본 경찰에 인도한다.
> • 재만 한인 단체를 해산시키고 무장을 해제하며, 무기와 탄약을 몰수한다.
> • 일제가 지명하는 독립운동 지도자를 체포하여 일본 경찰에 인도한다.

① 학교에서 한국어를 공부하고 있는 학생들
② 미군과 함께 국내 진입 훈련을 하고 있는 독립군
③ 칼을 차고 교단에 올라 학생들을 가르치는 선생님
④ 모스크바 3국 외상회의 결정에 반대하는 시위에 참가하는 시민
⑤ 토지조사사업으로 땅을 빼앗기고 만주로 이주하는 농민

정답 ⓞ 01.④ 02.①

03 다음 내용과 관계있는 단체를 모두 골라 묶은 것은?

> 3·1운동 이후 국내에서도 독립군 부대들이 결성되어 친일파 숙청, 군자금 모금, 식민 통치 기구의 파괴 등 다양한 독립 운동을 전개하였다.

ㄱ. 한인애국단 ㄴ. 구월산대 ㄷ. 천마산대
ㄹ. 보합단   ㅁ. 의열단   ㅂ. 광복군 사령부

① ㄱ, ㄴ, ㄷ
② ㄴ, ㄷ, ㄹ
③ ㄷ, ㄹ, ㅁ
④ ㄹ, ㅁ, ㅂ
⑤ ㄱ, ㄷ, ㅁ

03
3·1운동 이후 국내에서는 천마산대, 구월산대, 보합단 등의 무장 독립 단체들이 결성되었다.

04 위 지도의 빗금 친 지역에 대한 설명으로 옳지 않은 것은?

① 많은 학교가 세워져 민족 교육이 이루어졌다.
② 예진, 훈춘 등지에는 우리 민족의 집단 거주지가 형성되었다.
③ 19세기 후반 이후, 우리나라의 많은 농민들이 이주한 지역이다.
④ 1920년 홍범도의 봉오동 전투, 김좌진의 청산리 대첩 등의 승리가 있었던 지역이다.
⑤ 1919년 3·1 운동의 영향을 임시정부가 수립되어 민족운동을 지도하였다.

04
대한민국 임시정부는 1919년 상하이 임시정부에서 수립되었다.

정답 ◉ 03. ② 04. ⑤

정답 및 해설

05
이 사건은 1929년의 광주 학생 항일 운동이다. 광주 학생 항일 운동은 식민지 교육 제도의 불만이 작용하여 일어났으나 민족 운동으로 발전하였다.

06
ㄴ. 봉오동 전투(1920년 6월), 청산리 전투(1920년 10월)
ㄷ. 간도참변(1920년)
ㄹ. 대한 독립군단 소련 영토 내 이동(1921년)
ㄱ. 3부의 성립(1924년 ~ 1925년)
ㅁ. 한국광복군 창설(1940년)

---

05 다음 글의 밑줄 친 '이 사건' 때 나온 구호로서 가장 적합한 내용은?

> 11월 3일은 학생의 날이다. 해마다 이 날이 되면 곳곳에서 기념식이 열리고, 학생들이 참여하는 행사가 마련된다. 그런데 학생의 날은 왜 11월 3일인가? 바로 이 날은 학생들이 <u>이 사건</u>을 일으킨 날이다. 1953년 정부는 11월 3일을 학생의 날로 제정, 공포하였다. 그러나 학생의 날 기념식에는 학생들보다 주로 어른들이 참가하였다. 그러다가 1973년 박정희 정부는 각종 기념일을 통폐합한다는 명분으로 학생의 날을 없앴다. 여기에는 학생의 날이면 으레 일어나고 했던 학생 시위를 막기 위한 목적도 깔려 있었다. 1984년 부활된 학생의 날은 이후 1980년대에는 학생 시위의 날로, 민주화 운동의 상징일처럼 여겨져 왔다.

① 기회주의자들을 배격하라!
② 식민지 교육 제도를 철폐하라!
③ 민족의 힘을 길러 독립을 쟁취하자!
④ 조선인 대표를 일본 의회에 진출시키자!
⑤ 조선 민족의 역량을 키워 자치권을 획득하자!

06 다음 독립군의 정비 과정을 시대 순으로 옳게 나열한 것은?

> ㄱ. 3부의 성립 : 참의부, 정의부, 신민부
> ㄴ. 봉오동 전투, 청산리 전투
> ㄷ. 간도참변
> ㄹ. 대한 독립군단 소련 영토 내 이동
> ㅁ. 한국 광복군 창설

① ㄴ - ㄱ - ㄹ - ㅁ - ㄷ
② ㄴ - ㄹ - ㄷ - ㄱ - ㅁ
③ ㄴ - ㄷ - ㄹ - ㄱ - ㅁ
④ ㄴ - ㅁ - ㄱ - ㄹ - ㄷ
⑤ ㄴ - ㄹ - ㄱ - ㄷ - ㅁ

정답 05.② 06.③

③ 사회·경제적 민족운동

1 사회적 민족운동의 전개

(1) 독립운동 세력의 분화

① 민족주의 세력
  ㉠ 배경 : 3·1 운동 이후 일본은 문화통치를 통하여 일제의 식민 지배에 찬동하는 세력을 육성하고자 하였고 이러한 분위기에서 이광수가 동아일보에 '민족적 경륜'을 발표(1924년 1월)하여 민족진영 내부의 분열이 가속화 되었다.
  ㉡ 민족주의의 분화
    • 비타협적 민족주의 : 실력양성 운동의 성격을 띠고 민립 대학 설립운동, 물산 장려 운동 등의 실력 양상운동을 추진하였다.
    • 타협적 민족주의 : 이광수, 최린, 최남선 등이 대표적이며 일제의 식민지 지배를 인정하고 정치적 자치권 획득 운동을 전개하였다.

자치론
- 배경 : 3·1운동 이후 일부 민족주의자들은 신민 지배의 원인을 민족성의 낙후, 민족 실력의 미약 등의 원인에서 찾고 실력 양상운동을 전개하였다.
- 주장 : 일제의 식민 지배를 인정하고 그 안에서 민족 개량과 정치적 자치를 추구하자는 운동으로 변모하게 되었다.

② 사회주의
  ㉠ 수용 : 러시아 역명 이후 레닌의 약소민족 지원 발언이 나오자 1920년대 젊은 지식인들을 중심으로 수용되었다. 이후 노동·농민 조합을 중심으로 한 계급투쟁과 독립 운동을 전개하면서 영향력을 키워나갔다.
  ㉡ 사회주의 단체
    • 국내
      – 서울 청년회(1921년) : 서울에서 조직된 국내 최초의 사회주의 단체이다.

읽기자료

민족적 경륜

그러면 지금의 조선 민족에게는 왜 정치적 생활이 없는가? … 일본이 조선을 병합한 이래로 조선인에게는 모든 정치 활동을 금지한 것이 첫째 원인이다. 또, 병합 이래로 조선인은 일본의 통치권을 승인해야만 할 수 있는 모든 정치적 활동, 즉 참정권, 자활권 운동 같은 것은 물론이요, 일본 정부를 상대로 하는 독립 운동조차 원치 아니하는 강렬한 절개 의식이 있었던 것이 둘째 원인이다. … 지금까지 하여 온 운동은 전부 일본을 적대시하는 운동뿐이었다. 그러니 우리는 무슨 방법으로나 조선 내에서 전 민족적인 정치 활동을 하도록 새로운 국면을 타개할 필요가 있다. 우리는 조선 내에서 허락되는 범위 안에서 일대 정치적 결사를 조직해야 한다는 것이 우리의 주장이다.

이광수, 「민족적 경륜」

- 화요회(1923년) : 홍명희, 박헌영, 조봉암 등이 참여한 단체로 조선 공산당 결성에 주도적 역할을 담당하였다.
• 국외
- 한인사회당(1918년) : 이동휘가 중심이 되어 조직한 최초의 사회주의 조직으로 후에 상하이파 고려 공산당으로 발전하였다.
- 이르쿠츠크파 고려 공산당(1919년) : 이르쿠츠크에서 결성되었으며 1921년 여운형, 김단야 등이 활동하였다.

ⓒ 사회주의 수용의 영향
• 노선의 차이 : 독립 운동에 노선에 차이가 발생하였고 노선 간의 갈등이 심화되었다.
• 새로운 단체 : 사회주의 사상의 영향으로 각종 청년회, 노동단체, 농민 단체들이 생겨났다.
• 치안유지법 : 일제는 사회주의 사상을 탄압하기 위하여 치안유지법을 만들었으나 실제로는 독립 운동가들을 탄압하기 위한 도구로 이용되었다.

ⓔ 사회주의 수용의 순기능과 역기능
• 순기능 : 노동, 농민, 여성, 청년, 소년 운동 등 다양한 사회 운동이 활성화 되었다.
• 역기능 : 사회주의 사상 내부의 갈등 및 민족주의 진영과의 갈등이 심화되었다.

(2) 민족 유일당 운동(좌 · 우 합작 운동)

① 배경

㉠ 국내
• 자치 운동론의 대두 : 이광수를 비롯한 자치 운동론이 대두되자 이에 반발한 비타협적 민족주의 진영은 사회주의 세력과 협동하려는 시도가 나타났다.
• 조선 민흥회 조직(1926년 7월) : 한정된 규모의 좌우합작 단체이다.
• 정우회 선언(1926년 11월) : 사회주의계 단체인 정우회는 민족주의자들과의 제휴를 제안하였다.

㉡ 국외
• 1차 국공합작(1924년) : 대일 항쟁을 위하여 중국 국민당 정부와 공산당 정부의 합작은 우리에게도 좌 · 우익 합작 단체의 가능성을 제시하였다.

정우회 선언

민족주의적 세력에 대하여 그 부르주아 민주주의적 성질을 명백하게 인식하는 동시에 또 과정적 · 동맹자적 성질도 충분히 승인하여, 그것이 타락하는 형태로 출현되지 아니하는 것에 한 하여는 적극적으로 제휴하여, 대중의 개량적 이익을 위하여서도 종래의 소극적 태도를 버리고 분연히 싸워야 할 것이다.

「조선일보, 1926년 11월 17일자」

Chapter 3 사회·경제적 민족운동

- 북경 촉성회 창립(1926년) : 중국에서 안창호의 주도로 '한국 독립 유일당 북경 촉성회'가 창립되었다.
- 코민테른의 정책 : 국제 공산당 조직인 코민테른이 좌우협동 노선을 채택하였다.

② 신간회의 창립(1927년 ~ 1931년)

㉠ 결성 : 비타협적 민족주의와 사회주의의 연합 단체로 회장 이상재, 부회장 홍명희를 선출하며 서울에서 창립되었다.

㉡ 조직 : 일제하 최대의 합법적 항일단체로 전국 각지에 140여 개의 지회를 설치하고 만주에도 지회설립이 시도되었다.

㉢ 기본 강령
- 정치적·경제적 각성을 촉진한다.
- 민족의 단결을 공고히 한다.
- 일체의 기회주의를 부인한다.

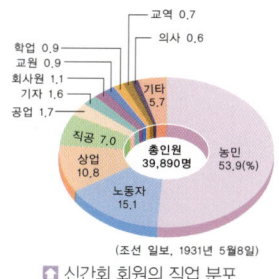

◼ 신간회 회원의 직업 분포

㉣ 활동
- 강연회 활동 : 전국 각지를 순회하면서 민중 대회와 연설회를 개최하여 민족의식을 고취하였다.
- 사회운동 : 노동·소작쟁의를 지원하였으며 원산 노동자 총파업을 지원하였다.
- 광주 학생 운동 지원 : 광주 학생 항일 운동이 일어나자 조사단을 파견하고 민중 대회를 계획하였으나 일제의 탄압으로 대회를 개최하지는 못하였고 다수의 지도부가 일제에 의해 검거되었다.

㉤ 신간회의 해소
- 자치론자와의 타협 : 광주 학생 항일 운동 민중 대회 개최 건으로 지도부가 검거되자 새로이 등장한 지도부는 일제와의 충돌을 피하고 자치론자들과의 타협을 모색하게 되었다.
- 코민테른의 좌경화 정책 : 1차 국공 합작이 결렬 된 후 코민테른은 민족주의 세력과의 합작 운동 방침을 폐기하고 계급투쟁 노선으로 선회하였다. 결국 지회에서 신간회 해소론이 등장하였고 최초로 개최된 신간회 전국대회에서 신간회의 해소가 결정되었다.

㉥ 신간회의 의의
- 최초의 사회주의 계열과 민족주의 계열의 합작 조직이었다.
- 일제 식민지 기간 동안 가장 큰 규모의 사회 운동 단체이다.
- 대중들의 절대적 지지를 획득하였는데 특히 조선일보의 영향이 컸다.

(3) 사회 운동의 활성화

① 청년운동

- ㉠ 배경 : 3·1운동 이후 전국적으로 100여 개가 넘는 많은 수의 청년 단체들이 결성되었다.
- ㉡ 활동 : 야학을 설립하여 학생들을 가르쳤고 물산 장려 운동, 민립 대학 설립 운동과 같은 실력 양성 운동을 적극 지원하였다.
- ㉢ 조선 청년 총동맹(1924년) : 사회주의 사상의 유입 이후 서울 청년회, 화요회 계열의 사회주의 세력을 중심으로 결성되었으며 신간회 창립 이후 지역 지회로 발전하였다.

② 소년 운동

- ㉠ 전개 : 1921년 천도교 청년회가 소년부를 설치함으로써 본격화된 소년 운동은 소파 방정환에 의하여 '어린이' 호칭을 사용하고 어린이날을 제정하였다.
- ㉡ 발전 : 소년 운동의 전국 조직으로 조선 소년 소녀 연합회(1927년)가 조직되어 소년 운동을 전개하였다.
- ㉢ 중단 : 소년 운동의 지도자들 사이에서 이념의 대립에 따른 분열 현상이 나타났고 일제의 방해로 소년 운동은 중단되었다.

③ 여성운동

- ㉠ 배경 : 신교육을 받은 여성의 수가 늘어났고 3·1운동을 비롯한 사회 운동의 참여 경험은 여성의 정치적·사회적 의식을 크게 성장시켰다.
- ㉡ 근우회(1927년)
  - 결성 : 신간회의 여성 조직으로 결성되었다.
  - 기본 강령 및 활동 : 여성의 차별 철폐와 권익 향상을 기본 강령으로 채택했고 강연회와 토론회 등을 통하여 여성 계몽 활동과 권익 향상 활동을 전개하였다.
  - 해체 : 신간회의 해체와 함께 근우회도 해체 되었다.

④ 형평운동

- ㉠ 배경 : 갑오개혁 이후 백정에 대한 차별은 법적으로는 사라졌으나 사회적으로는 불평등이 지속되었다.
- ㉡ 조선 형평사(1923년)
  - 창립 : 경남 진주에서 백정에 대한 사회적 차별 철폐, 평등한 사회 구현 등을 목적으로 창립되었다.

조선 형평사 취지문

공평(公平)은 사회의 근본이고 사랑은 인간의 본성이다. 고로 우리는 계급을 타파하고 모욕적인 칭호를 폐지하여 교육을 장려하고 우리도 참다운 인간으로 되고자 함이 본사(本社)의 주지(主旨)이다. 지금까지 조선의 백정은 어떠한 지위와 압박을 받아왔던가? 과거를 회상하면 종일 통곡하고도 피눈물을 금할 수 없다. … 따라서, 이 문제를 선결하는 것이 우리들의 급선무라고 설정함은 당연한 것이다. 천하고 가난하고 연약해서 비천하게 굴종하였던 자는 누구였는가? 아아, 그것은 우리 백정이 아니었던가? 그러나 이러한 비극에 대한 사회의 태도는 어떠했던가? 소위 지식 계층에 의한 압박과 멸시만이 있지 않았던가? 직업의 구별이 있다고 한다면 금수의 생명을 빼앗는 자는 우리들만이 아니다.

- 활동 : 형평사 전조선 대회(1925년)를 기점으로 민족 해방 운동의 한 부분을 담당하였으나 이후 대동사로 명칭을 바꾸고 순수 경제 이익 단체로 변모하였다.

(4) 실력 양성 운동

① 민족 기업의 성장
  ㉠ 배경 : 1920년 일제는 회사령을 허가제에서 신고제로 바꾸면서 사실상 회사령을 철폐하였다.
  ㉡ 기업 유형
    - 지주·대상인 계열 : 김성수의 '경성방직 주식회사'(1919년)가 대표적이다.
    - 중소 상인 : 평양 메리야스 공장, 부산의 고무신 공장 등이 대표적이다.

○ 경성방직 주식회사의 국산품 애용 광고

② 물산 장려 운동(1922년)
  ㉠ 배경 : 회사령의 철폐로 일본 자본의 국내 침투가 활발해졌고 일제는 일본 상품에 대한 관세 철폐를 추진하였다.
  ㉡ 전개
    - 물산 장려회(1920년) : 조만식을 중심으로 평양에서 시작되었다. 이후 전국조직인 '조선 물산 장려회(1923년)'로 발전하였다.
    - 기타 : 각 지방에서는 '토산장려회', '토산애용부인회', '자작자급회', '조선 상품 소비조합' 등의 다양한 단체들이 전국적으로 조직되었고 국산품 애용 운동을 넘어 민족 자본의 육성, 생활 개선, 금주·단연 운동 등도 함께 전개되었다.
  ㉢ 결과
    - 물가 폭등 : 국산품에 대한 수요가 급격히 증가하였으나 생산 능력이 갖추어지지 않아 제품의 시장 가격은 폭등하였다.
    - 좌익의 반발 : 사회주의 세력은 물산 장려 운동이 자본가의 이익에만 도움을 준다는 점을 들어 물산 장려 운동을 비판하였다.
    - 총독부의 방해 : 일제의 통치 방식이 민족 말살 통치로 변모하면서 물산 장려 운동을 주도하던 단체들도 해산되었다.
  ㉣ 의의 : 물산 장려 운동은 국산품 애용을 통한 항일 민족의식을 높이고 경제 민족주의 고양에 기여하였다.

③ 민립 대학 설립 운동(1923년)
  ㉠ 배경 : 일제는 한국인들에 대한 차별 교육을 실시하였고 이에 대항하여 한국인 본위의 고등 교육기관의 필요성이 제기되었다.

물산 장려 운동

내 살림 내 것으로. 보아라. 우리의 먹고 입고 쓰는 것이 거의 다 우리 손으로 만든 것이 아니다. 이것이 제일 세상에 무섭고 위태한 일인 줄을 오늘에야 깨달았다. 피가 있고 눈물이 있는 형제자매들아 우리가 서로 붙잡고 서로 의지하여 살고서 볼 일이다. 입어라, 조선 사람이 짠 것을 먹어라, 조선 사람이 만든 것을. 써라, 조선 사람이 지은 것을. 조선 사람, 조선 것.

「물산 장려회 궐기문」

  ⓒ 전개 : 1922년 개정된 조선 교육령에 의하여 대학 설립의 가능해졌고 이상재, 조만식 등을 중심으로 '민립 대학 설립 기성회'가 조직(1922년)되어 '한민족 1천만이 한 사람이 1원씩' 이라는 구호를 내세워 전국적인 모금 운동을 전개하였다.

  ⓒ 결과 : 초기에 순조로웠던 모금 운동은 가뭄·홍수로 인해 모금이 부진해졌다. 또한 일제의 탄압과 경성제국 대학의 설립(1924년)으로 실패로 끝나고 말았다.

 ④ 문맹 퇴치 운동

  ㉠ 배경 : 일제의 우민화 정책으로 인하여 문맹자 수가 급격히 증가하였다.

  ㉡ 전개

- 1920년대 : 야학을 중심으로 우리말과 글을 가르쳤고 민족의식을 고취시키려는 노력이 전개되었다. 그러나 일제의 탄압이 심해지고 재정적 어려움으로 인하여 야학을 중심으로 한 문맹 퇴치 운동은 쇠퇴하기 시작하였다.
- 1930년대 : 언론사를 중심으로 학생들이 결합하여 농촌 계몽 운동이 전개되었다.
  - 문자 보급 운동(1929년) : 조선일보는 '아는 것이 힘, 배워야 산다.'는 구호를 내걸고 문자 보급 운동을 전개하였다.
  - 브나로드(Vnarod) 운동(1931년) : 동아일보가 주도한 농촌 계몽 운동으로 문맹 퇴치, 미신 타파, 생활 개선 등을 목표로 하였다.

(5) 소작 쟁의와 노동 쟁의

 ① 소작 쟁의

  ㉠ 배경

- 일본인 지주의 농장 확대 : 헐값으로 싼 토지를 매입하고 고리대를 통해 토지를 약탈하는 등 일본인 지주들은 농장을 확대하였다.
- 농민의 몰락 : 1910년대 토지 조사 사업으로 토지를 약탈당하고 1920년대 산미 증식 계획으로 쌀의 수탈량이 증가하자 농촌 사회는 몰락하였다.
- 지주제 강화 : 높은 소작료와 각종 세금의 부담, 비교 대금 등 지주의 수탈이 가중되었다.
- 사회주의 사상의 유입 : 1920년대 사회주의 사상이 유입되면서 농민 문제에 대한 관심이 고조되었다.

  ㉡ 1920년대의 소작쟁의 : 소작인 조합이 중심이 되어 소작료 인하, 소작권 이전 반대 등의 생존권 투쟁이 중심이었다.

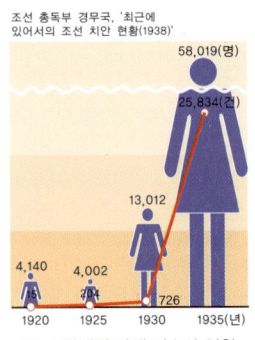

▣ 소작쟁의 발생 건수와 인원

Chapter 3 사회·경제적 민족운동

- 조직 : 조선농민총동맹(1927년)이 결성된 이후 각지에 소작인 조합이 결성되었다.
- 암태도 소작쟁의(1923년) : 최초의 소작쟁의로 지주와 일본 경찰에 맞서 1년 가까이 싸워 소작료 인하를 얻어냈다.

ⓒ 1930년대의 소작쟁의
- 주도 : 1920년대 후반부터는 자작농들까지 소작쟁의에 가담하여 자작농까지 포함하는 농민 조합이 소작쟁의를 주도하였다.
- 내용 : 기존의 경제적 목표에서 벗어나 항일 민족 운동으로 변모하게 되었다.

ⓔ 소작 쟁의의 소멸 : 일제는 회유책으로 조직의 와해를 시도하였고 1930년대 중반 소작쟁의의 발생 건수와 참가 인원의 급감으로 소작쟁의는 점차 소멸하게 되었다.

② 노동쟁의
ⓐ 배경
- 열악한 작업 환경 : 일제의 식민지 공업화 정책으로 한국인 노동자들은 12시간 이상의 노동에도 불구하고 낮은 임금과 열악한 작업 환경에 시달렸다.
- 민족 차별 : 일제의 민족 차별에 대한 노동자들의 민족의식이 성장하였다.

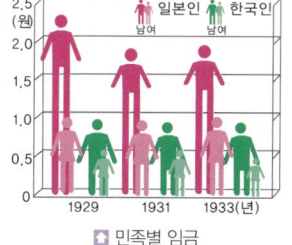

민족별 임금

ⓑ 1920년대의 노동쟁의
- 내용 : 노동 시간의 단축, 임금 인상, 작업 환경의 개선 요구 등 생존권 투쟁의 합법적 양상이었다.
- 조직 : 조선노동총동맹(1927년)이 결성되고 조직화가 진행되었다. 1920년대 중반 이후 파업이 전국적으로 확산되었다.

ⓒ 대표적 노동쟁의
- 부산 부두 노동자 총파업(1921년) : 부산 부두의 노동자들은 1921년 9월 25일 임금 인상을 요구하며 파업을 시작했고 이것은 한국 최초의 총파업이었다.
- 원산 노동자 총파업(1929년) : 석유 회사의 일본인 감독관이 한국인 노동자를 구타하는 사건이 원인이 되어 3천여 명이 참가한 파업으로 일제 시기 가장 큰 규모의 노동쟁의였다.

ⓔ 1930년대 노동쟁의 : 1930년대 이후 노동 운동은 급진화 되고, 일본 제국주의의 타도, 노동자·농민의 정부 수립을 주장하는 등 사회주의와 연계된 비합법적 항일적 정치투쟁으로 변모되었다.

ⓜ 노동쟁의의 소멸 : 1930년대 후반으로 접어들면서 일제의 강경책으로 노동 운동은 수세에 몰리고 쟁의 발생 건수와 참가 인원이 줄어들면서 1940년 이후 노동쟁의는 거의 사라졌다.

(6) 국외 이주 동포의 활동과 시련

① 만주지역

㉠ 19세기 후반 : 경제적으로 어려운 농민들의 생존을 위한 이주가 활발하였다.

㉡ 20세기 초반 : 국권피탈 후 독립운동가와 일제의 경제적 침탈을 피해 농민들이 이주하였고 이들은 한인촌을 건설하고 무장 독립군의 단체 결성, 학교 설립 등의 활동을 전개하였다.

㉢ 동포의 시련
- 간도참변(경신참변, 1920년) : 봉오동 전투와 청산리 전투에서 패배한 일본은 간도지역의 우리 동포를 학살하여 보복하였다.
- 만보산 사건(1931년) : 관개수로 공사가 발단이 되어 벌어진 조선과 중국 농민들 사이의 충돌 사건으로 일본의 악의적 이간정책으로 인해 한·중 양국 국민들의 적대감이 고조되었다.

② 연해주 지역

㉠ 배경 : 러시아는 변방을 개척하기 위하여 한국인의 이주를 장려하였다.

㉡ 이주 : 1860년대 최초로 조선인이 연해주로 이주하였다.

㉢ 동포의 시련
- 자유시 참변(1921년) : 적색군의 배신으로 다수의 독립군이 사망하고 포로가 되었다.
- 중앙아시아로의 강제이주(1937년) : 만주사변이 일어나자 소련은 일본인과 외모가 비슷한 한국인들의 스파이 활동을 염려하여 중앙아시아로 강제 이주시켰고 이 과정에서 많은 동포들이 희생되었다.

③ 일본

㉠ 19세기 후반 : 신학문 습득을 위한 유학생들이 이주의 다수를 차지하였다.

㉡ 국권피탈 후 : 생계를 위한 경제적 목적의 이주가 대부분이며 일본은 일제 시대 우리 동포가 가장 많이 이주한 지역이다.

㉢ 관동 대학살(1923년) : 관동 대지진(1923년)이 일어나자 일본 정부는 악화된 여론의 국면 전환용으로 조선인들에게 누명을 씌워 6,000여 명이 넘는 많은 동포가 학살되었다.

중앙아시아로의 강제 이주

강제 이주령이 내린 이튿날 새벽 화물선에 실려 나호드까에 이송되었다. 그곳에서 4일을 굶다시피 하였고 5일 만에 우리들은 가축을 실어 나르는 화물차에 실리게 되었다. 우리는 화물 열차에 실려 3주간이나 달려갔고 근방의 벌판에 내려졌다. 집 한 채 없는 허허벌판에 내려진 우리는 자신의 피땀으로 대대로 모은 자산을 잃었음을 스스로 깨닫게 되었다.

Chapter 3 사회·경제적 민족운동

④ 미주지역
  ㉠ 하와이 이민 : 하와이의 사탕수수 농장으로 처음 이주(1902년)하였다. 이주 동포들은 장시간의 고된 노동과 인종 차별에 시달렸다.
  ㉡ 단체의 창설 : 대한인국민회(1910년), 흥사단(안창호, 1913년), 구미위원부(이승만, 1919년) 등의 단체들이 조직되었다.

2 민족 문화 수호 운동

(1) 일제의 식민지 문화정책

① 일제의 교육정책
  ㉠ 목표 : 민족의식의 말살과 식민지배에 순종하는 국민 양성을 목표로 하였다.
  ㉡ 우민화 정책 : 일제는 한국인에 대한 고등 교육을 막고 낮은 수준의 기술 교육만을 통해 식민지 지배에 찬성하는 국민을 양성하고자 하였다.

② 1910년대 : 제1차 조선교육령(1911년)
  ㉠ 목적 : 일제의 정책에 순응하는 하급 기술자를 양성하기 위한 정책으로 고등 교육을 억제하고 낮은 수준의 실업 교육만을 강조하였다.
  ㉡ 특징
    • 교육연한의 단축 : 보통학교의 수업연한이 6년에서 4년으로 단축되었다.
    • 사립학교 수가 축소되었고, 한국인에 대한 중등 교육 기회의 제한되었다.
    • 우민화 교육 : 식민지 국민으로서 지켜야 할 의무만을 강조하였고 낮은 수준의 실업 교육 위주로 교육이 진행되었다.
  ㉢ 서당 규칙(1918년) : 개량 서당을 중심으로 반일 교육이 강화되자 일제는 서당의 설립을 신고제에서 허가제로 바꿔 서당교육을 탄압하였다.

③ 1920년대 : 제2차 조선교육령(1922년)
  ㉠ 배경 : 3·1 운동의 영향으로 전반적인 유화 정책의 분위기에서도 교육 정책에서도 완화된 정책이 등장하였다.
  ㉡ 특징
    • 수업 연한의 연장 : 보통학교의 수업 연한을 4년에서 6년으로 연장하고 고등 보통학교는 5년으로 연장되었다.

서당 규칙

- 서당을 개설하려고 할 때는 인가를 받아야 한다.
- 서당에서의 교과서는 조선 총독부 편찬 교과서를 사용하여야 한다.
- 조선 총독부가 적격자로 인정하지 않는 자는 서당의 개설자 또는 교사가 될 수 없다.
- 도 장관은 서당의 폐쇄 또는 교사의 변경, 기타 필요한 조치를 명령할 수 있다.

- 한국어 : 한국어를 필수로 지정하여 교육하였으나 여전히 일본어 중심의 교육이었다.
- 대학의 설치 : 한국인들의 고등 교육 요구를 무마하기 위해 경성제국대학을 설치하였다.

④ 1930년대 : 제3차 조선교육령(1938년)
  ㉠ 배경 : 만주사변과 중·일 전쟁으로 황국신민화 정책이 추진되었고 교육에서도 내선일체·일선동조론과 같은 교육 정책이 추진되었다.
  ㉡ 특징
    - 한국어과 국사 교육의 폐지 : 한국어와 국사를 선택과목으로 변경하게 하여 사실상 한국어와 국사는 폐지되었다.
    - 학교 명칭의 개편 : 학교의 명칭을 일본과 동일하게 통일시켰다.
      (보통학교 ⇨ 심상소학교, 고등 보통학교 ⇨ 중학교)

⑤ 1940년대 : 제4차 조선교육령(1943년)
  ㉠ 배경 : 전쟁의 수행을 위하여 학생들의 교육을 군사 교육 위주로 전환하였다.
  ㉡ 특징
    - 수업 연한의 축소 : 중학교와 고등 여학교의 수업 연한을 4년으로 축소하였다.
    - 국어와 국사 교육 폐지 : 수의 과목으로 남아있던 한국어와 국사를 교육과정에서 배제하였다.

(2) 종교 탄압과 한국사의 왜곡

① 송교에 대한 탄압
  ㉠ 기독교 : 안악사건과 105인 사건을 조작하고 핍박하였고 신사참배를 금지하는 기독교 지도자들을 투옥하고 학교는 폐쇄하였다.
  ㉡ 불교 : 사찰령, 승려법, 포교 규칙을 제정하여 한국의 불교를 말살하려는 시도를 전개하였다.
  ㉢ 천도교 : 3·1운동에서 주도적 역할을 수행한 천도교는 일제의 지속적인 감시와 탄압을 받았다.

② 한국사 왜곡
  ㉠ 단군의 부정 : 민족의 근원인 고대사 부분에 대한 왜곡이 가장 심해 단군 조선을 부정하였다.
  ㉡ 조선사편수회(1925년) : 1922년 총독부는 산하에 조선사편찬위원회를 설치하였고 이것은 1925년 조선사편수회로 개편되었다. 조선사편수회는 일본인 어용학자와 일부 친일 역사가를 참여시켜 「조선사」를 간행하였다.(1938년)

Chapter 3 사회·경제적 민족운동

ⓒ 청구학회(1930년) : 경성제국 대학의 일본인 교수들이 중심이 되어 만든 조직으로 역사 왜곡과 식민 사관 보급에 앞장섰고 「청구학보」를 간행하였다.

(3) 한국사의 연구
① 민족주의 사학
 ㉠ 신채호
  • 사관 : 민족의 본류 정신을 화랑도의 '낭가사상'으로 파악하고 '역사는 아(我)와 비아(非我)의 투쟁'이라고 주장하였다.
  • 활동 : 의열단의 창립 선언문인 '조선 혁명 선언'을 작성하였고 신민회에 참여하였다.
  • 대표저서 : 대한매일신보에 「독사신론(1908년)」을 동아일보에 「조선사연구초」, 조선일보에 「조선상고사」를 연재하였다. 또 민족의식을 고양하기 위하여 위인전을 저술하였는데 대표적으로 「최도통전」, 「을지문덕전」 등을 편찬하였다.
 ㉡ 박은식
  • 사관 : 민족의 근본을 '혼(魂)'으로 파악하고 '나라는 형(形), 역사는 신(神)'이라 주장하였다.
  • 활동 : 대한민국 임시정부의 2대 대통령을 역임하였으며 유교의 쇄신을 위하여 유교구신론을 주장하였다. 또 최남선과 함께 조선광문회에 참여하여 민족의 고전을 정리하였다.
  • 대표저서 : 「한국통사」, 「한국독립운동지혈사」, 「연개소문전」, 「안중근전」 등을 저술하였다.
 ㉢ 정인보
  • 사관 : 민족정신을 '얼'로 파악하였다.
  • 활동 : 신채호를 계승하여 고대사 연구에 노력하였고 실학사상을 연구·정리하여 정약용을 중심으로 한 조선학 운동을 벌였다.
  • 대표저서 : 동아일보에 「5천 년간 조선의 얼」을 연재하였고 「조선사연구」를 저술하였다.

독사신론

역사의 붓을 쥔 자가 반드시 그 나라의 주인 되는 일 종족을 먼저 찾아서 드러내어 이것으로 주제를 지은 뒤에, 그 정치는 어떻게 번영하고 쇠퇴하였으며, 그 실업은 어떻게 융성하고 몰락하였으며, 그 무공은 어떻게 나아가고 물러갔으며, 외국과 어떻게 교섭하였는가를 서술하여야 그런 연후에 비로소 역사라 말할지니, 만일 그렇지 아니하면 이는 무정신의 역사라. 무정신의 역사는 무정신의 민족을 낳으며, 무정신의 국가를 만들리니 어찌 두려워하지 아니하리오.
「1908년 대한매일신보」

조선상고사

역사란 무엇이뇨? 인류 사회의 '아(我)'와 비아(非我)의 투쟁이 시간부터 발전하여 공간부터 확대되는 심적 활동 상태의 기록이니, 세계사라 하면 세계 인류의 그리 되어 온 상태의 기록이며, 조선사라 하면 조선 민족이 그리되어 온 상태의 기록이니라.
「조선상고사」

박은식의 역사인식

"옛 사람이 말하기를, 나라는 가히 멸할 수 있으나, 역사는 가히 멸할 수 없으니, 대개 나라는 형(形)이요, 역사는 신(神)이기 때문이다."라고 갈파하고, 국가가 유지되는 데 있어서 내면적·정신적인 혼(魂)과 외형적·물질적인 백(魄)이 필요한데, 정신적인 혼이 따르지 아니하면 백은 살아 있어도 죽은 것이라고 보았다. 이제 한국의 형체는 허물어졌으나, 정신만이라도 오로지 남을 수 없는 것인가, 이것이 통사를 서술하는 까닭이다.
「한국통사」

정인보의 역사인식

누구나 어릿어릿하는 사람을 보면 '얼' 이 빠졌다고 하고, 멍하니 앉은 사람을 보면 '얼' 하나 없다고 한다 '얼'이란 이같이 쉬운 것이다. 그런데 '얼'하나 있고 없음으로써 그 광대 용맹함이 혹 저렇기도 하고 그 잔구 구차함이 이렇기도 하다. … 조선의 시조는 단군이시니 단군은 신이 아니요 사람이시라. … 얼은 남아 빼앗아 가지 못한다. 얼을 잃었다면 스스로 잃은 것이지 누가 가져간 것은 아니다.
「5천 년간 조선의 얼」

백남운의 역사인식

조선사 연구는 과거 역사적·사회적 발전의 변동 과정을 구체적으로, 현실적으로 밝혀내고 실천적 동향을 이론화 하는 것을 임무로 삼아야 한다. 그것은 인류 사회의 일반적 운동 법칙인 사적 변증법에 따라 그 민족 생활의 계급적 제 관계 및 사회 체제의 역사적 변동을 구체적으로 분석하고 다시 그 법칙성을 일반적으로 추상화함으로써만 가능하다.

「조선사회경제사」

㉣ 문일평
- 사관 : 민족정신을 '조선 심(心)'으로 파악하였다.
- 대표저서 : 「한미 50년사」, 「호암전집」 등을 저술하였다.

② 사회·경제사학
㉠ 특징 : 식민사관 중 정체성론을 정면으로 비판하면서 한국사를 세계사적 보편성 위에 체계화하려 하였다.
㉡ 대표적 학자 : 백남운이 대표적이며 저서로는 「조선사회경제사」, 「조선봉건사회 경제사」 등을 저술하였다.

③ 실증 사학
㉠ 특징 : 랑케 사학의 영향으로 개별적 사실의 객관적 고증을 추구하였다.
㉡ 진단학회(1934년)
- 배경 : 친일 역사 단체인 청구학회의 역사 왜곡에 대항하기 위하여 설립되었다.
- 활동 : 이병도·손진태 등이 중심이 되어 「진단학보」를 발간하는 등의 활동을 전개하였다.

(4) 우리말 연구와 종교 활동

① 국어연구
㉠ 조선어 연구회(1921년)
- 조직 : 주시경의 국문 연구소를 계승하여 이윤재, 최현배 등이 조직하였다.
- 활동 : 한글의 연구와 더불어 강습회를 통해 한글 보급에 노력을 기울였다. 또 한글 기념일인 가갸날을 제정(1926년)하고 '한글'이라는 잡지를 간행하였다.
㉡ 조선어학회(1931년)
- 조직 : 조선어 연구회가 확대 개편된 조직이다.
- 활동 : 한글 강습과 아울러 한글 맞춤법 통일안과 표준어를 제정(1933년) 하였다. 또 「우리말 큰사전」의 편찬을 시도하였다.
- 해산 : 일제는 조선어학회를 독립운동 단체로 간주하고 조선어학회(1942년) 사건을 조작하여 회원 29명을 치안 유지법 위반으로 체포하고 조선어학회를 강제로 해산하였다.

조선어학회 사건과 우리말 큰 사전

일제는 조선어학회의 어문 운동을 민족운동으로 규정하고 조선의 독립을 도모한다는 이유를 들어 조선어학회 회원들을 체포·고문하였다. 이 과정에서 이윤재, 한징 등은 고문으로 사망하고 사건의 증거물로 일제에 압수당한 우리말 큰 사전 원고 2만6천5백여 장을 압수하였다. 이 원고는 1945년 서울역 조선통운 창고에서 우연히 발견되어 1947년 1권을 발간하고 1957년 6권으로 완간되었다.

  ② 종교 활동
  ㉠ 개신교 : 민중 계몽과 의료와 교육 분야에서 많은 활동을 전개하였다. 그러나 일제의 신사참배를 거부하여 탄압을 받았다.
  ㉡ 천도교 : 제2의 3·1운동을 계획(1922년)하였으나 일제의 방해로 실패하였고 소년운동과 청년운동을 전개하였다. 기관지로 「만세보」를 창간하였고, 「어린이」, 「개벽」, 「신여성」 등의 잡지를 발행하여 민중 계몽과 근대문물 보급에 기여하였다.
  ㉢ 대종교 : 본거지를 만주로 이동하였고 민족 교육 학교를 설립하였고 중광단을 조직하여 무장 독립 전쟁을 전개하였다. 특히 중광단이 개편된 북로군정서군은 청산리 전투에서 일본군을 크게 격파하였다.
  ㉣ 불교 : 일본 불교의 침투가 심화되지 한용운은 불교의 친일화를 비판하면서 조선 불교 유신회를 조직(1921년)하고 조선불교 유신론을 저술하였다.
  ㉤ 원불교 : 전라도를 중심으로 박중빈이 창시한 원불교(1916년)는 불교의 대중화와 생활화를 주장하며 미신타파, 허례허식 폐지, 개간사업과 저축운동, 금주·단연 등의 새 생활 운동을 전개하였다.

(5) 문학과 예술 활동
  ① 문학 활동
  ㉠ 1910년대 : 계몽주의적 성격이 강하였다.
  • 최남선 : '해(海)에게서 소년에게'라는 우리나라 최초의 신체시를 「소년」이라는 잡지의 창간호에 발표하여 근대시 발전에 공헌하였다.
  • 이광수 : 「무정」이라는 우리나라 최초의 근대 장편 소설을 발표한 이 시기의 문학을 대표하는 문학가였다.
  ㉡ 1920년대 : 예술로서의 독립성을 강조하고 사실주의적 경향이 나타났다.

- 동인지

동인지명	발행년도	대표 인물	특징
창조	1919년	김동인, 주요한	최초의 동인지로 사상이나 노선과 관계없이 자연주의 문학을 추구하였다.
폐허	1920년	염상섭	퇴폐와 허무를 주제로한 퇴폐주의 문학이 나타났다.
백조	1922년	이상화, 현진건	현실 도피적인 낭만주의 문학을 대표한다.

- 김소월 : 민요적 율조를 사용한 작품을 남겼다.
- 항일 문학 : 한용운의 '님의 침묵', 이상화의 '빼앗긴 들에도 봄은 오는가', 심훈 '그날이 오면' 등 항일 문학이 등장하였다.

ⓒ 신경향파 문학의 등장
- 배경 : 사회주의 사상의 유입과 3·1운동 이후 노동자와 농민들의 사회적 참여가 활발해지면서 문학의 사회적 기능을 강조하는 경향이 나타났다.
- 특징 : 현실 참여적 예술을 강조한 이들은 1925년 KAPF(조선 프롤레타리아 예술가 동맹)을 결성하였으나 계급적 관점을 지나치게 강조하여 예술의 경직성을 초래했다는 비판을 받았다.

ⓔ 1930년대 : 일제의 탄압을 피하고자 순수 문학의 경향이 나타났다.
- 문학의 위축 : 일제의 탄압으로 문학은 위축되었다.
- 순수 문학의 등장 : 일제의 탄압을 피하기 위하여 예술성과 작품성을 강조하는 순수문학이 추진되었고 이 무렵 정치용, 김영랑 등은 「시문학」이라는 동인지를 창간하였다.

ⓜ 1940년대의 문학
- 저항 문학 : 이육사와 윤동주는 일제에 저항하는 저항시를 남겼다.
- 친일 문학 : 이광수, 최남선, 서정주, 김활란, 노천명 일제의 침략 전쟁을 찬양하거나 한국인들이 전쟁에 적극적으로 동참해야 한다는 등의 친일 문학을 남겼다.

② 예술 활동
　㉠ 음악
　　• 창가 : 1910년대 서양음악의 곡을 빌려와 가사를 붙인 '학도가', '한양가' 등의 창가가 유행하였다.
　　• 가곡과 동요 : 홍난파는 민족의 심정을 잘 표현한 '봉선화'를 안익태는 코리아 환상곡을 작곡하여 그 속에 '애국가' 합창을 넣어 발표하였다. 또 '고향의 봄', '반달' 등과 같은 동요가 발표되었다.
　㉡ 미술
　　• 한국화 : 장승업의 제자인 안중식은 한국 전통회화를 계승·발전시켰다.
　　• 서양화 : 최초의 서양화가인 고희동, '소' 그림으로 유명한 이중섭, 최초의 여성화가인 나혜석 등이 활동하였다.
　㉢ 연극
　　• 3·1운동 이전 : 신파극이 유행하여 서민들의 사랑을 받았다.
　　• 3·1운동 이후 : 동경 유학생들은 연극을 통한 계몽 활동을 위하여 극예술협회(1921년)을 조직하였고 이후 토월회(1924년), 극예술 연구회(1931년) 등이 조직되어 본격적인 근대 연극이 시작되었다.
　㉣ 영화 : 영화 분야는 자본과 기술 등의 부족으로 발전이 늦었으나 1926년 나운규는 아리랑이라는 영화를 발표하여 당시의 국민 정서를 잘 대변 하였다.

대표 기출 문제

01 다음 자료를 통해 알 수 있는 단체에 대한 설명으로 옳은 것은? (1점)

〈행동 강령〉
• 여성에 대한 사회적·법률적 일체 차별 철폐
• 일체 봉건적인 인습과 미신 타파
• 조혼 방지 및 결혼의 자유
……
• 부인 및 소년공의 위험 노동 및 야업 폐지

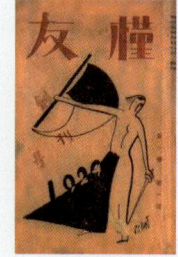

① 비밀 결사로 활동하였다.
② 신간회와 연계하여 활동하였다.
③ 천도교의 산하 단체로 출발하였다.
④ 민립 대학 설립 운동을 전개하였다.
⑤ 6·10 만세 운동을 적극 지원하였다.

● 해설
근우회는 신간회의 자매단체로 여성들의 좌우 합작 조직이었다.

● 정답 : ②

02 다음 사회 운동을 홍보하기 위한 자료로 가장 적절한 것은? (2점)

학생 여러분. 여러분은 여름 방학에 고향의 동포를 위하여 공헌하지 아니하시렵니까? 기경 글을 모르는 이에게 글을 가르쳐 주지 아니하시렵니까? 당신이 일주일만 노력하면 당신의 고향에 문맹이 없어질 것입니다.
「동아일보(1931년)」

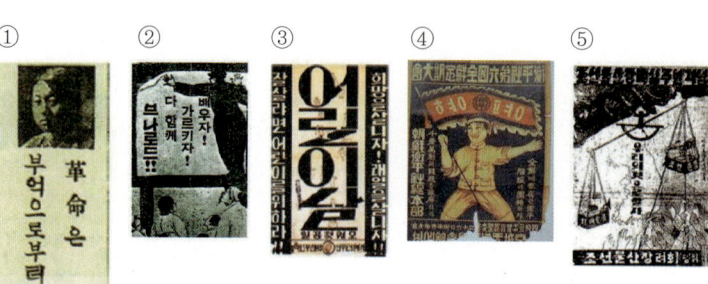

● 해설
제시문은 동아일보에 게재된 글로 문맹퇴치 운동에 관련된 내용이다. 언론사를 중심으로 전개된 문맹퇴치 운동은 조선일보의 문자보급 운동, 동아일보의 브나로드 운동 등이 있다.

● 정답 : ②

 출제적중문제

01 다음 단체에 대한 설명으로 옳은 것을 모두 골라 묶은 것은?

- 우리는 정치적·경제적 각성을 촉진한다.
- 우리는 단결을 공고히 한다.
- 우리는 기회주의를 일체 부인한다.

ㄱ. 민족주의와 사회주의 진영의 단결을 촉구한다.
ㄴ. 광주 학생 운동이 일어났을 때 조사단을 파견하였다.
ㄷ. 적극적인 테러투쟁을 통해 독립을 달성하려 하였다.
ㄹ. 일제의 감시와 탄압을 피해 비밀 결사 조직으로 운영되었다.
ㅁ. 조선 민흥회의 조직과 정우회 선언은 창립의 계기가 되었다.

① ㄱ, ㄴ
② ㄴ, ㄷ
③ ㄱ, ㄴ, ㄹ
④ ㄱ, ㄴ, ㅁ
⑤ ㄴ, ㄷ, ㅁ

정답 및 해설

01
신간회에 대한 설명이다. 신간회는 좌우익의 합작단체로 광주학생항일 운동에 조사단을 파견하였으며 합법 단체였다.

02 다음 중 1920년대의 문예활동에 대한 설명으로 옳지 않은 것은?

① 동경 유학생들을 중심으로 조직된 극예술 협회는 신극운동을 전개하였다.
② 사회주의의 영향으로 KAPF가 조직되기도 하였다.
③ 영화에서는 나운규의 아리랑이 제작되었다.
④ 문학에서는 순수 문학의 경향이 나타나기 시작하였다.
⑤ 토월회가 조직되어 본격적인 근대 연극이 시작되었다.

02
1920년대 문학계에서는 퇴폐와 허무를 주제로 한 퇴폐주의 문학과 현실 토피적인 낭만주의 문학의 흐름이 나타났다. 순수 문학은 1930년대 문학의 흐름이다.
① 극예술 협회(1921년)
② KAPF(1925년)
③ 아리랑(1926년)
⑤ 토월회(1924년)

정답 ◎ 01.④ 02.④

정답 및 해설

03
백남운은 사회주의 사상에 입각한 사회 경제 사학을 연구하였고 역사의 보편적 발전법칙이 있다고 보고 이를 통하여 한국사를 이해하려는 시도를 하였다.

04
(가)는 대한 광복회는 박상진을 총사령, 김좌진을 부사령으로 1915년 조직된 단체로 공화정치를 지향하였다. 이후 1918년 주요 인물이 일경에 체포되어 사형에 처해지고 조직이 거의 와해되었다.
(나)는 대한 광복군 정부로 1914년 연해주 지역에서 조직되었다. 이상설을 정통령으로 이동휘를 부통령으로 선출하였으나 1차 세계대전이 발발하자 러시아와 일본이 동맹관계를 형성하고 한인들의 정치 활동을 금하여 활동을 전개하는데는 많은 어려움이 있었다.

03 다음은 사회 경제 사학자 백남운의 글이다. 이 글에서 주장하는 역사 연구의 방향으로 적절한 것은?

> 조선사 연구는 과거 역사적 사회적 발전의 변동과정을 구체적으로 현실적으로 밝혀내고, 실천적 동향을 이론화하는 것을 임무로 삼아야 한다. (중략) 우리 조선 역사 발전의 전 과정은 예를 들어 지리적인 조건, 인류학적 골상, 문화 형태의 외형적 특징 등에서 다소의 차이를 인정한다하더라도, 외관적인 이른바 특수성은 다른 문화 민족의 역사적 발전 법칙과 구별될 만큼 독자적인 것은 아니다. 세계적인 일원론적인 역사 법칙에 따라 다른 여러 민족과 거의 같은 발전과정을 거쳐 왔다. 발전 과정에서 완만한 템포, 문화에서 보이는 특별한 농담은 결코 본질적인 특수성이 아니다.

① 낭가 사상을 강조해야 한다.
② 세계사적 보편성을 바탕으로 한국사의 발전 과정을 체계화해야 한다.
③ 민족 고유의 자주 독립사상을 연구하여 널리 알려야 한다.
④ 우리 역사와 다른 나라 역사와의 차이점을 연구하여 우리의 특수성을 확립하여야 한다.
⑤ 나라는 형(形)이요, 역사는 신(神) 이다.

04 다음 (가), (나) 단체에 대한 설명으로 적절한 것을 모두 고르면?

> (가) 대한광복회는 만주에 무관학교를 세우기 위하여 군자금을 모으고 만주의 독립운동단체와 연락을 꾀하였다. 의병 출신자를 비롯, 신교육을 받은 인사들, 양반, 상민이 같이 참여하여 혁신 유림적 성격이 강하였다.
> (나) 러시아와 중국에서 활동하던 독립 운동가들은 동지들을 규합하여 이상설을 정통령으로 이동휘를 부통령으로 선출하고 군대를 편성하였다.

ㄱ. (가) – 공화제를 지향하였다.
ㄴ. (가) – 애국계몽운동의 일환으로, 해외 독립군 기지건설을 주도하였다.
ㄷ. (나) – 연해주 지방의 독립 운동을 지도하였다.
ㄹ. (나) – 외교 중심의 독립 노선을 표방하였다.

① ㄱ, ㄴ ② ㄱ, ㄷ ③ ㄴ, ㄹ ④ ㄴ, ㄷ ⑤ ㄷ, ㄹ

정답 ◉ 03. ② 04. ②

05 다음의 선언문과 관계 깊은 단체가 전개한 민족 운동은?

> 우리 대한은 당당한 자주 독립국이며, 평화를 애호하는 세계의 으뜸 국민임을 재차 선언합니다. 지난 독립 만세 운동은 곧 우리의 전통적인 독립의 의지를 만방에 천명한 것이고, 국제 정세의 순리에 병진하는 자유, 정의, 진리의 함성이 있습니다. 그럼에도 불구하고 일본의 무력적인 억압으로 말미암아 우리의 자유와 평등을 주장한 자주 독립 운동은 가슴 아프게도 실패하였습니다. 우리의 독립을 위한 투쟁은 이제부터가 더욱 의미가 있고 중요합니다.

① 브나로드 운동을 전개하여 문맹 퇴치에 앞장섰다.
② 일제 말기에는 신사 참배를 거부하는 운동을 벌였다.
③ 만주에서 항일 운동 단체인 의민단을 조직, 무력 투쟁에 나섰다.
④ 어린이날을 제정하는 등 소년 운동을 전국적으로 확산시켰다.
⑤ 만주에서 단군 신앙을 기반으로 종교를 만들고 중광단을 조직하였다.

05
1922년 제시문은 천도교의 자주독립 선언문이다.
천도교는 '천도교소년회'를 조직하여 소년운동을 전개하였고 1922년 5월 1일을 '어린이의 날'로 제정하고, 1923년 3월 우리나라 최초의 순수 아동잡지 〈어린이〉를 창간하였으며 같은 해 5월 1일에 '어린이날' 기념식을 거행하고 '어린이날의 약속'이라는 전단 12만장을 배포하였다.

06 일제 강점기에 있었던 한글 보급 운동에 관한 포스터이다. 이와 관련된 사실로 옳은 것은?

① 민족 실력 양성 운동의 일환이었다.
② 문화 통치가 시작되는 1920년대 전반에 활발히 전개 되었다.
③ 조선 총독부는 광복이 될 때까지 허용하였다.
④ 동아일보는 "아는 것이 힘, 배워야 산다."는 표어를 내세우고, 문자 보급 운동을 전개하였다.
⑤ 조선일보는 "배우자! 가르키자! 다 함께"라는 표어로 내세우고 브나로드 운동을 전개 하였다.

06
일제의 우민화 정책으로 문맹자가 급증하자 실력 양성운동의 일환으로 추진되었다.
② 1920년대는 야학을 중심으로 문맹퇴치 운동이 전개되었고 1930년대 언론사를 중심으로 문맹퇴치 운동이 전개되었다.
③ 조선 총독부는 문맹 퇴치 운동이 농촌 계몽운동으로 연계되자 이를 탄압하였다.
④, ⑤ 동아일보는 브나로드 운동을 조선일보는 문자보급 운동을 전개하였다.

정답 ◎ 05.④ 06.①

Part 8 현대 사회의 발전

- **Chapter 01** 대한민국의 수립
- **Chapter 02** 민주주의의 시련과 발전
- **Chapter 03** 북한 사회의 변화와 통일 정책의 추진
- **Chapter 04** 경제의 발전과 사회·문화의 변화

대한민국의 수립

1 건국 준비 활동과 미·소 공동위원회

(1) 광복 직전의 건국 준비 활동

① 국외의 건국 준비 활동

㉠ 대한민국 임시정부
- 주도 세력 : 임시정부는 민족주의 계열의 독립 운동 단체들을 통합한 김구 중심의 한국독립당(1940년)이 주도하고 있었다.
- 활동 : 한국광복군을 창설하고 김원봉이 이끄는 민족 혁명당까지 참여시켜 부분적으로 민족주의와 사회주의가 결합되었다.
- 건국 강령 반포(1941년) : 토지와 중소기업을 제외한 대생산 기관의 국유화, 무상 의무 교육 실시 등 조소앙의 삼균주의를 채택하여 정치·경제·교육적 평등을 지향하였으며 보통 선거를 통한 민주 공화국 수립을 주장하였다.

㉡ 조선독립 동맹
- 주도세력 : 김두봉을 중심으로 하는 화북지방의 사회주의 계열의 인사들이 조직하였다.
- 활동 : 산하의 정규군으로 조선의용군을 창설하였다.
- 건국 강령 : 보통 선거에 의한 민주공화국 수립을 목표로 하였고 토지 분배 및 대기업의 국영화, 무상 의무 교육의 실시 등을 목표로 하였다.

② 국내의 건국 준비 활동

㉠ 조선 건국 동맹
- 주도세력 : 여운형을 위시한 사회주의 계열과 안재홍을 위시한 민족주의 계열이 모두 참여하여 비밀 결사 조직이었다.
- 활동 : 조선 건국 동맹은 광복 후 '조선 건국 준비위원회'를 결성하고 본격적인 건국 작업에 들어갔으며 '조선인민 공화국'을 선포한다.

대한민국 임시정부의 건국 강령

임시정부는 13년(1931) 4월에 대외 선언을 발표하고 삼균 제도의 건국 원칙을 천명하였으니, 이른바 보통 선거 제도를 실시하며 정권을 균(均)히 하고, 국유 제도를 채용하여 이권을 균히 하고, 공비교육으로써 학권을 균히 하며, 삼균 제도를 골자로 한 헌법을 실시하여 정치 경제 교육의 민주적 시설로 실제상 균형을 도모하며, 전국의 토지와 대생산 기관의 국유가 완성되고 전국의 학령 아동 전체가 고급 교육의 무상 교육이 완성되고 보통 선거 제도가 구속 없이 완전히 실시되어..

- 건국 목표 : 일제의 타도와 민족의 독립, 민주 국가 건설을 목표로 하였다.

(2) 8·15 광복과 국토의 분단

① 해방 전 한반도를 둘러싼 국제회의

㉠ 카이로 회담(1943년 11월)
- 참가국 : 미국(루스벨트), 영국(처칠), 중국(장제스)이 이집트의 카이로에서 가진 회담이다.
- 내용 : 3국 정상들은 '한국을 적당한 시기에 독립시킬 것을 결의'하였고 국제회의에서 한반도의 독립을 약속한 최초의 회의이다.

㉡ 얄타회담(1945년 2월)
- 참가국 : 미국(루스벨트), 영국(처칠), 소련(스탈린)이 소련 영토 얄타에서 회담을 열었다.
- 내용 : 미국은 일본군의 무장 해제를 이유로 38도선을 기준으로 미국과 소련이 각각 주둔할 것을 소련에 제안하였다.

㉢ 포츠담 선언(1945년 7월)
- 참가국 : 미국(트루먼), 영국(처칠), 소련(스탈린), 중국(장제스) 등이 독일의 포츠담에서 회의를 열었다.
- 내용 : 카이로 회담의 내용을 재확인 한 것으로 한반도의 독립이 재확인 되었다.

② 여운형과 엔도의 협상

㉠ 일본의 목적 : 한반도에 거주하는 일본인들의 보호와 안전한 철수를 위하여 한국의 사회질서의 안정을 필요로 하였다.

㉡ 내용 : 일본은 여운형과의 협상으로 치안권과 약간의 재정권을 인계하였고 여운형은 조선 총독에게 5개 조항의 요구하였다.

(3) 광복 이후의 국내 정세

① 미·소 군정의 실시

㉠ 남한
- 미군정 체제 : 남한에는 미군정이 시작되었고 아놀드 소장이 군정 장관으로 임명되었다.
- 미군정의 정책 : 미국은 국내외 정부로 존재하였던 대한민국 임시정부와, 인민 공화국 모두를 인정하지 않고 치안을 이유로 친일 관리와 경찰을 그대로 고용하여 일제시대 총독부 체제를 그대로 이용하였다.

카이로 회담

… 또한, 일본국은 폭력과 탐욕으로 약탈한 다른 일체의 지역으로부터 구축될 것이다. 앞의 3대국은 조선 인민의 노예 상태에 유의하여 적절한 절차를 거쳐 조선을 자주 독립시킬 결의를 한다. 이와 같은 목적으로 3대 동맹국은 일본국과 교전 중인 여러 나라와 협조하여 일본국의 무조건 항복을 촉진하는 데 필요한 중대하고도 장기적인 행동을 속행한다.

포츠담 선언

카이로 선언의 여러 조항은 이행되어야 하며, 또한 일본국의 주권은 혼슈·홋카이도·큐슈·시코쿠와 연합국이 결정하는 여러 작은 섬들에 국한될 것이다.

여운형의 요구한 5개 조항

1. 전국적으로 정치범·경제범을 즉시 석방할 것
2. 서울의 3개월 분 식량을 확보할 것
3. 치안 유지와 건국 운동을 위한 정치 운동에 대하여 절대로 간섭하지 말 것
4. 학생과 청년을 조직, 훈련하는 데 대하여 간섭하지 말 것
5. 노동자와 농민을 건국 사업에 동원하는 데 대하여 절대로 간섭하지 말 것

위의 5개항은 일본인의 무사 귀환을 보장하는 대가로 요구한 것임

ⓒ 북한
- 소련의 군정체제 : 북한에 진주한 소련군은 민족주의 계열 인사들을 숙청하고, 공산주의 정권을 수립하기 위한 토대를 마련하였다.
- 소련 군정의 정책 : 소련은 초기 인민위원회를 인정하여 행정권과 치안권 행사 권한을 넘겨주었다. 소 군정은 친일파를 배제하는 정책을 사용하였고 김일성의 집권을 지원하였다.

② 해방 후 남한 내 정치 조직
ⓐ 조선 건국 준비위원회(1945년 8월 15일)
- 성립 : 광복 후 결성된 최초의 정치단체로 여운형과 안재홍이 중심이 되어 이끌던 건국동맹이 총독부의 치안권 이양을 배경으로 해방 이후 발족하였다. 그러나 이후 안재홍을 비롯한 우익세력은 건준에서 이탈하고 좌익 중심 단체로 변하게 된다.
- 활동 : 치안권을 확보하고 있었으므로 전국에 건국치안대를 조직하고 전국에 145개의 건준 지부를 설치하는 등 해방 이후 최대의 국내 정치 조직으로 성장하였다.

ⓑ 조선 인민 공화국 선포(1945년 9월 6일)
- 배경 : 미군의 진주 이전 국가의 모습을 갖춰 미국과의 협상을 유리하게 이끌기 위한 목적으로 조선 인민 공화국을 선포하였다. 그러나 주둔한 미군은 임시정부와 함께 조선 인민 공화국을 정부로 인정하지 않았다.
- 조직 : 이승만을 주석, 여운형을 부주석으로 임명하였으나 실상은 박헌영을 중심으로 한 좌익계열이 세력을 장악하였고 이에 반발한 민족주의 계열은 조선 인민 공화국에서 이탈하였다.

ⓒ 한국 민주당
- 조직 : 조선 건국 준비위원회에 불참한 김성수와 송진우 등의 우파계열 인사들이 중심이 되어 조직하였다.
- 성격 : 대한민국 임시 정부를 지지(임정봉대론)하여 임시정부의 법통을 계승하려 하였고 미군정에 적극적으로 협조하였다.

ⓓ 독립 촉성 중앙 협의회
- 조직 : 미국에서 귀국한 이승만을 중심으로 정당 통일 운동의 일환으로 추진되어 좌·우익의 단체의 참여를 모색하였으나 좌익들의 불참으로 우익만이 잠정적으로 통합되었다.
- 분열 : 이승만의 단결론으로 인하여 친일파 등이 조직에 가담하자 이에 반발하는 세력이 이탈하여 영향력이 위축되었다.

조선건국준비위원회의 건국 강령

1. 우리는 완전한 독립 국가의 건설을 기함
2. 우리는 전 민족의 정치적·사회적 기본 요구를 실현할 수 있는 민주주의 정권의 수립을 기함
3. 우리는 일시적 과도기에 있어서 국내 질서를 자주적으로 유지하여 대중의 생활의 확보를 기함

Chapter 1 대한민국의 수립

ⓗ 민족 자주 연맹
- 조직 : 김규식을 위원장으로 한 중도 우파의 정치 조직이었다.
- 활동 : 좌 · 우 합작 운동에 참가하였으며 단독 정부 수립에 반대하여 남북제정당사회단체연석회의(1948년 4월)를 주도하기도 하였다.

(4) 신탁통치와 좌 · 우익의 갈등

① 모스크바 3국 외상 회의(1945년 12월)
  ㉠ 배경 : 미국과 소련의 군정이 실시되고 있는 가운데 한반도의 처리 문제를 놓고 모스크바에서 미국 · 영국 · 소련의 3개국 외상이 만나 회의가 진행되었다.
  ㉡ 내용
  - 미국 : 10년 기한의 신탁 통치안을 먼저 제시하였으나 소련의 반대로 최장 5년으로 합의하게 되었다.
  - 소련 : 임시정부의 수립을 내용으로 하는 수정안을 제시하였다.
  - 결과 : '한국 문제에 관한 4개항의 결의서'가 채택되었다.

② 신탁 통치 문제의 대두
  ㉠ 민족주의 계열 : 김구를 중심으로 한 임시정부 세력은 반탁 운동을 주도하였고 이승만과 우익 세력이 참여하였다.
  ㉡ 사회주의 계열 : 처음에는 반탁의 입장을 띠었으나 소련의 지시를 받고 모스크바 3국 외상 회의의 결정을 지지하는 찬탁운동으로 돌아서게 된다.

③ 미 · 소 공동위원회
  ㉠ 개최 : 모스크바 3상 회의의 결정에 따라 미국과 소련은 한반도의 문제를 처리하기 위하여 미 · 소 공동위원회를 두 차례에 걸쳐 서울과 평양을 오가며 열었다.
  ㉡ 제1차 미 · 소 공동위원회(1946년 3월)
  - 쟁점 : 소련은 모스크바 3국 외상 회의의 결정에 찬성하는 단체만을 미 · 소 공동위원회의 협의 대상으로 하자고 주장하였고 소련의 주장을 받아들일 경우 좌익계열의 단체만이 참가할 것을 염려한 미국은 표현의 자유를 들어 모든 정치 단체를 참여시킬 것을 주장하였다.
  - 결과 : 미국과 소련은 합의점에 도달하지 못하였고 무기한 휴회에 들어간 미 · 소 공동 위원회는 결렬되었다.

모스크바 3국 외상 회의 결의서

1. 한국을 독립 국가로 재건설하여 한국을 민주주의 원칙하에 발전시키기 위해 민주주의 임시정부를 수립한다.
2. 임시정부 구성을 원조할 목적으로, 남한 미합중국 점령군과 북한 소연방 점령군의 대표자들로 공동위원회를 설치한다.
3. 공동위원회의 제안은 최고 5년 기한의 4개국 신탁 통치를 협약하기 위하여 미 · 영 · 중 · 소의 사령부 대표로써 회의를 소집할 것이다.

ⓒ 제2차 미·소 공동 위원회(1947년 5월)
- 쟁점 : 미국은 협의 대상의 문제를 4개국 외상 회담에 맡기자고 제의하였으나 소련은 모스크바 3국 외상 회의에서 합의된 사상이 아니라는 이유를 들어 이를 거부하였고 2차 미·소 공동위원회도 결렬되었다.
- 결과 : 미국은 한반도 문제를 국제연합(UN)으로 이관하였고 국제연합에서는 남북한의 총선거를 결정하였다.

2 대한민국의 수립과 한국 전쟁

(1) 5·10 총선거와 대한민국의 수립

① 단독 정부 수립론의 등장
㉠ 배경 : 미·소 공동위원회가 결렬되고 한반도에서 통일 정부의 수립이 어려워지자 미국과 소련은 자신들의 점령지역에서 각기 독자적인 정부 수립에 대한 관심을 가지게 되었다.
㉡ 이승만의 정읍 발언(1946년 6월) : 제1차 미·소 공동원회가 결렬된 직후 정읍에서 연설을 통해 북한이 불가능하다면 남쪽에서만이라도 정부를 세워야 한다는 내용의 발언을 통하여 남쪽만의 단독 정부 수립을 주장하였다.

② 좌우 합작 운동
㉠ 배경 : 미군정청의 지원을 받으며 여운형, 김규식 등의 중도파들이 중심이 되어 좌우 합작 운동을 전개하였다.
㉡ 좌우 합작 위원회의 결성(1946년 7월) : 좌익과 우익세력은 각각 5명의 합작 위원을 선발하고 이들을 중심으로 좌우 합작 위원회를 결성하였다.
㉢ 좌우 합작 7원칙(1946년 10월) : 입법 기구의 구성, 토지 개혁 등의 문제에 대해 좌익과 우익의 입장을 반영하여 좌우 합작 7원칙을 발표하였다.
㉣ 결과 : 좌우 합작 위원회는 김구와 이승만, 조선 공산당 등이 참여하지 않은 상태에서 실질적인 영향력을 발휘하기 어려웠고 미군정의 지원 철회로 영향력이 약화되었다. 이후 좌우 합작 운동을 주도했던 여운형이 암살되고 좌우 합작 위원회는 해체(1947년 10월)되었다.

이승만의 정읍 발언

이제 우리는 무기 휴회된 미·소 공동 위원회가 재개될 기색도 보이지 않으며, 통일 정부를 고대하나 여의케 되지 않으니, 우리는 남방만이라도 임시 정부, 혹은 위원회 같은 것을 조직하여 38 이북에서 소련이 철퇴하도록 세계 공론에 호소하여야 될 것이니 여러분도 결심하여야 될 것이다. 그리고 민족 통일 기관 설치에 대하여 지금까지 노력하여 왔으니, 이번에는 우리 민족의 통일 기관을 귀경한 후 즉시 설치하게 되었으니, 각 지방에 있어서도 중앙의 지시에 순응하여 조직적으로 활동하여 주기 바란다.

좌우 합작 7원칙

1. 모스크바 3국 외상 회의 결정에 의해 좌우 합작으로 임시정부를 수립할 것.
2. 미·소 공동 위원회 속개를 요청하는 공동 성명 발표.
3. 토지 개혁에 있어 몰수·유(有)조건 몰수 등으로 농민에게 토지 무상 분여 및 중요 산업 국유화.
4. 친일파, 민족 반역자 처리 문제는 장차 구성될 입법 기구에서 처리할 것.
5. 남북 좌우의 테러적 행동을 일체 제지하도록 노력할 것.
6. 입법 기구의 구성 방법 및 운영 등은 본 합작 위원회에서 작성, 적극 실행할 것.
7. 전국적으로 언론, 집회, 결사, 출판 등의 자유를 절대 보장할 것.

Chapter 1 대한민국의 수립

③ 한국 문제의 유엔 상정
  ㉠ 배경 : 미국은 모스크바 회의의 내용을 파기하고 국제연합에 한국 문제를 상정하였다.
  ㉡ 제2차 유엔 총회의 결의
    • 선거를 통한 정부 수립 : 유엔은 선거를 통한 정부를 수립할 것을 결정하고 이를 위하여 유엔 한국 임시 위원단을 파견한 뒤, 유엔의 감시하에 인구 비례에 따른 총선거를 실시하여 통일된 독립 정부를 한반도에 수립하도록 결정하였다.
    • 소련의 반대 : 소련과 북한은 유엔의 결정에 반대하였으며 유엔 한국 임시 위원단의 북한 입국을 거부하였다.
    • 유엔 소총회의 결정 : 북한 지역에서 유엔 한국 임시 위원단의 입국을 거부하자 유엔은 소총회를 열어 가능한 지역에서만이라도 선거를 하자는 결정을 내렸다.

④ 통일 국가 수립 노력
  ㉠ 배경 : 일부 우익 인사들의 단독 정부론과 유엔 소총회의 결정으로 남한만의 선거를 통한 정부수립이 현실화되자 중립적 민족주의자들은 통일 정부 수립을 위한 노력을 전개하였다.
  ㉡ 민족자주연맹(1947년 12월)
    • 결성 : 김규식을 중심으로 한 중도 우파 성향의 인물들이 모여 결성한 단체로 단독정부 수립의 반대와 통일 국가 수립을 표방하였다.
    • 김구의 호응 : 김구는 한반도에서 미·소 양국의 철수, 남북 지도자들의 회담으로 총선에 의한 통일 정부 수립방안을 제시하면서 통일 정부 수립 노력에 힘을 기울였다.
    • 결과 : 민족자주연맹은 김구, 김규식과 북쪽 지도자들간의 회담 개최를 제의하였고 김구는 "삼천만 동포에게 읍고 함"이라는 글 발표하여 통일 정부 수립의 의지를 천명하였다.
  ㉢ 남북조선 제(諸)정당·사회단체 대표자 연석회의(남북협상, 남북 지도자 회의, 1948년 4월 19일 ~ 4월 30일)
    • 배경 : 김구(한국독립당)와 김규식(민족자주연맹)이 제안하였으며 북측도 남북 정당 사회단체 대표자 연석회의를 제의하였다.
    • 경과 : 김구·김규식·김일성·김두봉을 중심으로 하는 회담이 개최되었고 공동성명으로 발표하여 남한만의 단독 정부 수립에 반대하고 5·10 총선거에 불참하기로 결의하였다.

삼천만 동포에게 읍고 함(1948년 2월)

한국이 있어야 한국 사람이 있고, 한국 사람이 있고야 민주주의도 공산주의도 또 무슨 단체도 있을 수 있는 것이다. 그러면 우리의 자주 독립적 통일 정부를 수립하려 하는 이때에 있어서 어찌 개인이나 자기 집단의 사리사욕에 탐하여 국가 민족의 백년대계를 그르칠 자가 있으랴? … 마음 속의 38도선이 무너지고야 땅 위의 38도선도 철폐될 수 있다. … 현실에 있어서 나의 유일한 염원은 3천만 동포와 손을 잡고 통일된 조국의 달성을 위하여 공동 분투하는 것뿐이다. 이 육신을 조국이 수요(需要)로 한다면 당장에라도 제단에 바치겠다. 나는 통일된 조국을 건설하려다 38도선을 베고 쓰러질지언정 일신에 구차한 안일을 취하여 단독 정부를 세우는 데는 협력하지 아니하겠다.

▣ 방북하는 김구

- 결과 : 김구와 김규식은 5·10 총선거에 불참하였으며 선거 후 북한의 2차 협상 제의가 있었으나 김구가 이를 거절하였고 통일 정부에 대한 남북한의 시각차로 별다른 성과 없이 종료되었다.

ⓔ 제주도 4·3 사건(1948년)
- 배경 : 1947년 3·1 운동 기념집회에서 제주도의 좌익세력과 미군의 충돌이 있었으며 이 과정에서 미군의 발포로 6명이 사망하는 사건이 발생하였고 이로 인하여 좌익과 미 군정과의 갈등이 심화되었다.
- 전개 : 제주도에 대한 탄압이 심해지자 좌익 세력은 남한 단독 선거 반대, 미군 철수 등의 구호를 내세우고 봉기하였고 미군정은 이를 무차별 진압을 하였다.
- 결과 : 군경과 극우 청년 단체로 구성된 토벌대는 진압 과정에서 많은 무고한 양민까지 희생당하였다. 이 사건의 결과 제주도의 2개 선거구에서는 5·10 총선거가 치러지지 못하였다.

⑤ 대한민국의 수립
ⓐ 5·10 총선거(1948년 5월 10일)
- 실시 : 김구의 한국독립당, 김규식의 민족 자주 연맹 등은 선거에 불참한 채 남한만의 총선거가 실시되었다.
- 결과 : 총 300석의 의석 중 북한 측 의석 100석을 제외하고 무소속 85석, 이승만 계열의 대한 독립 촉성 국민회가 55석, 한국 민주당이 29석 등 이승만 계열이 대거 당선되었다.

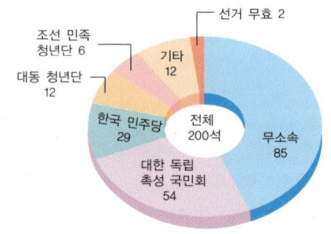

〈선거 결과 정당별 의석 분포〉

> **5·10 총선거 과정 및 결과**
> - 21세 이상 모든 국민에게 투표권 부여
> - 평등, 직접, 비밀, 자유의 원칙에 따른 민주주의 선거
> - 국회의원 임기 2년

ⓑ 제헌 국회
- 개원 : 1948년 5월 31일 임기 2년의 제헌 국회가 개원하였다.
- 헌법 제정 : 1948년 7월 7일 헌법을 공표하고 3·1 운동의 정신과 대한민국 임시 정부의 법통을 계승한 민주 공화정 국가인 대한민국을 수립하였음을 밝혔다. 헌법은 대통령 중심제를 채택하고 대통령의 선출 방법은 국회에서의 간접 선거를 통하여 선출하는 간선제를 채택하였다.

© 정부 수립(1948년 8월 15일)
- 대통령 선출 : 헌법에 따라 국회에서 선거를 통하여 대통령에 이승만, 부통령에 이시영이 선출되었다.
- 유엔 총회 승인 : 제3차 유엔 총회에서는 대한민국이 한반도의 유일한 합법 정부로 승인하였다.

⑥ 건국 초기의 국내 상황
㉠ 여수·순천 10·19사건(1948년)
- 배경 : 제주도의 4·3 사건을 진압하기 위하여 여수에 주둔하고 있던 국군 14연대에 출동 명령이 내려졌으나 군부대내의 좌익 세력은 이를 거부하고 반란을 일으켜 여수와 순천 일대를 장악하였다.
- 전개 : 반란군은 전라남도 동부 지역을 장악하고 있었고 이승만 정부는 계엄령을 선포하고 이를 토벌하였다.
- 결과 : 진압과정에서 많은 인명의 희생이 발생하였고 국가보안법을 제정하는 계기가 되었다.

㉡ 반민족 행위 처벌법
- 배경 : 해방 이후 친일파 청산에 대한 국민적 요구가 커져가자 1948년 9월 22일 반민족 행위 처벌법을 제정·공포하였다.
- 구성 : 국회의원 10명으로 반민족 행위 특별 조사 위원회를 설치하여 친일 혐의의 인사들을 조사하였다.
- 활동 : 주요 친일파에 선정, 조사, 체포 활동을 전개하였다. 그러나 이승만 정부의 소극적 자세와 친일파들의 방해로 소기의 성과를 거두지 못한 채 활동을 종료하게 된다.
- 해체(1948년 8월) : 국회 프락치 사건으로 소장파 의원이 구속되자 정부와 의회와의 갈등은 커졌고 1949년 6월 6일 경찰은 반민특위 사무실을 습격하여 조사위원회를 무장 해체 시켰다.
- 결과 : 총 680여 건을 조사하였으나 실형을 선고한 사람은 12명에 불과하였고 그 중 대부분은 한국전쟁 이전에 석방되었다. 결국 반민특위의 해체로 우리 민족은 친일파 청산의 기회를 잃어 버렸다.

㉢ 농지개혁법(1949년 6월)
- 배경 : 토지제도의 개혁에 대한 국민적 열의가 매우 큰 상태였으며 북한이 먼저 토지 개혁법을 시행함으로써 여론의 압력을 더 이상 외면하기 힘들어졌다.

- 내용 : 1949년 6월 국회에서 농지개혁법이 제정되었고 1950년 3월 시행령이 공포되어 농지 개혁이 추진되었다. 남한의 농지 개혁은 3정보 이상의 농지를 가진 부재지주(不在地主)의 농지를 유상 매입하여 농민에게 유상 분배하는 것을 원칙으로 하였다.
- 한계 : 농지개혁법의 시행에 관한 정보를 들은 지주들은 자신들의 토지를 타인의 명의로 돌리거나 팔았고 한국전쟁으로 인하여 개혁이 제대로 추진되지 못하였다. 그러나 농지 개혁의 시행으로 자영농이 증가하고 남한의 공산화를 막는데 어느 정도 효과를 거두었다.

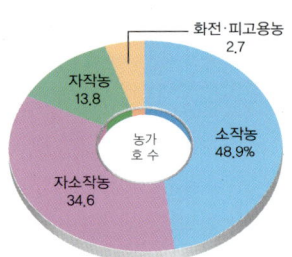

농민의 계층별 구성(1945년 말 현재)

('조선 경제 연보(1948)', 조선 은행 조사부)

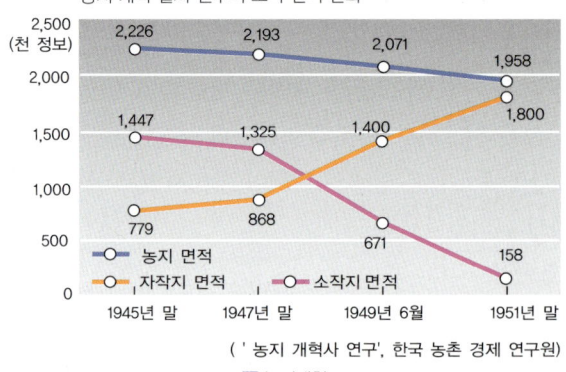

농지 개혁 실시 전후의 소작 면적 변화

('농지 개혁사 연구', 한국 농촌 경제 연구원)

🔸 농지개혁

(2) 북한 정권의 수립과 한국 전쟁

① 북한 정권의 수립

㉠ 평남 건국 준비위원회 결성(1945년 8월)
  - 결성 : 건국 준비 위원회의 지부로 조만식을 중심으로 한 민족주의 인사들이 결성하였다.
  - 해체 : 소련 군정에 의해 해체되었고 이후 조선민주당을 결성한 조만식은 공산당에 의해 감금되었다.

㉡ 소련 군정의 실시 : 소련군과 함께 북한에 들어온 김일성은 북조선 5도 임시 인민위원회를 설치(1945년 8월)하였고 이후 조선 공산당 북조선 분국(1946년 10월), 북조선 5도 행정국(1945년 10월)으로 개편하였다.

㉢ 북조선 임시 인민 위원회의 설치(1946년 2월)
  - 성립 : 중앙 행정 기관으로 설치되었으며 김일성, 부위원장에 김원봉이 위원장에 선임되었다.

Chapter 1 대한민국의 수립

- 임시 인민위원회의 정책 : 친일파를 숙청하였으며 무상몰수·무상분배의 원칙으로 토지개혁법을 시행하였다. 또한 주요 산업을 국유화하는 산업 국유화법, 남녀 평등법 등을 시행하여 공산주의 체제를 완성시켜 나갔다.
  ㉣ 북한의 토지 개혁(1946년 3월)
  - 방식 : 무상몰수, 무상분배의 원칙으로 일본인, 친일파, 5정보 이상의 토지를 소유한 지주들의 땅을 대상으로 하였다. 이렇게 몰수한 땅은 노동력의 차이에 따라 무상으로 분배되었다.
  - 결과 : 지주들은 엄청난 타격을 입었으나 가난한 농민들은 자신들의 토지를 소유하게 됨으로써 전체적인 농민들의 생활수준의 향상을 가져왔다.
  ㉤ 북한 정부의 수립(1948년 9월 9일) : 북조선 인민 위원회를 조선민주주의 인민 공화국으로 바꾸어 정부 수립을 선포하고 김일성을 내각 수상, 박헌영을 부수상으로 선임하였다.
② 한국전쟁(6·25 전쟁)의 발발과 전개
  ㉠ 배경
  - 중국의 공산화 : 중국의 국·공 내전에서 공산당이 승리하였고 이로 인하여 한반도 공산화에 대한 자신감이 상승하였다.
  - 미군의 철수(1949년 6월) : 미국은 군사 고문단 500명만 남기고 한반도에서 철수하였다.
  - 애치슨 라인 발표(1950년 1월) : 미국의 국무장관 애치슨은 미국의 극동 방위선에서 한국을 제외시킴으로써 북한의 오판을 불러 일으켰다.
  ㉡ 전개
  - 북한군의 무력 남침(1950년 6월 25일) : 김일성은 소련의 지원 약속아래 1950년 6월 25일 새벽 3·8선 전역에서 남침을 감행하였다.
  - 서울 함락 : 우수한 장비를 앞세우고 침입한 북한군은 개전 3일 만에 서울을 함락하였고 우리 정부는 부산을 임시 수도로 정하고 낙동강 전선까지 후퇴하였다.
  - 유엔군의 참전 : 유엔은 안전 보장 이사회를 열어 북한의 남침을 불법적인 침략 행위로 규정하고 유엔군을 한국전쟁에 참전시키기로 결정하였다.

애치슨 선언

미국의 극동 방위선은 알류샨 열도, 일본 본토를 거쳐 류큐(오키나와 섬)로 이어진다. … 방위선은 류큐(오키나와 섬)에서 필리핀으로 연결된다. … 이 방위선 밖에 위치한 나라의 안보에 대해서는 군사적 공격에 대하여 아무도 보장할 수 없다. 만약 공격이 있을 때에는 … 제1차 조치는 공격을 받은 국민이 이에 저항하는 것이다.

Part 8 현대 사회의 발전 367

- 인천 상륙 작전(1950년 9월 15일) : 반격을 개시한 유엔군과 국군은 인천 상륙 작전으로 전쟁의 판세를 뒤집고 9월 28일 서울을 수복하고 북진을 계속하여 10월 19일 평양을 탈환하고 압록 강변까지 도달하였다.
- 중국군의 참전(1950년 11월) : 통일을 목전에 두고 있던 순간 중국군이 참전하였고 국군과 유엔군은 후퇴하여 다시 서울을 빼앗기게 되었다.(1951년 1월 4일)
- 전쟁의 교착 : 국군과 유엔군은 서울을 다시 수복하였으나 38선 부근에서 전쟁은 교착상태에 빠지게 되었다.

ⓒ 휴전 협정의 체결과 전후 복구
- 휴전 협정 제의 : 전쟁이 교착 상태에 빠져 일진일퇴가 지속되던 중 소련의 유엔 대사는 휴전 협정을 제의(1951년 6월)하였다.
- 반대 운동 : 휴전은 민족 분단의 고착화라는 인식하에 휴전 반대 운동이 범국민적으로 벌어졌다.
- 반공 포로의 석방 : 포로 송환의 문제를 놓고 유엔과 북한의 합의에 이르지 못한 상태에서 이승만 대통령은 한미 상호 방위 조약 체결 전에는 휴전은 불가를 내세우고 휴전반대, 북진통일을 주장하며 거제도에 있던 포로수용소의 반공 포로들을 석방하였다.

ⓔ 휴전 협정의 체결(1953년 7월 27일) : 연합군 총사령관인 클라크와 북한군 최고사령관인 김일성, 중국측의 맹덕회가 휴전 협정에 조인하였다.

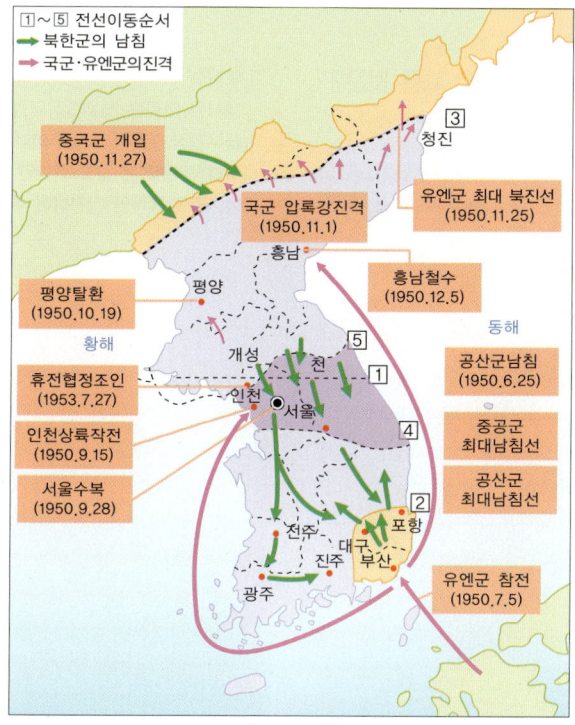

▲ 6·25 전쟁

③ 한국 전쟁의 결과
  ㉠ 인적·물적 피해 : 150만 명 이상의 많은 사상자를 내었고 남한은 생한 시설의 42%가 파괴되어 국토는 초토화 되었다.
  ㉡ 남북한의 독재 강화 : 남한의 이승만과 북한의 김일성은 한국전쟁을 자신들의 독재 정치를 강화하는 데 이용하였다.
  ㉢ 서구문화의 무분별한 침투 : 전쟁을 치루면서 서구문화가 무분별하게 수용되었다.

대표 기출 문제

01 다음 원칙을 발표한 기구에 소속된 인물을 〈보기〉에서 고른 것은? (1점)

12회 42번

> 1. 조선의 민주 독립을 보상한 3상 회의의 결정에 의하여 남북을 통한 좌우 합작으로 민주주의 임시 정부를 수립할 것
> 2. 미·소 공동 위원회 속개를 요청하는 공동 서영을 발할 것
> 3. 토지 개혁에 있어서 몰수, 유조건 몰수, 체감 매상 등으로 농민에게 분여하며, …… 민주주의 건국 과업 완수에 매진할 것

〈보기〉
ㄱ. 김규식   ㄴ. 송진우   ㄷ. 여운형   ㄹ. 이승만

① ㄱ, ㄴ
② ㄱ, ㄷ
③ ㄴ, ㄷ
④ ㄴ, ㄹ
⑤ ㄷ, ㄹ

● 해설
제시된 자료는 좌우합작위원회의 좌우합작 7원칙의 일부이다. 좌우합작위원회는 중도 좌파인 여운형, 중도 우파인 김규식이 주도하였다.

● 정답 : ②

02 다음 선거 직후의 상황으로 옳은 것은? (1점)

14회 46번

- 우리나라 역사상 최초로 실시된 보통 선거
- 21세 이상 모든 국민에게 투표권 부여
- 평등, 직접, 비밀, 자유의 원칙에 따른 민주주의 선거
- 임기 2년의 제헌 의원 선출

① 대한민국 정부가 수립되었다.
② 좌우 합작 7원칙이 발표되었다.
③ 미·소 공동 위원회가 개최되었다.
④ 조선 건국 준비 위원회가 결성되었다.
⑤ 모스크바 3급 이상 회의가 개최되었다.

● 해설
1948년 5·10 총선거가 실시되었고 이 선거에서 구성된 제헌의회는 헌법을 제정하고 이 헌법에 따라 이승만을 초대 대통령으로 선출하였다.

● 정답 : ①

포인트 출제적중문제

01 다음 사실들을 통해서 알 수 있는 광복 직전의 건국 준비 활동의 성격에 대해 가장 타당한 것은?

> (가) 대한민국 임시 정부는 민족주의 계열의 독립 운동 단체들을 한국 독립당으로 통합하여 그 지지 기반을 강화한 후 대한 민국 건국 강령을 제정 공포하였다. 이 건국 강령은 보통 선거를 통한 민주 공화국의 수립이었다.
> (나) 중국의 화북 지방에서는 사회주의 계열의 독립 운동가들이 조선 독립 동맹을 결성하고 민주 공화국의 수립을 강령으로 내세웠다.
> (다) 국내에서도 일제의 가혹한 탄압 속에서 일부 지도자들이 조선 건국 동맹을 조직하고 일제의 타도와 민주주의 국가의 건설을 추구하였다.

① 위의 예들은 건국 준비 활동 과정에서 합리적인 의사 결정의 여지가 없었음을 보여 주고 있다.
② 남북 분단의 원인은 좌우 이념의 대립 때문이었다.
③ 국내외에서 독립 운동을 추진하던 민족 지도자들은 민주 공화국을 수립하는 데 뜻을 같이하였다.
④ 국내에서는 해방을 맞이하기 위한 준비가 전혀 이루어지지 않았다.
⑤ 해방 후 한반도에 영향력을 행사하려는 일본의 의도가 반영되어 있다.

02 다음 법률에 대한 설명으로 옳지 않은 것은?

> 제1조 일본 정부와 통모하여 한·일 합병에 적극 협력한 자, 한국의 주권을 침해하는 조약이나 문서에 조인한 자와 모의한 자는 사형 또는 무기 징역에 처하고 그 재산과 유산의 전부 혹은 2분의 1 이상을 몰수한다.
> 제2조 일본 정부로부터 작위를 받은 자 또는 일본 제국 의회의 의원이 되었던 자는 무기 또는 5년 이상의 징역에 처하고 그 재산과 유산의 전부 혹은 2분의 1 이상을 몰수 한다.

① 미군정하에서는 친일파에 대한 처벌이 이루어지지 않았다.
② 이 법은 대한민국 정부 수립 직후 제정되어 시행에 들어갔다.
③ 이승만 정부는 정권 유지를 위해 이 법의 시행을 방해하였다.
④ 반민족 행위 특별 조사 위원회는 대다수 국민의 지지를 받았다.
⑤ 친일파 처벌은 실패하였으나 친일파들은 정계의 주도권을 잃게 되었다.

정답 및 해설

01
지문은 각 단체들의 건국강령을 설명하고 있다.
(가) 대한민국 임시정부는 조소앙의 삼균주의를 채택하고 보통선거를 통한 민주 공화국의 수립을 목표로 내세웠다.
(나) 김두봉의 조선 독립동맹에 대한 설명으로 조선 독립동맹은 무상 의무 교육의 실시, 주요 기업의 국영화, 보통선거에 의한 민주 국가 수립을 목표로 내세웠다.
(다) 국내에서 여운형을 중심으로 만들어졌던 건국동맹에 대한 설명이다.
제시된 자료를 통해 민족주의, 사회주의 계열 그리고 국내외를 막론하고 민주 공화국 수립이라는 목표에 합의하고 있음을 알 수 있다.

02
해방이후 친일파에 대한 처단 요구가 거세게 일었으나 미군정은 친일파를 비호하여 재등용하였다. 이후 대한민국 수립 이후 반민족행위처벌법이 제정되어 반민특위가 활동을 하였으나 이승만 정부의 비협조로 친일파에 대한 청산이 이루어지지 못하였다.

정답 ◉ 01.③ 02.⑤

정답 및 해설

03
(가)는 김구, (나)는 이승만에 관한 설명이다.
③ 이승만은 국제 연맹에 위임 통치안을 제출한다.
④ 대조선 국민 군단을 창설한 사람은 박용만이다.

04
제시문 (가)는 유엔 총회의 한반도 결의 사항, (나)는 남북 협상의 합의 사항이다.

---

03 (가), (나)와 관련된 인물에 대한 설명으로 옳은 것은?

> (가) 아! 왜적이 항복! 이 소식은 내게 희소식이라기보다는 하늘이 무너지고 땅이 꺼지는 일이었다. 수년 동안 애를 써서 참전을 준비한 것도 모두 허사로 돌아가고 말았다.
> (나) 우리는 남방만이라도 임시 정부 혹은 위원회 같은 것을 조직하여 38선 이북에서 소련이 철퇴하도록 세계 공론에 호소하여야 될 것이니 여러분도 결심하여야 될 것입니다.

① (가) – 신민회에 참여했으며 안악사건으로 체포되었다.
② (가) – 임시정부 초대 대통령을 역임하였다.
③ (나) – 국제 연합에 위임 통치안을 제출하였고 국민대표회의 소집의 한 원인이 된다.
④ (나) – 미국 하와이에서 대조선 국민 군단을 창설하였다.
⑤ (가)와 (나) 인물 모두 1940년대 자치론을 주장하기도 하였다.

04 다음 중 (가), (나) 발표문에 대한 설명으로 옳은 것은?

> (가) 1. 한국 국민 중에서 대표를 선출하여 정부 수립에 참여시키기 위해 임시 위원단을 설치한다.
> 2. 각 투표 지구 또는 지대로부터의 대표자 수는 인구에 비례하여야 하며 선거는 임시 위원단 감시하여 시행되어야 한다.
> (나) 1. 외국 군대의 즉시 철수
> 2. 내전일 발생할 수 없다는 점 확인
> 3. 전 조선 정치 회의 소집을 통한 임시 정부 수립과 전국 총선에 의한 통일 국가 수립
> 4. 남조선 단독 선거 절대 반대

① (가) – 미·소 공동 위원회의 결정 사항이다.
② (가) – 카이로 회담에서 재확인된 사항이다.
③ (나) – UN 소총회에서 결정된 사항이다.
④ (나) – 남북 협상에서 합의된 사항이다.
⑤ (가) – 제 1공화국에서 발표된 선언문이다.

정답 ◎ 03.③ 04.④

05 다음 밑줄 친 내용 중 역사적 사실로 옳은 것은?

> 일제 강점기 지주제가 강화되면서 광복 당시 전체 경작 면적의 60% 이상이 소작지였다. 이승만 정부는 ① 보리와 쌀의 수집과 배급을 통제하는 미곡 수집제를 실시하였다. ② 북한이 무상으로 토지를 몰수하여 유상으로 분배하는 토지 개혁을 실시하자 남한도 농지 개혁법을 수립하고 ③ 한 가구당 5정보를 소유 상한으로 유상매입 유상분배 방식의 농지 개혁을 단행하였다. 그러나 법의 시행 이전 ④ 지주가 미리 땅을 팔아치운 경우도 있어 농지 개혁 대상 토지가 축소되는 경우도 있었다. 이러한 이유로 ⑤ 남한의 농지개혁은 농민들의 사회주의 확산을 막지 못하였다.

05
① 미곡 수집제는 미군정이 실시한 정책이다.
② 북한의 토지 개혁은 무상 몰수, 무상 분배의 방식으로 진행되었다.
③ 남한의 농지 개혁은 3정보를 소유 상한으로 정하였다.
⑤ 남한의 농지 개혁은 자영농을 육성시켜 사회주의 사상을 막는데 기여하였다.

06 ㉠에 해당하는 사건과 관련된 옳은 설명을 고르면?

> (㉠)(으)로 남한은 생산 시설의 42%가 파괴되고 남한 곳곳에 61만여 명의 전쟁 고아들이 거리에서 굶주림과 추위에 떨었다. 북한은 주요 산업 시설의 대부분이 잿더미가 되었다. 이렇듯 막대한 인적·물적 피해뿐만 아니라 동족상잔에 의한 정신적인 상처는 우리 민족에게 슬픔을 안겨 주었다.

① 전통 문화가 복구되고 촌락간의 공동체 의식이 강화되었다.
② 이승만 정부는 반공 체제를 강화하면서 독재 정권을 유지하였다.
③ 이 전쟁 이후 미국의 국무장관 애치슨은 한반도를 미국의 방위라인에 포함시켰다.
④ 이승만 정부는 휴전 회담 과정에서 인도주의 원칙에 따라 반공 포로를 즉각 석방하였다.
⑤ 이 사건의 결과 우리나라에는 장면을 수반으로 하는 제 2공화국이 출범하였다.

06
㉠은 6·25 전쟁이다. 전쟁 이후 이승만 정부는 반공을 구실로 독재 정권을 강화하였다.

정답 ◎ 05.④ 06.②

민주주의의 시련과 발전

1 제1공화국과 4·19혁명

(1) 제1공화국

① 이승만 정부의 정책
  ㉠ 반공 위주 정책 : 전쟁 이후 이승만 정권은 반공을 통치 이념으로 내세우고 반공 정책을 자신의 정치적 반대 세력을 탄압하고 독재를 강화하는 수단으로 사용하였다.
  ㉡ 국민의 자유 제약 : 반공을 명분으로 국민의 자유를 제한하였으며 국회의 정상적인 정치활동까지 제한하였다.

② 이승만 정권의 장기 집권 시도
  ㉠ 발췌개헌(1952년 7월) : 대통령 선출 방식을 간선제에서 직선제로 개헌
    • 배경 : 제2대 총선에서 이승만의 지지 세력은 제헌 의회 선거에 출마하지 않았던 남북 협상파 후보들에게 대거 낙선하게 된다.
    • 대통령 직선제 개헌안 제출(1951년 11월) : 야당이 장악한 의회에서 간선제 선출 방식으로는 재선에 힘들다고 판단한 이승만은 1951년 11월 직선제 개헌안을 제출하고 정치 기반 마련을 위해 같은 해 12월 여당인 자유당을 조직하였다. 그러나 1952년 1월 정부가 제출한 직선제 개헌안은 부결 되었다.
    • 야당의 개헌안 제출(1952년 4월) : 야당은 내각제 개헌을 골자로 하는 개혁안을 제출하였고 지방자치법에 의한 최초의 지방의회가 구성되었다.
    • 발췌개헌(1952년 7월 7일) : 이승만 정권은 대통령 간선제를 직선제로 바꾸고 단원제 국회를 양원제로 변경하는 내용을 골자로 하는 발췌개헌이 통과되었다.
  ㉡ 사사오입 개헌(1954년 11월)
    • 내용 : 이승만 정부는 장기 집권을 위해 초대 대통령에 한하여 중임제한을 적용하지 않는다는 내용의 헌법 개정안을 국회에 제출하였다.

- 경과 : 개헌안이 표결에 붙여진 결과 부결되었으나 국회에서는 이틀 후 인간은 정수이므로 소수점으로 표현할 수 없다는 논리의 사사오입을 내세워 개헌안이 통과되었음을 선언한다.

> **사사오입 개헌**
> 1954년 이승만은 자유당 의원들을 내세워 자신의 종신적 집권을 가능하게 할 헌법 개정안을 국회에 상정하였다. 당시 국회 재적의원 203명 중 찬성 135표를 얻어 2/3의 정족수인 135.3333에 미달하여 부결되었는데, 이틀 후 사사오입을 논리를 내세워 부결 선언을 번복, 헌법 개정을 공포하였다.

ⓒ 이승만의 3선(1956년 5월) : 제3대 대통령 선거에서 자유당의 이승만은 3선에 성공하였고 부통령은 야당인 민주당의 장면이 당선되었다.

> **3대 대통령 선거**
> 1956년 열린 제3대 대통령 선거에는 여당인 자유당의 이승만, 야당인 민주당의 신익희, 진보당의 조봉암이 대통령 후보로 출마하였다. 그러나 신익희 후보가 유세 중 사망하는 사건이 발생하였고 선거 결과 대통령에 자유당의 이승만, 부통령에 민주당의 장면이 당선됐다. 또한 진보당의 조봉암은 유효 득표의 약 30%인 216만 표를 획득하는 등 약진이 두드러졌다.
>
> **대통령 후보들의 선거 구호**
> 이승만 : 갈아봤자 별 수 없다. 구관이 명관이다.
> 신익희 : 못살겠다. 갈아보자
> 조봉암 : 이것저것 다 보았다. 혁신밖에 살길 없다.

ⓓ 진보당 사건(1958년 2월)
- 배경 : 대통령 선거에서 야당인 민주당과 조봉암의 약진이 두드러졌고 1958년 제4대 국회의원 선거에서 민주당이 자유당의 개헌선을 저지하자 이승만 정권은 위기의식을 느꼈다.
- 경과 : 이승만 정권은 진보당의 당수였던 조봉암 등을 간첩 혐의로 사형에 처하였고 진보당의 등록을 말소하였다.

ⓔ 자유당 독재의 강화
- 보안법 파동(1958년 12월) : 여당인 자유당은 국가 보안법을 개정하고 여당 의원만으로 법을 통과시켰다.
- 언론 탄압(1959년 4월) : 야당 성향이 강한 경향신문을 폐간하였고 지방자치단체장의 직선제 선출을 폐지하였다.

(2) 4·19 혁명과 장면 내각

① 4·19 혁명

◘ 4·19 혁명

4·19 혁명 선언문

… 우리의 지성은 암담한 이 거리의 현상이 민주와 자유를 위장한 전체주의의 표독한 전횡에 기인한 것을 단정한다. 무릇 모든 민주주의 정치사는 자유와 투쟁 사이다. 그것은 또한 여하한 형태의 전제도 민중 앞에 군림하는 '종이로 만든 호랑이'같이 어설픈 것임을 교시한다. … 민주주의와 민중의 공복이며 중립적 권력체인 관료와 경찰은 민주를 위장한 가부장적 전제 권력의 하수인으로 발벗었다. 민주주의 이념의 최저의 공리인 선거권마저 권력의 마수 앞에 농단되었다. … 나가자! 자유의 비결은 용기일 뿐이다. 우리의 대열은 이성과 양심과 평화, 그리고 자유에의 열렬한 사랑의 대열이다. 모든 법은 우리를 보장한다.

「서울대학교 문리대 학생회」

㉠ 배경
- 야당에 대한 지지 확산 : 1960년 정·부통령 선거에서 야당인 민주당의 국민적 지지가 확산되었다.
- 이승만 정권의 실정 : 이승만 정권의 부정부패에 국민들은 크게 실망하고 있었고 자유당 소속의 이기붕 후보를 부통령에 당선시키기 위해 3·15 부정 선거를 자행하였다.

㉡ 경과
- 1차 마산시위(1960년 3월 15일) : 민주당의 선거 무효 선언과 함께 부정 선거에 항의하는 시위가 마산에서 벌어졌다.
- 2차 마산시위(1960년 4월 11일) : 당시 고등학생이었던 김주열 시체가 마산 앞바다에 떠오르고 이를 계기로 2차 마산시위가 벌어졌다.
- 고려대 학생 습격사건(1960년 4월 18일) : 고려대 학생들이 시위를 마치고 학교로 돌아가던 중 정치 폭력배들에 의해 습격당하는 사건이 벌어졌고 이에 국민들의 분노는 극에 달하게 되었다.
- 4·19 혁명 : 경무대를 향한 대규모 도심 시위가 벌어졌고 경찰이 무차별 총격을 가해 시민들이 사망하였다.
- 시국 선언(4월 25일) : 대학 교수단은 시국 선언을 발표하고 시위에 동참하였다.
- 이승만의 하야 : 이승만 대통령은 하야 성명을 발표하고 사퇴하였고 허정의 과도 정부가 수립 되었다. 이후 이승만 대통령은 망명을 선택하고 내각 책임제를 주요 내용으로 하는 3차 개정 헌법이 국회를 통과한다.

㉢ 의의 : 4·19 혁명은 독재를 무너뜨린 민주 혁명으로 민주화와 통일 운동 활성화에 기여하였다.

② 장면 내각(제2공화국, 1960년 ~ 1961년)

㉠ 성립
- 3차 개헌 : 허정의 과도 정부는 내각 책임제와 민의원, 참의원의 양원제를 골자로 하는 3차 개헌을 통과시켰다.
- 총선거의 실시: 새로운 헌법에 따라 1960년 총선거를 실시하였고 이 선거에서 민주당이 압승을 거둬 여당으로 등장하게 된다.

Chapter 2 민주주의의 시련과 발전

- 장면 내각의 성립 : 의회에서 간선제로 윤보선을 대통령으로 선출하였고 윤보선에 의해 장면이 국무총리로 지명되고 민의원에서 이를 인준함으로써 장면 내각이 성립되었다.

ⓒ 장면 내각의 혼란
- 정치적 갈등 : 민주당의 신·구파 간 정쟁으로 정치적 혼란이 지속되었다.
- 시위의 지속 : 이승만 정권의 독재 정권에서 억눌려 있던 언론 활동의 보장, 노동조합 운동, 통일 운동 등 민주주의 요구가 분출되기 시작하고 정부는 반공법과 데모 규제법을 만들었다.

ⓒ 장면 내각의 정책
- 소급 입법 특별법 제정 : 3·15 부정선거와 4·19 발포 책임자 처벌을 위하여 소급법을 만들었다.
- 경제 정책 : 경제 개발 5개년 계획을 수립하고 경제 발전을 위한 노력을 기울이려 하였으나 5·16 군사 정변으로 중단되었다.

▲ 5·16 군사 정변

2 근대적 개혁의 추진과 대한제국

(1) 5·16 군사정변과 군정의 실시

① 5·16 군사정변

㉠ 배경
- 사회적 혼란 : 그간 억눌려있던 민주주의 요구가 분출되었으나 장면 내각은 이에 대한 대처 능력이 부족하였다.
- 감군 정책 : 장면 내각은 경제 제일주의를 내세우면서 감군 정책을 시도하여 군부의 불만을 낳았다.

㉡ 전개 : 박정희를 중심으로 한 일부 군부세력은 1961년 5월 16일 군사 정변을 일으켰고 비상계엄령을 선포하였다. 정변으로 인하여 장면 내각은 사퇴하였고 군부는 군사 혁명위원회(의장 장도영, 부의장 박정희)를 구성하여 입법·행정·사법의 국가 권력을 장악한 뒤 6개조의 혁명 공약을 발표하였다. 이후 혁명 위원회는 국가 재건 최고회의로 개칭하였고 직속기관으로 중앙정보부를 설치하고 3년간의 군정이 실시되었다.

② 군정의 실시(1961년 5월 ~ 1963년 12월)

㉠ 경제 개발 : 1962년 1월부터 제1차 경제 개발 5개년 계획이 시작되었다.

읽기자료

5·16 군사 정변시의 혁명 공약

첫째, 반공을 국시의 제1 의(義)로 삼고 지금까지 형식적이고 구호에만 그친 반공체제를 재정비·강화할 것입니다.

둘째, 유엔 헌장을 준수하고 국제 협약을 충실히 이행할 것이며 미국을 위시한 자유 우방과의 유대를 더욱 견고히 할 것입니다.

셋째, 이 나라 이 사회의 모든 부패와 구악을 일소하고 퇴폐한 국민 도의와 민족 정기를 다시 바로잡기 위하여 청신한 기풍을 진작할 것입니다.

넷째, 절망과 기아선상에 허덕이는 민생고를 시급히 해결하고 국가 자주 경제 재건에 총력을 경주할 것입니다.

다섯째, 민족적 숙원인 국토 통일을 위하여 공산주의와 대결할 수 있는 실력의 배양에 전력을 집중할 것입니다.

여섯째, 이와 같은 우리의 과업이 성취되면 참신하고도 양심적인 정치인들에게 언제든지 정권을 이양하고 우리들 본연의 임무에 복귀할 준비를 갖추겠습니다.

브라운 각서

제1조 추가 파병에 따른 부담은 미국이 부담한다.
제2조 한국 육군 17개 사단과 해병대 1개 사단의 장비를 현대화한다.
제3조 베트남 주둔 한국군을 위한 물자와 용역은 가급적 한국에서 조달한다.
제4조 베트남에서 실시되는 각종 건설·구호 등 제반 사업에 한국인 업자가 참여한다.
제5조 미국은 한국에 추가로 AID 차관과 군사 원조를 제공하고, 베트남과 동남아시아로의 수출 증대를 가능케 할 차관을 추가로 대여한다.
제6조 한국에서 탄약 생산을 늘이는 데 필요한 자재를 제공한다.

3·1 민주 구국 선언문

1. 이 나라는 민주주의 기반 위에 서야 한다.
   민주주의는 대한민국의 국시이다. 따라서 대한민국의 정통성은 민주주의에 있다. 그러므로 어떠한 구실로도 민주주의가 위축되어서는 안 된다. …
2. 경제 입국의 구상과 자세가 근본적으로 검토되어야 한다.
   경제 발전이 국력 배양에 중요하다는 것을 우리는 잘 안다. 그렇다고 경제력이 곧 국력이 아니다. 그런데 현 정권은 경제력이 곧 국력이라는 좁은 생각을 가지고 모든 것을 희생시켜가면서 경제 발전에 전력을 쏟아왔다. …
3. 민족 통일은 오늘 이 겨레가 짊어진 최대의 과업이다.
   국토 분단의 비극은 광복 후 30년 동안 남과 북에 독재의 구실을 마련해 주었고, 국가의 번영과 민족의 행복과 창조적 발전을 위하여 동원되어야 할 정신적·물질적 자원을 고갈시키고 있다. …

- ⓒ 정치 활동 정화법 : 정치 활동 정화법(1962년 3월)을 제정하고 구 정치인들의 활동을 전면 금지시켰다.
- ⓒ 통화 개혁 : 기존의 환에서 원으로 화폐의 단위를 개혁(1962년 6월)하였다.
- ⓔ 5차 개헌 : 헌법 개정안이 국민 투표로 가결되고 단원제와 4년 임기의 1차 중임이 가능한 대통령 중심제로 헌법이 개정(1962년 12월)되었다.
- ⓜ 민주 공화당 창당 : 박정희는 민주공화당을 창당(1963년 2월)하고 대통령 후보로 민정에 참여하였고 1963년 10월 선거에서 윤보선 후보를 누르고 대통령에 당선되었다.

(2) 제3공화국(1963년 12월 ~ 1972년 10월)

① 정책방향
  ㉠ 경제 제일주의 : 성장 위주의 경제 정책을 추진하였고 빠른 경제 성장으로 절대적인 빈곤에서 벗어나게 되었다. 그러나 개발이라는 미명아래 민주주의는 억압되었으며 사회적 격차 역시 커졌다.
  ㉡ 반공 제일주의 : 반공을 국시로 내세웠으며 반공을 빌미로 국민의 자유와 인권을 침해하였다.

② 한·일 국교 정상화
  ㉠ 배경 : 미국의 국교 수교 요구와 경제 개발의 재원을 마련하기 위하여 일본과의 국교 정상화 논의가 진행되고 있었다.
  ㉡ 전개 : 정부의 국교 정상화 추진에 대해 학생들을 중심으로 굴욕적인 한·일회담 반대와 정권의 퇴진 요구까지 등장(6·3 시위)하였다.
  ㉢ 한·일 협정 체결의 문제점 : 한·일 협정은 일본의 명확한 사죄나 배상 없이 체결되었으며 군대 위안부, 재일 동포의 법적 지위 보장, 문화재 반환 등의 문제에 대해서는 소홀하였다.

③ 베트남 파병(1964년 ~ 1973년)
  ㉠ 파병 현황 : 1964년 의무부대의 파병을 시작으로 5만 여명의 한국 군인들이 베트남전에 참전하였다.
  ㉡ 브라운 각서(1966년)
    • 미국 : 경제원조와 기술을 제공하고 한국군의 현대화와 군사 원조를 약속하였다.
    • 한국 : 병력의 증파를 약속하고 들여온 자본은 경제 발전에 크게 기여하였다.

Chapter 2 민주주의의 시련과 발전

④ 3선 개헌(1969년 10월)
  ㉠ 배경 : 1·21 사태 등 북한의 연속적 도발에 국민의 위기감이 고조되었다.
  ㉡ 경과 : 대통령 3선 금지 조항이 삭제된 개헌안이 제출되었고 국민투표를 통해 통과되었다.
  ㉢ 7대 대통령 선거(1971년 4월) : 3선 개헌에 성공한 박정희는 신민당 후보로 출마한 김대중을 누르고 당선되었다.

(3) 유신체제의 등장(1972년 ~ 1979년, 제4공화국)
① 10월 유신의 선포
  ㉠ 배경 : 냉전 체제의 완화와 주한 미군의 감축, 경제 불황으로 국민들의 불만이 고조되고 있었던 당시 독재의 기반을 강화하여 영구 집권을 하기 위한 방법으로 10월 유신을 단행하였다.
  ㉡ 유신 헌법의 선포(1972년 10월 17일)
    • 성립 : 대통령은 비상 국무 회의에서 유신 헌법을 제정한 다음 같은 해 11월 국민투표로 유신 헌법을 통과시켰다.
    • 성격 : 대통령에게 초헌법적 권한을 부여한 것으로 한국식 민주주의라는 말로 포장되었으나 실상은 국민의 자유와 권리를 억압하는 권위주의 통치체제였다.

(4) 유신헌법에 대한 반발과 붕괴
① 국민의 저항
  ㉠ 유신헌법 개정 100만인 서명운동(1973년) : 장준하를 중심으로 한 유신헌법의 민주적 개정을 위한 100만인 서명운동이 전개되었다.
  ㉡ 민주회복 국민회의(1974년) : 민주회복 국민회의는 자주, 평화, 양심을 행동강령으로, 민주회복을 목표로 설정하였다.
  ㉢ 3·1 구국 선언(1976년) : 명동성당에서 3·1절 기념 미사가 열렸고, 미사 후 긴급 조치 철폐, 박정희 정권 퇴진, 민족 통일 추구 등의 내용이 담긴 3·1민주 구국 선언이 발표되었다.
② 정부의 탄압
  ㉠ 긴급 조치 발동 : 1974년 1월 긴급 조치 1호를 시작으로 1975년 9호까지 긴급 조치를 발표하여 국민의 기본권을 침해하고 민주화 운동을 탄압하였다.
  ㉡ 민청학련 사건(1974년 4월) : 학생들은 전국 민주 청년 학생 총연맹(민청학련)을 중심으로 민주화 운동을 지속적으로 전개하였고 정부는 유신체제에 반대하는 학생들과 민주 인사들은 간첩으로 몰아 탄압한 사건이다.

긴급 조치 1호

1. 대한민국 헌법을 부정·반대·왜곡 또는 비방하는 일체의 행위를 금한다.
2. 대한민국 헌법의 개정 또는 폐지를 주장, 발의 제안 또는 청원하는 일체의 행위를 금한다.
3. 유언비어를 날조·유포하는 일체의 행위를 금한다.
5. 이 조치에 위반하는 자와 이 조치를 비방하는 자는 법관의 영장 없이 체포·구속·압수·수색하며 15년 이하의 징역에 처한다. 이 경우에는 15년 이하의 자격 정지를 병과할 수 있다.
6. 이 조치에 위반한 자와 이 조치를 비방하는 자는 비상 군법 회의에서 심판·처단 한다.

긴급조치 9호

1. 다음 각호의 행위를 금한다.
  가. 유언비어를 날조·유포하거나 사실을 왜곡하여 전파하는 행위
  나. 집회·시위 또는 신문·방송·통신 등 공공 전파 수단이나 문서·도서·음반 등 표현물에 의하여 대한민국 헌법을 부정·반대·왜곡 또는 비방하거나 그 개정 또는 폐지를 주장·청원·선동 또는 선전하는 행위
  다. 학교 당국의 지도·감독하에 행하는 수업·연구 또는 학교장의 사전 허가를 받았거나 기타 의례적·비정치적 활동을 제외한 학생의 집회·시위 또는 정치 관여 행위
  라. 이 조치를 공연히 비방하는 행위

③ 유신체제의 붕괴
　㉠ YH 무역 사건 : 회사측의 일방적 직장 폐쇄에 맞서 YH 무역의 노동자들이 당시 야당이었던 신민당사를 점거하고 농성을 벌였다. 이 농성의 해산과정에서 경찰의 과잉 진압으로 인해 김경숙이 추락, 사망하는 사건이 발생하였다.
　㉡ 부·마 항쟁(1979년 10월) : 국회에서는 당시 신민당 총재인 김영삼 의원의 제명 처리안이 가결되었고 이에 부산과 마산 지역에서 대규모의 반정부 시위가 벌어졌고 정부는 부산에는 계엄령을 마산에는 위수령을 발동하여 정국을 안정시키고자 하였다.
　㉢ 10·26 사태(1979년) : 중앙정보부장이었던 김재규가 박정희 대통령을 암살한 사건으로 이 사건이후 유신체제와 박정희 정권은 막을 내리게 되었다.

유신 체제하 주요 사건

시기		내용
년	월	
1979년	8월	김대중 납치 사건
1974년	1월	긴급조치 1호
	4월	민청학련 사건
	8월	육영수 여사 피격·사망
1975년	2월	유신헌법 찬반 국민투표(찬성 : 73%)
1976년	3월	3·1 민주 구국 선언
1978년	7월	9대 대통령 선출(찬성 : 99.9%)
	12월	국회의원 선거(신민당의 득표율이 공화당을 앞섬)
1979년	8월	YH 무역 사건
	10월	• 국회 김영삼 제명 • 부마항쟁 • 10·26

3 제5공화국(1981년 ~ 1988년)

(1) 신군부의 등장
① 10·26 이후의 상황
　㉠ 계엄령의 선포 : 10·26 이후 사회가 매우 혼란해지자 전국에 비상계엄령이 선포되었고 군 수뇌부는 정치적 중립을 선언하였다. 이후 통일 주체 국민회의에서 최규하가 대통령으로 선출되었다.

Chapter 2 민주주의의 시련과 발전

ⓒ 12·12 사태(1979년) : 전두환, 노태우 등 신군부 세력의 병력을 동원하여 계엄 사령관인 정승화를 체포한 사건이다. 이 사건으로 인하여 신군부는 정치적 실권을 장악하고 최규하 정부는 무력화 되었다.

ⓒ 서울의 봄(1980년 5월) : 신군부의 퇴진과 비상계엄의 철폐를 요구하는 학생들의 시위가 계속되었으며 5월 15일 서울역에서 학생들의 대규모 시위가 벌어졌다. 이에 신군부는 5월 17일 전국으로 계엄령을 확대하였고 국회를 폐쇄하고 정치활동 금지와 주요 인사들의 구속, 대학 폐쇄, 언론 검열 강화 등의 강경책으로 민주주의의 요구를 억누르려 하였다.

서울의 봄

② 5·18 광주 민주화 운동

ⓐ 발단 : 계엄령의 철폐와 김대중의 석방을 요구하는 시위가 광주에서 벌어졌고 계엄군의 과잉진압은 광주 시민들의 분노를 불러 일으켰다.

ⓑ 전개 : 계엄군의 진압에 대항하기 위하여 광주 시민들도 무장을 하고 광주시를 장악하였다. 이에 계엄군은 교통과 통신을 끊고 광주를 고립시킨 후 무력을 동원하여 진압하였고 이 과정에서 많은 광주시민들이 목숨을 잃었다.

ⓒ 의의와 영향
- 의의 : 1980년대 민주화 운동의 상징으로 민주화 운동의 토대가 되었다.
- 영향 : 광주 민주화 운동의 진압과정에 미국의 묵인이 있었다고 판단한 학생들은 광주와 부산의 미국 문화원 방화사건(1982년)을 일으키는 등 반미 운동이 촉발되는 계기가 되었다.

계엄 사령관의 담화 (1980년 5월 21일)

1. 지난 18일에 발생한 광주 지역 난동은 치안 유지를 매우 어지럽게 하고 있으며, 계엄군은 폭력으로 국내 치안을 어지럽히는 행위에 대하여는 부득이 자위를 위하여 필요한 조치를 취할 수 있는 권한을 보유하고 있음을 경고합니다.
2. 지금 광주 지역에서 야기되고 있는 상황을 볼 때 법을 어기고 난동을 부리는 폭도는 소수에 지나지 않고, 대다수의 주민 여러분은 애국심을 가진 선량한 국민임을 잘 알고 있습니다. 선량한 시민 여러분께서는 가능한 한 난폭한 폭도들로 인해 불의의 피해를 입지 않도록 거리로 나오지 말고 집안에 꼭 계실 것을 권고합니다.
3. 여러분이 아끼는 고장이 황폐화 되어 여러분의 생업과 가정이 파탄되지 않도록 자중 자애하시고, 판단성 있는 태도로 폭도와 분리 될 수 있도록 함으로써 계엄군의 치안 회복을 위한 노력에 최대 협조가 있기를 기대합니다.

광주광역시 5·18 사료 편찬 위원회,
「5·18 광주 민주화 운동 자료 총서 2」

광주 민주화 운동 중 시민군의 발언

우리는 왜 총을 들 수밖에 없었는가? 그 대답은 너무 간단합니다. 너무나 무자비한 만행을 더 이상 보고 있을 수만 없어서 너도나도 총을 들고 나섰던 것입니다. … 그러나 정부 당국에서는 17일 야간에 계엄령을 확대 선포하고 일부 학생과 민주 인사, 정치인을 도저히 믿을 수 없는 구실로 불법 연행했습니다. 이에 우리 시민은 모두 의아해했습니다. 또한, 18일 아침에 각 학교에 공수 부대를 투입하고 이에 반발하는 학생들에게 대검을 꽂고 "돌격 앞으로!"를 감행하였고, 이에 우리 학생들은 다시 거리로 뛰쳐나와 정부 당국의 불법 처사를 규탄 하였던 것입니다. 그러나 아! 이럴 수가 있단 말입니까. 계엄 당국은 18일 오후부터 공수 부대를 대량 투입하여 시내 곳곳에서 학생, 젊은이들에게 무차별 살상을 자행하였으니! … 너무나 경악스런 또 하나의 사실은 20일 밤부터 계엄 당국은 발포 명령을 내려 무차별 발포를 시작했다는 것입니다. 이 고장을 지키고자 이 자리에 모이신 민주 시민 여러분! 그런 상황에 우리가 할 수 있는 일은 무엇이겠습니까? 우리가 어떻게 해야 되겠습니까? 묻고 싶습니다! 우리는 더 이상 당할 수만은 없었습니다. …

광주광역시 5·18 사료 편찬 위원회, 「5·18 광주 민주화 운동 자료 총서 2」

6·29 선언

첫째. 여·야 합의 하에 조속히 대통령 직선제로 개헌하고 새 헌법에 의한 대통령 선거를 통하여 1988년 2월 평화적 정부 이양을 실현토록 해야겠습니다.

둘째. … 자유로운 출마와 공정한 경쟁이 보장되어 국민의 올바른 심판을 받을 수 있는 내용으로 대통령 선거법을 개정하여야 한다고 봅니다.

셋째. 국민적 화해와 대동단결을 위하여 김대중씨를 사면·복권시키고, 자유 민주주의적 기본 질서를 부인한 반국가 사범이나 살상·방화·파괴 등으로 국기를 흔들었던 극소수를 제외한 모든 시국 관련 사범들도 석방되어야 합니다.

넷째. 인간의 존엄성은 더욱 존중되어야 하며 국민 개개인의 기본적 인권은 최대한 신장되어야 합니다.

다섯째. 언론 자유의 창달을 위하여 현행 언론 기본법을 빠른 시일 내에 대폭 개정하거나 폐지하여 다른 법률로 대체되어야 할 것입니다. 지방 주재 기자를 부활시키고 프레스 카드 제도를 폐지하며, 지면의 증면 등 언론의 자율성을 최대한 보장하여야 합니다.

여섯째. 사회 각 부문의 자치와 자율은 최대한 보장되어야 합니다. 지방 의회 구성은 예정대로 진행되어야 하고, 시·도 단위 지방 의회 구성도 검토·추진되어야 합니다. 대학의 자율화와 교육 자치도 조속히 실현되어야 합니다.

일곱째. 정당의 건전한 활동이 보장되는 가운데 대화와 타협의 정치 풍토가 조속히 마련되어야 합니다.

여덟째. 밝고 맑은 사회 건설을 위하여 과감한 사회 정화 조치를 강구해야 합니다.

(2) 전두환 정권의 성립과 6월 민주항쟁

① 성립과정

ⓐ 국가 보위 비상 대책 위원회(1980년 5월 31일) : 신군부 세력은 국가 보위 비상 대책 위원회(국보위)를 설치하였고 전두환이 위원장으로 선출되었다.

ⓑ 8차 개헌(1980년) : 대통령의 임기를 7년 단임으로 하고 간선제 선출 방식을 골자로 하는 8차 개헌을 단행하였다.

ⓒ 전두환 정권의 통치
- 권위주의적 통치 : 전두환 정권은 민주화 운동과 노동 운동을 탄압하였고 각종 비리와 부정부패로 얼룩졌다. 또한 언론 통폐합을 통하여 언론을 장악하고 삼청교육대를 설치하여 인권을 유린하였다.
- 유화책 : 민주화 인사의 단계적 해금과 해외여행의 자유화, 통행금지 해제, 교복과 두발의 자유화, 컬러 텔레비전 방영, 프로야구와 축구의 출범 등 정권의 정당성이 부족한 상황에서 국민의 관심을 돌리기 위한 유화적 정책들을 실시하였다.
- 경제 성장 : 80년대의 3저 호황(저유가, 저금리, 저달러)으로 경제가 성장하고 물가의 안정과 수출 증대가 나타났다.

② 6월 민주항쟁(1987년)

ⓐ 배경
- 대통령 직선제 개헌 요구 : 대통령 선거의 직선제 개헌 요구가 거세지고 있었다.
- 고문치사 사건 : 서울대생이었던 박종철의 고문치사 사건이 벌어졌고 진실을 은폐하려던 전두환 정권은 진실이 밝혀지자 국민적 저항에 직면하였다.
- 4·13 호헌 조치 : 국민들의 민주화 요구가 커져가고 있는 상황에서 현행 헌법(8차 헌법)으로 차기 대통령 선거를 치르겠다는 4·13 호헌 조치가 발표되자 국민들의 저항은 더욱 거세어 졌다.

ⓑ 6·10 항쟁 : 천주교 정의 사제 구현단에 의해 박종철의 고문치사 사건이 밝혀지고 호헌철폐, 독재 타도의 구호를 내세우고 전국적인 민주화 운동으로 발전하였다.

ⓒ 결과 : 당시 여당의 대통령 후보였던 노태우 후보의 6·29 선언으로 대통령 직선제안이 수용되었고 국회에서는 개헌을 통해 5년 단임의 대통령제로 개헌(9차 개헌, 1987년)이 이루어졌다. 이 헌법으로 치뤄진 선거에서 노태우 후보가 당선되었다.

4 제6공화국

(1) 노태우 정부(1988년 ~ 1993년)

① 노태우 정권의 정책

㉠ 북방정책 : 동구권 국가를 비롯하여 소련, 중국과 외교 관계를 수립하였다.

㉡ 지방자치제의 부분적 실시 : 1991년 기초와 광역의회 의원에 대한 선거가 실시됨으로써 5·16 이후 중단된 지방자치제가 부분적으로 실시되었다.

② 노태우 정권의 사건

㉠ 올림픽 개최 : 1988년 제24회 하계 올림픽이 서울에서 개최되었다.

㉡ 남북한 유엔(UN)가입 : 남북한이 동시에 유엔에 가입(1991년 9월 17일) 하였다.

㉢ 3당 합당(1990년) : 1988년 4월 총선에서 야당이 다수 의석을 차지하였고 5공 청문회가 개최되었다. 정국의 주도권을 장악하기 위하여 노태우 정권은 여당(민정당)과 야당(통일민주당, 신민주공화당)의 합당을 추진하였고 그 결과 민주자유당이 창당되었다.

(2) 김영삼 정부(1993년 ~ 1998년)

① 문민정부의 정책

㉠ 금융실명제 : 금융실명제를 전격적으로 실시하여 경제 개혁을 추진하였다.

㉡ 역사 바로 세우기 : 4·19 묘지를 국립묘지로 승격시키고 12·12 사태를 쿠데타적 사건으로 규정하고 신군부 출신의 전직 대통령을 구속하였다.

② 문민정부의 사건

㉠ OECD 가입(1996년) : 경제 개발 기구인 OECD에 가입하였다.

㉡ IMF 구제 금융 : 1997년 외환위기를 겪게 되었고 국제 통화 기금(IMF)에 구제 금융을 신청하였다.

㉢ 지방자치제 전면 실시(1995년) : 1995년 6월 동시 지방선거가 치러지면서 지방의회 의원과 지방자치단체장을 주민들이 선출하였다.

(3) 김대중 정부(1998년 ~ 2003년)

① 국민의 정부의 정책

㉠ 햇볕정책

- 금강산 관광 사업(1998년) : 당시 현대 그룹 회장이었던 정주영의 소떼 방북에 이어 금강산 관광 사업이 시작되었다.
- 남북 정상 회담(2000년) : 남과 북의 정상이 만났고 6·15 남북 공동 선언이 발표되었다.
- 경의선 철도 복원 기공식(2000년) : 남북 정상 회담의 후속 조치로 추진된 최초의 남북한 협력 사업이었다.
- 개성 공단 사업(2002년) : 개성에 공단을 설치하여 남북한의 교류와 협력을 강화하였다.

㉡ 노벨 평화상 수상(2000년 12월) : 김대중 대통령은 민주화와 인권에 대한 노력을 인정받아 우리나라 최초로 노벨상을 수상하였다.

대표 기출 문제

01 역대 대통령 재임 기간 중 있었던 사실을 옳게 고른 것은? (1점)

13회 39번

	대통령	주요 사실
ㄱ	박정희	새마을 운동 추진
ㄴ	전두환	OECD 가입
ㄷ	노태우	서울 올림픽 개최
ㄹ	김영삼	한 · 미 FTA 협상 타결

① ㄱ, ㄴ
② ㄱ, ㄷ
③ ㄴ, ㄷ
④ ㄴ, ㄹ
⑤ ㄷ, ㄹ

● 해설
ㄴ – OECD 가입은 김영삼 대통령 때의 일이다.
ㄹ – 한 · 미 FTA가 타결된 것은 2007년 노무현 대통령 때의 일이다.

● 정답 : ②

02 다음 그림과 관련된 헌법 개정안의 내용으로 옳은 것은? (2점)

11회 38번

① 양원제 의회와 의원 내각제
② 대통령 직선제에 의한 5년 단임제
③ 대통령 선거인단에 의한 7년 단임제
④ 통일 주체 국민회의에서 대통령 선출
⑤ 초대 대통령에 한하여 중임 제한 규정 폐지

● 해설
제시된 그림은 사사오입 개헌에 대한 내용이다. 이 개헌은 초대 대통령에 한하여 중임 제한 규정을 폐지하는 내용을 주요 골자로 이승만 대통령의 영구 집권을 가능하게 하는 데 목적이 있었다.

● 정답 : ⑤

포인트 출제적중문제

정답 및 해설

01
제시된 (가)는 서울대 문리대의 4·19 선언문이고 (나)는 대학 교수단의 시국선언문이다. 4·19혁명의 결과 장면 내각이 탄생되었다. 국가 재건 최고 회의는 5·16 군사 정변이후 만들어진 군사 혁명 위원회가 개칭 된 것으로 초헌법적인 최고 통치 기구의 역할을 수행하였으며 박정희가 의장으로 실권을 장악하였다.

02
제시문은 1972년 제정된 유신헌법의 제정 및 선포 과정이다. 유신헌법은 대통령의 임기를 6년으로 하였고 중임 제한 규정을 두지 않아 영구 집권을 가능하게 하였다. 대통령은 통일주체 국민회의에서 간선제 방식으로 선출하였다. 이 시기는 데탕트로 국제적으로는 냉전체제가 완화되는 시기였다.

---

01 다음 자료와 관련된 민주화 운동의 결과로 탄생한 정부에 대한 설명으로 옳지 않은 것은?

> (가) 보라! 우리는 기쁨에 넘쳐 자유의 햇불을 올린다. 보라! 우리는 캄캄한 밤의 침묵에 자유의 종을 난타하는 타수의 일익임을 자랑한다.
> – 중략 –
> 우리의 대열은 이성과 양심과 평화, 그리고 자유에의 열렬한 사랑의 대열이다. 모든 법은 우리를 보장한다.
> (나) 3·15 선거는 부정선거이다. 공명선거에 의하여 정·부통령을 재선거 하라.
> 3·15 부정선거를 조작한 자는 중형에 처하여야 한다.

① 우리 헌정사에서 유일한 내각 책임제 정부이다.
② 국가 재건 최고 회의를 구성하여 혼란을 수습하려 하였다.
③ 대통령에 윤보선, 국무총리에 장면이 당선되었다.
④ 경제 개발 계획이 마련되었으나 실시되지는 못하였다.
⑤ 민주당의 신·구파 간의 파쟁으로 정치 혼란이 지속되었다.

02 다음과 같은 과정을 거쳐 공포된 헌법의 특징을 모두 고르면?

> 대통령 특별 담화 → 국회해산 → 비상 국무회의에서 평화적 통일 지향, 한국적 민주주의의 토착화를 표방한 개헌안 의결·공고 → 국민투표 → 새 헌법 공포

> (가) 대통령의 임기는 6년이었다.
> (나) 대통령은 국회에서 간선제로 선출되었다.
> (다) 대통령은 3번까지 가능하였다.
> (라) 국제적으로는 냉전체제가 완화되는 시기였다.

① (가), (나)   ② (나), (다)   ③ (나), (라)
④ (가), (라)   ⑤ (다), (라)

정답 ◉ 01. ②   02. ④

03 다음은 대한민국 헌법 개정에 나타나는 공통적 특징으로 알맞은 것은?

- 1차 – 1952년 정·부통령의 국민 직선제 채택
- 2차 – 1954년 초대 대통령의 중임 제한 철폐
- 6차 – 1969년 대통령 3선 개헌
- 7차 – 1972년 통일 주체 국민회의에 의한 대통령 선출

① 민주정치 발전을 위한 헌법 개헌
② 장기 집권을 위한 헌법 개헌
③ 국가 위기 극복을 위한 헌법 개헌
④ 서구 민주 원리를 정착시키기 위한 개헌
⑤ 정치적 혼란을 극복하기 위한 개헌

04 제1공화국 시대에 대한 설명으로 옳지 않은 것은?

① 이승만 정부는 한국전쟁이 일어나기 전 북진통일을 주장하였다.
② 이승만의 영구집권을 기도한 발췌개헌, 사사오입 개헌이 있었다.
③ '3개년 경제 발전 계획 시안'과 같은 장기 경제 발전 계획을 수립하였다.
④ 한국전쟁이 발발하자 농민의 동요를 막기 위하여 농지개혁에 착수하였다.
⑤ 언론을 탄압하기 위하여 여당적 성향인 경향신문을 폐간하기도 하였다.

정답 및 해설

03
제시된 개헌은 모두 독재정권이 자신의 권력을 유지하기 위한 개헌이라는 특징을 가지고 있다.
1차 개헌 – 발췌 개헌
2차 – 사사오입 개헌
6차 – 3선 개헌
7차 – 유신 개헌

04
이승만 정부의 농지개혁법은 1949년 6월에 제정되었고, 이 법의 시행과 6·25와는 직접적 관련이 없다. 이후 1950년 3월에 가서야 시행되었다.

정답 ◉ 03.② 04.④

정답 및 해설

05
㉠ 1948년 공포된 제헌헌법은 대통령의 임기를 4년 중임으로 하고 선출은 의회가 담당하는 간선제 선출방식으로 초대 대통령을 선출하였다.
㉡ 1952년 당시 임시수도였던 부산에서 공포된 발췌개헌은 대통령 직선제를 채택하였다.
㉢ 1954년 공포된 2차 개헌인 사사오입 개헌은 초대 대통령의 중임 제한 철폐가 주요 내용이며 대통령의 선출방식은 직선제 방식이었다.
㉣ 1972년 유신헌법은 대통령의 권한을 강화하고 통일주체국민회의에서 대통령 간선제를 내용으로 담고 있다.
㉤ 1987년 6월 민주 항쟁 이후 나온 6·29선언으로 5년 단임의 대통령제가 만들어졌고 대통령 직선제가 이루어졌다.

06
이승만 정부는 4·19 혁명을 계기로 붕괴되었는데 여기에는 학생들의 역할이 매우 컸다. 장면 정부는 사회의 무질서와 혼란 속에서 정치력을 발휘하지 못하고 5·16 군사 정변에 의해 붕괴되었다. 박정희 정부는 경제 개발 5개년 계획을 추진하여 고도의 경제 성장을 이루었으나, 정부 주도의 경제 체제와 빈부 격차의 심화 등의 문제점을 남겼다. 전두환 정부는 7년 단임의 대통령을 통일 주체 국민 회의에서 간접 선거하는 방식으로 선출한 것으로, 미국의 대통령 선거와 다르다.

---

05 다음 중 대통령의 선출방식이 간접 선거인 경우만으로 묶인 것은?

> ㉠ 초대 대통령 선거　　㉡ 발췌 개헌 이후
> ㉢ 사사오입 개헌 이후　㉣ 유신헌법 이후
> ㉤ 6월 민주 항쟁 이후

① ㉠, ㉡
② ㉠, ㉢
③ ㉠, ㉣
④ ㉠, ㉤
⑤ ㉡, ㉢

06 다음은 우리나라 민주주의 발전과정을 나타낸 것이다. 이에 관한 설명으로 옳은 것을 보기에서 고르면?

이승만 정부 (가) → 장면 정부 (나) → 박정희 정부 (다) → 전두환 정부 (라)

〈보기〉
ㄱ. (가)에서 (나)로의 이행에는 학생들의 역할이 매우 컸다.
ㄴ. (나)의 부정부패를 배경으로 (다)가 등장하였다.
ㄷ. (다)의 경제 정책으로 빈부 격차가 심화되었다.
ㄹ. (라)의 정치 형태는 미국식 대통령제와 유사하였다.

① ㄱ, ㄷ
② ㄱ, ㄹ
③ ㄴ, ㄷ
④ ㄴ, ㄹ
⑤ ㄷ, ㄹ

정답 ◉ 05.③　06.①

북한 사회의 변화와 통일 정책의 추진

1 북한 정권의 수립과 변화

(1) 북한 정권의 수립
① 김일성 체제의 성립
  ㉠ 1950년대
    • 소련파의 제거 : 6·25 전쟁 중 당 조직 정비의 책임을 물어 허가이를 비롯한 소련파를 제거하였다.
    • 남로당의 제거 : 전쟁 직후 책임 문제로 부수상 박헌영, 당비서 이승엽 등 남로당 계열을 간첩 협의로 제거하였다.
  ㉡ 1960년대
    • 갑산파 제거(1967년) : 갑산파의 박금철, 이효순 등이 군사비 지출과 경제 정책에 대한 이의를 제기하였으나 오히려 숙청되었다. 이후 주체사상이 노동당의 유일 강령으로 규정되고 김일성 1인 독제체재가 완성되었다.
  ㉢ 1970년대 : 1972년 사회주의 헌법이 제정되면서 주체사상이 제도화되었고 김일성 독제 권력의 체제의 제도화가 완성되었다.
② 김정일 후계 체제의 성립
  ㉠ 후계 제도의 공식화 : 1980년 조선노동당 대회에서 김정일의 후계 체제가 공식화 되었고 이후 김일성의 사망(1994년) 이후 권력을 승계하였다.
  ㉡ 김정일의 사망 : 김일성의 권력을 승계한 김정일은 2011년 12월 17일 사망하였고 그의 아들인 김정은이 권력을 세습하였다.

(2) 북한의 경제 정책
① 사회주의 경제 체제의 확립
  ㉠ 목표 : 전쟁 이후 북한은 전후 복구와 자립 경제 확립을 통한 사회주의 경제 체제의 수립을 목표로 하였다.

　　　ⓛ 5개년 계획(1957년 ~ 1961년) : 본격적인 사회주의 경제체제를 추진하기 위하여 천리마 운동으로 대표되는 5개년 계획을 수립하였다. 그러나 5개년 계획은 중공업 우선 정책으로 북한의 농업과 공업의 불균형을 심화시키는 결과를 낳았다.
　② 북한의 개방
　　㉠ 배경 : 북한은 경제 개발을 추진할 자본과 기술이 부족하였고 군수공업 위주의 경제정책으로 인하여 군사비의 부담이 증가하였다.
　　ⓛ 개방 정책 : 북한은 경제적 어려움을 극복하기 위하여 합작 회사 경영법 제정(합영법, 1984년 → 1994년 개정)을 제정하고 나진·선봉지역을 경제 특구로 선정(1991년)하였다. 또한 신의주 경제 특구(2002년)와 개성공단, 금강산 관광 사업의 실시 등의 정책을 추진하였다.

2 통일 정책의 추진

(1) 통일 정책의 변화
　① 북한과의 대치(1950년대와 1960년대)
　　㉠ 이승만 정부 : 이승만 정부는 북진통일론을 주장하였고 남북간의 대화는 이루어지지 못하였고 오히려 진보당 인사들의 평화통일론을 탄압하였다.
　　ⓛ 장면 정부
　　　• 정부 : 북진통일론을 철회하고 유엔 감시하의 남북한 총선거를 통한 평화 통일을 주장하였다.
　　　• 일부 정치인 : 혁신 정치인들을 중심으로 한반도 중립화 통일론에 대한 논의가 전개되었다.
　　　• 학생 : 학생들은 "가자 북으로! 오라 남으로!"의 구호 아래 남북학생회담(1961년)을 추진하기도 하였다.
　　ⓒ 5·16 군사 정변 이후 : 군사정변으로 권력을 장악한 박정희 정권은 반공을 국시로 내세우고 '선건설 후통일'론을 내세워 통일 논의를 중단시켰다.
　② 남북대화의 시작(1970년대)
　　㉠ 박정희 정부
　　　• 8·15선언(평화 통일 구상 선언, 1970년) : 북한에 대하여 선의의 체제 경쟁을 제의함으로써 대북에 대한 자신감을 표현하였다.

Chapter 3 북한 사회의 변화와 통일 정책의 추진

- 남북 적십자 회담 제의(1971년) : 대한 적십자사는 북한 적십자사에 이산가족을 찾기 위한 남북 적십자 회담을 제의하였고 1972년 남북 적십자 회담이 성사되었다.
- ⓒ 7·4 남북 공동 성명(1972년)
  - 내용 : 남북한은 자주·평화·민족대단결의 3가지 통일 원칙에 합의하였고 통일 문제를 협의하기 위한 남북 조절 위원회의 설립에 합의하였다. 또한 남북 회담을 위한 직통 전화 가설에 합의하고 북한에 대한 호칭도 괴뢰에서 북한으로 변경하였다.
  - 한계 : 7·4 남북 공동 성명은 남북한 모두 정권의 독재 강화에 이용되었다.

③ 전두환 정부의 통일 정책
  - ㉠ 민족 화합 민족 통일 방안(1982년 1월)
    - 원칙 : 민족 자결의 원칙에 따라 민주적 절차와 방법으로 통일 국가를 수립하자는 것이었다.
    - 과정 : 민족 통일 협의회를 구성하여 민주적 방식에 의한 자유로운 투표로 통일 헌법을 정한 후 헌법에 의거한 남북한 총선거의 실시로 민주 공화국을 건설하자는 것이었다.
    - 북한 : 이 당시 북한은 고려 민주주의 연방 공화국 방안(1980년 10월)을 제시하였다. 북한의 고려 연방제 통일 방안은 남북한이 동등하게 지역정부를 설치하고 남북한이 동등하게 참가하여 통일 정부를 수립하자는 방안이었다.
  - ㉡ 이산가족 상봉(1985년 9월) : 남북 이산가족 고향 방문단 및 예술 공연단의 교환 방문이 이루어졌다.

④ 노태우 정부의 통일 정책
  - ㉠ 7·7 선언(민족자존과 통일 번영을 위한 특별 선언, 1988년) : 남북한의 관계를 동반관계, 함께 번영해야 할 민족 공동체 관계로 규정하였다.
  - ㉡ 한민족 공동체 통일 방안(1989년) : 자주·평화·민주의 원칙 아래 과도적 통일체로 남북 연합을 설정하고 남북 평의회를 통해 헌법을 제정 민주 공화제 통일 국가를 건설하자는 방안이었다.
  - ㉢ 남북 기본 합의서 채택(1991년)
    - 배경 : 노태우 정권의 북방외교와 유엔의 동시 가입 등이 이루어지고 남북 고위급 회담이 시작되었으며 문화와 체육의 교류가 이루어졌다.

7·4 남북 공동 성명
(1972년 7월 4일)

1. 쌍방은 다음과 같은 조국 통일 원칙에 합의를 보았다.
   첫째. 통일은 외세에 의존하거나 외세의 간섭을 받음이 없이 자주적으로 해결하여야 한다.
   둘째. 통일은 서로 상대방을 반대하는 무력행사에 의거하지 않고 평화적 방법으로 실현하여야 한다.
   셋째. 사상과 이념, 제도의 차이를 초월하여 우선 하나의 민족으로서 민족적 대단결을 도모하여야 한다.
4. 쌍방은 지금 온 민족의 거대한 기대 속에 진행되고 있는 남북 적십자 회담이 하루빨리 성사되도록 적극 원조하는데 합의하였다.
5. 북한은 더 이상 전쟁준비에 광분하지 말고 보다 선의의 경쟁에 나서야 한다.

남북 기본 합의서
(1991년 12월 13일)

남과 북은 … 7·4 남북 공동 성명에서 천명된 조국 통일 3대 원칙을 재확인하고, 정치적·군사적 대결 상태를 해소하여 민족적 화해를 이룩하고, 무력에 의한 침략과 충돌을 막고 긴장 완화와 평화를 보장하며, … 쌍방 사이의 관계가 나라와 나라 사이의 관계가 아닌 통일을 지향하는 과정에서 잠정적으로 형성되는 특수 관계라는 것을 인정하고, 평화 통일을 성취하기 위한 공동의 노력을 경주할 것을 다짐하면서, 다음과 같이 합의하였다.
제1조 남과 북은 서로 상대방의 체제를 인정하고 존중한다.
제2조 남과 북은 상대방의 내부 문제에 간섭하지 아니한다.
제9조 남과 북은 상대방에 대하여 무력을 사용하지 않으며 상대방을 무력으로 침략하지 아니한다.

읽기자료
6·15 남북 공동 선언
(2000년 6월 15일)

1. 남과 북은 나라의 통일 문제를 그 주인인 우리 민족끼리 서로 힘을 합쳐 자주적으로 해결해 나가기로 하였다.
2. 남과 북은 나라의 통일을 위한 남측의 연합제 안과 북측의 낮은 단계의 연방제 안이 서로 공통성이 있다고 인정하고, 앞으로 이 방향에서 통일을 지향시켜 나가기로 하였다.
3. 남과 북은 올해 8·15에 즈음하여 흩어진 가족, 친척 방문단을 교환하며, 비전향 장기수 문제를 해결하는 등 인도적 문제를 조속히 풀어 나가기로 하였다.
4. 남과 북은 경제 협력을 통하여 민족 경제를 균형적으로 발전시키고, 사회, 문화, 체육, 보건, 환경 등 제반 분야의 협력과 교류를 활성화하여 서로의 신뢰를 다져 나가기로 하였다.
5. 남과 북은 이상과 같은 합의 사항을 조속히 실천에 옮기기 위하여 빠른 시일 안에 당국 사이의 대화를 개최하기로 하였다.

김대중 대통령은 김정일 국방 위원장이 서울을 방문하도록 정중히 초청하였으며, 김정일 국방 위원장은 앞으로 적절한 시기에 서울을 방문하기로 하였다.

- 내용 : 남북한의 상호 화해와 불가침을 선언하고 한반도의 비핵화에 관한 공동 선언이 채택되었다.

⑤ 김영삼 정부의 통일 정책
  ㉠ 3단계 3대 기조 통일 정책(1993년) : 김영삼 정부는 화해와 협력, 남북 연합, 통일 국가의 3단계 통일 방안과 이를 실천하기 위한 3대 기조로 민주적 국민합의, 공존과 공영, 민족 복리의 3대 기조를 바탕으로 통일 정책을 수립하였다.
  ㉡ 민족 공동체 통일 방안(1994년)
    • 공동체 통일 방안이라고 하며 한민족 공동체 통일 방안(1989년)과 3단계 3대 기조 통일 정책(1993년)을 종합한 것이다.
    • 정부는 자주, 평화, 민주의 3원칙을 바탕으로 화해와 협력, 남북 연합, 통일 국가의 3단계로의 단계적 통일 방안을 발표하였다.

⑥ 김대중·노무현 정부의 통일 정책
  ㉠ 6·15 남북 공동 선언(2000년) : 분단 이후 처음으로 남북한의 정상이 평양에서 만나 회담을 진행되었고 공동선언과 이산가족의 만나는 등 남북간의 긴장이 크게 완화되었다.
  ㉡ 내용
    • 통일 문제는 남과 북이 자주적으로 해결한다.
    • 남측의 연합제와 북측의 낮은 단계의 연방제 사이의 공통점 인정
    • 이산가족 방문단의 교환과 비전향 장기수 문제를 해결하기 위해 노력한다.
    • 남북한의 교류를 활성화를 위해 노력한다.
  ㉢ 노무현 정부의 10·4선언(2007년 10월 4일) : 노무현 대통령은 육로를 통하여 북한을 방문하여 김정일 국방위원장과 2차 남북 정상 회담을 가졌으며 평화정착과 공동번영 등에 대해 논의하고 '종전 선언 추진' 등 8개 항에 합의하여 공동 선언을 발표하였다.

4 경제의 발전과 사회·문화의 변화

1 경제 성장과 자본주의의 발전

(1) 광복 직후의 경제 상황과 전후 복구

① 해방과 경제 혼란
  ㉠ 일본 경제와의 단절 : 해방 이후 일본의 기술과 자본이 한반도에서 이탈하자 공업 생산량이 크게 감소하였다.
  ㉡ 남북 분단으로 인한 산업의 불균형
    • 산업 구조의 불균형 : 남한은 농업과 경공업이 중심이었고 북한은 풍부한 지하자원을 바탕으로 한 중공업이 발전하였다.
    • 분단의 영향 : 분단으로 남한과 북한의 상호 보완 관계가 단절되었다.
  ㉢ 남한 경제의 어려움
    • 송전의 중단 : 대부분의 발전소가 밀집되어 있던 북한에서 남한에 대한 송전을 중단하였다.(1948년)
    • 식량의 부족 : 북에서 남으로 내려오는 인구와 해외에서 귀국한 동포들로 인하여 남한의 인구가 증가하였고 이로 인해 식량의 부족 현상이 발생하였다.

② 미군정(1945년 ~ 1948년) 시기의 경제
  ㉠ 식량 부족을 해결하기 위한 미군정의 노력
    • 자유 시장 체제 : 미군정은 쌀값을 안정시키기 위해 한반도에 시장 경제를 실시하였으나 미군정의 의도와는 달리 일부 상인과 지주의 매점매석으로 오히려 쌀값은 폭등하였다.
    • 미곡 수집제 : 시장 경제의 도입에 실패한 미군정은 보리와 쌀의 수집과 배급을 통제하는 미곡 수집제를 실시하였다.
  ㉡ 미군정과의 갈등
    • 적산의 몰수 : 미군정은 일본인들과 동양 척식 주식회사가 소유하고 있던 재산을 인수하여 미군정 산하에 신한공사를 설립하고 관리하게 하였다.

- 소작료 인하 요구 : 소작료의 인하와 소작권의 인정 등의 요구가 계속되자 미군정은 소작료를 3분의 1로 낮추고 지주가 일방적으로 소작 계약을 어기지 못하게 하는 등 농민들의 요구를 일부 수용하였다.
- ⓒ 민중봉기 : 철도 노동자들의 9월 총파업(1946년), 10월 대구 봉기 등 미군정의 정책에 반대하는 봉기들이 일어났다.

③ 이승만 정부의 경제 정책
  ㉠ 농지개혁법(1949년 6월)
    - 목적 : 경자 유전(耕者有田)의 원칙에 따라 자영농을 육성하고 농민의 생활 안정이 목적이었다.
    - 과정 : 1949년 6월 농지개혁법을 제정하고 1950년 3월 일부 수정 실시되어 1957년 종결되었다. 농지개혁법은 산림과 임야를 제외한 3정보 이상의 농지를 가진 부재지주(不在地主)의 농지를 국가에서 유상 매입하고 영세 농민에게 유상분배로 이루어졌다.
    - 결과 : 소작제도가 폐지되고 농민 중심의 토지 소유 구조가 성립되었다. 또한 시행 초기 자영농이 증가하여 남한의 공산화를 막는데도 기여하였다.
    - 한계 : 농지 개혁이 지연되어 일부 지주들은 미리 토지를 매각하거나 남의 명의로 전환하였고 토지 자본을 산업 자본으로 전환하려는 정부의 계획은 실패하였다.
  ㉡ 귀속 재산 불하(적산 불하)
    - 적산 불하 : 미군정은 귀속 재산 처리법을 제정하고 해방 전 일본인 소유의 귀속 재산을 불하하였다.
    - 특혜 논란 : 적산의 불하 가격이 실제 가격보다 낮았고 그나마 대금은 15년간 분할 상환이 가능토록 하였다. 이러한 좋은 조건으로 인하여 특혜 시비가 있었고 적산을 불하받은 기업들 중 일부가 재벌로 성장하는 토대를 마련하였다.
  ㉢ 미국의 경제 원조 : 식량을 비롯한 소비재 중심의 원조가 이루어졌고 특히 미국의 원조로 인하여 제분·제당·섬유의 삼백산업이 발달하였고 이 시기에 시멘트 공장도 건립되었다.
  ㉣ 미국 원조의 역할 : 미국의 원조는 한국전쟁으로 피폐해진 전후 경제 복구에 도움이 되었으며 무역 수지 개선, 재정 적자의 극복에 도움을 주었다. 그러나 값싼 미국산 농작물의 유입으로 농촌경제는 피폐해졌으며 정경 유착의 문제를 낳았다.

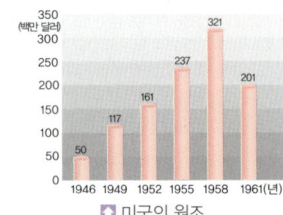
▣ 미국의 원조

㉤ 원조의 차관 전환(1950년대 후반) : 미국은 국제 수지가 악화되자 무상 원조를 중단하고 유상 차관을 제공하였다. 그러나 이로 인하여 공장의 가동률은 떨어지고 중소기업은 파산하여 삼백산업과 경제 성장률 모두 위기를 맞게 되었다.

(2) 경제 개발의 추진

① 경제 개발 5개년 계획

㉠ 경제 개발 5개년 계획 : 제2공화국인 장면 내각에서 경제 개발 5개년 계획을 수립하였으나 5·16 군사 정변으로 중단되었다.

㉡ 1차(1962년 ~ 1966년)·2차(1967년 ~ 1971년) 경제 개발 5개년 계획 : 공업화와 자립 경제 구축을 목표로 하였고, 경제 구조를 개방 체제로 이행하였다. 이 시기 주된 산업은 가발, 신발 등 경공업 위주로 산업을 육성하였고 수출 제품의 가격 경쟁력 확보를 위하여 저임금 정책을 유지하였다.

㉢ 3·4차(1970년대) : 정부는 중화학 공업을 육성하였으며 수출 주도형 성장 정책을 펴나갔다. 특히 1970년대 초 석유 파동으로 경제 위기가 발생하자 이른바 8·3 조치(1972년)와 같은 특단의 조치도 마다하지 않았다. 또한 이 시기 농민들의 불만이 커지자 낙후된 농촌을 개발하다는 목표로 새마을 운동이 추진되었다.

㉣ 의의와 한계
- 의의 : 경제 개발 계획을 통해 우리는 고도성장을 지속하였고 최빈국에서 신흥 공업국으로 부상 하게 되었다.
- 한계 : 경제 성장을 빌미로 저임금·저곡과 정책과 노동운동 탄압으로 빈부격차가 심화되었고 외채는 급증하였으며 정경유착에 따른 부정부패와 국토의 불균형의 심화 등은 지금까지도 해결해야 할 문제로 남아있다.

② 1980년대 이후의 경제

㉠ 전두환 정부 : 3저 현상(저유가, 저금리, 저달러)으로 인한 경제 호황을 누렸다.

㉡ 김영삼 정부 : 금융 실명제를 실시하였고 OECD에 가입하였다. 그러나 1997년 외환위기가 발생하였고 IMF에 구제 금융을 신청하였다.

㉢ 김대중 정부 : 신자유주의 경제 원칙을 바탕으로 4대 부분(기업, 금융, 공공, 노동)개혁을 추진하였고 IMF 구제 금융을 조기에 상환하였다.

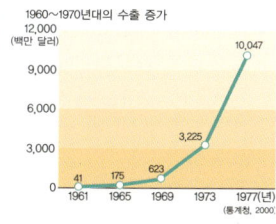
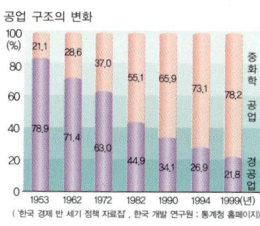

▲ 경제의 성장

2 사회의 변화

(1) 사회 변화와 사회 문제
① 사회 구조의 변화
- ㉠ 산업화·도시화의 진행 : 산업화와 도시화가 나타나고 이러한 이유로 전통적인 가족구조와 가치관은 변화하였다. 농촌 지역에서의 노동력의 부족 현상과 도시 지역에서의 교통 혼잡, 환경오염, 일자리의 부족 등의 문제가 있다.
- ㉡ 농촌의 변화
  - 변화 모습 : 산업화에 따른 이촌향도 현상으로 농업 인구는 감소하고 도시와 농촌간의 격차는 심화되었다.
  - 새마을 운동(1970년) : 근면·자조·협동을 구호로 시작된 정부 주도의 농어촌 근대화 운동으로 농촌에서 시작된 새마을 운동은 전 국민적인 의식 개혁운동으로 확산되었다.
  - 한계 : 새마을 운동은 박정희 정부의 장기 집권 정당화 수단으로 이용되었고 농촌의 외형 변화에만 치중했다는 한계를 가지고 있다.

② 노동 운동
- ㉠ 전태일 분신 사건(1970년) : 평화시장의 재단사였던 전태일은 열악한 노동 환경의 고발과 근로 기준법의 준수를 요구하며 분신하였고 이 분신은 노동운동의 토대가 되었다.
- ㉡ YH 무역 사건(1979년) : YH 무역 사건은 박정희 정부가 붕괴되는 계기가 되었다.
- ㉢ 6월 민주 항쟁 이후의 노동운동
  - 1987년 6월 민주항쟁 이후 노동조합의 결성이 확산되었으며 1987년 7월부터 울산 지역의 노동자들이 총파업을 벌이기도 하였다.
  - 1989년에는 전국 교직원 노동조합이 결성되었고 1999년 '교원의 노동조합 설립 및 운영에 관한 법률'이 제정되어 전교조가 합법화되었다.

③ 시민운동
- ㉠ 시민운동의 활성화 : 1987년 6월 민주항쟁으로 사회의 민주화가 크게 진전되자 시민운동도 활성화 되었다.

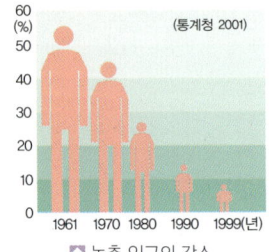

농촌 인구의 감소

전태일의 탄원서

존경하는 대통령 각하! … 저희들은 근로 기준법의 혜택을 조금도 못 받으며, 더구나 2만여 명을 넘는 종업원의 90% 이상이 평균 연령 18세의 여성입니다. … 또한, 2만여 명 중 40%를 차지하는 보조공들은 평균 연령 15세의 어린 이들입니다. 이들은 전부가 다 영세민들의 자제이며, 굶주림과 어려운 현실을 이기려고 하루에 90원 내지 100원의 급료를 받으며 1일 15시간씩 작업을 합니다.

「1970년에 청계 피복 노동조합원 전태일이 대통령에게 보낸 탄원서 중」

ⓒ 시민운동의 다양화 : 과거에는 정치적 민주화에 초점이 맞추어져 있던 시민운동은 사회의 민주화가 진전됨에 따라 다양한 분야에 관심을 갖게 되면서 여성, 인권, 환경과 같은 다양한 분야로 그 활동을 넓히고 있다.

(2) 현대 문화의 동향

① 교육 활동

ⓐ 미군정기 : 미국식 교육제도를 도입하여 6-3-3의 학제를 실시하였다.

ⓑ 이승만 정부 : 홍익인간의 교육 이념을 정립하고 초등학교 의무교육이 실시되었다.

ⓒ 박정희 정부 : 국민 교육 헌장을 반포하고 중학교 무시험제가 시행되었다.

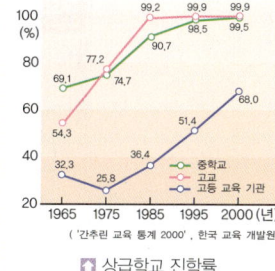

▶ 상급학교 진학률

② 언론 활동

ⓐ 미군정기 : 미 군정청은 '신문 발행 허가제'로 좌익 계열의 신문을 통제하였다.

ⓑ 1950년대 : 이승만 정부는 '국가보안법'을 개정하여 언론 통제를 강화하였으며 정부에 대해 비판적이었던 경향신문을 폐간시키기도 하였다.

ⓒ 1960년대 : 4·19 혁명 후 '신문등록제'가 시행되었고 폐간되었던 경향신문은 복간되었다. 그리고 이 시기 전국에 텔레비전 방송이 시작되었다.

ⓓ 1970년대 : 5·16 군사 정변으로 집권한 박정희는 언론 통폐합을 추진하였고 프레스카드제(1972년)을 시행하여 언론을 탄압하였다.

ⓔ 1980년대 : 전두환 전부는 언론 통폐합 등 언론을 탄압하였으나 1987년 6월 민주항쟁 이후 언론의 자유가 크게 확대 되었다. 프레스카드제는 폐지되었고 90년대 말 부터는 인터넷을 이용한 다양한 언론이 등장하고 있다.

대표 기출 문제

01 (가), (나) 기사와 관련된 각 정부의 정책으로 옳은 것은? (2점)

(가)

(나)

① (가) – 개성 공업 단지를 조성하였다.
② (가) – 끊어진 경의선과 동해선의 연결을 추진하였다.
③ (나) – 금융, 재벌, 공공, 노동 부분에 대한 구조 조정을 단행하였다.
④ (나) – 경제 협력 개발 기구(OECD)에 가입하는 등 시장 개방 정책을 실시하였다.
⑤ (가), (나) – 남북 간의 긴장 완화를 위해 이산가족 상봉을 실현하였다.

● 해설
(가)는 김영삼 정부, (나)는 김대중 정부 당시의 일이다.
①, ② 2000년 6·15 남북 공동 성명의 결과로 만들어진 것으로 김대중 대통령 때의 일이다.
④ 김영삼 대통령 때의 일이다.
⑤ 이산가족의 상봉은 전두환 정부, 김대중 정부 2차례에 걸쳐 있었다.

● 정답 : ③

02 다음 자료와 관련된 민주화 운동으로 옳은 것은? (2점)

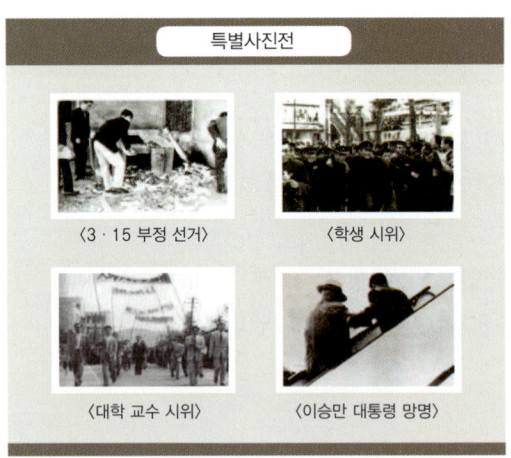

① 부마 항쟁
② 6·3 항쟁
③ 4·19 혁명
④ 6월 민주 항쟁
⑤ 5·18 민주화 운동

● 해설
3·15 부정선거로 촉발된 4·19 혁명은 이승만 대통령의 하야를 이끌어냈고 제2공화국을 탄생시켰다.

● 정답 : ③

포인트 출제적중문제

01 다음은 남북 사이의 합의문이다. 순서대로 바르게 나열한 것은?

> (가) 남과 북은 나라의 통일을 위한 남측의 연방제 안과 북측의 낮은 단계의 연방제 안이 서로 공통성이 있다고 인정하고 이 방향에서 통일을 지향시켜 나가기로 하였다.
> (나) 통일은 외세에 의존하거나 외세의 간섭을 받음이 없이 자주적으로 해결하여야 하며, 서로 상대방을 반대하는 무력행사에 의거하지 않고 평화 방법으로 실현 하여야 하고, 사상과 이념, 제도의 차이를 초월하여 우선 하나의 민족으로서 민족적 대단결을 도모하여야 한다.
> (다) 쌍방 사이의 관계가 나라와 나라 사이의 관계가 아닌 통일을 지향하는 과정에서 잠정적으로 형성되는 특수 관계라는 것을 인정하고 … 남과 북은 서로 상대방의 체제를 인정하고 존중한다.

① (가) - (나) - (다)
② (가) - (다) - (나)
③ (나) - (가) - (다)
④ (나) - (다) - (가)
⑤ (다) - (나) - (가)

02 다음 (가)와 (나)사건 사이의 교육 정책의 특징으로 옳은 것은?

> (가) 보라! 우리는 기쁨에 넘쳐 자유의 햇불을 올린다. 보라! 우리는 캄캄한 밤의 침묵에 자유의 종을 난타하는 타수의 일익임을 자랑한다.
> – 중략 –
> 우리의 대열은 이성과 양심과 평화, 그리고 자유에의 열렬한 사랑의 대열이다. 모든 법은 우리를 보장한다.
> (나) 궁정동 사태라고도 불리우는 이 사건은 당시 중앙정보부장이었던 김재규 등이 대통령과 경호실장 등을 살해한 사건이다. 김재규는 재판 과정에서 민주화에 대한 열망으로 대통령을 살해했다고 주장했다.

ㄱ. 국민 교육 헌장이 제정되었다.
ㄴ. 고등학교 평준화 제도가 시행되었다.
ㄷ. 중학교 의무 교육이 도입되었다.
ㄹ. 대학 입학 시 본고사가 폐지되고 졸업 정원제가 시행되었다.

① ㄱ, ㄴ
② ㄴ, ㄷ
③ ㄷ, ㄹ
④ ㄱ, ㄹ
⑤ ㄴ, ㄹ

정답 01.④ 02.①

정답 및 해설

01
(가)는 2000년의 6·15 남북 공동선언, (나)는 1972년의 7·4 남북 공동 성명, (다)는 1991년 남북 기본합의서이다. 7·4 남북 공동 성명은 자주, 평화, 민족대단결의 3대 원칙에 합의하였다는 점에 남북 기본 합의서는 밀사가 아닌 공식적 고위급 회담을 통하여 합의를 도출하였으며, 남북 관계를 통일의 잠정적 특수 관계로 규정하고 있다는 점에서 6·15 남북 공동선언은 남과 북의 정상이 만나 통일 방안의 공통성을 인정하였다는 점에서 의의를 찾을 수 있다.

02
(가)는 1961년 서울대학교의 4·19선언문이고 (나)는 1979년 10·26사태를 설명하고 있다.
ㄱ. 1968년
ㄴ. 1974년
ㄷ. 1985년부터 단계적으로 확대
ㄹ. 1980년 7·30 교육개혁 조치의 일환으로 만들어진 제도

정답 및 해설

03
제시된 노래는 새마을 노래이다. 이 노래는 새마을 운동의 일환으로 보급된 노래로 저임금 정책으로 수출 경쟁력을 확보하려는 시도는 저곡가 정책으로 이어졌고 이로 인하여 도시와 농촌간의 경제적 격차는 더욱 확대되었다. 이러한 농촌의 불만을 완화하고자 실시한 운동이 새마을 운동이다.

04
1960년대부터 본격적으로 경제가 성장하면서 산업화와 도시화가 진행되었다. 1960년대 초까지 60% 이상이 농업에 종사하였으나, 최근에는 2차와 3차 산업 분야 종사자의 비율이 매우 높아졌다. 이러한 산업화의 결과 농촌 중심의 촌락 공동체적 생활환경이 붕괴되고 급격한 도시화가 촉진되었다. 따라서 주어진 자료의 배경은 급격한 도시화와 산업화의 시기이며, 이러한 시기의 경제 정책은 효율성을 중시하는 방향으로 전개되었다. 노동 운동은 1987년 이후 정치적 민주화와 함께 비로소 활성화되었다.

03 다음 노래의 배경이 된 정책이 시행된 이유로 옳은 것은?

> 새벽종이 울렸네. 새 아침이 밝았네.
> 너도 나도 일어나 새 마을을 가꾸세.
> 살기 좋은 내 마을 우리 힘으로 만드세.
> 초가집도 없애고 마을길도 넓히고
> 푸른 동산 만들어 알뜰살뜰 다듬세.
> 살기 좋은 내 마을 우리 힘으로 만드세.

① 지주 중심의 토지 소유관계를 농민 중심으로 개편할 필요성이 있었다.
② 농촌 젊은이들의 베트남 파병으로 농촌의 불만이 고조되어 불만을 완화할 필요가 있었다.
③ 정부의 저곡가 정책으로 도농간 격차가 확대되었다.
④ 북한의 송전 중단으로 남한 경제가 큰 어려움에 봉착하였다.
⑤ 국민들의 민주화 요구가 거세어지자 이를 억압할 필요가 있었다.

04 다음 글은 1960년대 이후 우리나라 사회의 변화 모습을 설명한 것이다. 이러한 현상이 나타난 배경으로 보기 어려운 것은?

> 농촌 중심의 촌락 공동체적 생활환경이 무너지고, 주택 문제, 교통 문제, 환경 문제 등 여러 가지 사회 문제를 일으키게 되었다. 뿐만 아니라 사회의 익명성은 사람과 사람 사이의 관계를 이익 중심적으로 변화시켰다. 그 결과 전통적 가치는 단절될 수밖에 없었다.

① 이촌 향도의 현상이 나타나기 시작하였다.
② 1차 산업 중심의 산업구조가 2차 3차 산업으로 전환되었다.
③ 임금, 작업환경의 개선을 요구하는 노동운동이 1970년대 이후 활성화 되었다.
④ 경제 정책이 형평성보다 효율성을 중시하는 방향으로 추진되었다.
⑤ 급속한 산업화가 이루어지고 그에 따른 도시화 현상이 나타났다.

정답 ◉ 03. ③   04. ③

05 다음과 같은 남북 합의문이 체결된 직후의 사실로 옳은 것은?

> 남과 북은 나라의 통일을 위한 남측의 연합제안과 북측의 낮은 단계의 연방제 안이 서로 공통성이 있다고 인정하고, 앞으로 이 방향에서 통일을 지향시켜 나가기로 하였다.

① 남북 조절 위원회가 설치되는 계기를 마련하였다.
② 남북한이 한반도 비핵화 공동 선언을 발표하였다.
③ 정주영의 방북을 계기로 금강산 관광이 시작되었다.
④ 경의선 철도 복원에 합의하고 이를 추진하였다.
⑤ 남북한이 유엔에 동시가입 하였다.

정답 및 해설

05
① 7·4 남북 공동 성명에 따라 1972년 11월 30일에 발족한 위원회이다.
② 1992년 1월 20일 한반도 비핵화 공동 선언이 체결되었다.
③ 금강산 관광은 정주영 현대 명예회장의 소떼 방북을 계기로 1998년 시작되었다.
⑤ 남북한은 1991년 유엔에 동시가입하였다.

06 다음 주장의 배경을 파악하기 위한 탐구 활동으로 가장 적절한 것은?

> 1일 14시간의 작업 시간을 단축하십시오. 1일 10 ~ 12시간으로 1개월 특(휴)일 2일을 일요일마다 휴일로 쉬기를 희망합니다. 건강 진단을 정확하게 하여 주십시오. 시다공의 수당 현 70원 내지 100원을 10% 이상 인상하십시오. 절대로 무리한 요구가 아님을 맹세합니다. 인간으로서 최소한의 요구입니다. 기업주 측에서도 충분히 지킬 수 있는 사항입니다.

① 이승만 정부의 노동 운동 탄압 사례를 조사하였다.
② 수출 경쟁력 확보를 위한 저 임금 정책을 조사하였다.
③ 외국인 노동자에 대한 인권 침해 상황을 조사하였다.
④ 6·25 전쟁으로 인한 산업 시설 파괴 상황을 조사하였다
⑤ 도시 지역과 농촌 지역의 지역 격차 상황을 조사하였다.

06
제시된 글은 전태일의 글이다. 전태일은 평화시장에서 근무하던 중 열악한 노동환경에 대한 시정을 요구하며 분신한 노동자이다. 1970년 전태일의 분신은 경제 발전의 고통 받던 노동자들의 모습을 보여주는 노동운동의 상징적 사건이라 할 수 있다.

정답 ◉ 05.④ 06.②

memo

한국사능력검정시험 답안지

※ 아래 '필적확인란'에 **'삶의 방향을 이끄는 우리 역사'** 문구를 정자로 기록합니다.

※ 성명은 왼쪽부터 순서대로 기록합니다.

성명 : _____ 응시등급 : _____

선다형 답란

1 ① ② ③ ④ ⑤	21 ① ② ③ ④ ⑤	41 ① ② ③ ④ ⑤
2 ① ② ③ ④ ⑤	22 ① ② ③ ④ ⑤	42 ① ② ③ ④ ⑤
3 ① ② ③ ④ ⑤	23 ① ② ③ ④ ⑤	43 ① ② ③ ④ ⑤
4 ① ② ③ ④ ⑤	24 ① ② ③ ④ ⑤	44 ① ② ③ ④ ⑤
5 ① ② ③ ④ ⑤	25 ① ② ③ ④ ⑤	45 ① ② ③ ④ ⑤
6 ① ② ③ ④ ⑤	26 ① ② ③ ④ ⑤	46 ① ② ③ ④ ⑤
7 ① ② ③ ④ ⑤	27 ① ② ③ ④ ⑤	47 ① ② ③ ④ ⑤
8 ① ② ③ ④ ⑤	28 ① ② ③ ④ ⑤	48 ① ② ③ ④ ⑤
9 ① ② ③ ④ ⑤	29 ① ② ③ ④ ⑤	49 ① ② ③ ④ ⑤
10 ① ② ③ ④ ⑤	30 ① ② ③ ④ ⑤	50 ① ② ③ ④ ⑤
11 ① ② ③ ④ ⑤	31 ① ② ③ ④ ⑤	
12 ① ② ③ ④ ⑤	32 ① ② ③ ④ ⑤	
13 ① ② ③ ④ ⑤	33 ① ② ③ ④ ⑤	
14 ① ② ③ ④ ⑤	34 ① ② ③ ④ ⑤	
15 ① ② ③ ④ ⑤	35 ① ② ③ ④ ⑤	
16 ① ② ③ ④ ⑤	36 ① ② ③ ④ ⑤	
17 ① ② ③ ④ ⑤	37 ① ② ③ ④ ⑤	
18 ① ② ③ ④ ⑤	38 ① ② ③ ④ ⑤	
19 ① ② ③ ④ ⑤	39 ① ② ③ ④ ⑤	
20 ① ② ③ ④ ⑤	40 ① ② ③ ④ ⑤	

한국사능력검정시험 답안지

※ 아래 '필적확인란'에 '삶의 방향을 이끄는 우리 역사' 문구를 정자로 기록합니다.

※성명은 왼쪽부터 순서대로 기록합니다.

성명 : _____ 응시등급 : _____

수험번호	성별
(번호 칸)	남 ① / 여 ②

성 명

선다형 답란

1	① ② ③ ④ ⑤	21	① ② ③ ④ ⑤	41	① ② ③ ④ ⑤
2	① ② ③ ④ ⑤	22	① ② ③ ④ ⑤	42	① ② ③ ④ ⑤
3	① ② ③ ④ ⑤	23	① ② ③ ④ ⑤	43	① ② ③ ④ ⑤
4	① ② ③ ④ ⑤	24	① ② ③ ④ ⑤	44	① ② ③ ④ ⑤
5	① ② ③ ④ ⑤	25	① ② ③ ④ ⑤	45	① ② ③ ④ ⑤
6	① ② ③ ④ ⑤	26	① ② ③ ④ ⑤	46	① ② ③ ④ ⑤
7	① ② ③ ④ ⑤	27	① ② ③ ④ ⑤	47	① ② ③ ④ ⑤
8	① ② ③ ④ ⑤	28	① ② ③ ④ ⑤	48	① ② ③ ④ ⑤
9	① ② ③ ④ ⑤	29	① ② ③ ④ ⑤	49	① ② ③ ④ ⑤
10	① ② ③ ④ ⑤	30	① ② ③ ④ ⑤	50	① ② ③ ④ ⑤
11	① ② ③ ④ ⑤	31	① ② ③ ④ ⑤		
12	① ② ③ ④ ⑤	32	① ② ③ ④ ⑤		
13	① ② ③ ④ ⑤	33	① ② ③ ④ ⑤		
14	① ② ③ ④ ⑤	34	① ② ③ ④ ⑤		
15	① ② ③ ④ ⑤	35	① ② ③ ④ ⑤		
16	① ② ③ ④ ⑤	36	① ② ③ ④ ⑤		
17	① ② ③ ④ ⑤	37	① ② ③ ④ ⑤		
18	① ② ③ ④ ⑤	38	① ② ③ ④ ⑤		
19	① ② ③ ④ ⑤	39	① ② ③ ④ ⑤		
20	① ② ③ ④ ⑤	40	① ② ③ ④ ⑤		

한국사능력검정시험 답안지

※ 아래 '필적확인란'에 '삶의 방향을 이끄는 우리 역사' 문구를 정자로 기록합니다.

※ 성명은 왼쪽부터 순서대로 기록합니다.

성명 :   응시등급 :

수험번호

성별
남 ①
여 ②

성 명

선다형 답란

1 ① ② ③ ④ ⑤	21 ① ② ③ ④ ⑤	41 ① ② ③ ④ ⑤
2 ① ② ③ ④ ⑤	22 ① ② ③ ④ ⑤	42 ① ② ③ ④ ⑤
3 ① ② ③ ④ ⑤	23 ① ② ③ ④ ⑤	43 ① ② ③ ④ ⑤
4 ① ② ③ ④ ⑤	24 ① ② ③ ④ ⑤	44 ① ② ③ ④ ⑤
5 ① ② ③ ④ ⑤	25 ① ② ③ ④ ⑤	45 ① ② ③ ④ ⑤
6 ① ② ③ ④ ⑤	26 ① ② ③ ④ ⑤	46 ① ② ③ ④ ⑤
7 ① ② ③ ④ ⑤	27 ① ② ③ ④ ⑤	47 ① ② ③ ④ ⑤
8 ① ② ③ ④ ⑤	28 ① ② ③ ④ ⑤	48 ① ② ③ ④ ⑤
9 ① ② ③ ④ ⑤	29 ① ② ③ ④ ⑤	49 ① ② ③ ④ ⑤
10 ① ② ③ ④ ⑤	30 ① ② ③ ④ ⑤	50 ① ② ③ ④ ⑤
11 ① ② ③ ④ ⑤	31 ① ② ③ ④ ⑤	
12 ① ② ③ ④ ⑤	32 ① ② ③ ④ ⑤	
13 ① ② ③ ④ ⑤	33 ① ② ③ ④ ⑤	
14 ① ② ③ ④ ⑤	34 ① ② ③ ④ ⑤	
15 ① ② ③ ④ ⑤	35 ① ② ③ ④ ⑤	
16 ① ② ③ ④ ⑤	36 ① ② ③ ④ ⑤	
17 ① ② ③ ④ ⑤	37 ① ② ③ ④ ⑤	
18 ① ② ③ ④ ⑤	38 ① ② ③ ④ ⑤	
19 ① ② ③ ④ ⑤	39 ① ② ③ ④ ⑤	
20 ① ② ③ ④ ⑤	40 ① ② ③ ④ ⑤	

한국사능력검정시험 답안지

4주완성
한국사 능력검정 모의고사
중급 3,4급

발 행 일   2014년 3월 10일 초판 1쇄 발행
            2017년 1월 10일 초판 4쇄 발행

저   자   임찬호

발 행 처   에듀크라운
공 급 처   크라운출판사
발 행 인   이 상 원
신고번호   제300-2007-143호
주   소   서울시 종로구 율곡로13길 21
대표전화   (02)745-0311~3
팩   스   (02)765-3232
홈페이지   www.crownbook.com

Copyright ⓒ CROWN, 2017 Printed in Korea
ISBN 978-89-406-3072-3

특별판매정가 25,000원

신 저작권법에 의하여 한국 내에서 보호받는 저작물이므로 저작권자의 서면 허락 없이 이 책의 어떠한 부분이라도 전자적인 혹은 기계적인 형태나 방법을 포함하여 그 어떤 형태로든 무단전재와 무단복제 하는 것을 금합니다.

이 책의 해외 판권에 대한 문의는 crown@crownbook.com으로 하시길 바랍니다.
주소 : 서울시 종로구 율곡로13길 21(연건동) 크라운빌딩 301호 해외사업부
전화 : +82-2-6430-7023, 팩스 : +82-2-766-3000

Regarding the copyright in overseas, please send inquiry to crown@crownbook.com
Address: Overseas Division, RM 301 Crown Bld., 21(Yeongon-Dong)Yulgok-Ro 13-Gil
Jongro-Gu, Seoul, Korea
Tel : +82-2-6430-7023, Fax : +82-2-766-3000

关于海外版权的相关事项, 请咨询 crown@crownbook.com
地址：韩国首尔锺路区栗谷路13街(莲建洞)21, 皇冠大厦 301室 海外事业部
Tel : +82-2-6430-7023, Fax : +82-2-766-3000